Thomas Cottier

# Die Verfassung und das Erfordernis der gesetzlichen Grundlage

To
Professor E. Stein -
in memory of
fine days in
Ann Arbor
Thomas Cottier
February '84.

Reihe Staatsrecht Band 3

# Die Verfassung und das Erfordernis der gesetzlichen Grundlage

Eine Untersuchung zum Legalitätsprinzip und schweizerischen Gesetzesverständnis aus individualrechtlicher Sicht

von

THOMAS COTTIER
Dr. iur., Fürsprecher, LL.M.

Verlag Rüegger

Berner Dissertation


Satz: ebnacosa Fotosatz, CH-9642 Ebnat-Kappel
ISBN 3 7253 0199 9

# VORWORT

Angeregt durch die eingeleitete und noch offene Entwicklung der jüngeren bundesgerichtlichen Rechtsprechung zum Legalitätsprinzip nimmt die vorliegende Arbeit Fragen der vielfältigen Interaktion von Verfassungsrecht, Gesetz und Rechtssatz auf. Sie sucht, teilweise rechtsvergleichend, nach verfassungsrechtlichen Kriterien und Standards zur Bestimmung jeweils sachgerechter Anforderungen an die Ausgestaltung der gesetzlichen Grundlage staatlicher Tätigkeit hinsichtlich Normstufe, Normdichte und Normstruktur: wo und inwieweit muss der demokratische Gesetzgeber selbst legiferieren? Wo und inwieweit kann und soll er diese Aufgaben an Regierung oder – mittels offener Normierung – an Verwaltung und Richter delegieren? Wo bedarf umgekehrt ein Erlass besonderer Bestimmtheit? Und wo muss dieser notwendigerweise generell-abstrakt, wo kann er mitunter auch individuell-konkrete Inhalte aufnehmen? Der Untersuchung liegt der Gedanke zugrunde, dass sich die hier vielschichtig anfallenden Probleme in stetem und vertieftem Bezug zu den verfassungsmässigen Rechten und aus einer stets wieder verfahrensrechtlichen Optik heute differenzierter erfassen lassen als dies tradierte Figuren und (verwaltungsrechtliche) Begriffe wie Gesetzesvorbehalt, Gesetzesdualismus, notwendig generell-abstrakter Rechtssatz und ein überlastetes Legalitätsprinzip zu leisten vermögen.

Die Arbeit entstand im wesentlichen in den Jahren 1980 / 1981. Ein anschliessender, einjähriger Studien- und Forschungsaufenthalt an der University of Michigan Law School (Ann Arbor), ermöglicht durch ein Stipendium des Schweizerischen Nationalfonds zur Förderung der wissenschaftlichen Forschung, bot Anlass und Gelegenheit zu Überarbeitungen und zur Vertiefung rechtsvergleichender Ausführungen. Die inzwischen erschienene Rechtsprechung des Bundesgerichts habe ich nachgeführt, während neueste Literatur nurmehr punktuell Berücksichtigung finden konnte.

Meinem verehrten Lehrer, Professor Jörg Paul Müller, danke ich in Verbundenheit für die Förderung, Bereicherung und grosszügig gewährte Freiheit, die ich als sein Mitarbeiter weit über den Rahmen dieser Arbeit hinaus erfahren durfte. Wertvolle Unterstützung, Kritik und Anregung liessen mir ebenso meine Berner Kollegen, namentlich Dr. Christoph

Lanz, LL.M. und Dr. Stefan Müller zukommen. Frau Barbara Elsässer, Frau Elisabeth Oehrli-Weber und Frau Esther Wyss besorgten die gewissenhafte Abschrift des Manuskriptes.

Meinen Eltern sowie Frau Anna Nussbaum, meiner Grossmutter, danke ich besonders herzlich. Mit vielseitiger Unterstützung trugen sie wesentlich zum Entstehen der Studie bei.

Ich möchte diese Schrift Silvia, meiner lieben Frau, widmen. Ihre Begleitung und ihr Verständnis förderten die Arbeit immer wieder aufs neue. Lebhafte Ermunterung erfuhr ich dabei auch von Annie, Samuel und Maurice: ihre täglichen Fortschritte blieben mir stets Vorbild und Antrieb.

Bern, im April 1983 T.C.

# INHALTSVERZEICHNIS

**2. Abschnitt**
**Die sachgerechte Ausgestaltung von Normstufe und Normdichte (Delegation und Bestimmtheit)**

# ABKÜRZUNGSVERZEICHNIS

| | |
|---|---|
| a.M. | anderer Meinung |
| AöR | Archiv des öffentlichen Rechts (Tübingen) |
| AS | Sammlung der eidgenössischen Gesetze. Amtliche Sammlung der Bundesgesetze und Verordnungen |
| AVB | Allgemein-verbindlicher Beschluss |
| AVBB | Allgemein-verbindlicher Bundesbeschluss |
| BB | Bundesbeschluss |
| BBl | Bundesblatt (der Schweizerischen Eidgenossenschaft) |
| BGE | Entscheidungen des Schweizerischen Bundesgerichts, amtliche Sammlung |
| BV | Bundesverfassung der schweizerischen Eidgenossenschaft |
| BVerfG | Entscheidungen des deutschen Bundesverfassungsgerichts |
| DöV | Die öffentliche Verwaltung (Stuttgart) |
| EMRK | (Europäische) Konvention zum Schutze der Menschenrechte und Grundfreiheiten vom 4. November 1950 |
| EuGRZ | Europäische Grundrechte-Zeitschrift |
| GG | Grundgesetz für die Bundesrepublik Deutschland |
| KV | Kantonsverfassung |
| MbVR | Monatsschrift für bernisches Verwaltungsrecht und Notariatswesen |
| Pra | Praxis des Bundesgerichts |
| SJZ | Schweizerische Juristen-Zeitung |
| SR | Systematische Sammlung des Bundesrechts (Schweiz) |
| U.S. | United States Reports (offizielle Entscheidsammlung des U.S.-Supreme Court) |
| VE | Verfassungsentwurf |
| VEB | Verwaltungsentscheide der Bundesbehörden (heute VPB) |
| VPB | Verwaltungspraxis der Bundesbehörden (früher VEB) |
| VVDStRL | Veröffentlichungen der Vereinigung der Deutschen Staatsrechtslehrer |
| ZbJV | Zeitschrift des bernischen Juristenvereins |
| ZBl | Schweizerisches Zentralblatt für Staats- und Gemeindeverwaltung |
| ZSR | Zeitschrift für schweizerisches Recht |

Im übrigen werden die gebräuchlichen Abkürzungen vewendet. Für Bundeserlasse wird auf das Abkürzungsverzeichnis in der amtlichen Sammlung der Entscheidungen des Schweizerischen Bundesgerichts verwiesen.

# ZUSAMMENFASSUNG

## I

1. Die schweizerische Staatsrechtslehre befürwortet seit langem und mehrheitlich ein umfassend verstandenes, jedenfalls über das Feld traditioneller Grundrechtsbeschränkungen hinausreichendes Erfordernis der gesetzlichen Grundlage staatlichen Handelns (Kap. 3.1). Das Bundesgericht hat diese primär demokratisch begründete Forderung, von vereinzelten Entscheidungen abgesehen, indessen erst in ihrer jüngeren Rechtsprechung (1977) aufgenommen und das Legalitätsprinzip auch in der Leistungsverwaltung und im Organisationsrecht zu aktivieren begonnen (Kap. 3.3). In diesem Entwicklungsprozess zeigt sich, dass die Bemessung des *Geltungsbereiches des Gesetzmässigkeitsgrundsatzes* äusserst differenziert und je gesondert für das formelle und materielle Legalitätsprinzip erfolgen muss. Weder eignet sich alle Staatstätigkeit zu Determinierung im demokratischen Prozess der Gesetzgebung *(formelles Legalitätsprinzip)*, noch lässt sie sich – auf anderer Ebene – stets optimal in generell-abstrakten Rechtssätzen erfassen und regeln *(materielles Legalitätsprinzip)*. Wo die Grenzen zu verlaufen haben, wo unmittelbare, selbst ungeschriebene Verfassungsbefugnisse im Sinne von *inherent* oder *implied powers* sowie offene, nicht generell-abstrakt definierte Handlungsräume verfassungsrechtlich standhalten, ist im Lichte der neueren Rechtsprechung noch weitgehend ungeklärt (Kap. 3.32-3). Festhalten lässt sich indessen, dass dem schweizerischen Verfassungsrecht die Vorstellung eines sog. »Totalvorbehaltes« des Gesetzes ebensowenig adäquat ist wie die weitere Verwendung des tradierten, deutscher Staats- und Verwaltungsrechtslehre der konstitutionellen Monarchie entlehnten Begriffes des »Vorbehalts« des Gesetzes in seiner ursprünglichen Bedeutung als die nur *ausnahmsweise* geforderte gesetzliche Grundlage bei Eingriffen in Freiheit und Eigentum (Kap. 3.4; Anhang I).

2. Der herrschende Dualismus von formellem und materiellem Gesetz (Kap. 2) hat in der bundesgerichtlichen Rechtsprechung im Verlaufe der Entwicklung zu verschiedenen *Traditionslinien* qualitativer Anforderungen an die ge-

setzliche Grundlage geführt (Kap. 4.3). Nicht leicht durchschaubar, betonen diese einmal mehr das formelle, einmal mehr das materielle Gesetzeserfordernis. Bedeutsam erscheint im Ergebnis die Einsicht, dass sich diese Traditionslinien in der jüngeren Praxis zusehends harmonisiert haben. Mit unterschiedlichen Formulierungen verwirklichen sie – allerdings mit Ausnahme der kaum mehr vertretbaren Beschränkung des Grundsatzes *nulla poena sine lege* auf das materielle Gesetz (Kap. 4.37) – die Delegationsgrundsätze, wie sie das Bundesgericht im Rahmen der Gewaltenteilung, des Stimmrechts, der Grundrechte sowie teils als selbständige Prinzipien von Verfassungsrang (Art. 4 BV) entfaltet hat. Im Geltungsbereich des Legalitätsprinzips müssen danach wichtige, grundlegende Entscheidungen im demokratischen Prozess entschieden und entsprechend auf der Stufe des formellen Gesetzes angesiedelt werden; ein Erfordernis, das die Praxis in unterschiedlicher Terminologie (Inhalt-Zweck-Ausmass-Formel, Erfordernis der klaren, unzweideutigen Grundlage, Gesetzesvorbehalt) zum Ausdruck bringt (Kap. 4.311). Für die Leistungsverwaltung unterscheidet das Bundesgericht demgegenüber flexiblere »Richtlinien«, die sich mitunter in ungeschriebenen Ermächtigungsnormen erschöpfen können und auch nicht immer zugleich generell-abstrakter Determinierung bedürfen. Eingehendere Untersuchung zeigt indessen, dass das Bundesgericht dieser eigenen dogmatischen Unterscheidung in der Praxis nicht entspricht: auch ausserhalb der Leistungsverwaltung gibt die Komplexität von Regelungsbedürfnissen zu flexiblen Delegationsanforderungen Anlass (Kap. 4.312, 15. 5–6).

## II

3. Am Wirtschaftsverwaltungsrecht der mixed-economy wie auch anhand der politischen Planung zeigt sich exemplarisch, dass der neuzeitliche, generell-abstrakte Rechtssatz und materielle Gesetzesbegriff (Kap. 2.2; Anhang II) den Bedürfnissen moderner Staatstätigkeit vielfach nicht mehr gewachsen ist. Der Zwang zu generell-abstrakter Determinierung führt in komplexen Regelungsbereichen nicht selten zu nur wenig normativen Grundlageerlassen und verlegt die massgebende Gestaltung entsprechend auf den »Vollzug« (Kap. 6.2–3). Er

schreibt im Ergebnis eine formal-funktionale Gewaltenteilung fest, in der die Zuständigkeiten grundsätzlich nach Massgabe der Normstruktur (generell-abstrakt oder individuell-konkreter Norminhalt) bestimmt werden, ohne dass gefragt wird, ob das so befasste Staatsorgan zu Entscheid und Regelung auch wirklich geeignet ist. Mit bloss punktueller Erweiterung des Verwaltungsreferendums, z.B. im Bereich der Grosstechnologie, dürfte das Problem kaum grundlegend zu lösen sein. Vielmehr bedarf es u.a. der Rückbesinnung auf die verfassungsrechtlich möglichen Gesetzesinhalte und in der Folge deren Erweiterung auf individuell-konkrete Akte von materialer Allgemeinheit. Staatsleitende Grundentscheidungen können so wieder vermehrt dem bereits bestehenden, demokratischen Entscheidungsprozess zugeführt werden (Kap. 6.4).

4. Diesem Anliegen entspricht das Verständnis des *monistischen, demokratischen Gesetzes:* dieses zeichnet sich durch strukturelle, nicht auf generell-abstrakte Inhalte beschränkte Offenheit, durch seine Verpflichtung auf grundlegende Inhalte und durch seine Entstehung in einem qualifizierten Verfahren des offenen politischen Prozesses aus. Der Begriff bezieht sich so auf die eigentliche Gesetzgebung, schliesst aber *a fortiori* auch die Verfassungsgebung ein. In seinen Eigenschaften verläuft er quer durch den dualistischen Gesetzesbegriff; das demokratische Gesetz ist weder mit dem formellen noch mit dem materiellen Gesetz identisch. Es lässt sich aufzeigen, dass dieser Gesetzesbegriff mit seinem offenen Normverständnis nicht nur Unterstützung in der Methodenlehre (Kap. 7), sondern eine Grundlegung im schweizerischen Verfassungsrecht selbst findet. Die Untersuchung der vorwiegend im 19. Jahrhundert entstandenen verfassungsrechtlichen Gesetzesumschreibungen der Kantone zeigt in Verbindung mit den tradierten Vorstellungen des schweizerischen Gewaltengefüges, dass das Gesetz in erster Linie dem Schutze der demokratischen Partizipationsrechte (Gesetzesinitiative und Gesetzesreferendum) dient. Es ist verfassungsrechtlich nicht auf generell-abstrakte Inhalte und damit nicht auf die herrschende Dichotomie von Rechtssatz und Einzelakt fixiert. Verdeutlicht wird dies durch die Untersuchung des dem Gesetz verfahrensrechtlich oft gleichgestellten allgemein-verbindlichen Beschlusses. Dieser drängt sich, wo vor-

handen, als Träger strukturell offener staatsleitender Entscheidungen geradezu auf (Kap. 9). Im Ergebnis erweist sich, dass schweizerische Lehre, Rechtsprechung und Gesetzgebung (z.B. Art. 5 Abs. 2 GVG) den generell-abstrakten Rechtssatz und den dualistischen Gesetzesbegriff wohl zu dogmatisch rezipiert und an das eigene demokratische Verfassungsrecht herangetragen haben. Der Gesetzesdualismus hat zwar nicht seine theoretische Grundlegung, wohl aber – und daran ist zu erinnern – seinen praktischen Aufschwung in der besonderen Verfassungslage der deutschen konstitutionellen Monarchie erfahren (Anhang I). Auf verfasste Volkssouveränität ist er letztlich nicht zugeschnitten. Der Dualismus wird denn auch von namhaften Autoren unter dem Bonner Grundgesetz, früher schon unter der Weimarer Verfassung abgelehnt. Auch kennen weder das englische noch das angloamerikanische Verfassungsrecht die Unterscheidung von formellem und materiellem Gesetz und die Beschränkung der Gesetzgebung auf generell-abstrakte Inhalte. Pragmatisch liegt diesen Rechtsordnungen vielmehr ein letzlich offener Normbegriff zu Grunde, der auch fruchtbare verfahrensrechtliche Lösungen in Gesetzgebung *(Private Bills* in England) und in der Verwaltungsrechtspflege *(Hearings* in *adjudication* und *rule making* in den USA) begünstigt hat. Ansatzweise finden diese Lösungen im schweizerischen Raumplanungsrecht eine interessante Parallele, gerade weil sich der Planbegriff bekanntlich der herrschenden Dichotomie von Rechtssatz und Einzelakt entzieht (Kap. 8.4).

## III

5. Gesetz und Norm sind auf vielseitigen, inhaltlichen wie verfahrensmässigen Ebenen an die Verfassung gebunden. Das geschriebene und ungeschriebene Verfassungsrecht enthält – dies als Hauptthese – so auch grundlegende und differenzierende Anforderungen an die jeweils adäquate und sachgerechte Ausgestaltung der gesetzlichen Grundlage. Das gilt nicht nur hinsichtlich der *Normstufe* (Delegation), sondern ebenso mit Bezug auf die im Einzelfall angemessene *Normdichte* (Bestimmtheit und Offenheit) sowie auch der *Normstruktur* (generell-abstrakte bis individuell-konkrete Norminhalte). Das offene Gesetzes- und Normverständnis ist

verfassungsrechtlich gerade deshalb möglich, weil dasselbe Verfassungsrecht mit derartigen Anforderungen jenen Schutz des Individuums vor Willkür und Dezisionismus gewährleistet, wie er vom bedeutsamen, neuzeitlichen generell-abstrakten Rechtssatzbegriff erwartet, heute aber nicht mehr hinreichend wahrgenommen werden kann.

6. Das *geschriebene* schweizerische Verfassungsrecht regelt Anforderungen an die gesetzliche Grundlage staatlichen Handelns vielfältig und punktuell. Das Spektrum reicht von strengen Anforderungen, z.B. dem im Ergebnis bestehenden Erfordernis einer doppelten gesetzlichen Grundlage bei wirtschaftslenkenden Vorkehren des Bundes, bis zu häufigem Stillschweigen der Verfassung. *Allgemeine* Anforderungen, wie sie das Bonner Grundgesetz oder der Vorentwurf 1977 für eine neue Bundesverfassung kennen, sind dem geltenden Recht im Interesse differenzierender Lösungen weitgehend fremd (Kap. 14). Um so grössere Bedeutung kommt daher den *ungeschriebenen* Kriterien und Standards zu, die sich aus den einzelnen verfassungsmässigen Rechten, insbesondere dem Anspruch auf *Gewaltenteilung,* dem *Stimmrecht,* den *Grundrechten* (i.e.S.) und der *Rechtsgleichheit* entfalten lassen. Wegleitend erweisen sich in dieser Aufgabe, in Verbindung mit der topischen Methode der Rechtsfindung (Kap. 11.3), grundlegende Erkenntnisse der Regelungstheorie und der These des *structural due process.* Im gemeinsamen Mittelpunkt beider Ansätze lassen sich Anliegen und Einsicht erkennen, dass Regelung und Entscheidung jeweils demjenigen Staatsorgan zuzuweisen sind, das aufgrund seiner Legitimität, seiner Zusammensetzung, seiner Arbeitsweise und seiner verfahrensrechtlichen Ausgestaltung am *bestgeeigneten* erscheint. Diese Zuordnung erfolgt massgebend durch die entsprechende Wahl der Normstufe, der Normdichte und Struktur des betreffenden Grunderlasses. Die sachgerechte Verteilung von Regelungsaufträgen realisiert sich m.a.W. entscheidend über die entsprechende Ausgestaltung gesetzlicher Grundlage (Kap. 12).

7. Im Lichte dieser Grundlagen zeigt sich im Rahmen der verfassungsmässigen Rechte der *Gewaltenteilung* und des *Stimmrechts,* dass die Regelung grundlegender und wichtiger Tatbestände – in Übereinstimmung mit den Delegationsregeln der

Praxis und dem demokratischen Gesetzesbegriff – gewissermassen im Sinne einer Vermutung durch den demokratischen Prozess zu entscheiden und somit – von der Verfassung abgesehen – auf der Stufe des Gesetzes zu regeln sind. Die Zuordnung von »Wichtigkeit« und Gesetz darf indessen nicht exklusiv und zu eng verstanden werden. Entgegen der Vorstellung einer Gewaltenteilung, die im Ergebnis Regelungsbefugnisse allein nach Massgabe abnehmender Wichtigkeit delegierbar macht, entspricht der Regelungstheorie und der These des *structural due process* eher das Bild des demokratisch legitimierten *regimen commixtum (Mischverfassung):* Nicht nur Verfassungs- und Gesetzgeber, sondern auch Regierung, Verwaltung und Richter haben gestützt auf entsprechend offene Delegationsnormen mitunter grundlegende Entscheidungen kreativ und gestaltend zu treffen, wo sie nach Massgabe ihrer Eignung dazu am ehesten berufen sind (Kap. 15.1–4). In der bundesgerichtlichen Praxis lässt sich denn auch nachweisen, dass weitgehende Delegationen und Gestaltungsaufträge an Regierung und Verwaltung angesichts von Komplexität, hoher Technizität sowie dem Bedürfnis nach experimenteller Rechtsetzung auch in traditionellen Eingriffsbereichen vor der Verfassung standhalten. Es zeigt sich, dass die Frage der verfassungsrechtlich zulässigen Delegation in der Praxis letzlich nicht formelhaft-schematisch, sondern in topischer Abwägung relevanter Gesichtspunkte und Interessen und jenseits der Unterscheidung von Eingriffs- und Leistungsverwaltung beurteilt und bemessen wird (Kap. 15. 5–6). Mit Nachdruck ist dabei hervorzuheben, dass weitgehende Delegationen nicht leichtfertig, etwa aus Interessen allgemeiner Flexibilität oder Effizienz im Sinne falsch verstandener reibungsarmer Politik und Entscheidfindung möglich sein dürfen (Kap. 15.7). Wo sie aber im Lichte der Eignung unumgänglich sind, wird künftig kreativer nach Vertiefung *verfahrensrechtlicher* Delegationsgrundsätze zu suchen sein, wie sie sich z.B. in den USA mit den Partizipationsansprüchen Betroffener in der *Verordnungsgebung* oder im Rahmen der parlamentarischen Verwaltungskontrolle entfaltet haben; fruchtbare Ansätze bestehen auch dazu in der Schweiz (Kap. 15.8).

8. *Den Grundrechten* (i.e.S.) kommt primär Bedeutung in der Frage nach der jeweils adäquaten Normdichte zu; das Erfor-

dernis eines demokratischen Gesetzes (zumindest als Kompetenznorm ausgestaltet) hat seine eigentliche, materielle Herkunft bereits in den Individualrechten der Gewaltenteilung und des Stimmrechts (Kap. 16.1).

Für die Bemessung der Normdichte von grundrechtsrelevanten Erlassen erweist sich im heutigen Zeitpunkt der Rechtssatzbegriff der Europäischen Menschenrechtskonvention (EMRK) als massgebend. Mit dem Urteil *Sunday-Times* stehen als dessen Haupteigenschaften die Erfordernisse der Publizität, der Vorhersehbarkeit und der optimalen Bestimmtheit im Vordergrund. Der staatsvertraglich verbindliche Normbegriff entspricht so zwar im Grundanliegen, nicht aber in der Ausgestaltung dem generell-abstrakten Rechtssatz kontinentaler Tradition: namentlich fehlen diesem immanente Publizitäts- und Bestimmtheitserfordernisse (Kap. 5). Das grundrechtliche Interesse an Berechenbarkeit und damit grösstmöglicher Bestimmtheit des Erlasses (Prävisionsinteresse) besteht vor allem da, wo die Norm unmittelbar, *ex ante* zu wirken hat und ihre Anwendung nicht vorgängig in einem den Betroffenen einbeziehenden Verfahren konkretisiert werden kann (Kap. 16.23). Die wegleitende *Vagueness* – und *Overbreadth*-Doktrin des U.S. Supreme Court legt hier eindrücklich nahe, dass Bestimmtheit und Präzision der Norm vor allem bei Beschränkungen ideeller Grundrechte von vitaler Bedeutung sind. Fehlen diese Eigenschaften, so lässt sich im entscheidenden Augenblick zulässiges und unzulässiges Verhalten nicht berechnen und absehen. Mit Blick auf die hemmenden und abschreckenden Wirkungen, die von solchen Normen für die in der offenen Gesellschaft so zentrale Meinungsäusserung ausgehen (sog. *chilling effect),* halten sie in den USA vor der Verfassung nicht stand (Kap. 16.24).

Auf der andern Seite darf nun aber das auch von der schweizerischen Lehre geforderte, in der Praxis noch kaum aktualisierte Bestimmtheitsgebot (Kap. 16.22) gerade aus grundrechtlicher Sicht nicht absolut gesetzt und verallgemeinert werden. Regelungstheorie und *structural due process* machen deutlich, dass mitunter Grundrechtsinteressen selbst die offene Normierung und entsprechend ihre Konkretisierung durch Richter und Verwaltung verlangen. Das trifft dort zu, wo das Interesse an grösstmöglicher *Einzelfallgerechtigkeit* im Vordergrund steht und die Rechtsfolgen individualisierend, durch ein Verfahren, im Gespräch mit dem Betroffenen *ex post* bemessen werden können (Kap. 16.3). Ausgestaltung der Verfahrensrechte, die Anwendung allgemeiner Rechtsgrundsätze (Kap. 17.1) und vor allem das vielversprechende, im Rahmen des *structural due process* entfaltete Erfordernis der kompetenz- und sachgerechten Begründung (Kap. 17.2) können und müssen hier auffangen, was an Gerechtigkeit durch bestimmt formulierte, generell-abstrakte Normen nicht hervorgebracht und gesichert werden kann.

9. Aus dieser Sicht fragt sich im Ergebnis, ob überhaupt sinnvollerweise *allgemeine* Anforderungen an die Ausgestaltung der gesetzlichen Grundlage insbesondere von Grundrechtsbeschränkungen, etwa im Sinne von Art. 23 Abs. 2 VE 1977 für eine neue BV, formuliert und über den Grundsatz hinaus verfassungsrechtlich positiviert werden können. In ihrer Komplexität lassen sich die Fragen der Normdichte wie auch der Normstufe letztlich nur im Fallrecht erfassen, entwickeln und gruppieren. Sie sind in erster Linie dem Verfassungsrichter als dem dazu bestgeeigneten Organ zu Obhut und Pflege anzuvertrauen (Kap. 16.4).

10. Mit dem Verzicht auf den generell-abstrakten Rechtssatzbegriff gewinnt die *Rechtsgleichheit* im Rahmen des offenen Normbegriffes für die Frage der jeweils adäquaten *Normstruktur* hevorragende, wenn auch nicht ausschliessliche Bedeutung. Entgegen langjähriger Lehre und herrschender Rechtsprechung kann dem schweizerischen Verfassungsrecht kein allgemeines Verbot von *Einzelfall- und Individualgesetzen* entnommen werden (Kap. 19.1). Den Anforderungen *formeller Gleichheit* kann im Grunde auch durch fortlaufende Einzelfallgerechtigkeit und Bindung an Präjudizien Genüge getan werden; freilich drängt sich aus *praktischen* Gründen die generell-abstrakte Regelung wo immer möglich da auf, wo Adressatenkreis und Zahl der Anwendungsfälle vorgängig nicht bestimmbar sind. Ebenso kann sich nach Massgabe *relativer, materieller Gleichheit* ein Einzelfall oder Individualgesetz rechtfertigen (Kap. 18). Die reichhaltige Verfassungspraxis der USA zum Verbot der *Bills of Attainder* zeigt indessen eindrücklich, dass die Frage des individuell-konkreten Gesetzes, etwa entgegen der bundesdeutschen Praxis (Kap. 19.2), nicht allein nach Massgabe relativer Gleichheit beurteilt werden kann. Als ein spezifisches verfassungsrechtliches *Diffe-*

*renzierungsverbot* schliesst das amerikanische Verfassungsrecht Individual- und Einzelfallgesetze da aus, wo diese pönalen, diskriminierenden und sanktionierenden Charakter aufweisen (Kap. 19.3, 20). In diesem Verbot, das über den Grundsatz *nulla poena sine lege* hinaus auch Normen ausserhalb des Strafrechts erfasst, zeigt sich die erhärtete und historisch erprobte Wahrheit, dass der Gesetzgeber zur unmittelbaren Entscheidung über menschliche Einzelschicksale nach Massgabe seiner Legitimation, seiner Verfahrensweise und seiner Entscheidfindung nicht geeignet ist. In Übereinstimmung mit dem demokratischen Gesetzesbegriff müssen seine Einzelfallgesetze Bedeutung und Stellenwert von *materialer Allgemeinheit* aufweisen. Hier besteht nicht weniger als bei generellen Erlassen eine gewisse Gewähr, dass die typischen Eigenschaften des politischen Prozesses verfahrensrechtlich die Voraussetzungen gerechter Entscheidung zu schaffen vermögen (Kap. 20.2).

11. Die genannten verfassungsrechtlichen Aspekte zur Bemessung der jeweils adäquaten Ausgestaltung von Normstufe, Normdichte und Normstruktur mögen erhellen, dass das *Legalitätsprinzip* in seinen heute vielschichtigen, demokratischen, rechtsstaatlichen und gewaltenteiligen Aufgaben entlastet werden kann. Sie erlauben, den Gesetzmässigkeitsgrundsatz in erster Linie, vorerst unabhängig von der Verfassung, in seiner praktischen Tragweite als ein *Prinzip des einfachen Rechts* zu verstehen. Sein Gehalt beschränkt sich auf die grundlegende Forderung der Kompetenznorm in Gesetz oder Gewohnheitsrecht sowie in der Bindung an das bestehende Recht nach Massgabe der Normenhieararchie. In diesem Verständnis sorgt das Legalitätsprinzip grundlegend dafür, dass sich staatliches Handeln im Rahmen des vom einfachen Recht ausgestreckten Spielraumes bewegt. Die damit verbundenen, mitunter schwierigen Auslegungsfragen richten sich in erster Linie an Behörden und Fachrichter und sind von diesem nach Massgabe ihrer Bindung an das einfache Recht zu beantworten. Seinen verfassungsrechtlichen Bezug findet das so verstandene Legalitätsprinzip allein im *Willkürverbot* des Art. 4 BV. Dem Verfassungsrecht lassen sich, von Gebot verfassungskonformer Auslegung abgesehen, keine weiteren Anhaltspunkte für die Auslegung des einfachen Rechts entnehmen. Das Legalitätsprinzip ist so verfassungsrechtlicher

*Minimalstandard,* ohne spezifisch eigenständigen Verfassungsrang. Verfassungsrang hat demgegenüber die Frage, ob ein Erlass *an sich,* nach Massgabe der vorgetragenen Kriterien, dem verfassungsrechtlichen Anforderungen an die Normstufe, Normdichte und Normstruktur zu genügen vermag. Hier liegt, *nach* erfolgter Prüfung der Auslegung des Erlasses auf Willkür und *vor* inhaltlicher Beurteilung der Verfassungsmässigkeit das eigentliche und grundsätzlich nach freier Prüfung rufende Arbeitsfeld des Verfassungsrichters beim Erfordernis der gesetzlichen Grundlage (Kap. 1, 10, 21).

# Teil I

# GRUNDLAGEN

## 1. Einführung: Das Legalitätsprinzip und seine Elemente

### 1.1 Vorbehalt und Vorrang des Gesetzes

Das Erfordernis der gesetzlichen Grundlage und seine Ausgestaltung in der Rechtsordnung wird nach hergebrachter und herrschender Auffassung seit der spätkonstitutionellen deutschen Verwaltungsrechtslehre *(Mayer)* auch in der Schweiz als Vorbehalt des Gesetzes bezeichnet. Gemeinsam mit dem Vorrang des Gesetzes bildet es den Grundsatz der gesetzmässigen Verwaltung oder – allgemeiner – das Legalitätsprinzip.[1]

a) Der Grundsatz des sogenannten *Vorbehaltes des Gesetzes* (réserve de la loi) beinhaltet nach seinem hergebrachten Verständnis, dass Eingriffe in Freiheit und Eigentum, also Grundrechtsbeschränkungen, im Einzelfall nur gestützt auf eine gesetzliche Grundlage erfolgen dürfen.[2] Heute hat sich der Vorbehalt von seiner Beschränkung auf Grundrechtseingriffe gelöst. Er besagt in allgemeiner Weise, dass staatliches Handeln im Rahmen seines Geltungsbereiches nur gestützt auf gesetzliche Grundlage zulässig ist. Wo die Lehre einen umfassenden Geltungsbereich postuliert, wird (sprachlich verfehlt) mitunter vom »Totalvorbehalt« des Gesetzes gesprochen.[3]

b) In seiner heutigen Ausgestaltung bindet der sogenannte *Vorrang des Gesetzes* (suprématie de la loi) jede Behörde in ihrer Tätigkeit an bestehende und auch von ihr selbst erlassene Normen (*patere legem quam fecisti).* Der Grundsatz sichert

[1] S. z.B. Hangartner (1980) 136 ff., Knapp (1980) 62 ff., Imboden/Rhinow (1976) 352, Grisel (1972) 28, (1970) 162 ff., (1964) 31, Jezler (1967) 3, 53 ff. Der Systematik kommt keine normative Bedeutung zu; verschiedentlich bleibt der Grundsatz der Gesetzmässigkeit auf den Aspekt des Vorbehaltes beschränkt, so z.B. in den Darstellungen von Fleiner (1980), 69, Ruck (1964) 51 ff., Roos (1955) 117 ff. Für die deutsche Lehre grundlegend Mayer, Deutsches Verwaltungsrecht, 3. Aufl. 1924 Bd. I 70; statt vieler Erichson/Martens (Hrsg.), Allgemeines Verwaltungsrecht, 2. Aufl. Berlin/New York 1977, 40 f., Starck (1970) 273, Jesch (1961) 29 ff., Pellegrini (1979) 1 ff. mit Hinweisen, F. Müller (1960) 17 ff.

[2] Die in der deutschen Lehre anzutreffende Unterscheidung vom (allgemeinen) »Vorbehalt des Gesetzes« und den grundrechtsspezifischen) »Gesetzesvorbehalten« wird hier vernachlässigt; vgl. dazu F. Müller (1960) 21.

[3] Dazu Kap. 3.4.

die rechtliche Wirksamkeit demokratisch legitimierter Gesetze und der Verfassung; er verlangt die inhaltliche Kompatibilität von nachgestellten Normen gegenüber höherrangigeren Erlassen im Stufenbau der Rechtsordnung (Hierarchie der Normen). Schliesslich schützt der Grundsatz den Normbestand dadurch, dass er Erlass und Aufhebung beziehungsweise Abänderung einer Norm derselben Behörde überantwortet (Parallelismus der Formen).[4]

c) Mit Blick auf die Wirkungen von Vorrang und Vorbehalt des Gesetzes auch ausserhalb des eigentlichen Verwaltungsrechts, namentlich im Straf- und Prozessrecht, empfiehlt es sich, allgemeiner vom *Legalitätsprinzip* zu sprechen.[5] Dieser Begriff bringt auch angemessener zum Ausdruck, dass sich der Grundsatz in seinem heute herrschenden Verständnis nicht mehr auf das »Gesetz« in seinem üblichen Sprachsinn beschränkt. So beinhaltet der Vorrang die Bindung der Behörden an Recht und Verfassung schlechthin (sog. Vorrang der Verfassung sowie Grundsatz der rechtmässigen Verwaltung).[6] Der Vorbehalt seinerseits umfasst als formelles Legalitätsprinzip jeden demokratisch legitimierten Akt[7] sowie als materielles Legalitätsprinzip das Erfordernis des Rechtssatzes (Grundsatz der rechtssatzmässigen Verwaltung.)[8/9]

## 1.2 Die Unschärfe des heutigen Legalitätsprinzips

Die erhöhte Legitimität von Verfassungs- und Gesetzesnorm hat eine weitgehende Stabilisierung des Gesetzesvorranges in Lehre und Rechtsprechung bewirkt. Seine Konkretisierungen sind im wesentlichen gefestigt und unbestritten;[10] jeden-

4 Zu den Konkretisierungen des Grundsatzes in der schweizerischen Rechtsprechung s. die Übersicht bei Imboden/Rhinow (1976) 252, BGE 106 Ia 389 ff., 103 Ia 378 mit Hinweisen; 96 I 217; eingehend Hangartner (1980) 196 ff; ferner Auer (1981) 10, Rohner (1982) N. 220 ff., Grisel (1972) 28 ff. Arioli (1968) 31, Jezler (1967) 53, 73 ff.; zu möglichen Ausnahmen Aubert (1974) 199 f. Nr. 11 und 12.

5 So auch die bundesgerichtliche Terminologie, z.B. BGE 105 Ia 147; 104 Ia 116, 198; 102 Ia 115, 341.

6 Vgl. Art. 4 VE BV 1977, Bericht (1977) 25 f.; Von rechtmässiger Verwaltung sprechen Fleiner (1980) 68, Giacometti (1948) 247, anders noch (1941) 1975, Ruck (1964) 51, (1951) 195. Zum Begriff des Vorranges der Verfassung, Hesse (1980) 81.

7 Eingehend Kap. 2.3.

8 So die Terminologie bei Imboden/Rhinow (1976) 354.

9 Zur Unterscheidung von formellem und materiellem Legalitätsprinzip eingehend Kap. 2.4.

10 Hangartner (1980) 196 ff., G. Müller (1979) 57/58, Grisel (1964) 33.

falls gilt das solange, als das Prinzip des Vorranges nach rein formalen Kriterien betrachtet wird und die heute im Mittelpunkt stehende Frage nach dem Verhältnis von Form, Norm stufe und Inhalt[11] sowie das Problem der Prüfung der Verfassungsmässigkeit von Erlassen durch die anwendenden Verwaltungsbehörden[12] nicht hier verankert wird. Wenn dem Legalitätsprinzip gesamthaft dennoch klare Konturen fehlen, so liegt das wesentlich am Teilgehalt des Vorbehaltes: Gefestigte Antworten auf die Frage nach seinem Geltungsbereich und vor allem nach den qualitativen Anforderungen an die »gesetzliche Grundlage« stehen noch weitgehend aus.[13]

Dieser Befund kann nicht so sehr fehlender klarer Verankerung des Legalitätsprinzips in den geschriebenen Verfassungen[14] angelastet werden. Der Grund liegt wesentlich in der Komplexität und Vielfalt der Sache selbst. Die Ausgestaltung der gesetzlichen Grundlage ist nicht nur für den grundrechtlichen Schutz und die demokratischen Partizipationsrechte des einzelnen Bürgers von grosser Bedeutung; die Konkretisierung des Legalitätsprinzips beeinflusst zugleich auch das Verhältnis der einzelnen Staatsfunktionen zueinander: Nach Massgabe seiner Ausgestaltung gibt das Prinzip ebenso Auskunft über den Stand der Gewaltenteilung im Gemeinwesen. Die heutigen Bemühungen der Rechtsetzungslehre, die im lenkenden und planenden Staat gewachsene Aufgabenvielfalt besserer Bewältigung zuzuführen,[15] wirken so gleichermassen wie individualrechtliche Sicherheitsbedürfnisse und Partizipationsrechte auf die Ausgestaltung des Legalitätsprinzips ein. Angesichts steter gesellschaftlicher Entwicklung und den damit herbeigeführten neuartigen Herausforderun-

11 Mit Aubert (1974) 196 ff. lässt sich die Hierarchie der Normen nach Massgabe der Wichtigkeit des Normgehaltes (materielle Hierarchie) nach Rang und Legitimität der erlassenden Behörde oder nach formellen Gesichtspunkten bestimmen. Aus Gründen der Praktikabilität und Justiziabilität eignen sich nach Aubert formale Gesichtspunkte am besten. Die meisten Verfassungen folgen entsprechend dem Prinzip formeller Hierarchie, a.a.O. 200, 203.

12 S. z.B. BGE 104 Ib 208.

13 Kap. 3 und 4.

14 A.M. Jezler (1967) 15. Wie wenig auch eine umfassende verfassungsrechtliche Verbriefung des Legalitätsprinzips die Probleme zu lösen vermag, zeigt die österreichische Diskussion um Art. 18 Bundesverfassungsgesetz, der das Legalitätsprinzip bekanntlich umfassend verankert. Die Probleme etwa hinsichtlich des Polizeirechts, der Bindung der Regierung, der auswärtigen und der militärischen Gewalt, des Organisationsrechts, der bundesstaatlichen Rangordnung stellen sich ungeachtet umfassender expliziter Verankerung des Prinzips dort ebenso wie hierzulande; hierzu Antoniolli (1973) 9 ff.

15 Vgl. Kap. 12, 15.

gen an rechtliche Erfassung und Bewältigung staatlicher Gestaltung kann das Gewaltengefüge, das gegenseitige Verhältnis der verschiedenen Staatsfunktionen, kaum zur Ruhe kommen;[16] mit ihr unterliegt jedenfalls ein weit verstandenes Legalitätsprinzip – ähnlich den Grundrechten als immer wieder neu zu konkretisierenden Verfassungsnormen – dem ständigen Wandel gesellschaftlicher und staatlicher Wirklichkeit. Das Prinzip bedarf steter Aktualisierung im Kontext der Verfassungsentwicklung.

## 1.3 Die Variablen der gesetzlichen Grundlage

Das Erfordernis der gesetzlichen Grundlage und mit ihm das Legalitätsprinzip werden in diesem Prozess der Aktualisierung von verschiedenen variablen und interdependenten Elementen geprägt. Diese bestimmen zugleich auch massgeblich den Forschungsgegenstand dieser Arbeit.

Zentrale Bedeutung kommt dem *Gesetzes- und Normbegriff* zu.[17] Je nachdem, ob dem Legalitätsprinzip ein Gesetz im formellen oder im materiellen Sinn oder ein drittes, monistisches Gesetzesverständnis zugrunde gelegt werden, fällt die Antwort auf die geforderte Qualität der gesetzlichen Grundlage hinsichtlich der *Normstufe* (Erlass- und Verfahrensform, Delegationsfrage)[18], der *Normdichte* (Bestimmtheitsproblem)[19] und der *Normstruktur* (generell-abstrakte, individuell-konkrete u.a. Norminhalte)[20] unterschiedlich aus. Diese Elemente werden ihrerseits – und somit auch das Gesetzes- und Normverständnis – wesentlich durch die demokratischen, grundrechtlichen und gewaltenteiligen Anforderungen des Verfassungsrechts bemessen. Von Bedeutung ist sodann der ebenso verfassungsrechtlich bestimmte *Geltungsbereich des*

16 Das ist gewiss keine neue, wenn auch staatsrechtlich noch wenig umgesetzte Einsicht. So schreibt etwa Bundesrat Furgler, dass die Gewalten in einem Staat »nichts Erstarrtes sind, sondern bei aller Treue zu bleibenden Werten in einen Strom der Entwicklung und der Erneuerung gebettet sind. Demzufolge sind auch die Beziehungen unter den Gewalten ständig in einer gewissen Bewegung und die Frage stellt sich immer wieder neu, wie diese Berührungen und Verbindungen geordnet werden sollen«. Furgler, K., Die Schweiz ein Rechtsstaat, in: documenta 2/1975 S. 20, zit. nach Buser (1981) 494.

17 Kap. 2, 5 – 9.

18 Kap. 4, 5, 13 – 15.

19 Kap. 5, 13, 14.2 – 4, 16.

20 Kap. 5 – 9, 18 – 20.

*Legalitätsprinzips.*[21] Je umfassender es gilt, je vielfältiger seine Regelungsprobleme, um so anspruchsloser müssen wohl auch die allgemeinen und grundlegenden Anforderungen an den Gesetzmässigkeitsgrundsatz ausfallen.

Liegt die genannte Unschärfe des Legalitätsprinzips einerseits im vielseitigen Zusammenspiel seiner Elemente, so findet sie andererseits ihren Grund möglicherweise auch im Umstand, dass das Legalitätsprinzip dieses Zusammenspiel allein mit seinen historisch bedingten Teilgehalten von Vorbehalt und Vorrang methodisch nicht mit den nötigen Differenzierungen zu bewältigen vermag. Auf dieser Vermutung beruht die Hypothese der Untersuchung, Kriterien differenzierender Anforderungen an die gesetzliche Grundlage *im dritten Teil* weniger dem allgemeinen Legalitätsprinzip in seinem heute breiten Verständnis, sondern vermehrt punktuell und topisch im gesamten Verfassungsrecht zu suchen und zu verorten. Besondere Bedeutung kommt dabei den Individualrechten des Organisationsrechts (Stimmrecht und Gewaltenteilung), den Grundrechten und unter ihnen insbesondere der Rechtsgleichheit zu. Grundlage und Voraussetzung dieses Ansatzes bilden im *ersten und zweiten Teil* die Untersuchung und Kritik des heutigen Legalitätsprinzips in seinem Verhältnis zum Verfassungsrecht, unter Einschluss der Europäischen Menschenrechtskonvention.

[21] Kap. 3.

# 2. Der dualistische Gesetzesbegriff

## 2.1 Vorbemerkung

Grundlegend für die heutige Ausgestaltung des Legalitätsprinzips im schweizerischen Recht ist der herrschende dualistische Gesetzesbegriff in seiner Unterscheidung von materiellem und formellem Gesetz.

Die Unterscheidungsmöglichkeit zwischen formellen und materiellen Gesetzen ist an sich bereits in der rationalistischen, naturrechtlichen Forderung nach Allgemeinheit des Gesetzes angelegt.[22] Mit *Heller* lässt sich indessen die Auffassung vertreten, dass dem Dualismus im 19. Jahrhundert dort praktisch keine Bedeutung zukam, wo die Gesetzgebung im Gefolge der Revolution umfassend auf das Parlament übergeht (Volkssouveränität) und diesbezüglich zwischen Krone (Regierung) und demokratisch legitimiertem Gesetzgeber verfassungsrechtlich keine Kompetenzkonflikte bestehen.[23] Ihren *praktischen* Durchbruch erfährt die Unterscheidung denn auch erst in der Auseinandersetzung von Krone und aufstrebendem Bürgertum im Verfassungsgefüge der deutschen konstitutionellen Monarchie.[24] Sie dient hier der Lösung eines spezifischen Verfassungskonflikts und hat sich seither, den Weg vom Besonderen zum Allgemeinen gegangen, im deutschsprachigen Verfassungs- und Verwaltungsrecht begrifflich fest etabliert.

Die verfassungsrechtlichen Grundlagen des Begriffes, seine theoretische Verselbständigung, seine inhaltlich modifizierte Rezeption in der Schweiz werden in einem *Anhang* zu dieser Arbeit *in Hinblick auf die Überwindung des Gesetzesdualismus*[25] in Kürze nachgezeichnet.

22 So war es nach G. Jellinek, Gesetz und Verordnung, Freiburg 1887, 51, Jean-Jacques Rousseau, der »zuerst den Begriff des materiellen Gesetzes erörtert und die Möglichkeit bloss formeller Gesetze klar erkannt hat.«, zit. bei Hiestand (1891) 19. Nachweise für die Verwendung des Dualismus bei den frühen Theoretikern des Konstitutionalismus bei Kopp (1958) 12 ff. vgl. auch Anhang Kap. II lit. A.

23 Heller (1928) 104/105.

24 Der eigentliche Ursprung des Dualismus wird denn auch häufig erst bei Laband, insbesondere seiner Schrift zum preussischen Budgetkonflikt angesiedelt, so z.B. bei Imboden (1954) 5/6, Kopp (1958) 26 ff., Wildhaber (1975) 117, Auer (1981).

25 Teil II, Kap. 6 – 9.

## 2.2 Das materielle Gesetz

### *2.21 Generell-abstrakte Struktur*

a) Unter dem Gesetz im materiellen Sinn wird heute[26] in der schweizerischen Lehre und Rechtsprechung eine generell-abstrakte Norm verstanden. Die Norm ist generell mit Bezug auf ihren personellen Adressatenkreis, der nicht nur offen, sondern auch unbestimmbar und auf Zukunft angelegt sein muss. Die Norm ist abstrakt mit Bezug auf ihren Regelungsgegenstand. Die Anwendungsfälle sind vorgängig quantitativ nicht bestimmbar. Seinen wohl repräsentativsten Ausdruck hat dieses herrschende schweizerische Rechtssatzverständnis (nicht unbestrittenerweise) in Art. 5 Abs. 2 des Bundesgesetzes über den Geschäftsverkehr der Bundesversammlung (GVG)[27] gefunden:

> »Als rechtsetzend gelten alle generellen und abstrakten Normen, welche natürlichen oder juristischen Personen Pflichten auferlegen oder Rechte einräumen oder die Organisation, die Zuständigkeit oder die Aufgaben der Behörden oder das Verfahren regeln.«[28]

b) Entsprechend diesem Verständnis weist die vom Verfassungs-, Gesetz- oder Verordnungsgeber erlassene Einzelanordnung (Einzelfall- und Individualgesetz) nicht die Qualität des materiellen Gesetzes auf. Aus dem gleichen Grunde wird dem Verwaltungsakt (Verfügung) als indivi-

26 Zur Entwicklung des Begriffs im Spannungsfeld von deutsch-konstitutionellen und französischen Einflüssen (Rousseau) s. *Anhang* Kap. II.

27 SR 171.11. Zu Recht hat H. Huber die Zuständigkeit des Gesetzgebers bestritten, den Rechtssatzbegriff der Bundesverfassung mittels Legaldefinition im einfachen Bundesgesetz festzulegen: Zum Entwurf eines neuen Geschäftsverkehrsgesetzes, Kritische Bemerkungen, NZZ Nr. 2807 und 2812 vom 23.8.1960, zit. nach Eggimann (1978) 102. S. auch Kap. 9.3.

28 Eingehend wird dieses formale Verständnis des Abstrakten und Generellen als den wesentlichen Essentialia des materiellen Gesetzes etwa im nachstehenden Beschwerdeentscheid des Bundesrates vom 16.5.1973 erläutert: »... Mit den beiden Begriffen »generell« und »abstrakt« wird zum Ausdruck gebracht, dass bei jedem Staats- oder Hoheitsakt rechtsetzender Natur unterschieden werden muss zwischen dem Fall, den er regelt, und dem Adressaten, an den er sich wendet. Sowohl der Fall als auch der Adressat eines Hoheitsaktes können zahlenmässig bestimmt oder unbestimmt sein. Je nach dieser Bestimmtheit oder Unbestimmtheit kann der Hoheitsakt hinsichtlich des geregelten Falles als konkret oder abstrakt, bezüglich des Adressaten als individuell (speziell) oder generell bezeichnet werden (...). Mit der Bezeichnung »generell« wird somit festgestellt, dass sich der Hoheitsakt an eine unbestimmte Anzahl von Adressaten wendet, mit dem Ausdruck »indivi-

duell-konkrete Anordnung die Eigenschaft des Rechtssatzes, der Rechtsnorm abgesprochen.[29] Eine weitere Wirkung dieser formalen Begriffsbestimmung liegt in der Unmöglichkeit, Zwischenerscheinungen wie die Allgemeinverfügung oder den Raumplan systematisch zu erfassen.[30]

c) Die generell-abstrakte Struktur erscheint heute als das allein massgebende Kriterium des Rechtssatzes oder der Rechtsnorm, wo diese mit dem materiellen Gesetz identisch vewendet wird.[31] Zu erinnern ist freilich daran, dass es sich um eine Norm des *Rechts* handeln muss. Und obgleich heute frühere Unterscheidungen nach Rechtssätzen im »eigentlichen« Sinn *(Burckhardt)* oder »engeren« und »weiteren« Sinn *(Giacometti)*[32] als überwunden gelten und das Recht gleichrangig Verhaltenssätze wie Organisations- und Verfahrensnormen umfasst,[33] wirkt die konstitutionelle Verengung des Rechtssatzes, ja des Rechts überhaupt auf die Privatsphäre (Abgrenzung von Willenssphären bzw. Schutz von Freiheit und Eigentum)[34] noch heute nach, namentlich auch im Rahmen der Legitimation zur staatsrechtlichen Beschwerde.[35]

duell« oder »speziell«, dass er sich auf einen einzelnen oder auf eine bestimmte Zahl von Adressaten bezieht; abstrakt ist der Hoheitsakt nach dem Gesagten dann, wenn er unbestimmt viele Fälle regelt, konkret dagegen, wenn er einen einzelnen oder eine bestimmte Anzahl von Fällen zum Gegenstand hat. Die Adressaten einer hoheitlichen Regelung oder die von ihr geregelten Fälle sind dann zahlenmässig bestimmt, wenn sie beim Inkrafttreten des Hoheitsaktes objektiv eindeutig und unveränderlich feststehen und einer Erweiterung in der Zukunft nicht mehr zugänglich sind; unbestimmt ist die Zahl der Adressaten oder Fälle demgemäss dann, wenn sie beim Inkrafttreten des Hoheitsaktes noch nicht objektiv eindeutig feststeht, sondern während der Geltungsdauer des Hoheitsaktes noch laufend neue Fälle oder Personen von der in ihm getroffenen Regelung erfasst werden können (...). VPB 37 (1973) Nr. 4 (Bestimmung der Verfügung als Gegenstück zum Rechtssatz), Eggimann (1973) 73 mit weiteren Hinweisen. Siehe dazu auch, aber weniger ausführlich, z.B. BGE 104 Ia 174, 101 Ia 74 ff., 96 I 142, 94 I 29, 86 I 316, 77 I 148. Statt vieler T. Fleiner (1980) 58, Rhinow (1979) 206 ff., Imboden/Rhinow (1976) 30 ff., Aubert (1974) 196, (1968) 477 Nr. 1308. Eichenberger (1974) 16, Imboden (1960) 392 ff., (1958) 76a f. Zur Leistungsfähigkeit des Begriffes unten Kap. 6 ff.

29 Kritisch dazu Kap. 7, 18 ff.

30 Vgl. Kap. 6.

31 Vgl. etwa Larenz (1975) 232 Anm. 1, s. aber auch Kap. 7, wo die Rechtsnorm aufgrund des offenen Normbegriffs auch konkrete Akte umfasst.

32 Eingehender dazu *Anhang* Kap. II lit. B.

33 Vgl. Art. 5 Abs. 2 GVG, vorstehend lit. a.

34 Eingehend dazu *Anhang* Kap. I.

35 Dazu *Anhang* Kap. II lit. C.

## *2.22 Stufen- und Formunabhängigkeit*

Das materielle Gesetz besteht unabhängig von Form und Verfahren seiner Entstehung. Es umfasst in seiner Gleichsetzung mit dem Rechtssatz geschriebenes, aber – im Unterschied etwa noch zur positivistischen Auffassung[36] – auch ungeschriebenes Recht. Generell-abstrakte Normen können daher allen anerkannten Rechtsquellen entstammen[37]: Geschriebenes und ungeschriebenes Verfassungsrecht, Gesetzesrecht im Sinne des formellen Gesetzes (wozu nach heutiger Definition auch der allgemein-verbindliche Beschluss gehört)[38], besondere Erlassformen des Parlaments (Dekrete), Verordnungen der Regierung und Verwaltung, unter Einschluss verfassungsunmittelbarer, selbständiger Verordnungen sowie m.E. auch der Verwaltungsverordnung (Richtlinien, Kreisschreiben u.a.).[39] Rechtssätze und materielles Gesetz sind aber auch rechtssetzende innerstaatliche und völkerrechtliche Verträge (z.B. die EMRK) sowie auch das Gewohnheitsrecht und das Richterrecht in seinen rechtssatzmässigen Konkretisierungen allgemeiner Rechtsgrundsätze und weitgefasster Verfassungs- oder Gesetzesbestimmungen (z.B. Art. 4 BV und andere Grundrechte, Art. 2 Abs. 2 ZGB). Der positivistische Terminus materielles »Gesetz« wird damit der Vielfalt heutiger Rechtssatzformen offensichtlich nicht mehr gerecht.

## *2.23 Das materiale Gesetzesverständnis (begriffliche Abgrenzung)*

Im Zuge der Entwicklung zum Lenkungs- und Sozialstaat und dem damit einhergehenden Regelungsbedarf (Stichwort: »Gesetzesflut«) stellt sich seit den fünfziger Jahren eine Besinnung auf das Gesetz als Ort grundlegender, dauerhafter und wichtiger Entscheidung ein. Namentlich hat *Imboden* in einer »Klärung des materiellen Gesetzesbegriffes« ausgeführt:

[36] Nach seinem ursprünglichen Verständnis bezeichnet wohl das materielle Gesetz rechtsetzende Akte des *Parlamentes* als Gesetzgeber, später auch des Veordnungsrechts, aber meistens unter Ausschluss nicht-gesetzten Rechts, vgl. dazu Kopp (1958) 35, 59.

[37] Statt vieler Imboden/Rhinow (1976) 29 ff.

[38] Eingehend unten Kap. 9.3

[39] Kap. 3.222.

»Allein damit, dass eine Vorschrift generell-abstrakten Charakter aufweist, dass sie sich auf eine unbestimmte Vielzahl von Adressaten richtet, ist ihr Gewicht als Gesetz nicht verbürgt. Das Gesetz, so wie dieser Begriff von den grossen Wegbereitern der konstitutionellen Lehre verstanden wurde, ist eine wertmässig allgemeingültige und eben deshalb auch zeitlich dauerhafte Regel.«[40]

In diesem Sinne äussern sich in jener Zeit auch *H. Huber* und *Eichenberger* und sprechen damit das heute im Zentrum der Gesetzgebungslehre diskutierte Kriterium der »Wichtigkeit« bereits an.[41]

Mit der inhaltlichen Anreicherung des »materiellen« Gesetzesbegriffes wird im Grunde genommen nach der spätkonstitutionellen Beschränkung des Rechtssatzes auf Freiheit und Eigentum und der rationalistischen Tradition des formalisierten, strukturellen, generell-abstrakten Rechtssatzes ein weiterer, dritter Ansatz postuliert, der in letzter Konsequenz die dualistische Gesetzeskonzeption sprengt.[42] Mit *Kägi* und *Eichenberger*[43], schon 1891 aber mit *Hiestand*[44], lassen sich die wichtigsten Staatsakte nicht a priori und allgemeingültig mit der formalen Struktur des Rechtssatzes bestimmen, sondern umfassen auch nicht-generell-abstrakte Inhalte. In diesem Zusammenhang ist auch der Vorschlag *J.P. Müllers* von Bedeutung, den heutigen Unterschied zwischen formellem und materiellem Gesetz zugunsten des Begriffspaares des materialen, d.h. im demokratischen Verfahren erzeugten Rechtssatzes und dem formalen Gesetz im Sinne der formal generell-abstrakten Struktur aufzugeben.[45] In nuce lässt sich bei diesen Autoren bereits ein Normbegriff erkennen, der das Gesetz an seinem Inhalt und nicht mehr an seiner Struktur bemisst. Darauf ist im Rahmen eines demokratischen Gesetzesbegriffes eingehend zurückzukommen.[46]

40 Imboden (1954) 27.

41 Huber (1953) 43, Eichenberger (1954) 35a, erneut (1974) 21; zum Wichtigkeitskriterium G. Müller (1979) 110 ff., dazu eingehend Kap. 15.2.

42 In diesem Sinne auch Rhinow (1979) 205.

43 Kägi, W., Rechtsstaat und Demokratie, in: Demokratie und Rechtsstaat, Festschrift Z. Giacometti, Zürich 1953, 107 ff., 125 f., Eichenberger (1954) 36 ff.: »Es muss die Möglichkeit offen bleiben, auch andere Staatsakte als generell-abstrakte Rechtsnormen Parlament und Aktivbürgerschaft vorzulegen, sobald nämlich darin Entscheide liegen, die für die politische Existenz des Staates von ausgesuchter Bedeutung sind.« Vgl. auch ders. (1974) 16 f.

44 Hiestand (1891) 18 ff., 29 f., 80 f. et passim.

45 Der Vorschlag wurde anlässlich der Tagung schweizerischer Staats- und Verwaltungsrechtslehrer in Neuenburg vom 30.10.1971 gemacht, Protokoll (1971) 3.

46 V.a. Kap. 8; 9.

Wichtig ist hier vorerst, dass dieses *materiale* Gesetzesverständnis sowohl vom Gesetz im materiellen Sinn wie auch im forme*ll*en Sinn in seiner nachstehend erläuterten Bedeutung begrifflich unterschieden werden muss.

## 2.3 Das formelle Gesetz

### *2.31 Das Gesetz als verfahrensbestimmter, inhaltlich offener Akt*

a) Der Begriff des formellen Gesetzes weist einen verfahrensrechtlichen und einen inhaltlichen Aspekt auf. Einerseits zeichnet er sich durch die Bestimmung des Gesetzes als ein auf dem verfassungsmässig bestimmten Verfahren der Gesetzgebung erlassener Akt aus. In dieser Bedeutung als demokratisch legitimierter Erlass steht der Begriff in der schweizerischen Praxis heute im Vordergrund. Andererseits ist das formelle Gesetz inhaltlich nicht näher bestimmt, ja völlig variabel. Seine ursprüngliche Bestimmung erfährt es in dieser Bedeutung als Sammelbecken für alle Akte des Gesetzgebers ausserhalb der eng verstandenen Sphäre eigentlicher Rechtssetzung.[47]

b) Im Lichte dieser beiden unterschiedlichen Aspekte verstehen sich auch die unterschiedlichen Definitionen in der Lehre[48], ja sogar die früher in der Schweiz vertretene Auffassung, dass das Bundesrecht mit Blick auf die Existenz des (inhaltlich offen verstandenen) allgemein-verbindlichen Bundesbeschlusses den Begriff des formellen Gesetzes nicht bedarf.[49] Verständlich wird auch die unterschiedliche Bedeutung, die dem Begriff in der bundesgerichtlichen Rechtsprechung zukommt. Wo in der Grundrechtsprechung vom Erfordernis des formellen Gesetzes gesprochen wird, ist damit

[47] »Unter dem Gesetz im formellen Sinn versteht Laband und seine Schule denjenigen Willensakt des Staates, welcher – nach näherer Massgabe des positiven Rechts – in einer bestimmten feierlichen Weise, insbesondere unter Mitwirkung der Volksvertretung, zu Stande gekommen und erklärt worden ist.« Haenel (1888) 104/105, hierzu auch Anhang Kap. I Lit. A.

[48] Vgl. z.B. Fleiner/Giacometti (1949) 742 (Das bloss oder rein formelle Gesetz als Gesetz, das weder Rechtssätze im weiteren oder engeren Sinn enthält, vgl. Anhang Kap. II Lit. B.). In diesem Sinne auch Saladin (1975) 157 Anm. 145. Demgegenüber etwa Roos (1955) 119, der das formelle Gesetz auf allgemeine Erlasse bezieht.

[49] Z.B. Hiestand (1891) 23, Häfliger (1943) 14, 47; weitere Nachweise bei Kopp (1958) 163, vgl. Kap. 9.3.

stets ein verfahrensmässig qualifiziertes, demokratisch legitimiertes materielles Gesetz gemeint. Das Gesetz ist hier formelles und materielles Gesetz zugleich und entspricht der zentralen konstitutionellen Forderung des Gesetzesvorbehaltes.[50] Andererseits wird zur Bestimmung des jeweils herrschenden kantonalen verfassungsrechtlichen Gesetzesbegriffes, namentlich bei der Bestimmung zulässiger Gegenstände der Gesetzesinitiative, auf den Aspekt inhaltlicher Offenheit des formellen Gesetzes im Gegensatz zur generell- abstrakten Struktur des materiellen Gesetzes abgestellt.[51]

### *2.32 Der begriffliche Einschluss des Referendums*

a) Für das schweizerische Staatsrecht stellt sich die Frage, ob dem Begriff des formellen Gesetzes die Unterstellung unter das fakultative oder obligatorische Referendum immanent ist. Die Antwort kann im Prinzip nicht allgemein, sondern nur in Zusammenhang mit dem jeweils massgebenden (kantonalen) Verfassungsrecht gegeben werden.

Die Bundesverfassung verlangt von den Kantonen nicht, dass sie ihre Gesetzgebung dem Referendum unterstellen.[52] Nachdem aber der Bund und seit 1977 alle Kantone das Referendum für die Rechtssetzung auf Verfassungs- und Gesetzesstufe kennen[53], rechtfertigt es sich indessen, die Referendumspflichtigkeit in den allgemeinen Begriff des formellen Gesetzes aufzunehmen.[54] Das ist auch die Auffassung des Bundesgerichts.[55]

b) Somit umfasst m.E. das formelle Gesetz die Verfassung selbst, das eigentliche Gesetz sowie den allgemeinverbindlichen Beschluss (AVB) im Bund und in jenen Kantonen, wo er dem Gesetzgebungsverfahren gleichgestellt vorhanden ist.[56] Unter den Begriff fällt auch die autonome Gemeindesatzung, wo diese entweder dem Beschluss der Gemeindever-

50 Eingehend dazu, insbesondere zum Delegationsproblem Kap. 4.
51 Kap. 9.21 mit Nachweisen.
52 Statt vieler Auer (1978) 32 f.
53 1977 hat auch der Kanton Waadt als letzter Kanton das fakultative Gesetzesreferendum eingeführt, siehe Auer (1978) 54/55.
54 So schon Seeger (1926) 368; neuestens Auer (1981) 5 mit weiteren Hinweisen.
55 S. BGE 107 Ia 32, 106 Ia 202, 104 Ia 313, 103 Ia 375.
56 Zum allgemein-verbindlichen Beschluss unten Kap. 9.3.

sammlung oder dem obligatorischen oder fakultativen Referendum unterliegt.[57]

c) Dieser Definition entsprechend fallen alle übrigen, dem Referendum entzogenen Erlassformen, wie regelmässige Parlamentsdekrete[58], Verordnungen der Regierung und Verwaltung, Richtlinien, Kreisschreiben (Verwaltungsverordnungen)[59] nicht unter den formellen Gesetzesbegriff.

### *2.33 Zum ungeschriebenen Recht (begriffliche Abgrenzung)*

Ist dem formellen Gesetz wesentlich, dass es in einem bestimmten, *förmlichen* Verfahren entsteht, so kann der Begriff, anders als der materielle Gesetzesbegriff[60], das ungeschriebene Recht nicht mitumfassen. Dennoch stehen die Normen des ungeschriebenen Rechts in einem engen Verhältnis zum Gedanken des formellen Gesetzesbegriffes, indem sie – wie z.B. die allgemeine Polizeiklausel[61] – als »inherent« oder »implied powers« des Verfassungsrechts[62] oder das Gewohnheitsrecht, soweit ihm nach den Umständen nicht nur Verordnungsrang zukommt[63], als Begründung von Kompetenzen zu staatlichem Handeln gleichwertig neben das formale Gesetz treten. Diese Gleichwertigkeit des gewachsenen Rechts und seine nahe Beziehung zum formellen Gesetz lässt sich letztlich auch verfahrensmässig begründen, indem ungeschriebene Verfassungskompetenzen wie auch Gewohnheitsrecht in einem oft langjährigen, stillschweigenden Prozess von Konsens und Akzeptanz der Praxis sich zu rechtlicher Verbindlichkeit verdichten. Insofern

57 S. BGE 97 I 805.

58 Vgl. aber die interessanten Erwägungen in BGE 106 Ia 203 f., wo der Verordnung des Grossen Rates des Kantons Appenzell-Innerrhoden durch ihre Anfechtbarkeit an der Landsgemeinde (Antragsrecht auf Aufhebung) im Ergebnis quasi-formellgesetzliche Natur zugesprochen wird; vgl. dazu auch Kap. 15.8. a.E.

59 Dieser Begriffsstimmung widerspricht nicht, dass das Bundesgericht – eben fragwürdigerweise ohne formell-gesetzliche Grundlage – Verwaltungsverordnungen selbst bei Grundrechtsbeschränkungen als hinreichende Grundlage erachtet, eingehend unten Kap. 3.322.

60 Kap. 2.22.

61 Dazu Kap. 3.321.

62 Der Begriff entstammt dem amerikanischen Verfassungsrecht und bezeichnet ungeschriebene Kompetenzen der Exekutive, während »implied powers« sich auf bestehende, aber weit ausgelegte geschriebene Befugnisse des Kongresses beziehen, siehe dazu Gunther (1980) 92 ff., 397 ff., Tribe (1978) 181 ff., 227 ff.

63 BGE 105 Ia 80, 104 Ia 305, 312 f mit Hinweisen; Imboden-Rhinow (1976) 41 ff.

weisen auch sie demokratische Legitimation auf, selbst wenn ihre Existenz i.d.R. erst durch den Richter festgestellt und anerkannt werden muss.

Aus diesen Gründen wird das in dieser Arbeit vorzuschlagende Verständnis des Legalitätsprinzips als schlichtes Erfordernis einer Kompetenznorm auch ungeschriebene Befugnisse mitumfassen.[64]

## 2.4 Das materielle und formelle Legalitätsprinzip

Die Konkretisierung des Legalitätsprinzips als Erfordernis gesetzlicher Grundlage hängt, wie einleitend dargelegt, u.a. vom zu Grunde gelegten Gesetzesbegriff ab.[65] Die enge Verknüpfung zeigt sich in der Zweiteilung, die das heutige Verständnis des Legalitätsprinzips mit dem dualistischen Gesetzesbegriff erfährt: das Erfordernis des materiellen Gesetzes wird im materiellen Legalitätsprinzip, das Erfordernis des formellen Gesetzes im formellen Legalitätsprinzip verkörpert.[66] Das Legalitätsprinzip empfängt daher heute seine Konkretisierung entscheidend durch die nachstehend angedeuteten Funktionen vom materiellen und formellen Gesetz.[67] Die Unterscheidung ist bedeutsam, weil das Prinzip in diesen beiden Schichten je selbständige, freilich interdependente Inhalte aufweist, die sich nicht nur in bezug auf ihre Funktion, sondern auch hinsichtlich ihrer Begründung, ihres möglichen und sinnvollen Geltungsbereiches[68] unterscheiden können.

64 Teil II, Kap. 10.
65 Kap. 1.3.
66 Repräsentativ etwa Imboden (1954) 6, sowie ders. in: Verwaltungsrechtliches Kolloquium 1969, Eidg. Personalamt, Bern 1969, 47: »Es ist ein Grundaxiom des Rechtsstaates, dass die Rechtsverwirklichung vom Allgemeinen zum Konkreten fortschreitet. Im Rechtsstaat darf nichts Konkretes angeordnet werden, das nicht vorher allgemein festgelegt worden ist. Das Gesetz im materiellen Sinn, als allgemeine Norm, ist ein notwendiger Durchgangspunkt der Rechtsverwirklichung (materielles Legalitätsprinzip). Jeder Rechtssatz bedarf zudem einer bestimmten Form, als welche in der Regel das referendumspflichtige Gesetz gegeben ist, und muss von einem qualifizierten Organ (Parlament) ausgehen (formelles Legalitätsprinzip).« Kritisch zu derartiger Verabsolutierung der allgemeinen Norm – gerade im Lichte etwa angloamerikanischer Rechtsfindung (Case law) – unten Kap. 18.
67 Vgl. dazu auch T. Fleiner (1980) 61 ff.
68 Dazu Kap. 3.2.

### *2.41 Funktionen des materiellen Gesetzes*

Das primär individualrechtlich, d.h. zum Schutze des Bürgers geprägte Gesetz im materiellen Sinn strebt mit dem Erfordernis generell-abstrakter Struktur des Rechtssatzes nach *praktischer* Verwirklichung der Rechtsgleichheit, nach Verhinderung staatlicher Willkür sowie nach Vorhersehbarkeit staatlichen Handelns.[69] Diese Schutzfunktion ist das Anliegen des materiellen Legalitätsprinzips. In diesem Teilgehalt erfährt der Grundsatz durch den rationalistischen formalisierten Rechtssatzbegriff seine rechtsstaatliche Begründung.

Dem materiellen Gesetz kommt aber in der heutigen Ausgestaltung der Rechtsordnung überdies die Funktion eines zentralen Ordnungsprinzips zu: Die Zuweisung der Rechtsgestaltung an die verschiedenen bestehenden staatlichen Entscheidungsträger bemisst sich grundsätzlich nach den Merkmalen des generell-abstrakten Rechtssatzes. Allgemeine, generell-abstrakte Normen werden idealtypisch auf dem Wege des politischen Prozesses (Rechtssetzung durch Volk, Parlament und Regierung), individuell-konkrete Normen auf dem Wege des justizförmigen Verfahrens (Verwaltung, Richter, durch Verfügung und Urteil) gewonnen.

Dem materiellen Gesetz kommt damit auch gewaltenteilige Funktion zu, indem es Rechtssetzung und Rechtsanwendung trennt. Dass diese am formalisierten Rechtssatzbegriff vorgenommene grundlegende Unterscheidung heute grösste Schwierigkeiten bereitet, wird im Rahmen der Kritik am generell-abstrakten Gesetzesbegriff aufzuzeigen sein.[70] Sie trägt zum Verzicht auf den zwingend generell-abstrakten Normbegriff bei.[71]

### *2.42 Funktionen des formellen Gesetzes*

Beim Gesetz im formellen Sinn steht die organisationsrechtliche, gewaltenteilige Funktion im Vordergrund. Als verfahrensmässig bestimmter, inhaltlich offener Akt beschlägt das formelle Gesetz die Ausscheidung der Entscheidungsbefugnisse zwischen dem demokratischen Verfassungs- und Gesetzgeber auf der einen und der Regierung, Verwaltung

[69] Eingehend unten Kap. 18.
[70] Kap. 6.4; 7.
[71] Kap. 10.1; 18 – 20.

sowie dem Richter auf der andern Seite. Das Erfordernis des formellen Gesetzes dient damit in erster Linie den demokratischen Rechten des Bürgers und des Parlaments. Das formelle Legalitätsprinzip bringt in seinem Geltungsbereich diese demokratische Vorherrschaft zum Ausdruck. Damit verbunden ist freilich, dass mit und durch die demokratische Partizipation des Bürgers, bzw. seiner Repräsentanten, zugleich auch die individualrechtlichen Interessen desselben geschützt werden, entsprechend der zentralen Forderung des Konstitutionalismus[72] – und a fortiori – der (direkten) Demokratie. Die Konkretisierung des formellen Legalitätsprinzips wird davon abhängen, wo und inwieweit demokratische Mehrheitsentscheidung auf Gesetzesstufe verfassungsrechtlich notwendig, möglich und sinnvoll ist und wo sie unpraktikabel oder – namentlich auch im Lichte grundrechtlicher Schutzbedürfnisse – kaum zu sachgerechten Ergebnissen führen kann.[73] Hier nach Beurteilungskriterien zu suchen, wird eine Hauptaufgabe dieser Arbeit sein.

### *2.43 Das Problem verfassungsrechtlicher Verortung des Legalitätsprinzips*

Die Hinweise auf die beiden selbständigen, aber interdependenten Schichten des Legalitätsprinzips erhellen, dass das Prinzip in seinem heute in der Schweiz herrschenden Verständnis gesamthaft nicht einseitig rechtsstaatlich, einseitig gewaltenteilig oder demokratisch begründet werden kann.[74] Es nimmt alle drei Funktionen gleichermassen wahr.

Diese Multifunktionalität zeichnet auch für die bestehenden Schwierigkeiten adäquater verfassungsrechtlicher Verankerung des Gesetzmässigkeitsgrundsatzes verantwortlich. Das Verhältnis von Verfassung und Legalitätsprinzip ist denn auch nach wie vor unklar. In der Rechtsprechung erscheint die verfassungsrechtliche Verortung mehrschichtig: die

72 Vgl. Anhang Kap. I Lit. A.

73 Dazu Kap. 3.3, 4, 10.2, 15, vgl. auch Kap. 16.

74 Die Lehre begründet das Legalitätsprinzip meistens monistisch. So z.B. Jezler (1967) 137, der den Grundsatz in Antwort auf vorherrschende liberal-rechtsstaatliche Begründungen im Demokrationsprinzip verortet; oder die Verankerung in der Gewaltenteilung bei Auer (1978) 281 ff., unter Hinweis auf Imboden (1945) 5, Giacometti (1960) 226 ff., siehe auch die Übersicht über die verschiedenen Begründungen bei Höhn (1960) 20 ff.

unmittelbare Prüfung der gesetzlichen Grundlage im Rahmen von Grundrechtsbeschränkungen weist auf eine direkte Verankerung des Prinzips in den Freiheitsrechten selbst. Zuweilen wird das Erfordernis gesetzlicher Grundlage auf die Gewaltenteilung (Delegationsproblem), zuweilen auf die traditionelle Figur des »Gesetzesvorbehalts« bei Eingriffen in Freiheit und Eigentum oder auf das demokratische Prinzip zurückgeführt.[75] In andern Entscheiden wiederum erscheint der Grundsatz der Gesetzmässigkeit als ein neben der Gewaltenteilung stehendes, offenbar direkt aus Art. 4 BV fliessendes Prinzip.[76]

Unbestritten dürfte sein, dass der Grundsatz in seiner für die Rechtsordnung so hervorragenden Bedeutung gemeinsam mit andern allgemeinen Rechtsgrundsätzen (Vertrauensprinzip, Treu und Glaube, Verhältnismässigkeitsgrundsatz) Verfassungsrang geniesst.[77] Damit ist allerdings noch wenig gewonnen: So bleibt unklar, ob es sich um ein selbständiges verfassungsmässiges Recht des Bürgers im Sinne von Art. 5 und 113 Abs. 1 Ziff. 3 BV handelt.[78] Mit dieser Ungewissheit hängt das Problem der bundesgerichtlichen Prüfung der gesetzlichen Grundlage in Rahmen der staatsrechtlichen Beschwerde zusammen: Geht es beim Erfordernis der gesetzlichen Grundlage lediglich um die richtige Auslegung kantonalen Rechts oder sind vielmehr auch selbständige verfassungsrechtliche Anforderungen involviert?[79]

Erneut lässt sich fragen, ob diese Schwierigkeiten nicht auf eine Überlastung des Legalitätsprinzips mit seinem dualistischen Gesetzesbegriff zurückgeführt werden müssen.[80] Werden dem Prinzip nicht Schutzfunktionen abverlangt, die möglicherweise von andern Verfassungsnormen besser und differenzierter übernommen werden können? Die Frage der Entlastung stellt sich um so mehr, als das Legalitätsprinzip in jüngerer Zeit seine Beschränkung auf Grundrechtseingriffe aufgegeben hat und sein Geltungsbereich in der Praxis zusehends Ausdehnung findet.

75 Aufschlussreich BGE 103 Ia 369, 376, 380.
76 Vgl. BGE 104 Ia 305 und die Besprechung von J.P. Müller (1980) 271 f.
77 Statt vieler Gygi (1981) 202, Rohner (1982) N. 235, BGE 102 Ia 71.
78 Bejahend etwa Huber (1955) 338; ders. (1936) 84a ff.; verneinend in analytischer Hinsicht Saladin (1975a) 79.
79 Dazu eingehend Kap. 10, 21.
80 In diesem Sinne auch J.P. Müller (1980a) 279 ff.

# 3. Der Geltungsbereich des Legalitätsprinzips

## 3.1 Die Tradition umfassender Geltung in der schweizerischen Lehre

a) Die schweizerische Staatsrechtslehre weist eine lange Tradition des umfassend verstandenen, jedenfalls über die Eingriffsverwaltung hinausgreifenden Legalitätsprinzips auf. Das Gesetz erscheint im ersten Jahrhundert des Bundesstaates – etwa mit Blick auf *Rousseau*[81] – im Zentrum des demokratischen Verfassungsstaates als *das* wesentliche Instrument demokratischer Gestaltung des Gemeinwesens, der Bemessung und des Schutzes menschlicher Freiheit. So hat sich *Simon Kaiser* aus radikaldemokratischer Sicht auf den Standpunkt gestellt, dass Regierung und Verwaltung nur Befugnisse zukommen, die ihnen das Volk in Gesetz und Verfassung übertragen hat, ohne aber gleichzeitig eine Determinierung allen Verwaltungshandelns im (materiellen) Gesetz zu verlangen.[82] Eindrücklich ist die Hinwendung *F. Fleiners* zum umfassenden Gesetzmässigkeitsgrundsatz. Während er das Erfordernis vorerst noch im Sinne der konstitutionellen Lehre auf Eingriffe in Freiheit und Eigentum beschränkt, befürwortet er unter dem »Volksstaat« der Weimarerverfassung in seiner 8. Auflage der Institutionen den umfassenden Geltungsbereich des Gesetzmässigkeitsprinzips aus demokratischer Sicht.[83] Das Erfordernis gesetzlicher Grundlage bei Grundrechtseingriffen erscheint nunmehr als ein Ausfluss eines allgemeinen Legalitätsprinzips und bedarf einer gesonderten Begründung im Sinne des »Vorbehalts« nicht mehr:

> »Jeder Verwaltungsakt bedarf der gesetzlichen Grundlage. »Gesetzmässige Verwaltung« bedeutet dabei: Verwaltung auf Antrieb des Gesetzes und innerhalb dessen Schranken.«[84]

81 S. dazu Anhang Kap. II Lit. A.

82 Kaiser, S., Schweizerisches Staatsrecht in drei Büchern, St.Gallen, 1858 – 1860, 2. Buch 158. Vgl. auch Jezler (1967) 18 f. mit weiteren Hinweisen; a.M. Thieme (1968) 64.

83 Fleiner (1928) 130 – 133; anders noch die 2. Aufl. dieses Werkes, 117. Hier wird besonders deutlich, wie sehr Fleiner einerseits deutscher Verwaltungsrechtler und andererseits schweizerischer Staatsrechtler war!

84 Ibid. 131; dazu auch: »Es gibt im Volksstaat keine Kompetenzen, die nicht auf die Verfassung oder die von ihr abgeleiteten Gesetze und vom Gesetze abgezweigten Rechtssetzungsformen zurückgehen. Die Verwaltungsbehörden besitzen keine von der Verfassung und Gesetz unabhängige autonome Gewalt.«, ibid. 132.

In die gleichen Jahre fällt die Forderung *Burckhardts* nach umfassender Rechtsbezogenheit des Staates, der Verrechtlichung aller Staatstätigkeit, darunter auch die der Leistungsverwaltung:

»L'Etat ne doit donc pas assurer une base légale seulement aux services qu'il déclare obligatoires, comme l'école primaire et la désinfection du domicile. Toute activité, en principe, doit être »légalisée«, c'est-à-dire soutenue et régie par des principes ayant force légale...

Ce n'est pas seulement lorsqu'il prélève des impôts sans contre-prestation que l'Etat doit faire profession de principes; c'est toujours. Je ne suis pas obligé d'aller en chemin de fer, ni de téléphoner; mais l'Etat se charge de la fonction sociale de transporter ou d'établir les communications téléphoniques, il ne peut le faire sans s'astreindre à des règles fermes qui puissent lui être opposéees. Voilà la règle; c'est le contraire, l'exception, qui demande à être justifié.«[85]

In bezug auf das Erfordernis der gesetzlichen Grundlage scheint damit zwischen den Normen des materiellen Rechts (Verhaltensrecht für Private) und dem formellen Recht (Organisations- und Verfahrensrecht) im Sinne der Systematik Burckhardts grundsätzlich kein Unterschied zu bestehen.[86]

Die Vorstellung umfassender Geltung des Legalitätsprinzips erfährt vielleicht bei *Giacometti* ihre strengste Ausprägung, allerdings ohne Blick auf die Entwicklung zum Sozialstaat und die Möglichkeiten und Grenzen des demokratischen Gesetzgebers. Die Verwaltungstätigkeit erschöpft sich auch hier in rechtssatzmässig vorbestimmter Anwendung und Vollziehung des Gesetzes.[87] Die Entlastung des Gesetzgebers wird durch weitgehenden Ausschluss der Gesetzesdelegation grundsätzlich abgelehnt.[88]

b) Lange halten sich die praktischen Unterschiede zwischen dem konstitutionellen, auf die Eingriffsverwaltung beschränkten, und dem allgemeinen, demokratisch begründeten Legalitätsprinzip in Grenzen. Sie wirken sich vor allem durch den Einbezug des Organisationsrechts in den Geltungsbereich aus. Der eigentliche Prüfstein des umfassenden Verständnisses liegt erst in der Entwicklung zum Sozial- und Lenkungsstaat, die in der Schweiz vorwiegend in den fünziger Jahren einsetzt. Die überwiegende Lehre hält vorerst an den

85 Burckhardt (1931a) 182a, vgl. auch ders. (1931) 19 und Thieme (1968) 73 mit weiteren Nachweisen.
86 Burckhardt (1936); siehe auch Anhang Kap. II Lit. B.
87 Giacometti (1960) 227, vgl. dazu auch Jezler (1967) 29 ff., Thieme (1968) 91.
88 Grundlegend Giacometti, Z., Über das Rechtsverordnungsrecht im schweizerischen Bundesstaat, in: Festgabe für F. Fleiner, Tübingen 1927, 360 ff., dazu Kap. 4.2.

strengsten Forderungen fest[89], teilweise etwas gemildert durch die Betonung des Ermessens[90]; gesamthaft aber bietet sie der Praxis noch wenig Hilfe in der Bewältigung des Prinzips in Anbetracht zunehmender Regelungsbedürfnisse von erhöhter Komplexität.[91]

c) Die heutige Lehre, in vollem Bewusstsein der Legalitätsprobleme im Leistungsstaat, führt die Tradition grundsätzlich umfassender Geltung durchaus fort.[92] Sie begrüsst entsprechende Entwicklungen in der Praxis und sucht dabei, differenzierter als die ältere Lehre, nach Möglichkeiten und Grenzen des Prinzips im schweizerischen Staatswesen der Gegenwart.[93] Der Unterscheidung von formellem und materiellem Legalitätsprinzip kommt dabei die Bedeutung einer wichtigen Orientierungshilfe zu.[94]

## 3.2 Die inkongruenten Geltungsbereiche von formellem und materiellem Legalitätsprinzip

Die Stellungnahmen der Wissenschaft bringen nicht immer mit hinreichender Deutlichkeit zum Ausdruck, ob mit Bezug auf den Geltungsbereich das formelle oder materielle Legalitätsprinzip angesprochen wird. Zum einen steht das Erfordernis des demokratischen legitimierten Gesetzes, zum andern das Erfordernis rechtssatzförmiger Bindung der Staatstätigkeit zur Diskussion.

a) Grenzen des Geltungsbereiches bestehen vorerst bei *materiellem Legalitätsprinzip.* Zahlreiche Felder namentlich

89 Z.B. Blumenstein (1948) 321 ff.; Imboden (1954) 12 ff. et passim (dessen Ausführungen nach Mallmann (1961) 175 grundlegend für die deutsche Diskussion wurden; vgl. dazu auch die Kritik an Imboden bei Jesch (1961) 197 ff., welche die unterschiedlichen Wurzeln deutscher und schweizerischer Lehre verkennt.

90 Z.B. Roos (1955) 126 ff., 135; Nef (1950) 159a, Panchaud (1950) 69a.

91 Die komplexe Frage nach dem Motiv dieser Autoren – Vertiefung demokratischer Herrschaft oder Hemmung solzialstaatlicher Entwicklung? – muss hier dahingestellt bleiben.

92 Vgl. T. Fleiner (1980) 68 f., Höhn (1960) 23, Jagmetti (1956) 110, Jezler (1967) 105 ff., G. Müller (1979) 71 ff., J.P. Müller (1980a) 272, (1973) 793 Anm. 322, Saladin (1979) 435 ff., (1975) 371 Anm. 68, (1975b) 341, sowie die in Kap. 3.2 aufgeführten Autoren.

93 Vgl. Diskussion an der Tagung der schweiz. Staatsrechtslehrer vom 3.11.79, Protokoll (1979), sowie vom 30.10.1971, Protokoll (1971).

94 Klärend v.a. Rhinow (1979) 211.

moderner Staatstätigkeit, z.B. die Raumplanung, ja Planung schlechthin, die Regelung staatlicher Regiebetriebe, die Arbeit wissenschaftlicher Anstalten, Teile der Fiskalverwaltung, Aktivitäten des wirtschaftlichen Interventionsrechts, aber auch des Polizeirechts, können nur beschränkt oder kaum rechtssatzmässig, d.h. generell-abstrakt, vorausbestimmt werden.[95] Die Vorstellung vollständig durchnormierter, auf Vollziehung beschränkter Verwaltung *(Giacometti),* ist weder möglich noch anzustreben. Derartige Überlegungen führen verschiedene Autoren zum Ergebnis, auf eine umfassende Geltung des (materiellen) Legalitätsprinzips zu verzichten[96] oder ihr zumindest mit Skepsis gegenüberzutreten. So fragt *Huber* für viele: »Ist wirklich 'vollständige, inhaltliche, generell-abstrakte Regelung der Verwaltungstätigkeit' das rechtsstaatliche Ideal...?«[97]

b) Diese noch wenig beantwortete Frage nach dem sinnvollen Geltungsbereich generell-abstrakter Normen und ihrer Abgrenzung von Zonen, die besser »punktuell« im Sinne des Fallrechts anzugehen sind, ist nun deutlich vom Problem des Geltungsbereiches des *formellen Legalitätsprinzips* zu unterscheiden. Auf dieser Ebene geht es darum, *wo* und *inwieweit* staatliches Handeln durch ein formelles Gesetz begründet und vorausbestimmt werden muss. Die Tradition der schweizerischen Lehre des umfassend verstandenen, jedenfalls über die Eingriffsverwaltung hinausgreifenden Gesetzmässigkeitsgrundsatzes bezieht sich ebenso wie die Entwicklungen der neueren Praxis[98] in erster Linie auf diesen Aspekt des Legalitätsprinzips.

Die schweizerische Tradition umfassender Geltung des Legalitätsprinzips kann nun aber kaum im Sinne des sog. »Totalvorbehaltes« des Gesetzes[99] gedeutet werden. Im

95 Eingehend dazu und zu den Auswirkungen auf den Rechtssatzbegriff Teil II Kap. 6 und 7.

96 So u.a. Aubert (1968) 277 Nr. 272, Bäumlin (1961) 81 ff., Gygi (1958) 50, ders. (1978) 182 (für das Wirtschaftsrecht), Grisel (1970) 166, ders. (1964) 41, Lendi (1960) 14, N. Müller (1980) 75, Ruck (1951) 21 f., J.P. Müller (1982) 116 ff.

97 Huber, H., Besprechung von Jezler (1967), in ZbJV 1967, 413 f.; vgl. auch ders., Verwaltungsrechtliches Kolloquium, Eidg. Personalamt Bern, 1968, 1 ff.

98 Nachstehend Kap. 3.3.

99 Der Begriff steht für die umfassende Geltung des Gesetzesvorbehaltes und steht den Auffassungen gegenüber, die den Vorbehalt im traditionellen Sinn auf Eingriffe beschränken wollen oder nur beschränkt auf die Leistungsverwaltung nach Massgabe politischer Wichtigkeit derselben ausdehnen, s. dazu G. Müller (1979) 57 ff. mit Hinweisen, F. Müller (1960) 15 ff. sowie Kap. 3.4.

wesentlichen geht es m.E. der Lehre in all ihren Schattierungen darum, dass staatliches Handeln, im Gegensatz zur konstitutionell geprägten Vorstellung einer aus eigenem Antrieb handelnden und lediglich durch Gesetz beschränkten Verwaltung, sich stets zumindest auf eine demokratisch legitimierte Kompetenznorm stützen können muss.[100] Diese Norm wird überwiegend im formellen Gesetz (Verfassung, Gesetz, AVB) angelegt sein; sie kann nun aber auch in ungeschriebenen Verfassungsbefugnissen (inherent oder implied powers) oder im Gewohnheitsrecht begründet sein. Das formelle Legalitätsprinzip erfährt von daher eine erste, bedeutsame Beschränkung seines Geltungsbereiches. Dabei ist nicht zu verkennen, dass verschiedene der tradierten, vom deutschen Verwaltungsrecht rezipierten Ausnahmen des formellen Legalitätsprinzips lange keine hinreichende Überprüfung im Lichte des demokratischen Verfassungsrechts erfahren haben.[101] Die Lehre hat sich demgegenüber viel stärker mit jenen Begrenzungen des formellen Legalitätsprinzips auseinandergesetzt, die sich auf das Delegationsproblem beziehen und die Frage zum Gegenstand haben, inwieweit der demokratische Gesetzgeber selbst staatliches Handeln in und ausserhalb des Grundrechtsbereiches zu determinieren habe. Darauf ist zurückzukommen.[102] Vorerst ist allein die Klarstellung wesentlich, dass die beiden Aspekte in ihren praktisch sinnvollen und möglichen Anwendungsbereichen nicht übereinstimmen und daher auch in der nachfolgenden Untersuchung der Praxis gesondert betrachtet werden müssen.

100 Kap. 3.1. Besonders deutlich kommt dies etwa bei Grisel (1964) 40 zum Ausdruck, der das durchgehende Erfordernis einer Ermächtigungsnorm im formellen Gesetz als »minimale Orientierung am Gesetz« geradezu selbstverständlich voraussetzt; ebenso bei Ruck (1964) 53 mit stärkerer Beschränkung der Delegationsmöglichkeiten. Vgl. demgegenüber die tradierte deutsche Auffassung: »Regierung und Verwaltung bedeuten eine selbständige Staatsfunktion, die trotz ihrer Bindung an Gesetze – dort, wo solche fehlen – alles tun darf, was sie zur Erfüllung der Staatszwecke für notwendig oder nützlich hält, sofern dabei nicht unmittelbar belastend in Freiheit und Vermögen anderer Rechtssubjekte eingegriffen wird.« Peters, Verwaltung ohne gesetzliche Ermächtigung? in: Verfassungsrecht und Verfassungswirklichkeit, FS Huber, Bern 1961, 207 ff., 214.

101 Eingehender Kap. 3.32.

102 Kap. 4.2

## 3.3 Die Rechtsprechung des Bundesgerichts

### *3.31 Ausdehnung des formellen Legalitätsprinzips*

a) Das Bundesgericht hat den Geltungsbereich des formellen und materiellen Legalitätsprinzips in langjähriger und konstanter Rechtsprechung regelmässig auf Eingriffe in Freiheit und Eigentum im Sinne der konstitutionellen Lehre beschränkt.[103] Eine ausdrückliche Begründung dieser Praxis hat das Gericht, soweit ersichtlich, nicht entwickelt; sie dürfte im Selbstverständnis liberaler Staatsauffassung begründet sein. Erstaunlicherweise fehlt eine Auseinandersetzung mit der in der schweizerischen Lehre schon lange bestehenden Tradition umfassender Geltung des formellen Legalitätsprinzips in der Demokratie.[104] Das Bundesgericht spricht in diesem Zusammenhang teilweise noch bis 1977 von einer »neuen« Lehre.[105]

Abgesehen von dogmatischer Fixierung auf das übernommene konstitutionelle Erbe dürften allerdings auch gewichtige Gründe der Praktikabilität für die Beschränkung des Legalitätsprinzips auf die hergebrachte Eingriffsverwaltung gesprochen haben. Namentlich die einflussreiche Auffassung *Giacomettis* mit seiner strengen Durchführung des Gesetzeserfordernisses, grundsätzlichen Ablehnung der Delegation von Rechtsetzungsbefugnissen und Beschränkung der Verwaltung auf Vollzugstätigkeit waren für die Praxis kaum geeignet. Im Zuge der Entwicklung zum Sozial- und Lenkungsstaat hätte die Verwirklichung dieser Konzeption zu einer hoffnungslosen Überanstrengung der schweizerischen Milizparlamente geführt.[106] Schliesslich tragen auch prozessuale Beschränkungen zur lange ausbleibenden Bestimmung von Möglichkeiten und Grenzen des Legalitätsprinzips in der Leistungsverwaltung bei.[107]

[103] S. BGE 103 Ia 376, statt vieler 100 Ia 195, 91 I 483, 83 I 113, 83 I 27, 65 I 290, 60 I 121, grundlegend 51 I 147; Imboden/Rhinow (1976) 277, Thieme (1968) 107 ff. mit weiteren Hinweisen.

[104] Vorstehend Kap. 3.2.

[105] S. BGE 103 Ia 377, 100 Ia 195, 100 Ib 344; zutreffend aber BGE 103 Ia 380, wo auf die langjährige Kritik hingewiesen wird.

[106] In diesem Sinne auch die Voten von Wildhaber und T. Fleiner, in: Protokoll (1979) 6 und 7.

[107] Entgegen einer ursprünglichen Praxis (BGE 10, 313; 23, 1565; 30 I 718, dazu Huber, H., Die staats- und verwaltungsrechtliche Rechtsprechung des Bundesgerichts im Jahre 1959, ZbJV 1960, 353) wird die Anfechtung von Leistun-

b) In den letzten Jahren ist die bundesgerichtliche Rechtsprechung zum Geltungsbereich des Legalitätsprinzips in fruchtbare Bewegung gekommen. Unter dem Einfluss des Bundesverfassungsgerichts,[108] aber auch unter Besinnung auf die Grundlagen der Referendumsdemokratie, setzt der Abbau von Rückständen konstitutionell geprägter Staatsauffassung ein. So wird das Erfordernis der gesetzlichen Grundlage in einem ersten bedeutsamen Schritt auf Eingriffe im Rahmen des besonderen »Gewaltverhältnisses« ausgedehnt. Das Bundesgericht verlangt fortan, dass die wesentlichen Bestimmungen nicht nur für die Begründung, sondern nun auch für die Ausgestaltung des besonderen Rechtsverhältnisses,[109] so namentlich auch die Art und Höchstdauer des Haftverhältnisses, im formellen Gesetz geregelt sein müssen.[110]

Der grundlegende Wandel der Rechtsprechung zum Legalitätsprinzip setzt mit dem Urteil *Wäffler c. Basel-Stadt* vom 25. Mai 1977 ein.[111] Der Entscheid dehnt den Geltungsbereich des Gesetzmässigkeitsgrundsatzes im Prinzip auf die Leistungsverwaltung aus. Das Bundesgericht hat dies vereinzelt

gen an Dritte durch eine enge Auslegung der »rechtlich geschützten Interessen« in Art. 88 OG weitgehend ausgeschlossen; vgl. BGE 106 Ia 326, 105 Ia 355 mit Hinweisen. Damit blieb auch die Möglichkeit allzu lange ungenutzt, Grundsätze und Anforderungen an die gesetzliche Grundlage von staatlichen Leistungen zu entfalten, vgl. Gygi (1966) 124, Weber-Dürler (1971) 185. Es bedurfte mit dem nachstehend besprochenen Entscheid *Wäffler c. Basel-Stadt,* BGE 103 Ia 369 ff. einer eigentlichen *Eingriffssituation* (durch eventuelle Vorenthaltung bestehender Leistungen im Bildungswesen), um Grundsätze zum Legalitätsprinzip ausserhalb traditioneller Bereiche zu entwickeln. Die seit langem kritisierte Legitimationspraxis (grundlegend Huber (1936) 181a f., Marti (1979) 72 ff., J.P. Müller (1980a) 288 f., ders. (1979) 167, Mastronardi (1978) 124 ff.) bedarf gerade im Lichte des nunmehr umfassenden Legalitätsprinzips und seiner Verwirklichung erneuter Überprüfung, wie sie das BGer angekündigt hat, BGE 105 Ia 356/357, vgl. auch Anhang Kap. II Lit. C.

108 Vgl. BGE 99 Ia 268 (besonderes Gewaltverhältnis) unter Hinweis auf BVerfG 33, 1, sowie BGE 103 Ia 380/381 (Leistungsbereich), nachstehend zitiert.

109 Zwingend ist heute vom besonderen *Rechts*verhältnis zu sprechen, denn der Terminus des besonderen *Gewalt*verhältnisses brachte zum Ausdruck, dass der Bereich in Deutschland ursprünglich *rechtsfrei* verstanden wurde, vgl. Jesch (1961) 206 ff., s. Anhang Kap. I Lit. A, B.

110 Grundlegend BGE 99 Ia 269 ff.; 106 Ia 277, 102 Ia 282; zur früheren Rechtsprechung vgl. 98 Ib 305, 98 Ia 526 (kein Erfordernis gesetzlicher Grundlage für verfahrensrechtliche Ausgestaltung der Freiheitsbeschränkung, konkret der Organentnahme, erforderlich). S. Kritik von Grisel (1975) 558, ders. (1970) 166 mit weiteren Hinweisen. Zur Überwindung des besonderen Gewaltverhältnisses in der Lehre s. auch Protokoll (1971) 7 ff.

111 BGE 103 Ia 369 ff.

schon in früheren Fällen unternommen.[112] Die einlässliche Begründung der Praxisänderung erfolgt aber erst hier:

»Es ist zuzugeben, dass die Beschränkung des Gesetzesvorbehaltes auf das Gebiet der sogenannten »Eingriffsverwaltung« nach den Begriffen der aus dem 19. Jahrhundert stammenden deutschen Lehre den heutigen Bedürfnissen und Auffassungen nicht mehr gerecht wird. Die Übernahme dieser Lehre erscheint im Lichte der schweizerischen demokratischen Staatsauffassung fragwürdig und ist in der schweizerischen Literatur seit jeher auf Kritik gestossen. Das deutsche Bundesverfassungsgericht hat dazu auch gerade mit Rücksicht auf die Verankerung einer demokratisch-parlamentarischen Staatsauffassung im Grundgesetz diese Theorie neuestens verlassen (BVerGE Bd. 40 (1976), Nr. 22, S. 248 ff. E 2a). A fortiori gilt dieses Argument im Hinblick auf die kantonale und die eidgenössische Referendumsdemokratie (...). Ferner hat die leistungsgewährende Verwaltung seit Jahrzehnten an Umfang und Intensität zugenommen, und Eingriffe und Leistungen stehen in einem solchen Korrelationsverhältnis, dass das Konzept des Eingriffes, je mehr sich die Intervention der öffentlichen Gewalt in allen Gebieten des täglichen Lebens aufdrängt, kein taugliches Unterscheidungsmerkmal mehr darstellt. Schliesslich bilden Massnahmen der leistungsgewährenden Verwaltung je länger je mehr die Voraussetzung für die tatsächliche Inanspruchnahme und die freie Entfaltung der in der Verfassung gewährleisteten Grundrechte.«[113]

Mit der Überwindung tradierter Dichotomie von Eingriff und Leistung als massgebliches Kriterium für das Erfordernis der gesetzlichen Grundlage ist keine absolute Geltung des Gesetzmässigkeitsgrundsatzes verbunden. Nach Auffassung des Gerichts muss sich die Ausdehnung nicht auf alle Bereiche des Verwaltungsrechts erstrecken und bedarf auch nicht überall gleich strenger Handhabung.[114] Wo liegen die Grenzen? Für die Ausmessung und Differenzierung des Legalitätsprinzips in bezug auf seinen Geltungsbereich erscheinen im Fall *Wäffler* zwei Begründungslinien von Bedeutung:

Der Entscheid ist – einmal trotz Ablehnung eines Rechts auf Bildung sowie von Ansprüchen aus Art. 4 BV und der Handels- und Gewerbefreiheit – in der Konfliktslage durchaus ein Grundrechtsfall aus dem Eingriffsbereich. Versteht man mit *Kloepfer* die Rechtsgleichheit wie ein anderes beschränkbares Grundrecht,[115] so stellt die Plafonierung von

[112] Das Erfordernis der gesetzlichen Grundlage im Leistungsbereich hat das Bundesgericht bejaht in BGE 100 Ib 344, 91 I 422, 90 I 323: »Nach dem Grundsatz der Gesetzmässigkeit der Verwaltung müssen die der Freiheit des Bürgers gezogenen Schranken und die darauf gesetzten Strafen *wie jedes Verwaltungshandeln* auf gesetzlicher Grundlage beruhen, d.h. sich auf eine generell-abstrakte Norm stützen, die ihrerseits materiell und formell verfassungsmässig ist (...)« (Hervorhebung durch den Verf.) 71 I 197; weitere Hinweise bei Imboden/Rhinow (1976) 354, Grisel (1970) 195, Saladin (1975) 371.
[113] BGE 103 Ia 380/381.
[114] Ibid. 382.
[115] Kloepfer (1980) 54 ff.; vgl. auch Kap. 20.14.

Ausbildungskapazitäten in der Relation zu zunehmenden Bewerberzahlen im Kern eine Beschränkung der Rechtsgleichheit als Chancengleichheit dar. Der Numerus clausus kann als ein Eingriff aufgefasst werden, der als Grundrechtsbeschränkung schon nach hergebrachter Auffassung einer gesetzlichen Grundlage bedarf und durch ein überwiegendes öffentliches Interesse *begründet* und verhältnismässig sein muss.[116] Aus dieser Sicht ergibt sich die Notwendigkeit gesetzlicher Grundlage zumindest bei der ungleichmässigen Verteilung von grundrechtsrelevanten Leistungen.

Das Bundesgericht begründet die Ausdehnung des Legalitätsprinzips aber ebenso und ausdrücklich mit der Referendumsdemokratie und den politischen Partizipationsrechten des Bürgers.[117] Vor allem auf dieser Ebene knüpft das Gericht an den traditionell umfassend verstandenen Geltungsbereich in der schweizerischen Lehre an.[118] Diese demokratische Begründung führt über den eigentlichen Grundrechtsbereich hinaus und löst den Gesetzesvorbehalt endgültig von seiner traditionellen Fixierung auf die konstitutionell rechtsstaatliche Funktion. Das Gericht hat denn auch in nachfolgenden Fällen die eingeleitete Praxis nicht nur im Leistungsbereich,[119] sondern sich auch im Rahmen des Organisationsrechts auf den Entscheid *Wäffler* gestützt.[120] Hier spricht es gar davon, dass die Notwendigkeit gesetzlicher Grundlage »für die gesamte staatliche Verwaltung gefordert« ist.[121] Die Praxis lebt aber dieser generellen Formulierung nicht nach. Im gleichen Zeitraum sieht das Gericht vom Erfordernis gesetzlicher Grundlage im Organisationsrecht ab, selbst dort, wo teilweise Grundrechtsinteressen betroffen sind.[122]

[116] Ich danke meinem Kollegen Christian Wyss, Fürsprecher, für diesen Gedanken.

[117] BGE 103 Ia 380/381.

[118] Ibid. 377, 381.

[119] BGE 103 Ia 402, 104 Ia 309.

[120] BGE 104 Ia 440 ff. (Erfordernis einer formell-gesetzlichen Grundlage für die Begründung von Körperschaften des öffentlichen Rechts, hier der Studentenschaft der Universität Zürich).

[121] Ibid. 445/446.

[122] BGE 104 Ia 232 ff. (Grundsatz des Erfordernisses gesetzlicher Grundlage für Konsultativabstimmungen, Ausnahme bei aussergewöhnlichen Umständen), dazu Müller/Saladin (1979) 428 f., dazu nun Sträuli, R., Die konsultative Volksabstimmung in der Schweiz, Diss. Zürich 1982, BGE 104 Ia 240 ff. (Befugnis des bernischen Grossen Rates zur Vorlage eines Gegenvorschlages zu einer Gesetzesinitiative ohne Erfordernis einer formell-gesetzlichen Grund-

*Zusammenfassend* lässt sich bisheriger Praxis (Stand 1982) entnehmen, dass das Erfordernis gesetzlicher Grundlage für staatliche Leistungen in grundrechtsrelevanten Bereichen wohl als gesichert gelten kann. Gleichzeitig hat sich der Geltungsbereich in der schweizerischen Staatsauffassung auch nach den Rechten des Bürgers in der partizipativen Demokratie zu bemessen. Wo diese praktischen Grenzen umfassender Geltung selbst unter Berücksichtigung ungeschriebener, verfassungsunmittelbarer Befugnisse liegen, erscheint allerdings noch wenig gefestigt. Das zeigen die nachstehenden, tradierten Ausnahmen.

### *3.32 Tradierte Ausnahmen*

Verschiedene Verwaltungstätigkeiten können nach bisheriger Praxis ohne formell-gesetzliche Grundlage bestehen.[123] Das gilt selbst im klassischen Eingriffsbereich. Die umfassende Geltung des Legalitätsprinzips stellt diese traditionell gesetzesfreien Tätigkeiten ernsthaft in Frage. Das gilt vor allem dort, wo es sich um Residuen konstitutioneller Staatsauffassung mit ihrer Vorstellung rechtsfreier Verwaltungssphären handelt.[124] Die nachfolgenden, überkommenen Dispensationen vom Erfordernis gesetzlicher Grundlage können künftig nur insoweit Bestand haben, als ihre Legitimität funktionell als unmittelbare Verfassungskompetenz (inherent power)[125] von Regierung und Verwaltung begründet werden kann. Diese Frage muss hier im einzelnen offen bleiben. Es soll allein gezeigt und betont werden, dass die Ausgestaltung des umfassenden Legalitätsprinzips im Spannungsfeld demokratischer Legitimation, grundrechtlichen Schutzinteressen sowie Aspekten staatlicher Leistungsfähigkeit, Flexibilität und Praktikabilität angesichts der Vielfalt solch tradierter Erscheinungen differenziert erfolgen muss.[126] Dazu seien, vom Pro-

lage). Im Ergebnis wird hier durch die Möglichkeit des doppelten Neins das verfassungsmässige Initiativrecht ohne gesetzliche Grundlage beschränkt, vgl. Kritik von J.P. Müller (1980a) 282 f. Vgl. auch BGE 102 Ia 134, 98 Ia 640, 96 I 646 zur impliziten Kompetenz zur Prüfung der Verfassungsmässigkeit von Initiativen.

123 Vgl. zum Folgenden auch Hangartner (1980) 204 ff.

124 Vgl. Anhang Kap. I.

125 Zum Begriff s. oben Anm. 62.

126 Vgl. Teil III, 2. Abschnitt.

blem der sog. Regierungsakte abgesehen[127], exemplarisch folgende Bereiche erörtert:

### 3.321 Allgemeine Polizeiklausel

Regierung und Verwaltung steht in der schweizerischen Praxis die Befugnis zu, Rechtsgüter Privater, des Gemeinwesens und die öffentliche Ordnung durch Verfügung und Verordnung »gegen schwere und unmittelbar drohende Gefahren zu schützen, die sie mit gesetzlichen Mitteln nicht abzuwenden« vermögen[128]. Die Befugnis weist vorkonstitutionelle und konstitutionelle Wurzeln auf[129]; in der Demokratie bedarf sie besonderer Begründung. Das zeigt sich etwa darin, dass das amerikanische Verfassungs- und Verwaltungsrecht keine diesem Institut vergleichbaren ungeschriebenen Befugnisse kennt, sondern vielmehr stets eine, wenn auch notwendigerweise offen gehaltene Kompetenznorm im demokratisch legitimierten Erlass verlangt[130]. In gleicher Richtung weisen auch die Zweifel, wie sie heute aus der Sicht der EMRK gegenüber dieser ungeschriebenen Zuständigkeit als Rechtsgrundlage für die Beschränkung der von der Konvention erfassten

[127] Dazu G. Müller (1981a) 110 f.

[128] BGE 100 Ia 146 (Übersetzung nach Pra 63 Nr. 204) mit Hinweisen, 103 Ia 312 (»sérieux, direct et imminent«).

[129] Vgl. zum Verhältnis von Gesetzesvorbehalt und Einzelakt im Konstitutionalismus Jesch (1961) 156 ff. Aufschlussreich ist, dass das Bundesgericht ursprünglich den kantonalen Regierungen die Kompetenz eines selbständigen polzeilichen Verordnungsrechts verwehrte, BGE 8, 72; 17, 50; 22, 1004.

[130] Die Kompetenz zu polizeilichem Handeln muss stets auf eine ausdrückliche Ermächtigung in Verfassung oder Gesetz zurückgeführt werden können. Besonders deutlich kommt das auf Bundesebene bei der Ausscheidung der Befugnisse zwischen Kongress und dem Präsidenten zum Ausdruck. So lehnte es der Supreme Court im grundlegenden Entscheid *Youngstown Sheet & Tube Co.* v. Sawyer, 343 U.S. 579 (1952) ab, dem Präsidenten die verfassungsrechtliche, inherente Befugnis zur Beschlagnahmung unmittelbar streikbedrohter Stahlwerke zuzuerkennen, obgleich die eminente Bedeutung der Stahlproduktion angesichts des damaligen Koreakrieges unbestritten war. Ebenso wurde dem Präsidenten in *New York Times Co. v. United States,* 403 U.S. 713 (1971), die »inherent power« zum Verbot von Pressepublikationen wegen angeblicher Gefährdung der nationalen Sicherheit (Pentagon Papers) zugestanden. Wie die dissenting opinions der genannten Entscheidungen zeigen, ist indessen der Ausschluss dieser Befugnis zur gesetzesunabhängigen polizeilichen Gefahrenabwehr, namentlich bei »domestic affairs«, umstritten. Bei auswärtigen Angelegenheiten werden dem Präsidenten regelmässig grosszügigere Spielräume zugestanden; grundlegend *United States v. Curtiss- Wright Export Corp.,* 229 U.S. 304 (1936) (Waffenexportverbot in umkämpfte Gebiete); neuestens und aufschlussreich das Urteil *Dames & Moore v. Regan* vom 2. Juli 1981, – U.S. –, 49 United States law Weekly (U.S.L.W.) 4964 (»Blockierung« iranischer Guthaben durch den Präsidenten), vgl. EuGRZ 1981, 429 ff.

Grundrechte angebracht werden.[131]

In der Schweiz hat sich die Allgemeine Polizeiklausel zum ungeschriebenen Verfassungsgrundsatz verdichtet, der im Sinne einer ultima ratio und subsidiär zum Gesetzesrecht angerufen werden kann.[132] Die zeitgemässe Begründung der Befugnis als ungeschriebene Verfassungsnorm muss darin erblickt werden, dass Regierung und Verwaltung (aber mitunter auch der Richter ) am ehesten in der Lage sind, zeitgerecht und mit der gebotenen Flexibilität auf nicht vorhersehbare Bedrohungslagen zu reagieren. Mit diesem Aspekt der *Eignung,* wie er weiter unten generell als eines der massgebenden Kriterien zur Verteilung von Entscheidungsbefugnissen aufzunehmen sein wird,[133] ergibt sich aber eine unter demokratischem Gesichtswinkel zwingend gebotene Beschränkung der Klausel auf schwere, dringliche, unmittelbare Störungen und Gefährdungen, deren Regelung nicht vorhersehbar oder zu komplex erscheint. Die Befugnis darf in ihrer notwendigen Offenheit keinesfalls den Gesetzgeber von Regelungsentscheidungen dispensieren, die er vorausschauend im offenen politischen Prozess hätte wahrnehmen können.[134] Diese ungeschriebenen materiellen Beschränkungen, die von den Gerichten gerade im Lichte des Stimmrechts mit Strenge zu behüten sind, erscheinen dringender als (die an sich wünschbare) positive Verankerung solcher Befugnisse in der Verfassung, die ohnehin nur relativ offen möglich[135] und notwendigerweise auf die Konkretisierung durch Fallrecht angewiesen ist.

### 3.322 Verwaltungsverordnungen

Nach der Praxis kommt der Verwaltung die Befugnis zu, ohne gesetzliche Grundlage sog. Verwaltungsverordnungen

131 Dazu Kap. 5.4.

132 BGE 106 Ia 60 f. mit Hinweisen, 103 Ia 311, 92 I 24 mit eingehender Erörterung der nicht einhelligen Lehre, Imboden/Rhinow (1976) 57 ff., 968 ff.

133 Kap. 15.4 und insbesondere zum Kriterium der Flexibilität Kap. 15.5.

134 Für enge Anwendungsmöglichkeit der allgemeinen Polizeiklausel auch Abravanel (1980) 35 ff., J.P. Müller (1982) 110, (1979) 116/117, (1964) 201,; Malinverni, G., La liberté de réunion, Genf 1981, 118 ff.; Dürr, R., Die polizeiliche Generalklausel, Diss. Zürich 1967, 101 f.

135 Vgl. Art. 23 Abs. 2 Satz 2 VE 1977; Art. 39 Abs. 2 KV BE, der durch die geforderte sofortige Information des Grossen Rates und dessen »Entscheidung über die weiteren Vorkehren« als *verfahrensrechtliches* Modell demokratischer Kontrolle über die polizeiliche Generalklausel entfaltet werden könnte.

(Richtlinien, Kreisschreiben, Weisungen u.a.) zu erlassen. Der Befugnis liegt die ursprüngliche Vorstellung zugrunde, dass der konstitutionelle Staat gewissermassen »in eigener Sache« und ausserhalb der durch Freiheit und Eigentum des Privaten definierten Rechtssphäre gesetzesfrei, ja rechtsfrei und uneingeschränkt handeln kann. Noch heute wird diesem Normtypus trotz seiner i.d.R. generell-abstrakten Struktur die Rechtssatzqualität versagt; sie begründe keine Rechte und Pflichten des Bürgers.[136] Praktisch wirkt sich das in der fehlenden Publikationspflicht und in einer beschränkten Überprüfung im Rahmen der staatsrechtlichen Beschwerde aus. Das Bundesgericht prüft solche Verordnungen nur insoweit, als sie (auch in schlichtem Verwaltungshandeln) »Aussenwirkungen« auf die Rechtssphäre des Bürgers haben.[137] Damit ist das Problem der gesetzlichen Grundlage nicht ausgeräumt: Nach der Praxis sind gesetzesfreie Verwaltungsverordnungen sogar als Beschränkungen sensibler Grundrechtsinteressen, etwa im Rahmen der persönlichen Freiheit, oder der Meinungs- und Pressefreiheit zulässig.[138] *Darin liegt, soweit diese Erlasse nicht publiziert sind, ein Verstoss gegen die EMRK und ihren Rechtsbegriff.*[139] Das Institut lässt sich im Lichte des umfassenderen Legalitätsprinzips kaum mehr begründen, zumal es – im Unterschied zum Bonner Grundgesetz[140] – im schweizerischen Verfassungsrecht keine Positivierung erfahren hat. Mit *G. Müller* stellt die Unterscheidung von Innen- und Aussenwirkung entgegen herrschender Auffassung kein taugliches Abgrenzungskriterium dar, da wohl jede Anordnung mittelbare, wenn auch möglicherweise nur geringfügi-

136 BGE 105 Ia 352 mit Hinweisen, 104 Ia 163 ff. mit Hinweisen, statt vieler Imboden/Rhinow (1976) 51 ff., Knapp (1980) 61, Manfrini, Nature et effets juridique des ordonnances administrative, Diss. Genf 1978, zur Terminologie im Bund s. Buser (1981) 500 f.

137 Grundlegend BGE 98 Ia 508, 510; BGE 107 Ia 82 f., 105 Ia 351 ff.

138 S. BGE 107 Ia 304, 104 Ia 103 (Beschränkung der Meinungs- und Pressefreiheit durch kantonale Richtlinien zur Informationspolitik) dazu die Kritik von J.P. Müller (1980a) 240 f., 100 Ib 13 ff. (Sicherheitspolizeiliche Weisungen), 98 Ia 508 ff. (Weisungen für die Organentnahme), 94 IV 7 (Weisungen für den Schusswaffengebrauch der Polizei, hierzu die Kritik von Schultz, Die strafrechtliche Rechtsprechung des Bundesgerichts im Jahre 1968, ZbJV 1969, 381 ff., 385 ff.), eingehend Hug, T., Schusswaffengebrauch durch die Polizei, Diss. Zürich 1980.

139 Dazu Kap. 5.2, 5.3. lit c.

140 Z.B. Art. 84 Abs. 2, 85 Abs. 2, 86 Grundgesetz, dazu G. Müller (1979) 200 f.

ge, Auswirkungen auf den Verwaltungsadressaten hat.[141] Aus solchen Abgrenzungsproblemen, vor allem aber aus dem heutigen Rechtsbegriff[142] ergibt sich, dass dieser häufige, gerade für die praktische Verwirklichung der Gleichbehandlung bedeutsame Normtypus als Rechtssatz zu qualifizieren ist. In diesem Sinne spricht sich auch *Rhinow* aus.[143] Eine Gleichstellung mit der heutigen Rechtsverordnung setzt indessen voraus, dass mit Blick auf die praktischen Probleme (Quantität!) gesamthaft flexible Delegations-und Subdelegationsgrundsätze[144] sowie differenzierte Publikationsvorschriften erarbeitet werden.[145]

### 3.323 Vollziehungsverordnungen

Der Regierung steht die Befugnis zu, auch ohne gesetzliche Grundlage Vollziehungsverordnungen (Ausführungsbestimmungen) zu erlassen. Die Begründung dieser Befugnis wird in der Praxis in der verfassungsunmittelbaren Kompetenz der Regierung zum Gesetzesvollzug sowie im materiellen Legalitätsprinzip mit seiner Forderung generell-abstrakter Determinierung der Verwaltungstätigkeit erblickt. Die Befugnis besteht einschränkend nur hinsichtlich der Ergänzung und Spezifizierung von Gegenständen, die das Gesetz zumindest seinem Zwecke nach anspricht.[146]

Diese praktisch bedeutsame, ungeschriebene Befugnis erscheint aus verschiedenen Gründen problematisch. Im Lichte einer Normtheorie, die den gesamten Vorgang von

141 Ibid. 199 mit Hinweisen.
142 Vgl. Anhang Kap. II lit. B.
143 Rhinow (1979) 213 Anm. 81, unter Betonung rechtsstaatlicher Begründung.
144 Die mit der Ausdehnung des Legalitätsprinzips eingesetzte Entwicklung bietet Anlass zu Hoffnung, eingehend Kap. 4.31 sowie Kap. 15.5 ff. Namentlich wo offene, ja mitunter implizite Delegation erforderlich sein wird, ist auf das Beurteilungskriterium sach- und kompetenzgerechter Begründung hinzuweisen, dazu Kap. 17.2.
145 Für die Publikation zahlreicher Richtlinien u.a. müsste wohl nach Massgabe ihrer Bedeutung genügen, dass die Existenz des Erlasses mitgeteilt, im übrigen aber seine Zugänglichkeit (bei der Behörde) als Rechtsanspruch sichergestellt ist. Zur Möglichkeit, im Rahmen von Art. 67 Abs. 3 GVG, in der AS nur den Titel zu publizieren und die Greifbarkeit des Erlasses sicherzustellen, s. das Urteil des Bundesgerichts vom 12. Juli 1982, i.S. »Radio 24«, NZZ vom 4.11.82 (betreffend Internationales Radioreglement, das über 1000 Seiten umfasst).
146 Eingehend Imboden/Rhinow (1976) 48 ff. mit Hinweisen.

Rechtsetzung bis »Anwendung« und »Vollzug« als einen kontinuierlichen Prozess der Normbildung versteht[147], entfällt theoretisch die Unterscheidungsmöglichkeit von Vollziehungs- und gesetzesvertretenden Verordnungen.[148] Jede noch so geringe Ergänzung und Präzisierung eines Gesetzes wirkt sich in bestimmter Richtung auf die Verwirklichung des Erlasses aus und hat demzufolge rechtsgestaltenden Charakter. Die Unterscheidung zwischen Vollzugs- und andern Verordnungen ist denn auch praktisch kaum klar durchzuführen. Mit der heute überwundenen Auffassung der *Giacometti*-Schule, wonach die gesetzesvertretende Verordnung verfassungswidrig sei (und in deren Folge sich, wie *Eichenberger* zutreffend feststellt, der Typus der Vollziehungsverordnung sich als dogmatischer Ausweg anbot[149]), ist auf diese Unterscheidung zugunsten eines einheitlichen Verordnungsbegriffes zu verzichten.[150]

Für ein grundlegendes Erfordernis expliziter Übertragung der Regelungskompetenz im formellen Erlass selbst für Verordnungen von relativ geringfügiger, zusätzlicher Normativität spricht unter dem Gesichtspunkt der Eignung,[151] dass generell-abstrakte Gesetzeskonkretisierungen der Verwirklichung des Gesetzes nicht immer am besten dienen. Gerade in komplexen Bereichen, wo noch wenig Erfahrungswerte vorhanden sind, kann ein einzelfallweises Vorgehen und Erarbeiten der massgebenden Normen durch Verwaltung und Richter (case law) weit angemessener sein.[152] Von daher soll der Gesetzgeber jeweils selbst entscheiden müssen, welche der andern Staatsfunktionen seine mehr oder weniger offenen Gesetzesnormen primär konkretisieren soll. Mittel dazu ist der Verzicht bzw. die Verankerung einer expliziten Verordnungskompetenz. Ausnahmen vom Erfordernis expliziter Übertragung mögen im Sinne einer »inherent power« der Regierung da bestehen, wo es primär um die Schaffung der für die Implementation des Gesetzes erforderlichen organisatorischen Vorkehren geht.

147 Dazu Kap. 7 mit Hinweisen
148 Hierzu und zum Folgenden G. Müller (1979) 173 ff. mit Hinweisen, vgl. auch Buser (1981) 499 f.
149 Eichenberger (1981) 30, 32.
150 So grundsätzlich auch G. Müller (1979) 189, Eichenberger (1981) 33, s. auch Kap. 4.2 lit c.
151 Zu diesem grundlegenden Kriterium der sachgerechten Verteilung von Regelungsaufgaben s. Kap. 15.4.
152 Dazu Kap. 8.41, 15.6.

## 3.324 Öffentliche Sachen

Den Behörden steht im heutigen Verwaltungsrecht die gesetzesfreie und -unabhängige Administration und Regelung der öffentlichen Sachen zu. Das gilt selbst da, wo diese Tätigkeit Grundrechtsinteressen betrifft. So kann die Benützung des öffentlichen Grundes zu ideellen oder wirtschaftlichen Zwekken im Sinne eines gesteigerten Gemeingebrauches oder der Sondernutzung ohne gesetzliche Grundlage reglementiert und insbesondere einer Bewilligungspflicht unterstellt werden.[153] Analoges gilt im Bereich der Medien für die Benutzung des elektromagnetischen Spektrums.[154] Diese unabhängigen Befugnisse entstammen letztlich der konstitutionell-monarchischen Auffassung und Vorstellung einer grundsätzlich rechtsfreien Staatssphäre ausserhalb des gesetzlich verfassten Verhältnisses von Privatbereich des Bürgers zum Staat.[155] Die Vorstellung ungebundener Verfügbarkeit über die öffentlichen Sachen als Krongut bzw. als sachenrechtlich verstandenes Privateigentum des Gemeinwesens hält demokratischer Staatsauffassung nicht stand. Sie ist denn durch die zunehmende Anerkennung materieller Grundrechtsbindung auch dieser Bereiche in Überwindung begriffen.[156] Das Problem bedarf aber auch hinsichtlich des umfassenderen Legalitätsprinzips, insbesondere seit dessen Erweiterung auf die Leistungsverwaltung, einer differenzierten Optik.

Die Ausdehnung des Legalitätsprinzips im Fall *Wäffler* findet ihre Begründung u.a. auch darin, dass staatliche Leistungen je länger je mehr Voraussetzung für die tatsächliche Inanspruchnahme und Entfaltung verschiedener Grundrechte bilden.[157] Das trifft in hohem Masse auch für die Meinungsfreiheit und Versammlungsfreiheit zu. Die Benützung des öffentlichen Grundes (als Inanspruchnahme einer staatlichen Leistung) ist vielfach essentielle Voraussetzung für die Verwirklichung der mit diesen Grundrechten angestrebten Ap-

153 Statt vieler Imboden/Rhinow (1976) 812, 838, BGE 107 Ia 296.

154 S. die Begründung des Bundesgerichts zum verneinten Erfordernis gesetzlicher Grundlagen der SRG Konzession, Zbl. 1982, 219 ff., 221.

155 Dazu Anhang Kap. I.

156 Hervorzuheben ist vor allem die Pflicht der Behörde zu grundrechtlicher Abwägung im Sinne des »bedingten Anspruchs auf Gewährung der Bewilligung« bei Benützung des öffentlichen Grundes für ideelle Zwecke, BGE 105 Ia 95, 107 Ia 66, 294, 100 Ia 405.

157 BGE 103 Ia 381, zit. in Kap. 3.31.

pellwirkung in der Öffentlichkeit. In diesem Sinn ist das öffentliche Sachenrecht ein Feld unauflösbarer Interdependenz von Eingriffen und Leistungen. Seine Regelung bedarf daher im Lichte der neuen Rechtsprechung, sicherlich soweit grundrechtsrelevant, grundsätzlich einer gesetzlichen Grundlage.[158] Mit diesem Erfordernis ist freilich noch nichts über die geforderte Dichte und Bestimmtheit der Regelungen gesagt. Diese können und müssen von Bereich zu Bereich, je nach Massgabe der Eignung einer Behörde zu sachgerechter Entscheidung variieren. So verlangt die Versammlungsfreiheit für die Regelung ihrer Ausübung überaus flexible Normen,[159] wenn nicht überhaupt den weitgehenden Verzicht auf generell-abstrakte Vorausbestimmung zugunsten beweglicher, vom – unabhängigen – Richter im Fallrecht gestalteter Grundsätze.[160] Andere Bereiche, z.B. die Benützung öffentlicher Sachen zu wirtschaftlichen Zwecken oder die Regelung der elektronischen Medien erscheinen demgegenüber gesetzlicher Normierung schon viel eher zugänglich zu sein.

### 3.325 Weitere Hinweise

Im Sinne einer Bestandesaufnahme seien hier vier weitere Bereiche gesetzesunabhängiger Staats- und Verwaltungstätigkeit genannt; auch sie belegen die Notwendigkeit einer differenzierten Ausgestaltung des Legalitätsprinzips:

a) Die Befugnis der Verwaltung, im Rahmen des Gesetzeszweckes sachgerechte Nebenbestimmungen, Bedingungen und Auflagen *ohne gesetzliche Grundlage* anzuordnen, sowie Ermahnungen auszusprechen.[161]

b) Die Befugnis der Behörden, die nicht-hoheitliche Verwaltung (administrative Hilfstätigkeit, fiskalische Wettbewerbswirtschaft, Verwaltung von Verwaltungsvermögen)

158 So auch Saladin (1982) L; Das Bundesgericht trat sowohl in BGE 107 Ia 230 wie BGE 107 Ia 293 auf die Frage der gesetzlichen Grundlage eines Versammmlungsverbotes offenbar nur mangels expliziter Rüge nicht ein. Liegt darin ein Anzeichen dafür, dass an sich eine solche vorhanden sein müsste? Vgl. auch BGE 101 Ia 477, wo das Gericht die Befugnis zur Regelung der Strassenprostitution auf eine vorhandene Delegationsnorm zurückführt.

159 BGE 105 Ia 96.

160 Wegleitend *J.P. Müller* (1982) 117.

161 BGE 99 Ia 489, Imboden/Rhinow (1976) 233 f., 319 f. mit weiteren Hinweisen.

*ohne gesetzliche Grundlage* mittels Verordnung, Verfügung oder privatrechtlichem Vertrag zu führen.[162]

c) Die beschränkte Befugnis der Verwaltung, öffentlichrechtliche Verträge auch *ohne gesetzliche Grundlage* abzuschliessen.[163]

d) Die Befugnis der Behörden, neue Ausgaben ohne gesetzliche Grundlage, gestützt auf das Budget und ohne besondere Vorlage, zu beschliessen[164] sowie die gesetzliche Grundlage im Finanzreferendum zu erblicken.[165] Diese Befugnis deutet darauf hin, dem Budget als Ausgabenbeschluss selbst *Rechtscharakter* zuzusprechen, was aber bisher in der schweizerischen Praxis mehrheitlich im Anschluss an *Laband* und im Unterschied zur Rechtsprechung des Bundesverfassungsgerichts nicht angenommen wurde.[166]

Ungeklärt ist ferner, inwieweit namentlich der Regierungsfunktion ungeschriebene, verfassungsunmittelbare Ausgabenbefugnisse zustehen, namentlich in der Kultur-

162 BGE 103 Ib 332, Kritik von Gygi (1979a) 196 ff., Imboden/Rhinow (1976) 25, 287 ff.

163 BGE 105 Ia, 209, 103a, Ia 512 mit Hinweisen; Imboden/Rhinow (1976) 281 ff. Die neuere Lehre und Rechtsprechung anerkennen gegenüber früherer Auffassung, dass öffentlich-rechtliche Verträge stillschweigend zugelassen sein können, wenn sie vom Gesetz nicht ausdrücklich ausgeschlossen werden. Grundlegend für die heutige Auffassung Zwahlen, Le contrat de droit administratif, ZSR 1958, 461a ff., 623a f., 721a; enger und für eine stärkere Bindung an das Legalitätsprinzip Imboden (1958) 64a ff., 211a; vgl. auch das Diskussionsvotum von Grisel, ebenda 701a ff. Von Bedeutung in unserem Zusammenhang ist, dass auch Zwahlen zumindest eine *Kompetenznorm* zu verlangen scheint, indem er den Vertrag da zulässt, wo die Behörde, gestützt auf eine gesetzliche Grundlage, auch verfügen könnte, a.a.O. 624a. S. nun auch Huguenin, C., Die bundesgerichtliche Praxis zum öffentlich-rechtlichen Vertrag, ZbJV 1982, 489 ff., 507 ff., sowie die demnächst erscheinende Berner Dissertation von Horst Schmitt zur Rechtsbeständigkeit öffentlich-rechtlicher Verträge.

164 BGE 99 Ia 193, 95 I 535/536 mit Hinweisen, Imboden/Rhinow (1976) 1116.

165 BGE 105 Ia 85; 95 I 218: »Das Finanzreferendum soll dem Volk das Mitspracherecht sichern, ... wenn sie (die Verwaltung [Anm. des Verf.]) eine Ausgabe beschliesst, die *ausserhalb* der gesetzlichen Aufgaben liegt.«, Imboden/Rhinow (1976) 1112.

166 BGE 94 I 431. VPB 1972 Nr. 47, 102/103 (vgl. auch BGE 97 I 902 zur »Loi budgétaire« im Kanton Genf): Demgegenüber BVerfG 20, 56, 91 (1966) [Parteifinanzierung], wo die Rechtssatzqualität des Budgets unter Absage an die Tradition *Labands* im Rahmen des Bonner Grundgesetzes anerkannt wird; eine Rechtsprechung, die gerade für die Überwindung des Gesetzesdualismus von grösster Bedeutung ist, vgl. Scheuner (1981) 132 und passim, sowie Kap. 8.3. lit. b.

und Aussenpolitik.[167] Das Spannungsverhältnis von Legalität und Flexibilität erweist sich im Lichte des ausgedehnten Gesetzmässigkeitsprinzips ausserordentlich schwierig. Es ist noch kaum befriedigend gelöst.[168]

167 Im Bund wurden als solch verfassungsunmittelbare Kompetenzen die Bereiche der Kulturpolitik sowie Förderungskompetenzen im Rahmen der auswärtigen Gewalt erachtet; Gutachten des EJPD vom 29.3.1972, VPB 1972 Nr. 47, 102 ff., 104/105. Vgl. nun Martel, W., Grundlagen staatlicher Kulturpolitik, insbesondere des Bundes, Zbl 1982, 101 ff., 109 f. Neuerdings wird von einer Beschränkung auf das »Officium Nobile« (einmalige Leistungen beschränkten Umfangs, z.B. bei Katastrophen) und auf die allgemeine Polizeiklausel (bei Leistungen) gesprochen; Gutachten der Justizabteilung vom 18.9.1979, VPB 1979 Nr. 98, 456 ff., 460.

168 Die komplexen Probleme können nur erwähnt werden. Sicher ist, dass die frühere Ausgabenfreiheit des Staates, oft mit seinen Persönlichkeitsrechten begründet, überwunden ist. Die Ausgabe bedarf grundsätzlich einer formellgesetzlichen Grundlage; vgl. VPB 1972 Nr. 47, 102 ff., 105 (mit Hinweisen auf die frühere Praxis, u.a. noch BBI 1970 I 751); in diesem Sinne auch Hangartner (1980) 208 ff. Diesem Erfordernis vermochte bis vor kurzem auf Bundesebene die durch Art. 3 BV geforderte Kompetenznorm der Bundesverfassung selbst zu genügen, VPB a.a.O. 102. Unter Berufung auf die bundesgerichtliche Ausdehnung des Legalitätsprinzips und den »modernen Rechtsstaat« verlangt ein Gutachten der Justizabteilung nun überdies die *rechtssatzförmige* Bestimmung der Ausgabe im Bundesgesetz oder AVBB als Grundlagenerlass. Für die Notwendigkeit beruft es sich auf die Gewaltenteilung und die Unterscheidung von Rechtsetzung und Vollzug, VPB 1979 Nr. 98 456 ff., 460/461. Das Erfordernis rechtssatzförmiger Ausgabenbestimmung findet seinen Ausdruck vor allem in der geplanten Vorlage eines allgemeinen Subventionsgesetzes sowie z.B. auch in der Botschaft über Stipendien an ausländische Studierende, BBI 1980 II 14447 ff., 1463 (obgleich die auswärtige Gewalt als traditionell verfassungsunmittelbarer Bereich betroffen ist) und auch etwa in der Botschaft über die Unterstützung von Schulen für soziale Arbeit, BBI 1978 II 1653 ff., 1666. Diese neue, grundsätzlich umfassend verstandene Gesetzesbindung verkennt, dass die in der bundesgerichtlichen Praxis geforderte formell-gesetzliche Grundlage im Bund, im Unterschied zu den meisten Kantonen – ausgenommen der Kanton Aargau (§ 26 KV) – durch das Erfordernis von Art. 3 BV bereits auf Verfassungsstufe erfüllt wird. Sodann folgt aus dem umfassend verstandenen formellen Legalitätsprinzip im Leistungsbereich nicht, dass jede Ausgabe auch generell-abstrakt, im Sinne des materiellen Legalitätsprinzips, determiniert werden muss (vgl. Kap. 3.2). Das kann nur mit Bezug auf wiederkehrende, d.h. regelmässige Ausgaben sinnvoll sein, nicht aber für die in der Praxis unvermeidbaren zahlreichen Einzelprojekte (vgl. VPB 1972 Nr. 47 104/105 für Beispiele). Aus der bundesgerichtlichen Praxis folgt lediglich – soweit man die Grundsätze formelhaft auf Bundesebene übernehmen kann –, dass *ein* formelles Gesetz erforderlich ist; das können nach wie vor die Verfassung selbst und ihre Kompetenznormen sein.

### *3.33 Beschränkung des materiellen Legalitätsprinzips*

a) Anders als die Lehre in ihrer traditionellen Ausrichtung auf ein umfassend verstandenes Legalitätsprinzip[169], macht die Praxis, soweit ersichtlich, zwischen den Anwendungsbereichen von formellem und materiellem Legalitätsprinzip noch keinen ausdrücklichen Unterschied. Solange der Gesetzmässigkeitsgrundsatz auf die Eingriffsverwaltung beschränkt blieb, bestand im Zuständigkeitsbereich des Bundesgerichtes scheinbar kein Anlass zu Differenzierungen: Die beschränkte Leistungsfähigkeit des generell-abstrakten Rechtssatzes (materielles Legalitätsprinzip) für Einzelfallregelungen, liess sich bei Eingriffen mit dem Institut der offenen Allgemeinen Polizeiklausel bequem auffangen.[170] Auch wo eigentliche Schwierigkeiten auftraten, wie bei der Erfassung der Raumplanung, im Wirtschaftsrecht oder teilweise bei Organisationsnormen[171] wurden keine allgemeinen Folgerungen für einen gegenüber dem formellen Legalitätsprinzip beschränkteren Geltungsbereich des Rechtssatzerfordernisses gezogen.

b) Seit der Ausdehnung des Legalitätsprinzips auf die Leistungsverwaltung zeichnet sich die gebotene Differenzierung allmählich ab. Im Entscheid *Wäffler* zieht das Bundesgericht bei der Ausgestaltung der Gesetzesdelegation auch in Betracht, *inwieweit der Regelungsgegenstand überhaupt geeignet ist, zum voraus in generell-abstrakte Rechtsnormen gefasst zu werden.*[172] Wo eine solche Eignung nicht besteht, ist die Anwendung des formellen Gesetzes als Delegationsnorm, nicht aber des materiellen Legalitätsprinzips (Rechtssatz) gefordert. In diesem Sinne hat sich das Gericht auch gegen die Eignung generell-abstrakter Normen für die Regelung des Begnadigungsrechts ausgesprochen[173] und die bereits genannte Notwendigkeit flexibler Regelung der Benützung des öffentlichen Grundes für ideelle Zwecke betont.[174]

[169] Kap. 3.1 – 2.
[170] Kap. 3.321.
[171] Kap. 6.
[172] BGE 103 Ia 381, eingehend zur Delegationspraxis Kap. 4.
[173] BGE 107 Ia 105/106.
[174] BGE 105 Ia 96, eingehend zur Leistungsfähigkeit des materiellen Legalitätsprinzips Teil II.

## 3.4 Anhang: Zur Terminologie von »Gesetzesvorbehalt« und »Totalvorbehalt« – ein Verzicht

a) Der Begriff des »Vorbehalts des Gesetzes« oder »Gesetzesvorbehalt« vermittelt sprachlich die Vorstellung der *Ausnahmesituation* im Sinne der konstitutionellen Lehre, wonach lediglich gewisse wichtige Staatsakte dem Gesetzgeber vorbehalten waren, im übrigen aber ein autonomes Satzungsrecht einer aus eigenem Antrieb handelnden Regierung und Verwaltung besteht.[175] Je stärker das Legalitätsprinzip eine, wenn auch heute noch ungefestigte und wenig erprobte Ausdehnung auf die gesamte Verwaltungstätigkeit erfährt, um so weniger rechtfertigt es sich, in der Demokratie den Begriff des Vorbehaltes des Gesetzes in seinem hergebrachten Sinne zu verwenden.[176]

b) Dazu kommt nun, dass der Begriff des Vorbehalts in der Praxis eine verwirrende Doppelbedeutung hat. Die Rechtsprechung des Bundesgerichts, so namentlich der Entscheid *Wäffler*,[177] verwendet den »Gesetzesvorbehalt« neben seiner Funktion zur Umschreibung des Geltungsbereiches[178]

175 Die grundlegende Begriffsbestimmung O. Mayers ist in Erinnerung zu rufen: »Das verfassungsmässige Gesetz ist deshalb nur für besonders wichtige Gegenstände zur notwendigen Bedingung aller Staatstätigkeit gemacht worden. Für alle übrigen ist die vollziehende Gewalt an sich frei; sie wirkt aus eigener Kraft, nicht aufgrund des Gesetzes. Wir nennen den Ausschluss ihres selbständigen Vorgehens, der bezüglich jener besonders ausgezeichneten Gegenstände besteht, den Vorbehalt des Gesetzes.« Verwaltungsrecht, 2. Aufl. Bd. I 71.

176 So auch Korinek (1970) 171: Anstelle hergebrachter Deutung schlägt er vor, mit dem Begriff des Vorbehaltes die Ermächtigung des Gesetzgebers anzusprechen, »verfassungsgesetzliche Grundsätze auszuführen, zu gestalten, zu modifizieren, abzugrenzen oder einzuschränken«. Damit wird einerseits das institutionelle Grundrechtsdenken in den Vorbehaltsbegriff einbezogen. Andererseits beschränkt sich die praktisch-politische Bedeutung des Gesetzesvorbehaltes nach Korinek darauf, dass der Gesetzgeber Grundrechte durch einfaches Gesetz beschränken könne. Gegenüber dem konstitutionellen Vorbehalt, der sich sachlich auf Grundrechtsbeschränkungen bezog, ist damit nichts gewonnen. Abgesehen davon ist es zumindest nach schweizerischer Auffassung nicht dem Gesetzgeber vorbehalten, die Grundrechte zu konkretisieren, sondern ebenso die Aufgabe des Verfassungsrichters. Treffend ist hingegen, wenn der Autor an anderer Stelle, bei der Verwirklichung der sozialen Grundrechte, von einem »notwendigen Gesetzesvorbehalt« spricht, da diese durch den Gesetzgeber und nur sehr beschränkt durch den Richter ausgestaltet werden können.« Derselbe, Recht auf Arbeit, in: Gesellschaft und Politik, Heft II, 1979, 34. Zum Begriff des »Verfassungsvorbehalts« Kap. 14.12, 14.2.

177 BGE 103 Ia 369 ff., vgl. auch 98 Ia 592.

178 Ibid 380 E.C. 5.

zugleich in einem zweiten Sinne. Vorbehalt bedeutet hier, dass eine materielle Regelung von Verfassung wegen der Stufe des formellen Gesetzes »vorbehalten« werden muss und zufolge ihrer Bedeutung nicht delegiert werden darf. Das Bundesgericht spricht davon, dass die Ausdehnung des Gesetzesvorbehaltes »... keine Abschwächung seiner Geltung in bezug auf die verfassungsmässig gewährleisteten Rechte nach sich ziehen (dürfte)«.[179] Um einer Begriffsverwirrung zu entgehen, wie sie die Doppelbedeutung mit sich bringt, verzichten wir entgegen der bundesgerichtlichen Terminologie auf die weitere Verwendung des »Gesetzesvorbehaltes« und sprechen einfacher vom Erfordernis gesetzlicher Grundlage.[180]

c) Meines Erachtens ist ebensowenig sinnvoll, selbst eine idealerweise umfassende Geltung des Legalitätsprinzips mit dem Begriffe des »Totalvorbehaltes« des Gesetzes auszudrükken. Der Terminus erscheint zumindest missverständlich. Vor allem vermag er in seiner »Totalität« die erforderlichen Differenzierungen gerade eines umfassenden formellen Legalitätsprinzips sprachlich nur schlecht wiederzugeben. Eine sinnvolle Aktualisierung könnte der »Gesetzesvorbehalt« allenfalls da gewinnen, wo die Verfassung in weitem Umfange der Regierung selbständige, vom Parlament und Volk unabhängige Bereiche der Rechtssetzung zuordnet. Selbst da würden demokratische Verhältnisse aber – vielleicht mit Ausnahme der heutigen französischen Verfassung[181] – adäquater zum Ausdruck gebracht, wenn von einem verfassungsunmittelbaren »Verordnungsvorbehalt« der Regierung gesprochen würde.

179 Ibid 382 E. 6b, ebenso 383 E. 6c.

180 In diesem Sinne auch die Kritik von Saladin (1982) XLVII an der Verwendung des Terminus des Gesetzesvorbehalts.

181 Die geltende französische Verfassung enthält eine enumerative Aufzählung der Gegenstände der Gesetzgebung und eine Generalklausel zugunsten des Verordnungsrechtes, s. hierzu Reulos: Die Verteilung der Regelungslast zwischen Gesetz und Verordnung nach den Art. 34 und 37 der französischen Verfassung von 1958, in: Rödig (1976) 115 ff. sowie G. Müller (1979) 125 ff.; zur älteren französischen Lehre, die den Gedanken des deutschen Gesetzesvorbehaltes herzhaft abgelehnt hat, s. Roos (1955) 127 mit Hinweisen.

## 4. Die gesetzliche Grundlage: Erfordernis eines formellen oder materiellen Gesetzes?

### 4.1 Vorbemerkung

Der dualistische Gesetzesbegriff weist einen doppelten Wortsinn auf: Das Erfordernis eines formellen Gesetzes bedeutet einerseits *qualifizierend* das Erfordernis einer demokratischen, im offenen politischen Prozess erlassenen Norm, während das materielle Gesetz hier *lediglich* das Erfordernis eines Rechtssatzes, unabhängig von der Normstufe, bezeichnet. Aus einem anderen Gesichtswinkel stellt sich das Verhältnis gerade umgekehrt dar: Das materielle Gesetz qualifiziert sich durch das Erfordernis eines generell-abstrakten Rechtssatzes gegenüber dem inhaltlich offenen, *»bloss«* formellen Gesetz. Die oft gehörte Frage, formelles oder materielles Gesetz, kann sich so auf verschiedene Ebenen beziehen. Zur Diskussion kann die Rechtssatzqualität eines Erlasses stehen, z.B. die Zulässigkeit von Individualgesetzen.[182] Die Frage kann ebenso der Berechtigung rein materieller Erlasse ohne Grundlage in Verfassung oder Gesetz gelten. Regelmässig bezieht sich die Diskussion indessen auf die Zulässigkeit der Übertragung von Rechtsbefugnissen des Gesetzgebers an andere Staatsorgane. Wenn im Verhältnis von materiellem und formellem Gesetz Unsicherheiten bestehen und Lehre und Rechtsprechung zwischen formellem und materiellem Gesetz hin und her schwanken,[183] bezieht sich dies vorwiegend auf das Delegationsproblem.

### 4.2 Die Lehre

Die Lehre betont, wo sie das Verhältnis von formellem und materiellem Gesetz ausdrücklich anspricht, lange das materielle Gesetz als die zentrale Idee des Legalitätsprinzips. Das Rechtssatzerfordernis und damit die Individualschutzinteressen des einzelnen Betroffenen werden in den Vorder-

182 Dazu Kap. 19, 20.

183 So die Charakterisierung Rhinows (1979) 197 Anm. 9; vgl. auch Roos (1955) 120, der die Frage, ob das Legalitätsprinzip ein formelles oder materielles Gesetz erfordere, ausdrücklich offen lassen wollte [dazu die Kritik von Jesch (1961) 187 f.]; Roos hat die Frage jedoch stillschweigend zugunsten des formellen Gesetzes beantwortet, a.a.O. 133.

grund gestellt. In diesem Sinne wird auch die bundesgerichtliche Praxis beurteilt. So kommt *Saladin* in seiner 1970 publizierten Untersuchung zur bundesgerichtlichen Grundrechtssprechung – unter Ablehnung einer verstärkten Betonung des formellen Gesetzes zufolge angeblich schwindender Bedeutung des demokratischen Erzeugungsprozesses[184] – zu folgendem Ergebnis:

»Das Gesetz empfängt also nach bundesgerichtlicher Auffassung seine legitimierende Kraft weniger von seiner demokratischen Erzeugung als von seiner Allgemeinheit und Abstraktheit. Es gilt – im Sinne einer generell-abstrakten Rechtsnorm, eines Rechtssatzes – als Gewähr für die Befriedigung der individuellen Bedürfnisse nach Rationalität und Vorsehbarkeit staatlicher Belastungen.«[185]

b) Im letzten Jahrzehnt setzt wiederum eine stärkere Betonung auch des formellen Gesetzes in seiner demokratischen Funktion ein. Die Besinnung auf das formelle Gesetz lässt sich etwa bei *Grisel* beobachten. Er betont vorerst noch durchaus das materielle Gesetz,[186] macht aber später auf die notwendige Interdependenz von formellem und materiellem Gesetz aufmerksam und stellt ihr Verhältnis richtig in den Kontext der Delegationsproblematik:

»Selon le principe de la légalité, toutes les atteintes aux libertés individuelles doivent reposer sur une loi, ce mot étant pris généralement dans son acceptation formelle. Sans doute la délégation législative n'est-elle pas exclue, c'est-à-dire que le législateur peut habiliter l'autorité exécutive à légiférer à sa place; encore faut-il, entre autres conditions, que la délégation atteigne un minimum de précision.«[187]

In dieser notwendigen Verbindung zum Delegationsproblem, die auch *Fleiner* deutlich umschrieben hat,[188] kommt

184 Saladin (1970) 371. Fraglich dürfte sein, ob er diese Auffassung, angesichts seiner heutigen Betonung der Partizipation der Demokratie als Staatsform des Engagements, normativ noch gleichermassen aufrechterhält; vgl. Müller/Saladin (1979) 405 ff., s. nun auch Saladin (1982) XLVII ff.

185 Saladin (1975) 369, ebenso zu den einzelnen Grundrechten a.a.O. 27 (Religionsfreiheit), 71 (Pressefreiheit), 104 (Persönliche Freiheit), 161 (Eigentumsgarantie), 246 (Handels- und Gewerbefreiheit). Die Auffassung fand im Vorwort zur Zweiten Auflage keine Änderung. Dieselbe Beurteilung der bundesgerichtlichen Praxis bei Jetzler (1967) 128; zu meiner Beurteilung Kap. 4.4 nachstehend.

186 Grisel (1970) 164 mit Hinweisen; in diesem Sinne auch Aubert (1979) 15 ff

187 Grisel (1975) 557.

188 »Das Erfordernis der gesetzlichen Grundlage muss also in zweifacher Hinsicht erfüllt werden: Eingriffe in die Grundrechte müssen auf ein Gesetz im materiellen Sinne abgestützt werden, d.h. sie sind nur zulässig, wenn sie sich auf eine generell-abstrakte Norm (Gesetz im materiellen Sinne), die genügend klar ist, zurückführen lassen. Generell-abstrakte Normen können sowohl vom Gesetzgeber wie auch vom Verordnungsgeber erlassen werden.

zum Ausdruck, dass das formelle Gesetz seine Bedeutung, auch während einseitig rechtsstaatlicher Betonung des Legalitätsprinzips, grundsätzlich nie eingebüsst hat.

c) Das Verhältnis von formellem und materiellem Gesetz wird als Frage richtiger Normstufe vor allem beim Delegationsproblem implizit diskutiert. In der schweizerischen Lehre findet sich dazu ein ganzes *Spektrum von Meinungen.* Die Auffassungen reichen von der Ablehnung der Delegation rechtssetzender Befugnisse und dem umfassenden Erfordernis eines formellen Gesetzes (Identität von materiellem und formellem Legalitätsprinzip) über die Bejahung der Gesetzesdelegation bei qualifizierter Delegationsnorm bis hin zur Bejahung von Ermächtigungsnormen in der frühen und im Ergebnis wiederum in der jüngsten Lehre.

Im Sinne einer Übersicht[189] lassen sich folgende Richtungen unterscheiden. Ein erheblicher Teil der früheren schweizerischen Lehre spricht sich im Anschluss an die ältere deutsche Lehre – und meistens ohne weitere Begründung – für die Möglichkeit weitgehender Übertragung rechtssetzender Kompetenzen an Regierung und Verwaltung aus.[190] Es ist das Verdienst von *Giacometti,* auf die Problematik und die Grenzen derartig weitgehender Übertragungen im Lichte der Referendumsdemokratie aufmerksam gemacht zu haben. Er sowie auch *Kägi* und *Imboden* lehnen die Delegation rechtsetzender Befugnisse grundsätzlich ab.[191] In ähnlichem Sinne scheinen sich auch *Blumenstein* (beschränkt auf die Delegation an die Exekutive) sowie *Roos* auszusprechen.[192] Die heute herrschende Auffassung nimmt demgegenüber, unter Berücksichtigung der praktischen Bedürfnisse und der beschränkten Leistungsfähigkeit der demokratischen Recht-

Darüber hinaus verlangt das Bundesgericht, dass generell-abstrakte Normen, die zu Grundrechtsbegriffen ermächtigen, entweder im formellen, vom Gesetzgeber erlassenen Gesetz ausdrücklich festgelegt sind oder sich auf eine klare Delegationskompetenz des Gesetzgebers zurückführen lassen (Gesetz im formellen Sinne)...«; Fleiner (1977) 317/318.

189 Eingehend G. Müller (1979) 161 ff., 178 ff., unter besonderer Berücksichtigung auch der deutschen Lehre; Fleiner (1972) 21 ff., Jagmetti (1956) 163 ff.

190 Nachweise bei Jagmetti (1956) 165 Anm. 207, Reymond, O.L., La Délégation du pouvoir de légiférer, Diss. BE 1950, 36; vgl. auch Huber (1936) 82a f.

191 Grundlegend Giacometti, Über das Rechtsverordnungsrecht im schweizerischen Bundesstaat, in: Festgabe für Fleiner zum 60. Geburtstag, Tübingen 1927, 360 ff., ebenso (1960) 158 ff., Kaegi (1945) 124 f., Imboden (1954) 30 f., ders. Schweiz. Verwaltungsrechtsprechung 4. Aufl. Basel 1971, Kap. 234; weitere Nachweise bei Jagmetti (1956) 105 ff., 113 ff., 119 ff., 137 ff., 169; Jetzler (1967) 129. G. Müller (1979) 179 Anm. 227/228.

192 Blumenstein (1948) 325, Roos (1955) 133 (für die Eingriffsverwaltung).

setzung, eine vermittelnde Stellung ein. Mit unterschiedlichen Gewichtungen verlangt sie im Ergebnis, dass die grundlegenden, wegleitenden und wichtigen rechtsetzenden Entscheidungen auf der Stufe des formellen Gesetzes (Verfassung, Gesetz, allgemeinverbindlicher Beschluss) getroffen werden, während untergeordnete, sekundäre Normen auf der Stufe der Verordnung normiert werden können und sollen.[193] Die Beschränkung und Verpflichtung des Gesetzes auf das Dauerhafte und Grundlegende zieht notwendigerweise ein ergänzendes, rechtsetzendes Verordnungsrecht nach sich.[194] In der verfassungsrechtlichen Verwirklichung dieses Grundgedankens lassen sich wiederum zwei verschiedene Auffassungen unterscheiden. Die herrschende Lehre, der sich zumindest für den Bereich der Eingriffsverwaltung auch das Bundesgericht zumindest im Grundsatz angeschlossen hat,[195] schliesst reine Kompetenznormen aus und verlangt in Anlehnung an Art. 80 Abs. 1 GG, dass die Delegation rechtsetzender Befugnisse an Regierung und Verwaltung, wo nicht ausdrücklich ausgeschlossen, hinsichtlich Inhalt und Ausmass im formellen Gesetz bestimmt und beschränkt werden muss. In diesem Sinne haben sich namentlich *Aubert, Grisel* und *Höhn* ausgesprochen.[196] Demgegenüber stellt die neuere Rechtssetzungslehre die Vorstellung der Delegation, nicht zuletzt aufgrund der in der Praxis mit Art. 80 Abs. 1 GG erfahrenen Schwierigkeiten[197], zugunsten eines verfassungsunmit-

193 Hier sind vor allem die Vertreter eines materialen Gesetzesbegriffes zu nennen, vgl. oben Kap. 2.23, sowie auch Guhl, Bundesgesetz, Bundesbeschluss und Verordnung nach schweiz. Staatsrecht, Basel 1908, 77 ff., Fleiner (1923) 414, Burckhardt (1931) 666.

194 Insofern lassen sich die Verpflichtungen des Gesetzes auf das Dauernde und Grundlegende nicht mit der Beschränkung des Verordnungsrechtes auf bloss vollziehende Normen vereinbaren, so aber Imboden (1954) 30/31, vgl. auch Huber (1953) 43, der die Zurückbindung des Gesetzes auf das Grundlegende unter gleichzeitiger Beschränkung der Verordnungsgewalt gefordert hat.

195 Vgl. nachstehend Kap. 4.31, aber auch 15.5 ff.

196 Aubert (1979) 15, (1967) 549 f., 637 f.; Grisel (1970) 84 f.; Höhn (1972) 184 ff., 190.

197 Die Auslegung von Art. 80 Abs. 1 GG, wonach »Inhalt, Zweck und Ausmass der erteilten Ermächtigung im Gesetz bestimmt werden« müssen, ist nicht gefestigt. Nach einer anfänglich strengen Handhabung wurde die Praxis allmählich gelockert und die Differenzierung zwischen Inhalt, Zweck und Ausmass zugunsten einer allgemeineren teleologischen Programmformel aufgegeben, in jüngster Zeit aber durch die Betonung der demokratischen Funktion des Gesetzes im Rahmen der sogenannten Wesentlichkeitsrechtsprechung wieder aufgenommen. Danach obliegt es dem Gesetzgeber, alle »wesentlichen« Sachprobleme selbst zu regeln. – S. BVerfG 47, 46 (78 f.), Einführung des Sexualunterrichts in der Schule; 34, 165 (192 f.) Einführung einer als

telbaren, originären Verordnungsrechtes der Regierung in Frage und begründet das Verhältnis von Gesetz und Verordnung damit auf einer grundsätzlich anderen, flexibleren Grundlage. So hält *Hangartner* im Licht der jüngsten Praxis fest, dass die Inhalt-, Zweck- und Ausmass-Formel zu »schematisch« ist.[198] Noch weiter geht der Ansatz bei *Eichenberger* und v.a. bei *G. Müller,* die sich gegen das Konzept der »Übertragung« von Rechtsetzungsbefugnissen des Gesetzgebers an Regierung und Verwaltung aussprechen.[199] In Abkehr von einer funktional verstandenen Gewaltenteilung wird hier dem Verordnungsgeber von Verfassung wegen eine allgemeine und nicht mehr auf das Polizeirecht beschränkte[200], *originäre,* an Gesetz und Verfassung gebundene Rechtsetzungskompetenz eingeräumt. Vorrang und Bindung an das Gesetz werden dadurch erreicht, dass die Verfassung den Gesetzgeber verpflichtet, selbst alle »wichtigen«, der Verordnungsgeber alle »weniger bedeutungsvollen« Regelungen zu treffen. Der Entscheid über die »Wichtigkeit« – und damit die richtige Normstufe – trifft der Verfassungsgeber oder regelmässig der Gesetzgeber, indem er den Regelungsgegenstand selbst mehr oder weniger dicht normiert oder auf andere Weise dem Verordnungsgeber zuweist. Bedeutsam ist bei dieser Sicht, dass auf die hergebrachte, ohnehin nicht einheitlich gehandhabte Terminologie und Unterscheidung verschiedener Verordnungsarten (Ausführungsverordnung, Vollziehungsverordnung, gesetzesvertretenden, gesetzesändernden, gesetzesabhängigen Verordnungen usw.) verzichtet werden kann.[201]

Pflichtschule konzipierten Förderungsstufe; vgl. auch die Verpflichtung des Gesetzgebers zur Entscheidung in Fragen der friedlichen Nutzung der Atomenergie, Beschluss des ersten Senates vom 20.12.1979, in EuGRZ 1980, 57 ff., 64 und BVerfG 49, 89 (127 ff.), wonach »politische Leitentscheidungen« vom Parlament selbst getroffen werden müssen; eingehend zur Auslegung und Praxis von Art. 80 Abs. 1 GG, G. Müller (1979) 180 ff., unter Hinweis auch auf die Revisionsbestrebungen im Rahmen der Enquête-Kommission.

198 Hangartner (1980) 204.

199 G. Müller (1979) 187 ff.; die Anerkennung der Verordnung als originäre Rechtsquelle hat Eichenberger (1969) 70 im Lichte der leistungsstaatlichen Probleme gefordert, neuerdings (1981) 36 ff., vgl. auch (1982) 27.

200 Zum selbständigen Verordnungsrecht im Polizeirecht, wie es in der h.L. noch vertreten wird s. G. Müller (1979) 169 Anm. 189; grundlegend hierzu die Auseinandersetzung von Schindler, Die selbständige Polizeiverordnung nach schweizerischem Staatsrecht, SJZ 1934/1935, 305 ff. und Giacometti, Das selbständige Rechtsverordnungsrecht des Bundesrates. Ibid. 257 ff.

201 Kap. 3.323 mit Hinweisen.

d) Das Verhältnis von formellem und materiellem Gesetz erschöpft sich nicht in der Delegation als explizite Übertragung von Rechtsetzungsbefugnissen des Gesetzgebers auf die Regierung. Unbestimmte Gesetzesbegriffe bewirken auf implizite Art gleicherweise »Delegationen« von Beurteilungs- und Entscheidungsspielräumen an Verwaltung und Richter. Darauf ist zurückzukommen.[202] Bedeutsam ist hier vorerst, dass die vielseitigen Auffassungen zur gesetzlichen Grundlage in der Lehre stets Antworten auf die Frage adäquater Ausgestaltung der *Gewaltenteilung und damit verbunden auch der Referendumsdemokratie und der politischen Rechte des Bürgers* sind. Das ist gewiss keine neue Einsicht. Sie bedarf aber im Hinblick auf die Analyse der bundesgerichtlichen Rechtsprechung in ihren Verästelungen besonderer Betonung.

## 4.3 Die Traditionslinien der bundesgerichtlichen Rechtsprechung

Die staatsrechtliche Rechtsprechung des Bundesgerichtes zum Erfordernis gesetzlicher Grundlage zeichnet sich durch verschiedene sach- und fachspezifische Traditionslinien aus. Diese orientieren sich teils mehr am materiellen, teils mehr am formellen Legalitätsprinzip. In ihrer Vielfalt tragen sie wesentlich zur Unsicherheit in der Frage nach der geforderten Qualität gesetzlicher Grundlagen bei. Nachstehend werden die vorgefundenen Traditionen dargestellt und ihr Verhältnis zur Delegationspraxis als dem grundlegenden Bezugspunkt für die Frage der Normstufe untersucht.

### *4.31 Tradition I: Stimmrecht und Gewaltentrennung: die Grundsätze der Gesetzesdelegation*

#### 4.311 Regeln zum Eingriffsbereich

a) Erstmals in BGE 2, 350 bejaht das Bundesgericht die verfassungsrechtliche Zulässigkeit der Delegation rechtsetzender Befugnisse. Der Entscheid legt den Grundstein für

202 Eingehender zur Bestimmtheitsproblematik Kap. 15 ff.

eine langjährige Praxis,[203] die weitgehende Delegationen rechtssetzender Befugnisse an die Regierung, auch gestützt auf reine Kompetenznormen – d.h. von Ermächtigungen ohne normativen Gehalte –, gutheisst. In konstanter Rechtsprechung wird die Verfassungsmässigkeit der Delegation einschränkend an drei Voraussetzungen gebunden: Die Übertragung darf im positiven Verfassungsrecht nicht ausgeschlossen sein; sie muss in jedem Fall auf eine einzelne Materie beschränkt und in einer dem Referendum unterliegenden Delegationsnorm (formelles Gesetz) enthalten sein.[204]

b) Unter dem Einfluss der herrschenden Lehre schränkt das Gericht in seiner jüngeren Rechtsprechung die Delegationsmöglichkeiten bei Verordnungen der *Regierung* ein.[205] Erstmals im Jahre 1972 verpflichtete es den Gesetzgeber ausdrücklich, die wesentlichen und primären Fragen im formellen Erlass in den Grundzügen selbst zu regeln, soweit sie die Rechtsstellung des Bürgers auf schwerwiegende Weise berühren.[206] Im gleichen Jahr erfolgt – in Anlehnung an die seit jeher strenge Praxis im Abgaberecht[207] – die allgemeine Absage an reine Kompetenznormen:

> »En matière de délégation législative, une certaine rigueur est indispensable. Sous peine de vider la réserve de la loi prévue à l'art. 22ter Cst. de la substance, la loi formelle doit en tout cas définir la manière dont l'autorité délégatoire devra user du pouvoir qui lui est délégué. La délégation législative n'est pas un *blanc-seing*. A tout le moins doit-elle indiquer approximativement l'objet, le but, l'étendue de la compétence accordée (cf. Grisel, Droit administratif suisse, p. 84). Le principe qui est admis en matière fiscale selon une jurisprudence constante (cf. RO 91 I 176 consid. 3, 254 consid. 3 et référence; 92 I 47; 97 I 344) doit être appliqué – mutatis mutandis – à propos de toutes les libertés fondamentales.«[208]

Das Bundesgericht führt diese in Anlehnung an »Inhalt, Zweck und Ausmass« des Bonner Grundgesetzes (Art. 80 Abs. 1) eingeführte Beschränkung der Gesetzesdelegation nicht konsequent durch. Insbesondere scheinen nach heuti-

203 Vgl. hierzu und zum Folgenden u.a. G. Müller (1979), Imboden/Rhinow (1976) 378 ff., T. Fleiner (1972) 13 ff., Auer (1978) 111 ff.
204 Z.B. BGE 88 I 33.
205 Für Delegationen an andere Staatsfunktionen, Lit. c nachstehend.
206 BGE 98 Ia 109. Die in diesem Entscheid angeführten Verweisungen enthalten das Erfordernis der »directives précises portant sur l'essentiel lorsqu'il s'agît de toucher gravement à la situation juridique des administrés« noch nicht: s. seither BGE 104 Ia 310, 103 Ia 376, 102 Ia 64, 110, 100 Ia 86, 161, 326, 99 Ia 543 ff.
207 Vgl. auch unten Kap. 4.36.
208 BGE 98 I 592, (Hervorhebung durch den Verf.), seither 106 Ia 257, 104 Ia 310, 103 Ia 274 ff.

ger Rechtsprechung weniger strenge Anforderungen im besonderen Rechtsverhältnis zu gelten: nur das Wesentlichste muss im Gesetz stehen. Die Zulässigkeit offener Delegation wird mit der Verschiedenartigkeit der zu regelnden Beziehungen begründet.[209] Es wird zu prüfen sein, ob mit dem Gesichtspunkt der Vielfalt (Komplexität) nicht ein allgemein brauchbares Kriterium zur Bestimmung sachgerechter Delegation im Sinne der Regelungstheorie vorliegt.[210]

c) Die genannten Standards beziehen sich in erster Linie auf den praktisch häufigsten Fall der Delegation rechtssetzender Befugnisse durch den Gesetzgeber auf die Regierung. Bei Übertragungen solcher Kompetenzen auf andere Staatsorgane verlangt das Bundesgericht praktisch im Sinne einer gleitenden Skala und *nach Massgabe demokratischer Legitimität* des Delegationsadressaten gegenüber den Grundregeln (Lit. b) strengere oder lockerere Anforderungen. Die Subdelegation an die Verwaltung bedarf in den Kantonen heute wohl einer ausdrücklichen gesetzlichen Grundlage.[211] Das gleiche scheint für die Delegationsbefugnisse an Private zu gelten.[212] Auf Bundesebene steht die Delegation vom Bundesrat auf die Departemente unter einschränkenden, wenn auch nicht klaren Voraussetzungen auch stillschweigend offen;[213] Subdelegationen an nachstehende Verwaltungseinheiten bedürfen nach gesetzlicher Regelung indessen einer ausdrücklichen Grundlage.[214] Umgekehrt gelten weniger strenge Anforderungen bei Delegationen vom Gesetzgeber (Parlament/Volk) auf das Parlament[215] sowie bei der Übertragung recht-

209 Vgl. BGE 99 Ia 269 (Gefängnisreglement), 106 Ia 30 [in concreto fehlt hier überhaupt eine gesetzliche Grundlage für die Wohnsitzpflicht des Hochschullehrers, vgl. Kritik von J.P. Müller (1982a) 213].

210 Kap. 15.5.

211 Vgl. BGE 101 Ib 74, 92 I 45 f. sowie das Urteil des Zürcher Verwaltungsgerichts vom 25.3.1972, Zbl 1972, 353 ff., 357, Imboden/Rhinow (1976) 382, vgl. auch 106 Ia 290.

212 Vgl. BGE 103 Ia 551, 100 Ia 70, 177, Imboden/Rhinow (1976) 1139.

213 BGE 101 Ib 74. Die Delegation an die Departemente ist zulässig, ohne besondere gesetzliche Grundlage bei Gegenständen »vorwiegend technischer Natur..., die keine Verfassungsgrundsätze gefährden,...« id. 75. BGE 92 I 47 schliesst Subdelegationen ausdrücklich aus, die einen allgemeinen Rechtsgrundsatz aufs Spiel setzen, hier z.B. das Erfordernis des Legalitätsprinzips im Abgaberecht. Wo die Grenzen zwischen Regelungen technischer Natur und den Verfassungsgrundsätzen liegen, bleibt unklar.

214 Art. 7 Abs. 5 VwOG (SR 172.010).

215 BGE 105 Ia 82, 103 Ia 142, 102 Ia 461, 101 Ia 376, vgl. auch 99 Ia 543. (Zulässigkeit der Delegation, sofern im formellen Gesetz vorgesehen, von der Verfassung nicht ausgeschlossen und auf ein bestimmtes Gebiet beschränkt.)

setzender Befugnisse auf ein anderes Gemeinwesen. Zu Recht wird hier nicht mehr von Delegation, sondern von Kompetenzausscheidung gesprochen.[216] Die Teilhaberrechte der Bürger bleiben hier, namentlich bei Übertragungen an den Gemeindegesetzgeber, vollumfänglich bestehen. Diese Garantie der Partizipation im demokratischen Prozess – also Verfahren – macht offene Delegationsnormen auch im Rahmen der Eingriffsverwaltung tragbar.[217]

### 4.312 »Richtlinien« für den Leistungsbereich

a) Die Ausdehnung des Legalitätsprinzips auf die Leistungsverwaltung führt in der bundesgerichtlichen Umschreibung von Delegationsgrundsätzen zu einem vielversprechenden, wenn auch noch wenig konkretisierten Neuansatz. Im Hinblick auf die im Leistungsbereich regelmässig komplexen Regelungsbedürfnisse eröffnet das Gericht ein ganzes Spektrum möglicher Lösungen: Die Verfassung kann danach mitunter detaillierte Regelungen im formellen Gesetz verlangen, schliesst aber auf der anderen Seite des Fächers *selbst stillschweigende Ermächtigungen* nicht aus:

> »Wird grundsätzlich anerkannt, dass der Gesetzesvorbehalt auszudehnen sei, so sind damit die Probleme, die sich in verfassungsrechtlicher Hinsicht für die Delegation stellen, noch längst nicht gelöst. Sie gipfeln in der Frage, wieweit der Gesetzgeber die Regelung der Materie in der Delegationsnorm noch selbst vorzubestimmen hat, das heisst wie konkret und detailliert von Verfassungs wegen der Inhalt der Delegationsnorm umschrieben sein muss: eine Norm, die sich in einer einfachen, ja stillschweigenden Ermächtigung erschöpfen oder ausführliche Bestimmungen bis zur eingehendsten Regelung der delegierten Befugnis enthalten kann.«[218]

Methodisch ist hochbedeutsam, dass das Gericht für die Frage der Ausgestaltung der Dichte und der Delegationsnorm im Rahmen dieser breiten Skala nicht mehr angeblich klare Kriterien wie Inhalt, Zweck oder Ausmass, sondern eine wohl nicht abschliessend gedachte Reihe auch *praktischer* Gesichtspunkte zugrunde legt, die bei der Beurteilung der Zulässigkeit einer Delegation in wertender Abwägung einzubringen sind:

[216] BGE 104 Ia 340 f., vgl. noch 102 Ia 10 (Übertragung an Gemeindegesetzgeber); vgl. auch 104 Ia 485 (Übertragung von Bund auf Kanton).

[217] Vgl. Kap. 15.8 zu *verfahrensrechtlichen* Delegationsgrundsätzen.

[218] BGE 103 Ia 381, bestätigt in 103 Ia 402; demgegenüber fehlt diese Erweiterung wieder im Entscheid 104 Ia 310.

»Die Antwort hängt nicht nur von der Natur der Materie ab, die Gegenstand der Delegation bildet, und ihrer Eignung, sie im voraus in generell-abstrakte Rechtsnormen zu fassen, sondern auch davon, welches Gewicht den Erfordernissen, die sich aus den verfassungsmässigen Grundsätzen der Gewaltenteilung, der demokratischen Staatsform und der Rechtsstaatlichkeit ergeben, im betreffenden Gebiet beizumessen ist. Aber auch praktische Bedürfnisse, wie das einwandfreie Funktionieren der staatlichen Institutionen, die Förderung des Fortschritts und die Möglichkeit, bei Bedarf geeignete Verwaltungsmassnahmen sofort zu treffen und sie bei veränderter Situation anzupassen, sind zu berücksichtigen. Es geht somit um eine Wertung, die darnach ausgerichtet sein muss, das Wesentliche vom weniger Wesentlichen zu unterscheiden, und die, unter Berücksichtigung aller Elemente und unter Ausgleich sich widerstreitender Interessen, zu einer gewissen Auswahl führen muss...«[219]

Nach Auffassung des Gerichts erfolgt die Wertung und Bestimmung des »Wesentlichen« einzelfallweise und primär durch den Gesetzgeber selbst; dabei ist ihm ein breiter Gestaltungsspielraum zu belassen. Offenbar im Unterschied zum Eingriffsbereich mit seinen bundes- und verfassungsrechtlich geschützten Mindestanforderungen und Delegationsnormen sollen den »Richtlinien« des Gerichts im Sinne von allgemeinen Hinweisen geringere normative Bedeutung zukommen.[220]

b) Das Bundesgericht beschränkt seine »Richtlinien« ausdrücklich auf die Leistungsverwaltung[221] und stellt sie äusserlich den traditionellen Standards zur Gesetzesdelegation im Eingriffsbereich gegenüber.[222] Die Frage stellt sich, ob diese erneute Dichotomie sinnvoll ist und in der Sache der Rechtsprechung überhaupt entspricht. Der Einbezug traditioneller Delegationsgrundsätze bei der Verdeutlichung der Richtlinien[223] weist im Fall *Wäffler* zumindest darauf hin, dass das entwicklungsfähige, topische Denken auch für die Eingriffsverwaltung fruchtbar gemacht werden kann – und in der Praxis auch *implicite* herangezogen wird.[224] Die Beibehaltung zweier Methoden – hier wenig normative und offenbar nur beschränkt überprüfbare »Richtlinien«, dort strenge und frei überprüfte Delegationsregeln der Verfassung – dürfte gerade nach der heutigen, für das Legalitätsprinzip überwundenen

219 BGE 103 Ia 381/382; dieser Gedanke findet sich in nuce für das Organisationsrecht bereits in BGE 102 Ia 67: »Das zulässige Mass der Delegation kann aber nicht ein für allemal umschrieben werden, denn es ist in erheblichem Masse von der Art des zu regelnden Sachgebietes abhängig.«
220 Ibid.
221 So ausdrücklich BGE 103 Ia 402.
222 Kap. 4.311.
223 BGE 103 Ia 382.
224 Kap. 15.5 – 6.

Unterscheidung von Eingriffs- und Leistungsverwaltung zu erneuten Schwierigkeiten führen. Nicht Formeln wie »Inhalt, Zweck und Ausmass«, sondern allein eine topische Betrachtungsweise vermag der Vielfalt heutiger Regelungsbedürfnisse und Problemlagen im Spannungsfeld zwischen demokratischer Partizipation und erforderlicher Flexibilität gerecht zu werden.[225]

### 4.313 Interdependente Verankerung der Grundsätze

Erwägungen und Regelbildung der Gerichtspraxis zur Gesetzesdelegation treten in vielfältigen Zusammenhängen auf. Sie erscheinen im Rahmen der staatsrechtlichen Beschwerde,[226] insbesondere in Urteilen zu den Grundrechten, zur Gewaltentrennung und zu den politischen Rechten im Rahmen der Stimmrechtsbeschwerde. In dieser Vielfalt bleibt die eigentliche verfassungsrechtliche Verankerung der Delegationsgrundsätze unklar. Das Bundesgericht misst seinen Regeln zum Eingriffsbereich – offenbar im Sinne eines selbständigen Minimalstandards – »Verfassungsrang« zu.[227] Dabei verweist es für die Begründung der freien Kognition auf Entscheidungen zur Gewaltentrennung sowie auf die politischen Rechte des Bürgers im Rahmen der Referendumsdemokratie.[228] Hier ist von Interesse, dass die Delegationsregeln zwar prozessual unter verschiedenen Titeln entfaltet werden, materiell in ihren einzelnen Anwendungsfeldern aber keine Unterschiede aufweisen; im Gegenteil, die Entscheidungen befruchten sich gegenseitig. *Mit Bezug auf die Frage der gesetzlichen Grundlage verhalten sich Gewaltenteilung und politische Rechte wie konzentrische Kreise.* Die sachliche Identität zeigt sich besonders in den Entscheidungen zum Geltungsbereich des Legalitätsprinzips.[229] Hier erhellt, wie ausgeprägt die Ausgestaltung der Gewaltenteilung, in ihrer Funktion als Vorrang des demokratischen Gesetzgebers vor andern Staatsfunktionen, die Tragweite der politischen

225 Eingehend Kap. 15 und 16.
226 Die Delegationspraxis zum Bundesverwaltungsrecht sei hier zufolge der unterschiedlichen Verfassungslage (Art. 113 Abs. 3 BV) ausgeklammert.
227 Z.B. BGE 103 Ia 375, 101 Ib 75. Eine einlässliche Begründung fehlt, soweit ersichtlich.
228 Z.B. BGE 103 Ia 375, 401 f.
229 Ibid.

Rechte mitverfasst.[230] Hier erhellt auch, wie sehr die Ausgestaltung der Delegationsregeln, das Verhältnis von Gesetz und Verordnung, entscheidend vom Prinzip direkt-demokratischer Partizipation geprägt wird. Die je nach Massgabe demokratischer Legitimität des Delegationsempfängers strengeren oder offeneren Delegationsregeln des Bundesgerichts beweisen diese Interdependenz ebenso eindrücklich.[231] Die Praxis zeigt – eben immer wieder pragmatisch und »unsystematisch-grundsatzlos« –, dass rechtsstaatlich motivierte Gewaltentrennung und Demokratie nach schweizerischem Staatsverständnis nicht sinnvoll auseinandergehalten und gegenübergestellt werden können.

### *4.32 Tradition II: Das Erfordernis eines verfassungsmässigen materiellen Gesetzes bei Grundrechtseingriffen.*

Seit Jahren findet sich in der Rechtsprechung die folgende Formel:

> »Staatliche Massnahmen, welche das Eigentum beschränken oder in die Handels- und Gewerbefreiheit eingreifen, bedürfen vorab einer gesetzlichen Grundlage. Diese Voraussetzung ist erfüllt, wenn der Eingriff in einem Gesetz in materiellem Sinn, das heisst in einer generell-abstrakten Norm vorgesehen ist, die sich ihrerseits als verfassungsmässig erweist, (...)..., d.h. innerhalb des Zuständigkeitsbereiches des legiferierenden Organs liegt und rechtmässig zustandgekommen ist.«[232]

a) Diese Traditionslinie findet sich, wie genannt, vorwiegend im Bereiche der Eigentumsgarantie und der Handels- und Gewerbefreiheit, in neuerer Zeit auch bei der Persönlichen Freiheit.[233] Ihre Entwicklung lässt sich wohl am besten im Zusammenhang mit der älteren Delegationspraxis des Gerichts erklären, die noch keine materiellen Schranken im Sinne von Art. 80 Abs. 1 GG kannte, hingegen das Erfordernis einer generell-abstrakten Norm, eines Rechtssatzes auf allen Stufen der Grundrechtsbeschränkungen betonte. Es scheint nach dieser Formulierung gar zu genügen, wenn die Behörde ohne eigentliche Kompetenznorm im formellen Gesetz im Rahmen ihres allgemeinen Aufgabenbereiches tätig wird (in-

230 Eingehend zum engen Verhältnis von pol. Rechten und Gewaltenteilung, Auer (1978) 97 ff.

231 Kap. 4.311 Lit. c.

232 BGE 102 Ia 114 f. mit Hinweisen; 98 Ia 591, 664; 97 I 796; 91 I 462 f.; 90 I 323; 89 I 470; 88 I 1672; 87 I 453; 83 I 113.

233 BGE 100 Ia 196, unter Hinweis auf 91 I 462 f., 87 I 453.

herent power), sofern der Erlass in dem dem jeweiligen Organ zugeordneten kantonalen oder kommunalen »verfassungsmässigen« Verfahren ergeht.

b) Im heutigen Sinne ist diese Traditionslinie mit der Rechtsprechung zum Delegationsproblem nicht vereinbar, da die Delegationsregeln bundesrechtliche Minimalstandards sind.[234] In BGE 98 Ia 591 stellt das Gericht die Verbindung zur formellgesetzlichen Delegationsnorm (Tradition I) denn auch erkennbar her:

»Selon l'art. 22ter Cst., les restrictions de la propriété doivent être édictées »par voie législative« (»auf dem Wege der Gesetzgebung«, »in via legislativa«). Elles doivent avant tout sur une loi au sens matériel, c'est-à-dire une norme générale et abstraite fixant les droits et les obligations des administrés. En outre, il faut que cette règle soit éditée par un organe compétent selon les règles du droit public (RO 88 I 34/35, 176). S'il ne s'agit pas du constituant ou du législateur fédéral ou cantonal, mais d'une autorité exécutive, il faut que celle-ci puisse s'appuyer sur une délégation législative.«

Das zweite Erfordernis dieser Traditionslinie, der »Verfassungsmässigkeit« des materiellen Gesetzes, deckt sich somit mit dem grundlegenden Erfordernis des formellen Gesetzes, wie es im Rahmen der Delegationspraxis (Kap. 4.31) hervorgehoben wird.

### *4.33 Tradition III: Das Erfordernis eines materiellen Gesetzes mit der Möglichkeit strengerer Anforderungen im kantonalen Verfassungsrecht*

a) Die Praxis dieser Traditionslinie steht auf der Grundlage der zweitgenannten Linie und bezieht sich vor allem auf Beschränkungen der Handels- und Gewerbefreiheit. Nach dieser häufigen Formulierung verlangt Art. 31 Abs. 2 BV für (kantonale) Beschränkungen kein Gesetz im formellen Sinn, sondern begnügt sich mit dem Rechtssatzerfordernis.[235] Kantonale Verfassungen, z.B. Art. 12 Ziff. 2 Abs. 2 KV Solothurn, können aber eine bestimmte qualifizierte Normstufe für Beschränkungen der Wirtschaftsfreiheit verlangen, indem sie ein Gesetz erheischen oder wie im Beispiel Solothurns zumindest einen Parlamentserlass fordern, um so Verordnungen der Exekutive auszuschliessen.

[234] BGE 104 Ia 341; Kap. 4.313.
[235] Vgl. BGE 91 I 462/463, 87 I 45, 453.

b) In der jüngeren Rechtsprechung wurde nun aber auch hier die Beziehung der Wirtschaftsfreiheit zum allgemeinen Erfordernis des formellen Gesetzes im Sinne der erstgenannten Traditionslinie (Gewaltenteilung) hergestellt:

»Dans un arrêt du 3 mai 1972, le Tribunal fédéral a relevé que, pour les prescriptions réservées par l'art. 31 al. 2 Cst., la jurisprudence admet qu'une base légale au sens matériel suffit; il appartient en revanche au droit public cantonal de préciser s'il faut une base légale au sens formel ou au sens matériel. Mis à part la clause générale de police, il faudra généralement, d'après ce droit, une délégation législative ou une compétence découlant directement de la constitution pour que l'autorité exécutive puisse édicter valablement une réglementation restrictive relative à la liberté du commerce ou de l'industrie. Il n'y a aucune raison de ne pas appliquer dans ce domaine les mêmes principes que dans d'autres, par exemple en matière de restrictions à la propriété privée. Dans la mesure où, de façon générale, la jurisprudence récente se montre plus exigeante dans l'application du principe de la légalité, cela vaut aussi pour la liberté du commerce et de l'industrie (...)«.[236]

Entgegen dem Wortlaut dieses Urteils, obliegt es mit der Anwendung der bundesrechtlichen Delegationsgrundsätze (Minimalstandards) nicht mehr in erster Linie dem kantonalen Verfassungsrecht, die Normstufe des Erlasses zu bestimmen. Das kantonale Recht kann zwar nach wie vor strengere Anforderungen positivieren; das grundlegende Erfordernis des formellen Gesetzes ergibt sich aber schon aus dem Bundesrecht.

### *4.34 Tradition IV: Das ausdrückliche Erfordernis eines formellen Gesetzes bei Grundrechtsbeschränkungen (Beispiel der Persönlichen Freiheit)*

Die Betonung des materiellen Gesetzes bei Grundrechtsbeschränkungen (Tradition II und III) lässt gerne in Vergessenheit geraten, dass das Bundesgericht für Beschränkungen seit jeher auch bei den Individualrechten ausdrücklich das Erfordernis eines *formellen* Gesetzes verlangt. Dies sei exemplarisch am Grundrecht der Persönlichen Freiheit aufgezeigt.

a) In seinen frühesten Entscheidungen, als der dualistische, wissenschaftliche Gesetzesbegriff noch keinen Eingang in die schweizerische Verfassungspraxis gefunden haben konnte, verlangt das Gericht stets wörtlich eine *»gesetzliche«* Grundlage für Beschränkungen der Persönlichen Freiheit,

[236] BGE 104 I 192, 98 Ia 285/286.

wie z.B. bei der Einführung des Schulzwanges, des Amtszwanges, der Steuerpflicht oder der Militärdienstpflicht.[237] Solange die Persönliche Freiheit in einem engeren Sinn dem Schutze körperlicher Integrität, der Bewegungsfreiheit und vor willkürlicher Verhaftung dient, bewegen sich Beschränkungen vorwiegend im Rahmen formell-gesetzlich geregelter Gegenstände, namentlich dem kantonalen Strafprozessrecht.[238] Hier erscheint das Rechtssatzerfordernis auf Stufe des formellen Gesetzes als ein wesentlicher Kern der Habeas-Corpus-Tradition. Verschiedene Entscheidungen bringen dies zum Ausdruck, indem sie nicht nur vom Erfordernis gesetzlicher Grundlage, sondern ausdrücklich von Beschränkungen »durch den kantonalen Gesetzgeber« – »par le législateur cantonal« – bzw. des Bundes oder der Gemeinde sprechen.[239] Dabei werden in der älteren Praxis auch weitgehende Delegationen nicht ausgeschlossen. Aber für die Persönliche Freiheit, wie auch für die anderen Freiheitsrechte, geht trotz Betonung des materiellen Legalitätsprinzips die Beziehung zum formellen Gesetz nicht verloren. Es ist stets zumindest eine gesetzliche Ermächtigungsnorm verlangt:

> »Derartige Beschränkungen dürfen indes, wie überhaupt die der Freiheit des Bürgers gesetzten Schranken (so Art. 56 BV für die Vereinsfreiheit, BGE 60 I 121 Erw. 3 für die Pressefreiheit, BGE 75 I 220 Erw. 6 für die persönliche Freiheit, BGE 76 I 334, 77 I 218 Erw. 2 für die Gewährleistung des Eigentums), *nur durch den Gesetzgeber oder durch die verordnungsberechtigte Behörde aufgrund gesetzlicher Ermächtigung* angeordnet werden; die Verwaltung darf somit im konkreten Einzelfall, von den in Erw. 3 zu behandelnden Ausnahmen abgesehen, nicht ohne materielle gesetzliche Grundlage in die Freiheitsrechte eingreifen.«[240]

b) Die Ausdehnung der Persönlichen Freiheit auf psychische Schutzbedürfnisse[241], der Einbezug elementarer Erscheinungen der Persönlichkeitsentfaltung[242], führen zu

[237] Z.B. BGE 4, 396 (1878), zit. bei Hutzli, P.: Die verfassungsmässigen bundesrechtlichen Schranken im einzelstaatlichen Strafprozess, Zürich 1975, 149.

[238] Vgl. aber auch 31 I 410 (Eherecht), 36 I 301 (Konkubinat); aus dem Gebiet des Verwaltungsrechts vgl. etwa die Regelung des Bestattungswesens, BGE 45 I 132 ff. (als Problem von Art. 4 BV behandelt). Vgl. dazu auch 98 Ia 521/522.

[239] BGE 95 I 240 f.; 90 I 36 f. mit Hinweisen; zum Einbezug der Gemeindesatzungen und Bundesgesetze ausdrücklich BGE 101a 161.

[240] BGE 82 I 113. (Hervorhebung durch den Verf.) In diesem Sinne auch schon 45 I 317: »Insbesondere stellt sich das Erfordernis der Beobachtung bestimmter Formen für die wirksame Begründung von Rechtsverhältnissen als eine Art Beschränkung der persönlichen Freiheit dar, die im Verfassungsstaat regelmässig durch ein Gesetz oder auf einer gesetzlichen Grundlage eingeführt werden muss, um allgemeine Verbindlichkeit beanspruchen zu können.«

[241] BGE 90 I 29 ff.

[242] BGE 97 I 45 ff.

verstärkter Konfrontation des Grundrechts mit dem bis anhin weitgehend in Rechts- und Verwaltungsverordnungen geregelten, oft dem Ermessen überlassenen Anstaltsbereich. Die Auseinandersetzung trug zur Überwindung der ehemals rechtsfreien besonderen »Gewaltsverhältnisse« durch die Ausdehnung des Legalitätsprinzips bei. Dabei zeigt sich, dass die Ausgestaltung des besonderen Rechtsverhältnisses nicht nur das Rechtssatzerfordernis (materielles Legalitätsprinzip), sondern gerade auch das Erfordernis des demokratisch legitimierten Gesetzes zum Gegenstand hat. Das Bundesgericht sagt ausdrücklich:

> »Dass der Freiheitsentzug als solcher, d.h. die Anordnung der Untersuchungshaft oder der Strafe, in jedem Fall eine klare Grundlage im *formellen* Gesetz haben muss, steht fest. Darüber hinaus ist anzunehmen, dass nicht nur die Voraussetzungen für die Begründung des freiheitsentziehenden Grundverhältnisses, sondern auch dessen wesentlichster Inhalt, d.h. namentlich die Art und die mögliche Höchstdauer des Freiheitsentzuges, durch ein formelles Gesetz bestimmt sein müssen.«[243]

Das grundlegende Erfordernis des formellen Gesetzes kommt allerdings nicht in allen Entscheiden des Bundesgerichts hinreichend zum Ausdruck. Nach wie vor wird z.T. das materielle Legalitätsprinzip einseitig betont und lediglich geprüft, ob die Regierung – unabhängig ihrer Normstufe und Wichtigkeit – dem »principe de l'administration réglementée«[244] zu genügen vermag. Beschränkungen des Ermessens und Berechenbarkeit des besonderen Rechtsverhältnisses sind *ein* wesentliches Ziel. Den wesentlichsten Inhalt womöglich in formellem Gesetz zu regeln, ist ein *zweites,* für die demokratische Kontrolle und den Individualrechtsschutz nicht minder wichtiges Erfordernis.

### *4.35 Tradition V: Erfordernis der klaren, unzweideutigen gesetzlichen Grundlage bei schweren Eingriffen (insbesondere Eigentumsgarantie)*

a) Seit jeher besteht für Beschränkungen der Eigentumsgarantie, wie schon vorstehend zitierte Entscheidungen zeigen, ein immanentes Erfordernis formell-gesetzlicher Grund-

243 BGE 99 Ia 269 (Hervorhebung durch Verf.), vgl. auch 97 I 51 und Kap. 3.31, anders aber die Rechtsprechung zum Grundsatz nulla poena sine lege, unten Kap. 4.37.

244 So BGE 106 Ia 282, 287.

lage.[245] Darüber hinaus entwickelten sich im Rahmen der Eigentumsgarantie aber bei schweren Eingriffen besonders qualifizierte Anforderungen an die gesetzliche Grundlage. Im Entscheid *Lips-Meier c. Gemeinde Urikon* vom 29.4.1948[246] entschied das Bundesgericht in den Anfangsjahren der kantonalen Raumplanungstätigkeit, dass die Schaffung bestimmter Zonen, die den betroffenen Eigentümer auf eine bestimmte Nutzungsart beschränkten, als ausserordentlich schwere und neuartige Eingriffe einer klaren Rechtsgrundlage bedürfen.[247] Dieses Erfordernis wurde in der Folge wiederholt bestätigt und fand Ausdehnung auch auf andere Grundrechte, insbesondere der Persönlichen Freiheit.[248] Bis vor kurzem verkürzte das Bundesgericht diese materielle, qualitative Anforderung (einhergehend mit der zunehmenden Bereitstellung tragfähiger Rechtsgrundlagen für die Raumplanung in den Kantonen) auf eine prozessuale Betrachungsweise: Bei besonders schweren Eingriffen, zuweilen schweren Einriffen oder heute mit der Ausdehnung des Legalitätsprinzips allgemein bei schwerwiegenden Berührungen der Rechtsstellung des Bürgers, prüft das Bundesgericht die gesetzliche Grundlage und deren Auslegung zwar frei, aber ohne weiterhin materielle Anforderungen an die Ausgestaltung des Gesetzes zu verlangen. Darauf ist später kritisch einzugehen.[249] Hier, im Rahmen der Frage nach formellem oder materiellem Gesetz und der adäquaten Normstufe, ist vorerst bedeutsam, dass sich das Erfordernis der klaren, unzweideutigen gesetzlichen Grundlage in der Praxis zur Eigentumsgarantie, soweit ersichtlich *stets auf das formelle Gesetz* bezogen hat[250]: Die Zulässigkeit damals neuartiger Raumplanungsmassnahmen hing davon ab, ob sie mit hinreichender Klarheit im formellen Gesetz angelegt waren und damit sicher dem Willen des

245 »Wie das Bundesgericht schon oft entschieden hat, gewährleistet die Eigentumsgarantie das Eigentum keineswegs unbeschränkt, sondern nur innert den Schranken, die ihm im öffentlichen Interesse *durch ein Gesetz oder durch einen auf gesetzlicher Ermächtigung* beruhenden, allgemein verbindlichen Rechtssatz gezogen sind (BGE 42 I S. 204, 47 II S. 511, 56 I S. 272 ff.).« BGE 60 I 271 (Hervorhebung durch den Verf.) 82 I 113, 74 I 41.

246 BGE 74 I 147 ff.; zuletzt 93 I 250.

247 Ibid. 155/156, vgl. auch Saladin (1975) 371.

248 BGE 89 I 100; 90 I 110; 82 I 238; das Erfordernis fand vereinzelt auch bei der HGF sowie auch bei der Sprachenfreiheit Anwendung, Nachweise bei Imboden/Rhinow (1976) 361.

249 Kap. 21, s. auch nachstehend Lit. c.

250 S. BGE 95 I 16; 91 I 488; 78 I 225, 424; 77 I 211; 76 I 329; 74 I 465.

Gesetzgebers entsprachen.[251] Es ist aufschlussreich, dass sich das Erfordernis der klaren und unzweideutigen gesetzlichen Grundlage gerade im damals neuartigen Regelungsbereich der Raumplanung entfaltet hat; einem Rechtsgebiet, das sich, vom Grunderlass abgesehen, in seiner Konkretisierung durch Raumpläne der Gesetzmässigkeit der generell-abstrakten Norm und damit dem traditionellen Rechtssatzdenken entzieht. Die nur beschränkten Wirkungsmöglichkeiten des materiellen Legalitätsprinzips für den Grundrechtsschutz Betroffener in der Raumplanung führten vielmehr zur Verlagerung des Schwergewichtes des grundrechtlichen Schutzes auf die Gewährleistung der Partizipation der Stimmbürger bei Einführung und Ausgestaltung staatlicher Raumplanungskompetenzen.[252] In erster Linie wollte die Rechtsprechung die Einführung einschneidender Raumplanungsmassnahmen, gestützt auf hergebrachtes Baupolizeirecht, verhindern. Sie wirkte damit dem Ausschluss des demokratischen Prozesses entgegen.[253] Dies verdeutlicht, dass mit dem Erfordernis hinreichend klarer gesetzlicher Grundlage vielmehr eine *Substanzierung der Ermächtigungsnorm* für die Planungsbehörden, über das Erfordernis einer blossen Kompetenznorm hinaus, verlangt wird. Es geht bei der geforderten Klarheit und Unzweideutigkeit somit weniger um Bestimmtheit des Rechtssatzes im Sinne optimaler Vorsehbarkeit und Berechenbarkeit der Rechtsanwendung.[254]

Mit dem Gebot der Klarheit des formellen Gesetzes werden die später im Rahmen der Gewaltenteilung durchgesetzte Begrenzung der Delegationsmöglichkeiten sowie das Erfordernis vorausgenommen, wonach die wegleitenden, wesentlichen und dauerhaften Grundentscheidungen der Rechtssetzung im demokratisch legitimierten Gesetz zu entscheiden sind.[255] Heute, nach der Positivierung der Eigentumsgarantie in Art. 22ter und quater BV und dem dort statuierten Erfordernis des formellen Gesetzes, haben sich das

[251] So auch Gygi (1981) 208 mit weiteren Hinweisen.
[252] Vgl. Kap. 8.43.
[253] So sehr diese Wirkung unter demokratischem Gesichtspunkt zu begrüssen ist, so sehr müssen auch die Kosten, namentlich die dadurch bewirkte Verzögerung zeitgerechter Raumplanung, erkannt werden. Darin freilich liegt der Preis der Demokratie.
[254] Dazu Kap. 5.2, 16.2.
[255] In diesem Sinne auch Knapp (1975) 165, 169 ff.

so verstandene Gebot der Klarheit und die Traditionslinie der Gewaltenteilung zusammengeschlossen.[256]

b) Das ursprüngliche Anliegen der klaren, unzweideutigen, gesetzlichen Grundlage kommt *implicite* als Erfordernis einer substanzierten Delegationsnorm auch in den Numerus-clausus Urteilen des Bundesgerichts zum Ausdruck. Während das Bundesgericht im Entscheid *Wäffler c. Basel-Stadt*[257] die Verfassungsmässigkeit des Numerus clausus durch ausdrücklich zugestandene Möglichkeit seiner Einführung im formellen Gesetz bejaht, verneint es im Entscheid *Beeli c. Basel-Land*[258] die Verfassungsmässigkeit vorgesehener Zulassungsbeschränkungen am Lehrerseminar gerade mit der Begründung, dass hier gestützt auf bestehende gesetzliche Grundlagen völlig neuartige Massnahmen eingeführt werden sollen. Die Parallele zur alten Praxis der klaren gesetzlichen Grundlage für Raumplanungsmassnahmen ist augenscheinlich:

»Vielmehr soll hier eine gesetzliche Ermächtigung mit einem bestimmten, bisher feststehenden Inhalt (Umschreibung der Aufnahmebedingungen in qualitativer Hinsicht: Alter, Vorbildung, Eignung) eine völlig neuartige Massnahme (Numerus clausus mit dem Ziel einer staatlichen Ausbildungslenkung nach Bedarf) stützen.«[259]

c) Mit seinen jüngsten Entscheiden *Delacuisine c. Vevey* vom 5.3.1980[260] und *Alastor AG c. Einwohnergemeinde Oberwil* vom 16.3.1982[261] kehrt das Bundesgericht nach langem Unterbruch und, abgesehen von vereinzelten Ausnahmen[262], *ausdrücklich* zum ursprünglichen *materiellen* Kriterium der klaren gesetzlichen Grundlage bei schweren Eingriffen in die Eigentumsgarantie zurück. Das Gericht verweist auf seine Rechtsprechung und verlangt, »que la base légale soit claire et non équivoque«.[263] Es verneint die hinreichende Grundlage für einen Teilüberbauungsplan (mit Abbruch vorhandener Wohnungen) im bestehenden Bau- und Planungsgesetz, dem

256 Vgl. BGE 98 Ia 592, zit. oben Kap. 4.31.
257 BGE 103 Ia 369 ff.
258 BGE 103 Ia 394 ff., ferner BGE 104 Ia 305 ff.
259 BGE 103 Ia 404.
260 BGE 106 Ia 364 ff.
261 BGE 108 Ia 33. (In der gesetzlichen Befugnis zur Abgrenzung des Baugebietes ist die zeitliche Etappierung dieser Abgrenzung – a majore minus – enthalten.)
262 BGE 102 Ia 522; 99 Ia 412.
263 BGE 106 Ia 366.

Meliorationsgesetz sowie einer der vorhandenen, aber im kantonalen Recht konkretisierungsbedürftigen Bundesgesetzgebung zur Wohnbauförderung. Das Gericht begründet die erfreuliche Rückkehr zur alten, an materiellen Kriterien orientierten Praxis nicht weiter.[264] Wie früher, geht es erneut um das Erfordernis einer substanzierten, im offenen Prozess geschaffenen Kompetenznorm für einschneidende Raumplanungsvorhaben. Hier, wie implizit bei den NC-Fällen, geht es darum, dass grundlegende »ordnungspolitische« Entscheidungen durch den demokratischen Gesetzgeber – eben auch zum Schutze des einzelnen – getroffen werden müssen. Dem kann nach Bundesgericht mitunter auch stillschweigend nachgelebt werden, wenn die Befugnis aus den im Gesetz zugestandenen Kompetenzen klarerweise mitenthalten ist.[265]

### *4.36 Tradition VI: Das ausdrückliche Erfordernis eines formellen Gesetzes im Abgaberecht.*

Im Unterschied zu den eigentlichen Grundrechten besteht im Abgaberecht ein unbestrittener Konsens darüber, dass grundsätzlich ein Gesetz im formellen Sinn als qualifizierter Rechtssatz gefordert ist. Das Abgaberecht ist traditionelles Paradepferd für das Erfordernis formell-gesetzlicher Grundlage; ein Erfordernis, das schon früh als »freier Grundsatz« dieses Rechtsgebietes, zur Verwirklichung des liberalen Leitsatzes »no taxation without representation«, betont wird.[266] Das mag auch erklären, weshalb das Abgaberecht – atypisch – primär im Rahmen von Art. 4 BV (neuestens bei konfiskatorischen Beschränkungen auch der Eigentumsgarantie)[267] geschützt wird. Mehr als die eigentlichen Grundrechte hat es in der Schweiz die Delegationsgrundsätze massgebend beeinflusst.[268]

264 Dazu auch J.P. Müller (1982a) 211 f.
265 BGE 108 Ia 36.
266 BGE 48 I 269 ff., 277. Diesem Grundsatz genügen auch autonome Gemeindesatzungen, Nachweise bei Imboden/Rhinow (1976) 800. Zur Geschichte des Steuerbewilligungsrechtes als Vorläufer des allgemeinen Gesetzmässigkeitsprinzips vgl. statt vieler Jesch (1961) 102 ff.
267 BGE 105 Ia 139 ff. mit Hinweisen. Die Frage wurde in 99 Ia 639 noch offen gelassen. Vgl. Saladin (1975) XVI. Überholt erscheint damit die Aussage in BGE 105 Ia 45, wonach die Höhe von Gebühren einzig mit Art. 4 BV angefochten werden könne.
268 Kap. 4.311 Lit. b.

a) In einer langjährigen Rechtsprechung verlangt das Bundesgericht vorerst nur, dass die Einführung neuer Steuern auf der Stufe des formellen Erlasses geregelt werden müsse. Demgegenüber lässt es bei der näheren Ausgestaltung der Abgabe, mit Ausnahme der Hauptsteuern, auch weitgehende Delegationen bis hin zur Kompetenzübertragung zu.[269]

b) Erst 1971, in BGE 97 I 344 ff. wird diese Möglichkeit in Übereinstimmung mit den Forderungen der neuen Lehre eingeschränkt und verlangt, dass die wesentlichen Elemente der Abgabe, der Kreis der Abgabepflichtigen sowie die Grundsätze seiner Bemessung, im formellen Gesetz selbst enthalten sein müssen. Die Rechtsprechung wurde mehrfach bestätigt.[270] Ausgenommen werden, mit Blick auf die geringe Belastung, seit jeher Kanzleigebühren.[271]

c) In der neuesten Praxis zeichnet sich nun interessanterweise allmählich eine Rückentwicklung ab, die das Abgaberecht aus einer allzu rigiden Verpflichtung auf das formelle Gesetz löst und vermehrt Rücksicht auf die praktischen Bedürfnisse nimmt. So werden die streng formell-gesetzlichen Grundlagen bei Abgaben eingeschränkt, die einen stark technischen Charakter aufweisen oder an rasch wandelnde tatsächliche Verhältnisse angepasst werden können müssen.[272] Wo die Regelung der Gebühren ebenso durch privatrechtlichen Vertrag zwischen Privaten und Verwaltung geregelt werden kann, verzichtet das Bundesgericht sogar auf das Erfordernis gesetzlicher Grundlage der Gebühr.[273] Interessant ist vor allem, dass es eine Entlastung an die Anforderungen der gesetzlichen Grundlage durch die Kompensation mittels materiellen Prinzipien, so dem Kostendeckungs- und Äquivalenzprinzip[274], aber auch dem Gebot von Treu und Glauben[275], anstrebt:

269 Eingehend hierzu Höhn (1972) 183/184, 188.

270 BGE 105 Ia 145; 104 Ia 117; 103 Ia 243; 100 Ia 66 sowie Imboden/Rhinow (1976) 798 ff.

271 BGE 107 Ia 32 mit Hinweisen.

272 BGE 104 Ia 166 mit Hinweisen; 99 Ia 701.

273 BGE 103 Ib 332 (Reproduktionsrechte der Landeskarte); kritisch dazu Gygi (1979a) 196 ff.

274 BGE 107 Ia 33; BGE 104 Ia 116; 103 Ia 88 ff., 382 f.; 99 Ia 700 ff.; 79 I 204. Die beschränkte Leistungsfähigkeit dieser Ausprägungen des Verhältnismässigkeitsgrundsatzes belegen BGE 103 Ia 88 (Honorare des freiberuflichen Notars); 104 Ia 118 (Semestergebühren der Universität). Hierzu J.P. Müller (1979a) 146 f., vgl. Kap. 17.1.

275 Vgl. Kap. 17.1 Lit. c.

»Die Anforderungen an die gesetzliche Grundlage dürfen dort herabgesetzt werden, wo dem Bürger die Überprüfung der Gebühr auf ihre Rechtmässigkeit anhand anderer verfassungsrechtlicher Prinzipien ohne weiteres offen steht, nicht aber, wenn spezifisch der Gesetzesvorbehalt diese Schutzfunktion erfüllt. Das Legalitätsprinzip darf dabei weder seines Gehaltes entleert, noch auf der andern Seite in einer Weise überspannt werden, dass es mit der Rechtswirklichkeit und dem Erfordernis der Praktikabilität in einen unlösbaren Widerspruch gerät.«[276]

Mit der vermehrten Berücksichtigung praktischer Gesichtspunkte sowie dem Herbeizug materieller Kriterien zur Entlastung des Legalitätsprinzips nähert sich das in bezug auf die Normstufe offensichtlich privilegierte Abgaberecht den allgemeinen Delegationsgrundsätzen der Rechtsprechung zur Gewaltenteilung.[277]

## *4.37 Tradition VII: Der Grundsatz nulla poena sine lege*

Der Grundsatz »keine Strafe ohne Gesetz«, für das kantonale Recht in Art. 4 BV, für das Bundesrecht in Art. 1 StGB verortet,[278] ist fundamentale Garantie menschlicher Freiheit und Sicherung vor staatlicher Willkür. In diesen Funktionen und mit seinem unverkennbaren Bezug zur Persönlichen Freiheit als Bewegungsfreiheit, als Schutznorm für Erscheinungen elementarer Persönlichkeitsentfaltung,[279] aber im Hinblick auf Geldstrafen auch mit einer Beziehung zur Eigentumsgarantie, müsste das Legalitätsprinzip im formellen und materiellen Sinn hier besonders streng verwirklicht sein.

a) In konstanter und langjähriger Rechtsprechung wird der Grundsatz, namentlich im Verwaltungsrecht, indessen einseitig auf das materielle Legalitätsprinzip ausgerichtet. Das Schwergewicht des Grundsatzes liegt im Erfordernis eines strafbegründenden Rechtssatzes, der mit seiner generell-abstrakten Struktur grundsätzlich rechtsgleiche Behandlung, Berechenbarkeit und Vorsehbarkeit staatlicher, repressiver Sanktionen bewirken soll.[280] Diesem Ziel sind auch die fachspezifischen Auslegungsregeln des Strafrechts zu Art. 1 StGB verpflichtet.[281] Selbst das Rechtssatzerfordernis erleidet aber

[276] BGE 104 Ia 117.
[277] Vgl. BGE 98 Ia 592, zit. oben Kap. 4.31.
[278] Zum Verhältnis von Art. 4 BV und Art. 1 StGB (SR 311) s. BGE 103 Ia 96, 96 I 28, 64 I 375, 63 I 329, insbesondere zum Steuerstrafrecht BGE 105 Ia 63.
[279] Vgl. BGE 97 I 45 ff.
[280] Vgl. das Verbot der Bills of Atteinders in den USA, Kap. 19.3.
[281] Vgl. BGE 102 IV 256, 80 I 114, 75 I 205, 65 I 11, 58 I 33.

hier erhebliche Einbussen. Das Disziplinarwesen unterliegt nach bundesgerichtlicher Auffassung nicht dem Grundsatz nulla poena sine lege; ungeachtet der anerkannten Verwandtschaft mit Strafnormen in ihren psychischen und sozialen Wirkungen, können solche Massnahmen selbst aufgrund von Generalklauseln vorgenommen werden.[282] Das besondere »Gewalt«-Verhältnis konstitutioneller Prägung lebt hier noch fort. Weiter schränkt Art. 292 StGB als verwaltungsrechtliche Blankettstrafnorm den Grundsatz des Rechtssatzerfordernisses empfindlich ein. Die Möglichkeit nachträglicher richterlicher Überprüfung der Rechtmässigkeit einer mit Strafe belegten Verfügung[283] sowie das Erfordernis vorgängiger, regelmässig ausdrücklicher Androhung der Strafe, vermögen die nur mangelhafte Rechtssatzmässigkeit der Strafe nicht zu ersetzen.

b) Der Grundsatz enthält, entsprechend seiner Ausrichtung auf das materielle Legalitätsprinzip (Rechtssatzerfordernis), nach herrschendem Verständnis keine qualifizierten Anforderungen an die Normstufe. In ständiger Rechtsprechung lässt das Bundesgericht Verordnungen als hinreichende gesetzliche Grundlage für Strafen genügen:

> »Die Vorschrift, aufgrund welcher der Beschwerdeführer mit einer Busse belegt wurde, findet sich nicht in einem Gesetz im formellen Sinn, sondern in einer Verordnung. Nach der ständigen Rechtsprechung des Bundesgerichts genügt eine Verordnung, die sich im Rahmen von Verfassung und Gesetz hält, als Grundlage für eine Bestrafung. Das Bundesgericht hat darauf hingewiesen, dass der Erlass polizeistrafrechtlicher Bestimmungen in Verordnungsform in der Schweiz eine verbreitete Erscheinung sei (...), ...«.[284]

Mit der Beschränkung, dass sich die strafbegründende Verordnung »im Rahmen von Verfassung und Gesetz« halten muss, wird die Beziehung des Grundsatzes zum formellen Legalitätsprinzip nur locker gestaltet. In der delegierten Kompetenz, namentlich der Exekutive, zum Erlass von verwaltungsrechtlichen Verboten und Geboten, wird die entsprechende Strafkompetenz eingeschlossen. Das Bundesgericht hat, zumindest in älteren Entscheidungen, den untergesetzlichen Erlass von Strafbestimmungen als ein flankierendes In-

282 BGE 98 Ia 305/306, 97 I 835 f, 73 I 291, s. auch Imboden/Rhinow (1976) 317 ff.
283 BGE 98 IV 108 ff.; kritisch zur neuen Rechtsprechung aus Gründen der Rechtssicherheit, Gygi, F., Zur strafrichterlichen Überprüfung von Verwaltungsverfügungen, in: Lebendiges Strafrecht, Festgabe für H. Schultz, Bern 1977, 399 f.
284 BGE 96 I 29, s. auch 105 Ia 15 ff., 80 I 114 ff.

strument der Rechtsverwirklichung selbst in stillschweigender Ermächtigung, insbesondere im Rahmen des (polizeilichen) Notrechtes, zugelassen.[285] Der Erlass von Strafbestimmungen muss damit zusammenfassend in der Praxis als eine »inherent power« der Verwaltung beurteilt werden, die nach der herrschenden Auslegung grundsätzlich ohne Rücksicht auf die Schwere der angedrohten Strafe und Sanktion besteht. Ein gewisser Schutz besteht immerhin darin, dass heute die Norm, gegen deren Verstoss eine Strafe ausgesprochen werden soll, eng ausgelegt wird.[286]

c) Es ist offensichtlich, dass in dieser Traditionslinie die Brücke zur herrschenden Grundrechtsprechung noch nicht geschlagen ist. Das erstaunt, gerade im Vergleich mit der traditionellen Betonung des formellen Gesetzes im Abgaberecht.[287] Während dort eine Überanstrengung des formellen Erlasses abgebaut wird, muss es hier darum gehen, die im Strafrecht ursprünglich hochbedeutsame Funktion des formellen Gesetzes zu reaktivieren.[288] Mit den bestehenden Delegationsregeln, vor allem mit dem topischen Denken, wie es heute für die Ausgestaltung gesetzlicher Grundlagen im Leistungsbereich anerkannt ist,[289] dürfte es auch hier gelingen, die Frage der Normstufe vermehrt nach der Schwere der Beeinträchtigung, aber auch unter Berücksichtigung praktischer Interessen der Rechtsetzung auszugestalten.

Im Lichte der Grundrechtsprechung erscheint es im Rahmen des Grundsatzes »nulla poena sine lege« prüfenswert, die Frage der gesetzlichen Grundlage und der Normstufe weniger mit klassifikatorischen Einteilungen nach Strafe, Disziplinarmassnahme, exekutorischer oder repressiver Anordnung sowie der Zufügung eines administrativen Rechtsnachteils, als vielmehr nach Massgabe der Eingriffsintensität anzugehen. Als Grundidee ist geboten, schwere Eingriffe, namentlich die Androhung des Freiheitsentzuges, ausschliesslich im formellen Gesetz, leichtere Belastungen (wie Ordnungsbussen) auch in untergesetzlichen Erlassen, gestützt auf eine wiederum nach Schwere der Belastung differenziert substanzierte Ermächtigungsnorm im formellen Gesetz (z.B. die Verankerung eines Strafrahmens), zuzulassen. Zutreffend ist zwar, dass exekutori-

285 BGE 64 I 220, 375; 63 I 329; 60 I 205; 57 I 273; 42 I 306.
286 S. BGE 103 Ia 96 (Unterscheidung zwischen Waffenbesitz und Waffentragen).
287 Oben Kap. 4.35.
288 Zur historischen Entwicklung des Grundsatzes nulla poena sine lege vom materiellen zum formellen Gesetz, s. statt vieler Jesch (1961) 102 ff. mit Hinweisen.
289 Kap. 4.31, Kap. 11.3, 15 ff.

sche Massnahmen – selbst vom Legalitätsprinzip gefordert – ihre Grundlage im durchzusetzenden Erlass an sich haben. Angesichts der bestehenden Abgrenzungsschwierigkeiten zwischen pönalen, repressiven und exekutorischen Massnahmen, fragt man sich, ob die Unterscheidung nicht zugunsten des Erfordernisses ausdrücklicher gesetzlicher Grundlage, auch (schwerwiegender) exekutorischer Massnahmen aufgegeben werden sollte.[290]

d) Eine Abstufung der Normstufe nach Massgabe der Eingriffsintensität findet als Grundsatz, zumindest für das eigentliche Strafrecht, in der bundesgerichtlichen Praxis Unterstützung. Das Gericht äussert sich in einem älteren Entscheid zustimmend zur schweizerischen Tradition, wonach in »Bund und Kantonen die kriminellen Straftatbestände wegen ihrer schwerwiegenden Bedeutung für den Einzelnen in der Regel vom Gesetzgeber geschaffen und nur ausnahmsweise durch Verordnung aufgestellt worden« seien.[291] Vor allem hat das Gericht in BGE 99 Ia 269 ausdrücklich das Erfordernis des formellen Gesetzes bei der Anordnung eines Freiheitsentzuges betont.[292] Ebenso weist die neuere Praxis der Gesetzgebung auf eine vermehrte Beachtung des formellen Gesetzes bei der Verwirklichung des Grundsatzes »nulla poena sine lege« hin; z.B. in der allerdings nicht als abschliessend gedachten Aufzählung der exekutorischen Mittel des Verwaltungszwanges in Art. 40 und 41 VwVG[293] sowie in der Schaffung des Bundesgesetzes über das Verwaltungsstrafrecht vom 22.3.1974.[294]

## 4.4 Ergebnis

Die starke Betonung und die in der Praxis erst in jüngster Zeit hinterfragte umfassende Geltung des materiellen Legalitätsprinzips (generell-abstrakter Rechtssatz) lassen gerne die

290 Zum begrenzenden Erkenntniswert der Unterscheidung von repressiven und exekutorischen Zwangsmassnahmen im Verwaltungsrecht zutreffend Saladin, Das Verwaltungsverfahrensrecht des Bundes, Basel/Stuttgart 1979, 157. Mit der Schwierigkeit der gegenseitigen Abgrenzung der genannten Kategorien und ihrer Überschneidungen muss auch der Versuch, die Frage der gesetzlichen Grundlage danach auszurichten, auf Schwierigkeiten stossen. Vgl. Saladin ibid. 158 ff.

291 BGE 64 I 330; in diesem Sinne auch H. Schultz, der für die »schweren Strafen des Zuchthauses und des Gefängnisses« ein Gesetz im formellen Sinn verlangt; Einführung in den Allgemeinen Teil des Strafrechts, I. Bd. 3. überarb. Aufl. Bern 1977, 50.

292 Zit. oben Kap. 4.341.

293 SR 172.021.

294 SR 313.0.

Einsicht vernachlässigen, dass in der Frage der gesetzlichen Grundlage stets und zugleich auch immer das formelle Gesetz angesprochen ist. Die verschiedenen hier beobachteten Traditionslinien der bundesgerichtlichen Rechtsprechung weisen – in Formulierungen und Ausmass unterschiedlich – stillschweigend oder ausdrücklich auf das grundlegende Erfordernis des formellen, das heisst demokratisch legitimierten Gesetzes hin.[295] Auf der einen Seite des Spektrums liegt die Rechtsprechung zum Abgaberecht mit ihrer strengen, nurmehr etwas gelockerten, ausdrücklichen Bindung an das formelle Gesetz. Am anderen Ende steht – zugleich Spiegel eines Wertgefüges – die Praxis zum Grundsatz »nulla poena sine lege«, die praktisch im Rechtssatzerfordernis aufgeht und sich mit reinen Kompetenznormen im formellen Erlass begnügt.

b) Die jüngere Rechtsprechung zeichnet sich trotz Beibehaltung verschiedener Formeln durch eine allmähliche sachliche Harmonisierung der verschiedenen Traditionslinien ab. Die Praxis orientiert sich, noch weitgehend mit Ausnahme des Grundsatzes »nulla poena sine lege«, an den Delegationsregeln. Sie bilden den allen Bereichen gemeinsamen Bezugspunkt in der Bestimmung des Verhältnisses von formellem und materiellem Gesetz; mit dem Rekurs auf die Delegation wird auch der wesentliche verfassungsrechtliche Ort des Problems deutlich: Die politischen Rechte und die Gewaltenteilung in ihrer Funktion als Garant der Dominanz des demokratischen Gesetzgebers gegenüber den anderen Staatsfunktionen bilden – neben punktuellem positivem Verfassungsrecht[296] – sachlich die primären Bezugspunkte für die verfassungsrechtliche Bestimmung des Verhältnisses von formellem und materiellem Gesetz innerhalb und ausserhalb geschützter Grundrechtszonen. Es ist *prozessual* durchaus richtig, wenn das Bundesgericht die Frage der gesetzlichen Grundlage bei Grundrechtsbeeinträchtigungen auch prüft, ohne dass die Gewaltenteilung, die Delegationsregeln von »Verfassungsrang« oder mitunter das Stimmrecht ausdrück-

[295] M.E. ist aufgrund der festgestellten Traditionslinien unzutreffend, wenn das Erfordernis des formellen Gesetzes kraft Bundesverfassungsrecht erst im Fall Wäffler (BGE 103 Ia 369) verortet wird, und diesbezüglich in diesem Entscheid von Saladin (1982) XLVII eine entschiedene Abkehr von einer jahrzehntelangen Praxis erblickt wird.

[296] Kap. 14.

lich angerufen werden müssten. Die allmähliche Harmonisierung der verschiedenen Traditionslinien der bundesgerichtlichen Rechtsprechung weist aber darauf hin, dass *materiell* und methodisch die Kriterien dieser Individualrechte in erster Linie für die Beurteilung der Verfassungsmässigkeit der *Normstufe* wegleitend sind. Aufgrund dieses Ergebnisses wird Teil III (Kap. 15) die Kriterien herauszuschälen suchen, die, unabhängig davon, ob ein Eingriff oder eine Leistung vorliegt, die Frage der adäquaten Ausgestaltung der Normstufe im Einzelfall zu beantworten vermögen.

c) Die Frage der gesetzlichen Grundlage erschöpft sich freilich nicht in der Frage der Gesetzesdelegation und damit der Gewaltenteilung. Über dieses Problem hinaus kommen den Grundrechten durchaus eigenständige Funktionen bei der verfassungsrechtlichen Bemessung gesetzlicher Grundlage zu. Ihre Anforderungen, ihr »Input«, beziehen sich in erster Linie auf Fragen adäquater Bestimmtheit (Normdichte) und Normstruktur. Teil III (Kap. 16 – 20) wird sich mit solch grundrechtsspezifischen, in der Praxis noch wenig entwickelten und teilweise in einem Spannungsfeld zu den demokratisch motivierten Rechten (Gewaltenteilung, Stimmrecht) stehenden Anforderungen an die gesetzliche Grundlage auseinandersetzen. Mit grundrechtsspezifischen Anforderungen befasst sich auch das nachfolgende Kapitel zur EMRK, deren Gesetzes- und Rechtssatzbegriff zu den massgebenden Grundlagen dieser Arbeit gehört.

# 5. Die Anforderungen der EMRK an die gesetzliche Grundlage von Grundrechtsbeschränkungen

## 5.1 Die Relevanz der Konvention

Anforderungen an die gesetzliche Grundlage werden nicht allein im vorstehenden Sinne staatsrechtlich, sondern für verschiedene Grundrechte auch durch die Europäische Menschenrechtskonvention[297] mitverfasst. In der Schweiz gilt die völkerrechtliche, vertraglich verbindliche Konvention als Teil des Landesrechts.[298] Nach ständiger Rechtsprechung des Bundesgerichts kommt ihr im Verhältnis zu den Grundrechten der Verfassung insoweit selbständige Bedeutung zu, als sie den in den Verfassungen des Bundes und der Kantone enthaltenen Schutz übersteigt.[299] Die Konvention ist so ein allen Mitgliedstaaten gemeinsamer Minimalstandard. Dieser kann vom innerstaatlichen Verfassungsrecht wohl übertroffen, nicht aber unterschritten werden.[300] Das gilt auch für die Ausgestaltung der gesetzlichen Grundlage von Beschrän-

[297] Konvention zum Schutze der Menschenrechte und Grundfreiheiten vom 4.11.1950, mit Änderungen vom 6.5.1963, 20.1.1966; in Kraft getreten für die Schweiz am 28.11.1974; SR 0.101, AS 1974 2151, BBl 1974 I 1035. Gemäss Schlussformel der Konvention sind der englische und französische Text massgebend, in der Folge zit. nach Convention for The Protection of Human Rights and fundamental Freedoms and Protocole, Convention des Sauvegarde des Droits de l'Homme et des Libertés Fondamentales et Protocole additionnel, European Treaty Series Nr. 5, Council of Europe, 1969.

[298] Wildhaber (1979) 328 ff., 332; J.P. Müller (1975) 377 f., 402; zum allg. Verhältnis von Völkerrecht und schweizerischem Landesrecht s. Müller/Wildhaber (1977) 121 ff.; J.P. Müller (1975a) 223 ff. (1982) 169 ff.

[299] BGE 104 Ia 18, 103 V 193, 101 Ia 69, 101 IV 253.

[300] Vgl. Art. 60 EMRK, BGE 103 V 193 mit Hinweisen. Zur Subsidiarität der Konvention s. Wildhaber (1979) 290, 292 ff., Raymond (1979) 35, Hoffmann-Remy (1976) 15 Anm. 9. Mit diesem Verständnis der Konvention als Minimalstandard ist es für eine fruchtbare Rechtsentwicklung bedenklich, wenn sich das Bundesgericht den völkerrechtlichen Menschenrechtsstandard, insbesondere der EMRK, gewissermassen als »Maximalforderungen« verschreibt und dabei seine frühere Tradition schöpferischer Fortentwicklung der Grundrechte verkümmern lässt. Besonders deutlich kommt das im Zusammenhang mit der Informationsfreiheit an den Tag, BGE 104 Ia 91 ff. J.P. Müller (1980a) 251 schreibt dazu: »Das Bundesgericht untersucht detailliert, ob die UNO-Menschenrechtserklärung oder die EMRK eine solche (Informations-)Pflicht der Behörden statuieren. Das Gericht hätte sich diese breiten Erwägungen ersparen können, wenn es seinen Blick etwas mehr für die Bedürfnisse des schweizerischen Gemeinwesens mit seinen einzigartigen direkt-demokratischen Institutionen und das daraus fliessende Bedürfnis nach einer gut informierten Bürgerschaft geöffnet hätte.« Vgl. dazu die noch ablehnende Stellungnahme des Bundesgerichts in BGE 107 Ia 304. Dieselbe Fixierung auf Minimalstandards lässt sich auch bei der prozessrechtlichen Konkretisierung von Art. 4 BV verfolgen, vgl. z.B. Pra 1978, 67, Nr. 238.

kungen der Grundrechte, die den Schutz der Konvention geniessen. Die Anforderungen der EMRK an den Gesetzes- und Rechtssatzbegriff und dessen Entfaltung und Fortbildung durch die Konventionsorgane bedürfen daher der Berücksichtigung im Rahmen innerstaatlicher Rechtsprechung und Rechtssetzung.

## 5.2 Publizität, Vorhersehbarkeit und optimale Bestimmtheit

Die Bestimmungen der Konvention nehmen verschiedentlich und in unterschiedlichem Zusammenhang auf das »Gesetz« Bezug. So darf nach der amtlichen schweizerischen Übersetzung[301] gemäss Art. 2 ein Todesurteil »nur im Falle eines durch Gesetz mit der Todesstrafe bedrohten Verbrechens ausgesprochen« werden (provided by law, délit...puni de cette peine par la loi). Die Persönliche Freiheit kann in Art. 5 »nur auf die gesetzlich vorgeschriebene Weise entzogen werden« (a procedure prescribed by law, selon les voies légales, prescrites par la loi); Festnahme und Haft müssen »rechtmässig« (lawful, régulier) sein. Einschränkungen der Privatsphäre sind »nur statthaft, insoweit dieser Eingriff gesetzlich vorgesehen ist« (in accordance with the law, prévu par la loi).[302] Die Bestimmungen der Art. 9 Abs. 2 bis Art. 11 Abs. 2 sprechen »vom Gesetz vorgesehenen Beschränkungen« (prescribed by law, prévus par la loi). Art. 6 Abs. 1 verlangt Anhörung von einem »auf Gesetz beruhenden Gericht« (tribunal established by law, établi par la loi).

Die Auslegung des Gesetzes- und Rechtssatzbegriffes der EMRK muss sich nicht allein mit derart unterschiedlichen Formulierungen auseinandesetzen. Sie muss überdies den verschiedenartigen Rechtstraditionen der Mitgliedstaaten, so namentlich dem (ungeschriebenen) Common Law und dem kontinentalen, rationalistischen bzw. dualistischen Gesetzesdenken gerecht werden können. Es ist so kaum erstaunlich, dass von einer gefestigten Praxis der Konventionsorgane zum Erfordernis der gesetzlichen Grundlage noch nicht gesprochen werden kann. Die bisher aufschlussreichsten Aussagen

[301] SR 0.101.

[302] Ebenso Art. 2 Abs. 2 und 4 des vierten Zusatzprotokolls (Bewegungs- und Niederlassungsfreiheit), Art. 1 Abs. 1 des ersten Zusatzprotokolls (Eigentumsgarantie) spricht von Entzug »provided for by law«.

finden sich, soweit ersichtlich, im Urteil *Times Newspaper Ltd. c. United Kingdom* vom 26.4.1979 (»Sunday Times«)[303]: Das britische Oberhaus verbot letztinstanzlich die Publikation eines dokumentarischen Berichtes zur englischen Thalidomid-Tragödie während den noch hängigen gerichtlichen Vergleichsverhandlungen, gestützt auf die Prinzipien des Contempt of Court.[304] Der Europäische Gerichtshof prüfte in der Folge unter anderem, ob diese Prinzipien des englischen Verfahrensrechts eine hinreichende gesetzliche Grundlage für die Beschränkung von Art. 10 EMRK (Meinungsäusserungsfreiheit) bilden. Nachdem das Urteil vorerst klarstellt, dass der Gesetzesbegriff der Konvention nicht nur gesetztes, sondern auch ungeschriebenes Recht umfasst,[305] kommt es trotz gewissen Bedenken zum Ergebnis, dass die bestehenden Regeln des Contempt of Court den Anforderungen der EMRK genügen.[306] Seinem Entscheid legt das Gericht die folgenden qualitativen Anforderungen an die gesetzliche Grundlage im Sinne von Art. 10 Abs. 2 EMRK zugrunde:

»In the Court's opinion, the following are two of the requirements that flow from the expression »prescribed by law«. Firstly, the law must be adequatly accessible: the citizen must be able to have an indication that is adequate in the circumstances of the legal rules applicable to a given case. Secondly, a norm cannot be regarded as a »law« unless it is formulated with sufficient precision to enable the citizen to regulate his conduct: he must be able – if need with appropriate advice – to foresee, to a degree that is reasonable in the circumstances, the consequences which a given action may entail. Those circumstances need not be foreseeable with absolute certainty: experience shows this to be unattainable. Again, whilst certainty is highly desirable, in may bring in its train excessive ri-

303 European Court of Human Rights, Series A No. 30, 30 ff., übersetzt in EuGRZ 1979, 386 ff.

304 Ibid. Nr. 34. Contempt of Court bedeutet nach einer im Urteil, ibid. Nr. 51, wiedergegebenen Umschreibung im vorliegenden Zusammenhang (Übersetzung nach EuGRZ): »Es ist contempt, wenn eine Zeitung ein schwebendes Verfahren in einer Weise kommentiert, die der ordnungsgemässen Streitentscheidung vorzugreifen geeignet ist. Das kann auf verschiedene Weise geschehen. Die Stellungnahme kann auf eine der Streitparteien Druck ausüben, um sie entweder von der Verfolgung oder Verteidigung ihrer Rechte abzuhalten oder sie dazu zu veranlassen, einem Vergleich zuzustimmen, deren Abschluss sie andernfalls nicht erwägen würde, oder aber um sie auf andere Weise in ihrer Prozessführung zu beeinflussen, mit der Folge, dass ihr Recht, frei von solchem Druck ihre Ansprüche zu verfolgen oder sich in einem Rechtsstreit zu verteidigen, beeinträchtigt ist«; s. auch Duffy, The Sunday Times Case: Freedom of Expression, Contempt of Court and the European Convention on Human Rights, in: the Human Rights Review V (1980) 17, 19 ff. sowie Bartsch, »Contempt of Court« und die Grenzen der Pressefreiheit, EuGRZ 1977, 464.

305 Ibid. Nr. 47.

306 Ibid. Nr. 50 ff. S. aber die abweichende Meinung von Richter Evrigenis, übersetzt in EuGRZ 1979, 393.

gidity and the law must be able to keep pace with changing circumstances. Accordingly, many laws are inevitably couched in terms which, to a greater or lesser extent, are vague and whose interpretation and application are questions of practice.«[307]

Freiheitsbeschränkungen sind damit im Sinne der Konvention »vom Gesetz vorgesehen«, wenn die entsprechenden Normen erstens hinreichend zugänglich und greifbar sind. Zweitens müssen Voraussetzungen und Rechtsfolgen der Beschränkung vorhersehbar sein; staatliches Handeln im Grundrechtsbereich muss grundsätzlich berechenbar sein. Diese Anforderungen sind dem Bestimmtheitsideal verpflichtet, ohne dass der Gerichtshof dieses verabsolutiert. Zu Recht sieht das Urteil auch die Möglichkeit offener Normen mit Rücksicht auf gegebenenfalls notwendige Flexibilität und Anpassungsfähigkeit des Rechts vor.[308]
*Zusammenfassend:* Die Anforderungen der Konvention an die gesetzliche Grundlage von Beschränkungen im Sinne von Art. 10 Abs. 2[309] charakterisieren sich durch die Gebote hinreichender Publizität, Vorhersehbarkeit und damit optimaler Bestimmtheit oder Normdichte.

## 5.3 Erfordernis einer generell-abstrakten Norm?

Mit der vorstehenden Umschreibung des »Gesetzes« durch hinreichende Publizität, Vorhersehbarkeit und optimale Normdichte stellt sich die Frage nach deren Verhältnis zum generell-abstrakten Rechtssatzbegriff, auf den das *Sunday-Times-Urteil* nicht ausdrücklich Bezug nimmt. Beide Umschreibungen dienen dem gleichen rechtsstaatlichen Ideal; beide wollen sie die Vorhersehbarkeit und damit Berechenbarkeit staatlichen Handelns verwirklichen. Dennoch bestehen im einzelnen wichtige Unterschiede. Vier Bereiche können genannt werden:

a) Erstens ist dem formalisierten, generell-abstrakten Rechtssatzbegriff streng genommen kein Bestimmtheitsideal eigen. Sowohl dichte wie auch offene Normen genügen

307 Ibid. Nr. 49.
308 S. dazu Kap. 16.3 sowie – auf demokratischer Ebene – Kap. 15.5 – 8.
309 Inwieweit der im vorliegenden Urteil entfaltete Rechtssatzbegriff im Rahmen der Konvention allgemeine Bedeutung, namentlich ausserhalb der Art. 8 bis 11 besitzt, kann hier nicht weiter untersucht werden; vgl. aber unten Kap. 5.4 und 5.5.

ihm, solange nur Adressatenkreis und Zahl der Anwendungsgefälle unbestimmt bleiben.[310] Die stete Verpflichtung des Gesetzgebers zu generell-abstrakter Vorausbestimmung kann mitunter gerade zu vagen und offenen Normen zwingen.[311]

b) Zweitens verlangen die Kriterien der Publizität, Vorhersehbarkeit und Bestimmtheit nicht notwendigerweise die »Allgemeinheit« der Norm im Sinne des generell-abstrakten Rechtssatzes der kontinentalen Tradition. Es dürfte kein Zufall sein, dass der Gerichtshof die genannten Anforderungen bei der Beurteilung einer Beschwerde aus dem englischen Recht herausgearbeitet hat, das der Allgemeinheit und Abstraktheit in pragmatischer Weise nicht jene Bedeutung zumisst, die diesen Begriffen auf dem Kontinent zukommt.[312]

Den Anforderungen des konventionseigenen Gesetzesbegriffes kann m. E. auch eine Norm genügen, die sich im Sinne eines *Individualgesetzes* von Anfang an einen bestimmbaren Adressatenkreis wendet, vorausgesetzt, dass der Angriff vorhersehbar und berechenbar ist und nicht, wie oft bei Individualgesetzen, *ex post* Wirkungen entfaltet.[313]

c) Drittens und vor allem geht der Gesetzesbegriff der EMRK, wie im *Sunday-Times-Fall* entfaltet, mit seinem Erfordernis der Publizität und Erkennbarkeit über den herrschenden Rechtssatzbegriff hinaus. Das Erfordernis untersagt die Anerkennung nicht publizierter Verwaltungsverordnungen, Kreisschreiben und Richtlinien, trotz deren generell-abstrakten Formulierung, als hinreichende Grundlage von Grundrechtsbeschränkungen.[314]

d) Viertens folgt aus den genannten Kriterien ein allgemeines Verbot rückwirkender Erlasse im Bereiche der von diesem Gesetzesbegriff erfassten Grundrechte.[315] Diesen

310 Zum materiellen Legalitätsprinzip s. Kap. 2.41; 10.1.

311 Beispiele unten Kap. 6.41.

312 Zum angelsächsischen Gesetzesbegriff s. Wade/Phillips/Bradley (1977) 94, Neumann (1980) 245 ff., Kopp (1957) 237 sowie unten Kap. 8.3.

313 Eingehender zur Frage des Individual- und Einzelfallgesetzes unten Kap. 19, 20.

314 Vgl. Kap. 3.322.

315 Zur Rückwirkung von Verwaltungsgesetzen s. Zimmerli (1967), namentlich zum Verhältnis von generell-abstrakter Norm und Rückwirkung, a.a.O. 45 ff. Zur Praxis s. Imboden/Rhinow (1976) 100 ff. Zum Rückwirkungsverbot von Strafnormen durch Art. 7 EMRK s. Jacobs (1975) 120 ff. mit Hinweisen sowie für das innerstaatliche Recht H. Schultz, Einführung in den Allgemeinen Teil des Strafrechts, 3. überarbeitete Auflage, Bern 1977, 51. s. auch Kap. 20.15.

Schutz vermag der herkömmliche Rechtssatzbegriff selbst nicht zu leisten.

Mit diesen Unterscheidungen kann kaum von einer Identität der beiden Gesetzesbegriffe gesprochen werden. Vielmehr liegt ein *eigenständiger Normbegriff der EMRK* vor.[316]

## 5.4 Erfordernis eines Gesetzes im formellen Sinn?

Die EMRK beschränkt sich auf die Entfaltung rechtsstaatlich motivierter Bestandteile der grundrechtsbeschränkenden Norm, ohne besondere Anforderungen an die Normstufe, namentlich deren demokratische Legitimierung, zu stellen. Ob die Entfaltung des Gesetzesbegriffes damit seine letzte Festigung erfahren hat, ist indessen nicht gewiss. In den Erwägungen zur Beschwerde *Rassemblement jurassien c. Schweiz* vom 10.10.1979[317] zog die Kommission die Rechtmässigkeit der *ungeschriebenen* allgemeinen Polizeiklausel als Grundlage für die Beschränkung der Konventionsfreiheiten in Zweifel. Da sich der Eingriff in concreto auf Art. 39 der bernischen Kantonsverfassung sowie das Gemeindegesetz stützen liess, konnte sie die Frage offen lassen, ob die allgemeine Polizeiklausel auch als anerkannter, aber ungeschriebener Verfassungsgrundsatz vor der EMRK standhält.[318] Die Argumentation der Kommission lässt offen, ob und inwieweit die EMRK selbst für Grundrechtsbeschränkungen ein Erfordernis gesetzlicher Grundlage im formellen Sinn enthält, wie es vorwiegend in der älteren deutschsprachigen Literatur zu Art. 5 EMRK noch bejaht wird. U.a. begründet *Herzog* das Erfordernis einer formell gesetzlichen Grundlage unter Hinweis auf *Guradze* mit der Intensität des Eingriffs und der kontinenta-

[316] A.M. Hoffmann-Remy (1976) 37, wonach es sich beim materiellen Gesetz (im Sinne der EMRK) *stets* um »abstrakt generelle Regelungen handeln muss«; ebenso Trechsel (1980) 519, der beim materiellen Gesetz ohne Rücksicht auf das Gewohnheitsrecht von materiellem Gesetz spricht, »wenn allgemein verbindliche Regeln von einer kompetenten Behörde erlassen wurden.«

[317] Beschwerde Nr. 8191/78. Entscheidung zit. nach EuGRZ 1980, 36 ff., vgl. auch BGE 103 Ia 310 ff.

[318] A.a.O. N. 6; Trechsel (1980) 519 führt dazu weitergehend aus, dass die Kommission es abgelehnt habe, die allgemeine Polizeiklausel als Gesetz im Sinne der Konvention anzuerkennen.

len Tradition des Gesetzesvorbehaltes.[319] *Bischofberger* spricht davon, dass »nur« ein Gesetz im formellen Sinn erforderlich ist (womit allerdings ein terminologischer Irrtum verbunden zu sein scheint).[320] Die überwiegende, vor allem jüngere Lehre befürwortet demgegenüber die konventionseigene Beschränkung auf das Erfordernis eines materiellen Gesetzes; eine Auffassung, die mit dem *Sunday-Times-Urteil* starke Unterstützung erfährt. *Trechsel* hat seine frühere Auffassung kürzlich bestätigt, dass der Konvention ein Gesetzesbegriff im Sinne des generell-abstrakten Normbegriffes zugrundeliegt.[321] In diesem Sinne sprechen sich auch *Schubarth* und neulich *Barrelet* aus.[322] Zum gleichen Ergebnis gelangt *Hoffmann-Remy* in Zusammenhang mit seiner eingehenden Untersuchung zu Art. 8 Abs. 2 bis Art. 11 Abs. 2 EMRK.[323] Er begründet seine Auffassung unter anderem damit, dass auch in den Menschenrechtspakten der Vereinten Nationen unterschiedlichste Formulierungen vorkommen.[324] Aus den Vorar-

319 Herzog (1961) 211. Guradze (1968) 26 mit weiteren Hinweisen, ferner 148 zu Art. 10 Abs. 2 EMRK, bestätigte seine frühere Auffassung.

320 Bischofberger, Die Verfahrensgarantien der Europäischen Konvention zum Schutze der Menschenrechte und Grundfreiheiten (Art. 5 und 6) in ihrer Einwirkung auf das schweizerische Strafprozessrecht, Zürich 1972, 184.

321 Trechsel (1980) 519 mit Hinweisen; so schon (1974) 188 ff.

322 Schubarth, M.: Die Art. 5 und 6 der Konvention, insbesondere im Hinblick auf das schweizerische Strafprozessrecht, in: Die Europäische Menschenrechtskonvention und ihre Anwendung in der Schweiz, ZSR 1975 I 337 ff., 468; Barrelet, D., Droit Suisse des Mass Media, Bern 1980, 72 f.

323 Hoffmann-Remy (1976) 36 ff.

324 Der International Covenant on Civil and Political Rights vom 16.12.1966 (Pakt I) spricht in Art. 9 Abs. 1 von Freiheitsentzug und Haft – »in accordance with such procedures as are established by law« (aus gesetzlich bestimmten Gründen und unter Beachtung des im Gesetz vorgeschriebenen Verfahrens) und setzt dem das Verbot willkürlichen Freiheitsentzuges und Haft gegenüber. Art. 13 spricht von Landesverweisung »only ... in accordance with law« (aufgrund einer rechtmässig ergangenen Entscheidung). Art. 14 Abs. 2 hält die Unschuldsvermutung fest bis zum Beweis des Gegenteils »according to law« (im gesetzlichen Verfahren erbrachter Nachweis). Abs. 5 hält das Recht auf Überprüfung des Strafurteils durch eine höhere Instanz »according to law« (entsprechend dem Gesetz) fest. Art. 18 Abs. 3 (Kultusfreiheit) spricht von »limitations ... prescribed by law« (gesetzlich vorgesehenen Einschränkungen). Art. 19 Abs. 3 (Meinungsäusserungs- und Informationsfreiheit) spricht von »restrictions ... provided by law« (gesetzlich vorgesehenen Einschränkungen). Art. 20 verbietet Kriegspropaganda, Rassenpropaganda, religiöse Hetze usw. »prohibited by law« (durch Gesetz verboten). Art. 21 (Versammlungsfreiheit) spricht von »restrictions ... imposed in conformity with the law« (gesetzlich vorgesehenen Einschränkungen).
Der International Covenant on Economic, Social and Cultural Rights vom 16.12.1966 (Pakt II) spricht in Art. 4 allgemein von grundrechtsbeschränkenden »limitations as are determined by law« (Einschränkungen, die gesetzlich vorgesehen ... sind); zit. nach Sohn, Basic Documents of the United Nations,

beiten ergebe sich aber klar, dass inhaltlich keine Unterschiede bestehen und ein formelles Gesetz als Voraussetzung der Grundrechtsbeschränkung nicht verlangt wird. Er weist darauf hin, dass der Gesetzesvorbehalt im Rahmen der allgemeinen Erklärung der Menschenrechte von 1948 anerkanntermassen in einem weiten, das heisst nicht-formellen Sinn verstanden wird und sich auch die Autoren der Konvention bewusst gewesen sein dürften, dass der Beitritt vieler Staaten nur durch den Verzicht auf das Erfordernis formell-gesetzlicher Grundlage erreicht werden könne.

Dieser Auffassung ist grundsätzlich zuzustimmen. Dem staatsvertraglichen, völkerrechtlichen Menschenrechtsschutz kann nach heutigem Entwicklungsstand wohl *kein allgemeines* Erfordernis des formellen Gesetzes für Grundrechtseingriffe entnommen werden.[325] Das ergibt sich aus den unterschiedlichen Verfassungs-, Rechtssatz- und Gesetzestraditionen, die im Rahmen der EMRK, a fortiori bei den Menschenrechtspakten der UNO, zu harmonisieren sind. Es kann zumindest heute nicht Aufgabe des Völkerrechts sein, mit einem allgemeinen Erfordernis des formellen Gesetzes indirekt die innerstaatlichen Strukturen der Gewaltenteilung zu bestimmen.[326] Das Erfordernis gesetzlicher Grundlage beschränkt sich grundsätzlich im Sinne der *Sunday-Times*-Kriterien auf den individualrechtlichen Schutz des einzelnen, indem es dem Bürger die Vorhersehbarkeit und Berechenbarkeit staatlicher Eingriffe in die Freiheitssphäre gewährleistet und damit staatlicher Willkür vorzubeugen sucht.[327]

Im Erfordernis der *Rechtsregel* muss das zentrale Anliegen des völkerrechtlichen, staatsvertraglichen Erfordernisses »gesetzlicher Grundlage« erblickt werden. Diese fällt, wie ge-

Brooklyn 1968, 168 ff., deutsche Übersetzung nach Sartorius II, Internationale Verträge, Europarecht, München 1979, Nr. 20, 21.

325 Vgl. aber Kap. 5.5 Lit. b.

326 Davon ist die Frage zu unterscheiden, inwieweit die Konventionsorgane auch innerstaatliches Recht überprüfen sollen, soweit die Konvention auf dieses verweist; s. nachstehend Kap. 5.5 Lit. a.

327 Darin liegt nach Auffassung des Gerichtshofes auch Sinn und Zweck namentlich von Art. 5 Abs. 1 EMRK, s. Urteil *Winterwerp c. Niederlande,* EuGRZ 1979, 650 ff., 653 N 37 mit weiteren Hinweisen auf Rechtsprechung; s. auch die Formulierung von Art. 9 Abs. 1 des International Covenant on Civil and Political Rights vom 16.12. 1966 (Pakt I): »Everyone has the right to liberty and security of person. No one shall be subjected to *arbitrary* arrest or detention. No one shall be deprived of his liberty except on such grounds and in accordance with such procedures as are established by *law*«. (Hervorh. durch Verf.)

sehen, nicht notwendigerweise mit dem kontinentalen, generell-abstrakten Rechtssatzbegriff zusammen.[328]

## 5.5 Die gesetzliche Grundlage: völkerrechtlicher oder landesrechtlicher Standard?

a) Im Urteil *Winterwerp c. Niederlande* vom 24.10.1979 bestätigt der Gerichtshof seine Auffassung, dass Art. 5 Abs. 1 EMRK mit dem Erfordernis des Freiheitsentzugs auf die »gesetzlich vorgeschriebene Weise« auf das innerstaatliche Recht verweise.[329] Nach der Rechtsprechung gehört es »normalerweise« nicht zu den Aufgaben der Konventionsorgane, gerügte Verletzungen des innerstaatlichen Rechts zu überprüfen.[330] Anders verhält es sich nach der Praxis, wenn die Konvention wie bei Art. 5 Ziff. 1 selbst ausdrücklich auf das Landesrecht verweist. Wo dieses als notwendige Voraussetzung einer Grundrechtsbeschränkung verletzt wird, impliziert dies immer auch eine Verletzung der Konvention selbst.[331] Das trifft insbesondere auch bei Beschränkungen der Grundrechte nach Art. 8 bis Art. 11 EMRK zu. Die Organe prüfen daher auch die Auslegung und Anwendung des innerstaatlichen Rechts. Sie üben dabei regelmässig Zurückhaltung und räumen den mit dem innerstaatlichen Recht besser vertrauten Behörden einen weiten Gestaltungsspielraum ein. Im Ergebnis ziehen sich die Strassburger Organe auf eine Willkürprüfung zurück.[332] Das ändert nicht daran, dass sie sich in diesen Fällen vor die Frage gestellt sehen können, ob die Voraussetzungen der hinreichenden gesetzlichen Grundlage nach Massgabe des innerstaatlichen Rechtes erfüllt sind: Wo dieses nun – wie in der Schweiz oder in der BRD – grundsätzlich ein formelles Gesetz verlangt,[333] muss damit – wie

[328] Kap. 5.3, 18.1.

[329] EuGRZ 1979, 650 ff., 654 N 44 ff.

[330] Die Verweisung auf das Landesrecht wird oft als »question of fact« qualifiziert, so Jacobs (1975) 196 f. Unzutreffend ist, wenn damit eine Kognitionsbeschränkung begründet wird, da die Konventionsorgane auch Sachverhaltsfragen grundsätzlich frei zu überprüfen haben, vgl. J.P. Müller (1975) 393, unter Hinweis auf Trechsel (1979) 122.

[331] Ibid. N 46, unter Hinweis auf das Urteil *Ringeisen* vom 17.7.1971, Series A Nr. 13, 40 Kap. N. 57 sowie die Entscheidungen der Kommission über die Zulässigkeit der Beschwerde *Nr. 1169/61 X c. BRD,* Yearbook of the Convention Bd. 6, 520 ff., 588, vgl. dazu auch Frowein (1980) 236 f.

[332] So auch Trechsel (1974) 132 f. mit Hinweisen.

[333] Kap. 4.4.

der Entscheid *Unité jurassienne* zeigt – auch auf die Rüge fehlender formell-gesetzlicher Grundlage eingetreten werden. *So betrachtet, kann die EMRK durch ihre Verweisung auf das Landesrecht mitunter auch ein formelles Gesetz verlangen.* Umgekehrt liesse sich mit der Auffassung, dass die Konvention auf innerstaatliches Recht verweist, konsequenterweise auch ein Bestimmtheitserfordernis im Sinne des *Sunday-Times-Urteils* nicht durchsetzen, wo sich dieses Gebot nicht schon aus innerstaatlichem Recht begründen lässt. Es ist augenscheinlich, dass diese Konsequenz mit Ziel und Zweck der EMRK als ein regionaler, völkerrechtlicher Minimalstandard des Menschenrechtsschutzes kaum vereinbar wäre.

Das bereits genannte Urteil *Winterwerp* dürfte in dieser Frage vermehrt Klarheit geschaffen haben. Der Gerichtshof führt entgegen der Auffassung der Kommission aus, dass Art. 5 Abs. 1 nicht lediglich auf das Landesrecht verweise, *sondern dieses darüber hinaus auch den in der Konvention enthaltenen ausdrücklichen oder stillschweigenden Grundsätzen entsprechen müsse.*[334] Diese Betrachtungsweise ermöglicht, die Verweisung auf Landesrecht und das konventionseigene Rechtssatzerfordernis im Sinne des *Sunday-Times*-Urteils oder auch der Rechtsprechung zu Art. 7 EMRK (nulla poena sine lege)[335] sinnvoll zu verbinden und dem Grundgedanken des Minimalstandards auch bei der Frage gesetzlicher Grundlage zum Durchbruch zu verhelfen. Es versteht sich, dass die Einhaltung dieser konventionseigenen Minimalanforderungen an die gesetzliche Grundlage frei überprüft werden muss.[336]

b) Abschliessend fragt sich in diesem Zusammenhang, ob die minimalen Anforderungen an die gesetzliche Grundlage für alle Grundrechtsbestimmungen auf gleiche Weise festgelegt werden können. Es erscheint zweifelhaft, ob das an klassischen polizeilichen und strafrechtlichen Beschränkungen

334 EuGRZ 1979, 654 N. 45.

335 Dazu statt vieler Jacobs (1975) 120 ff.

336 Mit Anerkennung eines konventionseigenen Rechtssatzbegriffes als völkerrechtlich verbindlicher Minimalstandard, lässt sich auch vermehrt Klarheit in die Kognitionsfrage schaffen. Entgegen Trechsel (1974) 133 kann es wie bei Art. 7 EMRK ebensowenig bei anderen Grundrechtsbeschränkungen die Aufgabe der Konventionsorgane sein, Qualität, Anwendung und Auslegung der innerstaatlichen gesetzlichen Grundlage frei zu prüfen. In diesem Sinne auch Frowein (1980) 234. Hingegen haben die Strassburger Organe in freier Kognition darüber zu wachen, ob die angefochtene gesetzliche Grundlage den Minimalanforderungen des konventionseigenen Rechtssatzbegriffes, namentlich dem Bestimmtheitserfordernis, entspricht.

ausgerichtete Erfordernis der Bestimmtheit und Erkennbarkeit sich auch im Rahmen der Eigentumsgarantie,[337] etwa in ihren Bezügen zum Planungsrecht, in derselben Strenge einhalten lässt. Ebenso fragt sich, ob sich der im Urteil *Sunday-Times* entfaltete Gesetzesbegriff auch für die Frage des unabhängigen Richters (Art. 6 Abs. 1) verwenden lässt. Hier, wie auch bei der Frage der gesetzlichen Grundlage der Todesstrafe (Art. 2 Abs. 1), wäre zu prüfen, ob ein bloss materielles Gesetz, z.B. eine selbständige Verordnung der Exekutive, selbst bei innerstaatlicher, organisationsrechtlicher Zulässigkeit, jene hinreichende demokratische Legitimität aufweisen würde, die letztlich die Konvention trägt.[338] Diese Fragen bedürfen in eingehender Auslegung der EMRK nach den völkerrechtlichen Regeln der Vertragsauslegung[339] und unter Berücksichtigung ihrer quasi-konstitutionellen Funktion[340] noch künftiger Klärung.[341]

337 Art. 1 Abs. 1 des ersten Zusatzprotokolls.

338 Vgl. Abs. 4 der Präambel der EMRK.

339 Wiener Konvention über das Recht der Verträge vom 23.5.1969 (VRK), insbesondere Art. 31 ff., zit. bei Müller/Wildhaber (1977) 509 ff., 517 f.

340 Grundlegend das Urteil Wemhoff vom 27.6.1968, wo der Gerichtshof die Notwendigkeit betonte, »to seek the interpretation that is most appropriate in order to realise the aim and achieve the object to the treaty, not that which would restrict to the greatest possible degree the obligations undertaken by the Parties.« Zit. nach Jacobs (1975) 17. Vgl. im gleichen Sinne das Urteil Golder vom 21.2.1975, übersetzt in EuGRZ 1975, 91 ff., 97 N. 36. Zur Auslegung der EMRK ferner Frowein (1980) 232 ff., und Wildhaber (1979) 301 ff., 305, mit dem zutreffenden Befund, dass die Konvention »ein lebendiger, kräftiger Baum einer europäischen Kernverfassung« geworden ist und dass sich die Praxis der Organe als eine »evolutionäre entwicklungsfähige Interpretationstätigkeit«, dem sozialen Wandel Richtung tragend, charakterisieren lässt.

341 Vgl. dazu neuerdings Bernhardt, R., Internationaler Menschenrechtsschutz und nationaler Gestaltungsspielraum, sowie Hailbronner, K., Die Einschränkung von Grundrechten in einer demokratischen Gesellschaft, Zu den Schrankenvorbehalten der Europäischen Menschenrechtskonvention, beide in: Völkerrecht als Rechtsordnung, Internationale Gerichtsbarkeit, Menschenrechte, Festschrift H. Mosler, Beiträge zum ausländischen öffentlichen Recht und Völkerrecht, Bd. 81, Berlin/Heidelberg/New York 1983. 75 ff. bzw. 359 ff.

# Teil II

# DIE ÜBERWINDUNG DES GESETZESDUALISMUS: OFFENER NORMBEGRIFF UND DEMOKRATISCHES GESETZESVERSTÄNDNIS

## 6. Die Unzulänglichkeit des generell-abstrakten Rechtssatzbegriffes

Der generell-abstrakte Rechtssatzbegriff (materielles Gesetz) herrscht in der schweizerischen Praxis wohl nicht zuletzt dank seiner scheinbaren Prägnanz. Mit formalen, strukturellen Kriterien, ohne dass auf unbestimmte, wertende Begriffe wie Vernunft, Gerechtigkeit oder materiale Allgemeinheit zurückgegriffen werden müsste, entscheidet sich, was Rechtssatz, was umgekehrt Einzelakt, Beschluss, Verfügung und Urteil sein soll. Dieser Normbegriff erweist sich indessen als umfassend verstandener Begriff des Rechtssatzes zu eng. Wie schon mit der Entwicklung des öffentlichen Rechtes die vom Privatrecht übernommene Vorstellung des Rechts als Abgrenzung von Willenssphären, als Schrankenziehung privater Autonomie zu eng wurde,[1] so vermag heute – wenn nicht schon immer[2] – auch der generell-abstrakte Normbegriff dem heutigen Verhältnis von Recht und Staat nicht mehr zu genügen. Verschiedene Staatsbereiche und Staatstätigkeiten, deren Rechtscharakter durchaus anerkannt ist oder die noch vermehrter Integration ins Recht bedürfen, lassen sich mit dem konventionellen Rechtssatzdenken nicht erfassen. Das gilt seit jeher für das Organisationsrecht. Es gilt für zahlreiche Erscheinungen des planenden und lenkenden Staates, die sich nur bedingt in die mit dem generell-abstrakten Rechtssatz verbundene Dichotomie von Rechtsetzung und Vollzug und den entsprechenden Verfahrensregelungen einpassen lassen.

Der hier angestrebte Verzicht auf den generell-abstrakten Rechtssatzbegriff soll nicht missverstanden werden. Das Recht als allgemeine Regel, als Norm aller über alle, als Garant der Gleichbehandlung und des Willkürverbotes,

[1] Vgl. Anhang Kap. II Lit. B.

[2] In der herrschenden spätkonstitutionellen Lehre war die Allgemeinheit nicht Essentiale, sondern lediglich Naturale, d.h. häufiges Merkmal des Rechtssatzes; Nachweise Anhang Kap. I.

bleibt namentlich im Grundrechtsbereich wesentliches und historisch erprobtes Ziel. Mit Blick auf die Öffnung des Rechtsbegriffes, die gerade durch das Anliegen materieller Gleichheit und Gerechtigkeit erforderlich wird, kann die generell-abstrakte Struktur des Rechtssatzes indessen nicht *begrifflich* bestehen.

## 6.1 Normen des Organisationsrechts

Die Konstituierung des Gemeinwesens, seine organisatorische Ausgestaltung, ist – im Hinblick auf den massgebenden Einfluss von Organisation und Verfahren auf den materiellen »Output« – in der Schweiz seit jeher zentraler Gegenstand demokratischer Gesetzgebung.[3] Organisationsnormen weisen dabei nicht selten eigenartige, nicht generell-abstrakte Strukturen auf. Die ältere Lehre zählt sie denn mitunter auch wegen ihrer besonderen Natur nicht zu den Rechtssätzen im »eigentlichen Sinne«.[4] Wie namentlich die Legaldefinition des Geschäftsverkehrsgesetzes im Bund zeigt, kann die Unterscheidung und Abstufung verschiedener Rechtssatzqualitäten als überwunden gelten. Art. 5 Abs. 2 GVG definiert unter anderem als rechtsetzend »alle generell-abstrakten Normen, ... die Organisation, Zuständigkeit oder die Aufgaben einer Behörde ... regeln«.[5] Die Definition zeigt, wie wenig die Eignung des generell-abstrakten Rechtssatzbegriffes auf seine Anwendung im Organisationsrecht bedacht wurde: Paradoxerweise müssten demnach konkrete Anordnungen, etwa die Einführung einer einzelnen Behörde, nicht als rechtssetzender Erlass gelten. Sie zeigt aber auch, dass die früheren Unterscheidungen zwischen Rechtssätzen im engeren und weiteren Sinn auch vom Bundesgesetzgeber überwunden sind.[6]

[3] Vgl. die im schweizerischen positiven Verfassungsrecht bestehenden Gesetzesbegriffe, Kap. 9.22.
[4] Dazu Anhang Kap. II Lit. B.
[5] SR 171.11 zit Kap. 2.21.
[6] S. auch Anhang Kap. II. Lit. B. a.E.

## 6.2 Sozial- und lenkungsstaatliche Erlasse

Vor allem das Interventionsrecht weist durch die Vielfalt seines Regelungsgegenstandes unterschiedlichste Strukturen auf, die sich nicht alle mit dem generell-abstrakten Rechtssatzbegriff erfassen lassen. Das ist um so bedeutsamer, als es hier durchaus – und im Unterschied zum vorgenannten Organisationsrecht oder der später anzugehenden politischen Planung – um Erlasse des Verhaltensrechts geht, dem klassischen Bereich des herrschenden Normbegriffes.

### *6.21 Versuch einer Normtypik*

a) Aus der umfangreichen und vielseitigen Sozial- und Wirtschaftsgesetzgebung lassen sich anhand angemerkter Beispiele verschiedene, in ihrer Normstruktur abweichende Erlasse unterscheiden:

(i) Erlasse, die in ihrer Allgemeinheit nicht vom strukturellen Ideal des klassischen Gesetzes abweichen. Die Werke der Sozialversicherung z.B. sind, wenn auch durch erhöhte Technizität und Komplexität gekennzeichnet, generell-abstrakte Normen mit umfassendem Adressatenkreis.[7] Das gilt auch bei an weite Kreise gerichteten Förderungsgesetzen (z.B. Landwirtschaft).

(ii) Erlasse, die zwar generell-abstrakt formuliert sind, praktisch aber insofern konkreten Charakter haben, als sich der angesprochene Adressatenkreis oder die möglichen Anwendungsfälle – insbesondere bei befristeten Erlassen – hic et nunc leicht bestimmen lassen. Die Einengung kann bis zum eigentlichen Individualgesetz gehen.[8]

(iii) Erlasse, die konkrete Massnahmen enthalten, so z.B. einzelfallweise, gezielte Subventionierungen. (Solche Massnahmen punktueller Wirtschaftspolitik

[7] So z.B. BG über die Alters- und Hinterlassenenversicherung (AHVG), SR 831.10; BG über die Invalidenversicherung (IVG), SR 831.20 sowie daselbst die entsprechenden Ausführungserlasse.

[8] Das gilt vor allem für branchenspezifische, generell-abstrakt umschriebene Förderungs- und Stützungsmassnahmen; vgl. z.B. BGE 98 Ia 206, wo das Gericht die Rechtsnatur eines kantonalen Subventionserlasses wie folgt beurteilt: »A s'en tenir au texte de l'art. 1er du décret (...) qui accorde une aide financière aux sociétés de chemins de fer privés et aux sociétés de navigation en exploitation dans le canton, si ceux-ci poursuivent un but d'intérêt public et s'ils bénéficient d'une aide de la Confédération, on pourrait conclure que cette disposition a bien le caractère d'une règle abstraite et générale applicable à un nombre indéterminé des cas. En réalité, il n'est rien. Ainsi que cela résulte notamment du message du Conseil d'Etat concernant le décret (...) les bénéficiaires de l'aide cantonale sont exactement connus et peu nombreux. Il est pratiquement exclu que cette situation se modifie. Le décret ne vise donc qu'un nombre limité de cas concrets et institue une série restreinte de mesures individuelles.« – Vgl. demgegenüber die formelle Betrachtungsweise in BGE 102 Ia 104 ff., wo das Gericht in der Frage des Anfechtungsobjektes (Art. 84 Abs. 1 OG) massgeblich auf die äussere Form abstellt.

werden heute vermehrt aufgrund konzeptueller, d.h. konkretisierungsbedürftiger Grunderlasse bestimmt.)[9]

(iv) Erlasse, die staatliches Verhalten rechtssatzmässig nicht oder nur teilweise normieren und als eigentliche Aufträge des Gesetzgebers an die Verwaltung kreatives gestaltendes Handeln verlangen.[10]

b) Unschwer ist mit der Lehre[11] zu erkennen, dass sich die beiden letztgenannten Normgruppen, materiell betrachtet, einer eigentlichen generell-abstrakten Normierung und damit auch dem herrschenden Rechtssatzbegriff entziehen. Namentlich bei Aufträgen an die Verwaltung fehlt die entscheidende Normierung im Grunderlass. Anstelle des Gesetzgebers tritt die Verwaltung (oder der Richter) als die eigentlich massgebliche »rechtsetzende« Behörde. Selbst wo an sich, dank offenem Adressatenkreis und unbestimmter Anzahl von Anwendungsfällen, ein durchaus generell-abstrakter Rechtssatz vorliegt, entbehrt dieser oft innerer, auf Schutz vor Willkür, auf Vorsehbarkeit und Berechenbarkeit angelegter Rationalität; aus Gründen notwendiger Flexibilität des Lenkungsrechts muss in erheblichem Masse zu unbestimmtem Rechtsbegriff und zu Ermessenstatbeständen gegriffen werden.[12] Dieselbe Wirkung wird umgekehrt bei den zahlreich vorhandenen präzisen und oft unmittelbar (ohne Verfügung)

[9] S. z.B. den BB vom 26. September 1931 über die Unterstützung der Uhrenindustrie, SR 934.13. Als Beispiel eines hinsichtlich der Beiträge (offenen) Grunderlasses sei das BG über die Hochschulförderung, SR 414.20, genannt: Die Festsetzung der Beiträge erfolgt periodisch durch allgemeinverbindlichen Bundesbeschluss, also auf dem Wege der Gesetzgebung (Art. 14 Abs. 1). Vgl. den Bundesbeschluss über die dritte Beitragsperiode nach dem Hochschulförderungsgesetz, SR 414.202. Das ist ein seltener verschiedentlich kritisierter Fall des Finanzreferendums im Bund; normalerweise wird der konkretisierende Finanzbeschluss in Form eines einfachen Bundesbeschlusses gefasst; vgl. z.B. Bundesbeschluss über Rahmenkredite für den Wohnungsbau und die Regional- und die Ortsplanungen, BBl 1975 I 1241.

[10] So ausgeprägt der Bundesbeschluss betreffend Überwachung der Preise, Löhne und Gewinne vom 20.12.1972, Art. 3 Abs. 1: »Ergibt die Überwachung der Preise eine ausserordentliche Preissteigerung bei einzelnen Waren oder Dienstleistungen, wird diese in gemeinsamen Gesprächen des Beauftragten (...) mit den Betreffenden zu klären und nötigenfalls zu beseitigen versucht.« BBl 1972 1541; dazu auch Kap. 15.6. Eindrücklich auch die globale Ermächtigung an den Bundesrat in Art. 1 des Bundesgesetzes über aussenwirtschaftliche Massnahmen vom 25.6.1982 (AS 1982 II 1923 ff., BBl 1982 I 61 ff.) zur Ergreifung von Vorkehren gegen wirtschaftsschädigende Massnahmen des Auslands. (Die Kompetenz muss freilich GATT-konform und in Übereinstimmung mit den Tokio-Abkommen ausgeübt werden, vgl. BBl 1979 III 1 – 586.)

[11] Dazu nachstehend Kap. 6.22.

[12] Vgl. auch Saladin (1975) 363 ff.

wirksam werdenden Erlassen[13] im Ergebnis durch relative Kurzlebigkeit und häufige Revision herbeigeführt.

## *6.22 Antworten der Lehre*

a) Der vorstehende Befund ist nicht neu. *Huber* warnte schon vor dreissig Jahren, dass interventionistische Staatstätigkeiten in weitem Umfang nicht auf der (als fundamental beurteilten) Zweistufigkeit von Norm und anwendender Einzelfallentscheidung abgewickelt werden können und so den rechtsstaatlichen Aufbau der Verwaltung beeinträchtigen.[14] *Gygi,* der das schweizerische Interventionsrecht erstmals systematisch untersucht hat, führt die Unzulänglichkeit des generell-abstrakten Normbegriffes darauf zurück, dass dieser auf Verwirklichung formaler, nicht aber materieller Gleichheit im Sinne der *justitia distributiva* angelegt ist; im Interventionsrecht gehe es aber gerade um materielle Gerechtigkeit.[15] Die Verwirklichung des Legalitätsprinzips auch im Bereiche der Interventionsverwaltung erfordere die Abkehr vom positivistischen Dualismus von Rechtsetzung und Verwaltungstätigkeit als Gesetzesvollzug.[16] Diese Auffassung bestätigt *Gygi* seither, wenn er bei der Erörterung der im Bereiche der Wirtschaftspolitik aufgegebenen Rechtsschutzproblemen mutmasst, dass diese mit den hergebrachten juristischen Denkkategorien des klassischen Rechtsstaates nicht gelöst werden können und dabei fortfährt: »Gegenüber globalen makroökonomischen Vorkehren ist bestimmt mit der Technik der Rechtsetzung und der Einzelfallanwendung nichts auszurichten.«[17]

b) Angesichts einer rein quantitativ zunehmenden Regelungslast (»Gesetzesflut«) forderte die Lehre vorerst den materialen, d.h. den auf grundlegende, wichtige Entscheidungen von Dauerhaftigkeit beschränkten (formellen) Erlass.[18] Folge-

13 Vgl. Gygi (1978) 93, 171, wonach die Volkswirtschaftslehre Mittel bevorzugt, die als Daten und Druckmittel *unmittelbar* wirksam werden, ohne dass Einzelverfügungen getroffen werden müssen. In diesem Sinne wirken z.B. Preisvorschriften im Agrarrecht, vgl. SR 942.3 und dort aufgeführte Erlasse.

14 Huber (1953) 45.

15 Gygi (1958) 47.

16 Ibid. 50.

17 Gygi (1973) 182.

18 Kap. 2.24.

rungen für den generell-abstrakten Normbegriff wurden vorerst nicht gezogen, im Gegenteil. Die Lehre war lange und erfolglos bestrebt, die neuartigen Erscheinungen staatlicher Tätigkeit als Sonderheiten zu beurteilen und vom Typus des »Rechtsgesetzes« zu unterscheiden.

(i) So hat namentlich die deutsche Lehre die Problematik sozial- und lenkungsstaatlicher Erlasse unter dem von *Forsthoff* geprägten Begriff des »Massnahmegesetzes« eingehend diskutiert, ohne indessen taugliche Abgrenzungskriterien zum klassischen, als »Rechtsgesetz« bezeichneten Erlass vorzubringen.[19] Vor allem – und heute anerkannt[20] – war der Ansatz verfehlt, das Massnahmegesetz mit einer besonderen Zweckhaftigkeit zu definieren, die sich angeblich von der jedem Gesetze eigenen Ratio legis dadurch unterscheiden sollte, dass die Massnahme auf einen unmittelbaren, direkten (politischen) Zweck gerichtet ist und als Mittel zum Zweck an Vernunft und Gerechtigkeit des klassischen Gesetzes nicht teilhat. Die Diskussion wurde mit dem Diktum des Bundesverfassungsgerichtes – »der Begriff des Massnahmegesetzes ist verfassungsrechtlich irrelevant«[21] – weitgehend abgeschlossen und hat sich seither vorwiegend auf die Problematik der Planung, insbesondere des Plangesetzes, verlagert.[22]

(ii) *Noll* unterscheidet einerseits am Beispiel der Raumplanung und des Strafrechts sowie deren unterschiedlichen Wirkungsweisen in und auf die Gesellschaft zwischen evolutionierenden und konservierenden Gesetzen.[23] Dabei steht das evolutionäre Gesetz für das Massnahmegesetz im Sinne der deutschen Terminologie. Abgesehen davon, dass weite Lenkungserlasse primär konservierenden Charakter (z.B. in der Strukturpolitik) und andererseits konservierende, klassische Erlasse durchaus unmittelbare, evolutionäre Wirkungen haben (z.B. die Revision des Kindesrechts, Art. 252 ff. ZGB) fragt sich, ob mit dieser Unterscheidung für die Lösung der anstehenden strukturellen, rechtsstaatlichen, individualrechtlichen Probleme, die das Sozial- und Lenkungsrecht unter den Gesichtspunkten des Grundrechtsschutzes aufgibt, etwas gewonnen ist.

c) Soweit ersichtlich, zeichnen sich im deutschen Sprachraum erst relativ spät kreative Ansätze ab, die auf eine Anpassung des Gesetzes- und Normbegriffes an die gewachsene Verfassungslage der »mixed-economy« hinwirken. So betonen grundlegend *Scheuner,* sodann *Schaumann, Fleiner* und *G. Müller* die Funktion des Gesetzes als Auftrag an die Verwaltung, als »Auftragstaktik«, »management by objectives«, ein Verständnis, das sich von der Vorstellung der konditiona-

[19] Grundlegend Forsthoff: Über Massnahmengesetze, in: Gedächtnisschrift für W. Jellinek, München 1955, 221 ff.; Zeindler, Massnahmegesetz und »klassisches« Gesetz, Karlsruhe 1961; Huber, Massnahmegesetz und Rechtsgesetz, Berlin 1963; vgl. auch G. Müller (1979) 96; Zusammenfassend für Deutschland: Wege (1977).

[20] Statt vieler Scheuner (1981) 133 ff.; G. Müller (1979) 79 mit Hinweisen; Starck (1970) 49, 242 ff.

[21] BVerfG 25, 371 »Lex Rheinstahl« (1969).

[22] Vgl. Badura (1981), unten Kap. 6.3.

[23] Noll (1972) 253.

len Dichotomie von Rechtssatz und Einzelakt löst.[24] Das Gesetz öffnet sich weiteren Inhalten, über den generell-abstrakten Rechtssatz hinaus, ohne dabei (im Sinne bloss formeller Gesetze konstitutioneller Prägung) die Rechtsqualität einzubüssen. Mit der Ausdehnung möglicher Gesetzesinhalte geht die Ausdehnung des Normbegriffes und damit auch eine stillschweigende oder ausdrückliche Absage an den engen formalisierten Rechtssatzbegriff einher: In der Schweiz hat *Rhinow* diese Absage eingehend entwickelt, u.a. auch wegen der fehlenden Funktionsfähigkeit des generell-abstrakten Rechtssatzes im Sozial- und Wirtschaftsverwaltungsrecht.[25] Die schwindende Leistungsfähigkeit des hergebrachten Rechtssatzes findet seinerseits bei *J.P. Müller* schöpferischen Ausdruck in der Betonung kompensierender Verfahren; durch Ausbau des Verfahrens müsse aufgefangen werden, »was an rechtsstaatlich geforderter Stabilität im Bereiche materieller Regelung weithin verloren gegangen ist«.[26] Angesprochen dürften hier vor allem Regelungen sein, die sich einer sinnvollen, generell-abstrakten Normierung entziehen, die – um die Unterscheidung *Luhmanns* zu verwenden – Zweck- und nicht Konditionalprogramme sind.[27] Öffnung des Normbegriffs und Kompensation durch Verfahren erscheinen als notwendige Voraussetzungen rechtlicher Integration des Lenkungsstaates. Begrifflicher Verengung des Rechtssatzes ist es zuzuschreiben, dass dieser Prozess der Integration einer allzulange als Sonderrecht behandelten Staatstätigkeit erst relativ

24 Scheuner: Das Gesetz als Auftrag der Verwaltung, DöV 1969, 585 ff.; Schaumann (1972) 327, T. Fleiner (1972) 128 ff., G. Müller (1979) 78 ff. (hier allerdings im wesentlichen unter Beschränkung auf den Leistungsbereich), s. auch Kap. 7.1

25 Eingehender Kap. 7; ausdrücklich unter Bezugnahme auf die Bereiche der Daseinsvorsorge und Sozialgestaltung, Rhinow (1976) 161.

26 J.P. Müller (1973) 921 ff., 924; vgl. auch 734, wonach die Überlebenschance der Verfassung von der Lösung vom Vollzugsdenken abhänge. Eingehender zum Verfahren Kap. 8.4

27 Luhmann, N., Rechtssoziologie, Reinbek bei Hamburg, 1972, 227 ff., 234 ff.; dazu auch Noll (1973) 252. Insoweit mit der Abgrenzung von Konditionalprogrammen und Zweckprogrammen die Abgrenzung von Rechtsgesetz und Massnahmegesetz erneuert und eine besondere Finalität des Zweckprogrammes betont wird, gilt die vorstehend genannte Kritik am Massnahmegesetz auch hier. Das Begriffspaar eignet sich aber dafür, den mit dem Lenkungsrecht gewachsenen Normtypus des gestaltenden Auftrages an die Verwaltung, der ohne die konditionale Wenn-Dann-Formel von Tatbestand und Rechtsfolge besteht, zu markieren, und damit als Anknüpfungspunkt für die Notwendigkeit besonderer verfahrensrechtlicher Sicherungen gerade bei solchen Zweckprogrammen zu dienen.

spät einsetzt und – anders als etwa in den USA – noch heute weitgehend der Dichotomie von Rechtssatz und Rechtsanwendung verhaftet ist.[28]

## 6.3 Politische Planung

Ein weiteres Feld, das die heutige Unzulänglichkeit des generell-abstrakten Rechtssatzbegriffes aufzeigt, liegt – über die Raumplanung hinaus[29] – im Problembereich der politischen Planung.[30] Nach einem ursprünglichen Verständnis wird dieses Instrumentarium als eine dritte, ausserhalb des Rechtssatzes und Verwaltungsaktes, ja überhaupt ausserhalb des Rechts stehende Handlungsform, als ein »Aliud« *(J.H. Kaiser),* verstanden.[31] So zeichnet sich politische Planung heute in der Praxis als Ort wesentlicher Vorabentscheidungen im Gemeinwesen dadurch aus, dass sie weitgehend ausserhalb der hergebrachten, ordentlichen, demokratisch verfassten Prozesse verläuft.[32] In dieser Ausgliederung liegt nun aber mit ein wesentlicher Grund für die in den letzten Jahren zusehends festgestellten Ineffektivität politischer Planung.

28 Neuestens dazu die Referate und Diskussionen am Schweizerischen Juristentag 1982, Jost, A., Zum Rechtsschutz im Wirtschaftsverwaltungsrecht, ZSR 101 (1982) II 457 ff. 606 H; Manfrini, P.L., Le contentieux en droit administratif économique; ibid. 319 ff; Zum Verfahren im amerikanischen Wirtschaftsrecht Kap. 8.41 sowie 15.8 (verfahrensrechtliche Kompensation offener Delegation).

29 Die Unzulänglichkeit des generell-abstrakten Rechtssatzes für die Erfassung des Raumplanes ist bekannt. Lehre und Rechtsprechung sind sich einig, dass er weder Rechtssatz noch Einzelakt, sondern eine Figur sui generis ist; BGE 107 Ia 275 f., grundlegend BGE 94 I 336 ff., statt vieler Zimmerlin, Erich, Die Rechtsnatur der Pläne, Zbl 1981, 337 ff.; Rhinow (1979) 219 mit Hinweisen, Imboden/Rhinow (1976) 61 ff., Balscheit (1969). Interessant ist, dass der Plan nicht schon früher zu einer Überprüfung des begrifflich verengten, generell-abstrakten Rechtssatzes geführt hat, obgleich seine Bewältigung anhand hergebrachter Dichotomie offensichtlich Mühe bereitet; vgl. Rhinow (1979) 219 ff. Immerhin zeigen sich gerade beim Planverfahren Ansätze, die für Erlasse mit kleinem Adressatenkreis verallgemeinerungsfähig erscheinen; dazu Kap. 8.43.

30 Ein fest umrissener Begriff der politischen Planung besteht nicht. Linder (1977) 372 versteht darunter vorwegnehmende Koordination, Versuch aktiver, nicht reaktiver Politik. Lanz (1977) 38 ff., 42, versteht darunter Prozesse, »in deren Verlauf politische Vorentscheide von erheblicher Tragweite zu fällen sind«. Scharpf (1979) 22 seinerseits umschreibt pol. Planung als Reaktion auf die mangelnde Rationalität politischer Entscheidungen und mangelnder Koordination oder Steuerung separater Akteure.

31 Nachweise bei Lanz (1977) 74, Linder (1977) 369.

32 Zur gegenwärtigen Dominanz der Planungsverfahren ausserhalb der ordentlichen Rechtsetzung vgl. z.B. BG vom 22. Juni 1979 über die Regierungs-

*Scharpf* hat aus den in der Bundesrepublik gemachten, aber auch in der Schweiz zu beobachtenden Erfahrungen (insbesondere bei Gesamtkonzeptionen) gefolgert, dass »politische Planung nur in dem Masse zugunsten einer 'aktiven Politik' wirksam werden (kann), wenn es ihr gelingt, effektive politische Konsensbildungsprozesse in Gang zu setzen; wo das nicht gelingt, da bleibt sie auf Themen und Ergebnisse beschränkt, die zwischen den beteiligten Institutionen und Gruppen unkontrovers sind«.[33] Dieser Befund erklärt u.a. die in der wissenschaftlichen Diskussion sich durchsetzenden und auch in der Praxis zaghaft an die Hand genommenen Bestrebungen, Planung zu demokratisieren, vermehrt frühzeitige politischer Konsensbildung zuzuführen und aus dem engen Rahmen eines hierarchisch konzipierten, aus der Betriebswirtschaftslehre übernommenen, Führungsinstrumentes der Regierung zu lösen.[34] Die Frage ist nur wie, und sie stockt in ihrer Lösung heute noch weitgehend am Hindernis des herrschenden Rechts- und Normbegriffes und damit auch am Problem angeblich unterschiedlicher Verbindlichkeit von Planung und Recht.[35]

b) Das Bestreben, politische Planung zu demokratisieren, greift sinnvollerweise auf die eingespielten Entscheidungsprozesse und damit insbesondere auch die bewährten Formen und Verfahren der Rechtsetzung zurück. Dabei ist nicht nur an das Gesetz,[36] sondern letztlich nach Massgabe der Eignung zu optimaler Planung, auch an Dekrete, Beschlüsse, an Verordnunggebung, ja selbst an richterliche Planung[37] zu

richtlinien und den Finanzplan, AS 1979, 1318, BBl 1978 II 95, 853, BG vom 19. Sept. 1978 über die Organisation und die Geschäftsführung des Bundesrates und der Bundesverwaltung, Art. 3 Abs. 1 lit. d (SR 172.010); § 53 Abs. 1 und 3 KV Luzern, wonach der Grosse Rat die Planungsvorlagen der Regierung behandelt und diesbezüglich Weisungen erteilen kann.

33 Scharpf (1979) 27.

34 Statt vieler, freilich mit unterschiedlichen Gewichtungen, Scharpf (1979) 22, Eichenberger (1979a) 61 ff., Linder (1979) 41 ff., (1977) 380 ff., Bäumlin (1978) 41, Vitzthum (1978) 364 ff., Lanz (1977) 104 ff., Knöpfel (1977), J.P. Müller (1973) 786 ff.

35 Vgl. dazu Eichenberger (1979a) 69, Linder (1977) 376 ff.

36 So insbesondere bei Würtenberger (1979) 185 f., 334, G. Müller (1979) 51, 155 f., skeptisch Voigt (1979) 49 ff. zufolge geringer Flexibilität sowie Lanz (1977) 123 ff. mit Blick auf die Referendumsproblematik.

37 Von »gerichtlicher Planung« könne etwa da gesprochen werden, wo das Urteil anzustrebende oder mit Rücksicht auf gegenwärtige Möglichkeiten erst später allfällig durchzusetzende Standards nennt, so z.B. bei der Verbesserung der Haftbedingungen, vgl. BGE 99 Ia 262 ff., 102 Ia 279, 292, Zur Möglichkeit eines Rechts auf täglich eine Stunde Bewegung im Freien: nament-

denken. Ohne weiteres scheint einsichtig, dass eine derartige Zuweisung von Planungskompetenzen auf bestehende Rechtsetzungs- und Entscheidungsformen nicht sinnvoll möglich ist, solange an der Vorstellung des generell-abstrakten (und absolut verbindlichen) Rechtssatzbegriffes festgehalten wird. Wie die Raumplanung, lässt sich auch politische Planung nicht in das Korsett von unbestimmtem Adressatenkreis und unbestimmter Zahl der Anwendungsfälle zwängen; sie ist oftmals konkret und projektbezogen. Ihrer Vielfalt kann nur ein Normbegriff gerecht werden, der alle möglichen Erscheinungsformen aufzunehmen vermag.

## 6.4 Die Fixierung formal-funktionaler Gewaltenteilung durch den generell-abstrakten Normbegriff

Der vielleicht grundlegendste Einwand gegen den begrifflich generell-abstrakten Rechtssatz ergibt sich aus seinen Auswirkungen auf die Konkretisierung der Gewaltenteilung.

### *6.41 Gestörte Zuordnungen*

Der formalisierte Rechtssatzbegriff wirkt entscheidend auf das gegenseitige Verhältnis der verschiedenen Entscheidträger im Staat ein und ist deshalb unter dem Gesichtspunkt der Gewaltenteilung von hervorragender Bedeutung. In der Dichotomie von Rechtssatz und Einzelakt spiegelt sich die Vorstellung einer *formal-funktionalen* Gewaltenteilung. Der Erlass generell-abstrakter Normen wird typischerweise (als politische Fragen) der Gesetzgebung zugeordnet. Umgekehrt werden – von expliziten enumerierten »Ausnahmen« zugunsten von Parlament und Stimmbürger abgesehen (insbesondere Verwaltungs- und Finanzreferendum) – Anordnungen im Einzelfall sowie deren Überprüfung, der Verwaltung und den Gerichten (als Rechtsfragen) zugewiesen. Die Einweisung einer Sachentscheidung in das jeweils zutreffende eine

lich »mit Rücksicht auf die praktischen Verhältnisse kann aus der persönlichen Freiheit kein solcher Grundsatz abgeleitet werden. Es *muss* indessen *Ziel* der kantonalen Behörden und des Bundes sein, *künftig* den Gefangenen diejenigen Möglichkeiten zu verschaffen, die dem Mindestgrundsatz Nr. 20 in der Art und wöchentlich im Umfang entsprechen.« (Hervorhebung durch den Verfasser).

oder andere Verfahren (Rechtsetzung oder Vollzug) entscheidet sich damit grundsätzlich nach den strukturellen Kriterien des Rechtssatzbegriffes.[38]

Diese formalisierte Zuordnung setzt eine Gleichung von Rechtssatz und politischer Frage, von Einzelakt und Anordnung von »bloss« individueller Tragweite voraus. Sie nimmt keine Rücksicht darauf, ob diese Zuordnungen im Einzelfall auch stimmen, ob die zur Regelbildung und Entscheidung beauftragte Behörde hinsichtlich ihrer Verfahren und ihrer Legitimität auch geeignet ist. Die Zuordnungen sind auf den liberalen Staat zugeschnitten. In den traditionellen Staatsfunktionen stimmen sie auch weitgehend noch heute; Finanzreferendum und punktuelles Verwaltungsreferendum vermögen hier den nötigen Ausgleich noch zu schaffen. In zunehmendem Masse versagt die Gleichung aber in modernen Bereichen staatlicher Aktivität. Mit erhöhter Komplexität der Tätigkeit geht die Verlagerung der Entscheidung auf den »Vollzug« einher.[39] Namentlich in der Grosstechnologie ist es oft nicht möglich, Probleme sinnvollerweise auf generell-abstrakte Art im voraus festzulegen. Vielmehr bedarf es der Berücksichtigung aller Umstände des komplexen Einzelfalles. Es liegt gerade am formalisierten Rechtssatzbegriff kontinentaler Tradition und der damit verknüpften Pflicht zu generell-abstrakter Gesetzgebung, dass die Grunderlasse nicht selten normativ unbedeutend und offen ausfallen.[40] Der Bürger kauft, wie man sagt, mit dem Gesetz die Katze im Sack; der Grunderlass steht in seinem praktisch-politischen Stellenwert weit hinter dem Einzelakt zurück.[41] Bürgerinnen

38 Auf die bekannten Abgrenzungsprobleme, etwa bei der Allgemeinverfügung, sei hier nicht eingetreten. Die »Grauzone« hängt ursächlich mit dem generell-abstrakten Normbegriff zusammen; dazu Rhinow (1979) 215 ff., Saladin (1979) 71, zum Raumplan vorstehend Anm. 29 sowie Kap. 8.43.

39 Hierzu und zum Folgenden Saladin (1981) 298 ff.; Kölz (1981) 57; Müller/Saladin (1979) 415 ff.

40 Vgl. J.P. Müller (1973) 931, wegleitend Scharpf, F.: Die politischen Kosten des Rechtsstaats, Tübingen, 1970.

41 In ähnlichem Sinne auch Eichenberger (1977) 101; »Es sind gar nicht so sehr das 'Grundlegende', 'Prinzipielle', 'Grossdimensionierte', die heutzutage für Volksrechte attraktiv wirken, sondern vielmehr das Hautnahe, unmittelbar Sichtbare, gerade Gegenwärtige und Vollzugsbereite. Damit will man nicht etwa das 'Grundlegende' aus dem plebiszitären Kompetenzbereich entlassen, sondern vielmehr eine Vervollständigung im Sinne einer weiteren Annäherung an die Identitäre Demokratie anbahnen.« Vgl. auch Nef, Erneuerung des Finanzreferendums, in: Gedenkschrift M. Imboden, Basel/Stuttgart 1972; Müller/Saladin (1979) 415 ff.; weitere Hinweise bei Kölz (1981) 56 Anm. 17.

und Bürger sehen sich hier – und das ist letztlich in Hinblick auf die Legitimität und dauernde Integration des demokratischen Gemeinwesens Anlass zu höchster Besorgnis – in die Lage versetzt, von wichtigsten Entscheidungen, die sie persönlich betreffen, ausgenommen zu sein, bei teilweise minderbedeutsamen Gesetzesvorlagen aber den Vorwurf der Stimmfaulheit entgegennehmen zu müssen. So berichten *Neidhart/Hoby* im Jahre 1977:

»Generell-abstrakte Normen der Kompetenzartikel, wie sie in den letzten Jahren auf dem Weg des Verfassungsreferendums zur Entscheidung angestanden sind (beispielsweise Bildungs-, Konjunktur-, Medien- oder auch Konsumpolitik), interessieren eine Grosszahl der Bürger nicht, weil diese die Tragweite solcher Themen nicht verstehen. Abstimmungen dieser Art erwecken – um in dieser individualistisch-utilitarischen* Perspektive zu argumentieren – beim einzelnen Bürger – mit Ausnahme der politisch stark interessierten Meinungsführer – weder Belohnungs- noch Bestrafungsgefühle. Viele Bürger haben kein Bedürfnis, an solch abstrakten Verfassungsfragen mitentscheiden zu können. Hingegen werden offenbar immer mehr Bürger in ihren *Partizipationsbedürfnissen bezüglich ganz konkreter Fragen und Entscheidungen* wie beispielsweise dem Strassenbau, den Höchstgeschwindigkeiten, Standortfragen von Kernkraftwerken und anderen Versorgungs- und Entsorgungseinrichtungen frustriert.«[42]

Dieses Missverhältnis hat *Imboden* bekanntlich schon 1964 als eine der Ursachen des helvetischen Malaises diagnostiziert.[43]

Die heutige Ausgestaltung des Gewaltengefüges muss überdacht werden, wenn die Beteiligung des Volkes bei wichtigsten, allgemein-bedeutenden und nachhaltig wirksamen Enscheidungen nicht grundlegend in der Verfassung angelegt ist, sondern gewissermassen von Fall zu Fall als sachspezifisches Verwaltungsreferendum oder als Verwaltungsinitiative[44] stets neu unter grossem politischem Kräfteauf-

* recte: individualistisch-utilitaristischen Perspektive

42 Neidhart/Hoby, Ursachen der gegenwärtigen Stimmabstinenz in der Schweiz, Zürich 1977, 23; zu Stimmabstinenz u.a. auch Riklin, A.: Stimmbeteiligung in der direkten Demokratie, in: Recht als Prozess und Gefüge. Festschrift H. Huber, Bern 1981, 513 ff., Riklin, A., Klay, R., Stimmabstinenz und direkte Demokratie: Ursachen, Bewertungen, Konsequenzen, Bern/Stuttgart 1981.

43 Imboden, M., Helvetisches Malaise, in: ders. (1971) 279 ff., 292, unter Hinweis auf die Zuständigkeitsordnung im (damals aktuellen) Nationalstrassenbau. Zum Bedürfnis nach Abstimmungen in konkreten Fragen auch Aubert (1978) 267 Nr. 444.

44 Zu den heute neben dem Finanzreferendum nur beschränkt vorhandenen Möglichkeiten der Verwaltungsinitiative und des Verwaltungsreferendums in den Kantonen s. Kölz (1981) 55 f.; Auer (1978) 55 ff.; Grisel (1971) 71; Giacometti (1941) 256 ff.; BGE 102 Ia 138, 98 Ia 642, 89 I 375. Diese Instrumente *sind auf Stufe der Gemeinde* in stärkerem Masse vorhanden, vgl. BGE 108 Ia 38. Im Bund sind Verwaltungsinitiativen auf Verfassungsebene durch die fehlenden Schranken der Verfassungsrevision nach der Praxis zulässig. BBl 1954 I

wand debattiert werden muss.[45] Umgekehrt erfährt das auf einen beschränkten Kreis Betroffener zugeschnittene Verwaltungsverfahren, namentlich bei Projekten der Grosstechnologie mit ihren weitreichenden, material-allgemeinen Auswirkungen, eine weitgehende Überforderung.[46]

## *6.42 Die gebotene Erweiterung möglicher Gesetzesinhalte*

a) Es entspricht schweizerischem Staatsverständnis auf Stufe von Kanton und Gemeinde, dass nicht nur das Parlament, sondern mit dem Finanz- und Verwaltungsreferendum auch Stimmbürgerinnen und Stimmbürger Entscheidungsbefugnisse von besonderer Tragweite, über generell-abstrakte Rechtsetzung hinaus, zustehen.[47] Die Wiederherstellung ursprünglicher Zuordnung von demokratischem Prozess und grundlegender Entscheidung allgemeiner Tragweite setzt denn auch in Praxis und Lehre in erster Linie beim punktuel-

721 ff., BBl 1954 I 721 ff.: »Denn es ist ... ausschliesslich Sache von Volk und Ständen, darüber zu entscheiden, was in die Verfassung aufgenommen werden soll«. a.a.O. 734 auch 747; der Bundesrat hat die Verfassungsmässigkeit der Initiative ausdrücklicher anerkannt, aber dennoch zur Ablehnung empfohlen, a.a.O. 757 ff. Vgl. die rechtliche Beurteilung der Rheinau-Initiative von 1954, hierzu Graf, Das Kraftwerk Rheinau und die Rheinau-Initiative 1954, Zürich, 1972; Rhinow (1979) 210; Grisel (1978) 441.

45 Solche sachspezifische Referenden waren und sind heute vor allem im Energiebereich umkämpft. Vgl. z.B. Art. 2bis KV GR betr. das Referendum bei Wasserkraftkonzessionen (angenommen 23.1.1949 mit 18 965 Ja zu 13 264 Nein, BBl 1949 I 585), ebenso Art. 6bis KV BE (angenommen 16.5.1964 mit 61 987 Ja zu 15 721 Nein, BBl 1965 III 358); weitere Beispiele s. nun Kölz (1981) 60 ff. Ferner die Verfassungszusätze in den Kantonen Schaffhausen, Neuenburg, Zürich und neuestens Waadt und Bern, welche die kantonale Stellungnahme im Sinne von Art. 5 Abs. 5, Art. 6 Abs. 1 und Art. 7 Abs. 2, 4 und 6 des eidgenössischen Atomgesetzes (SR 732.0) der Volksabstimmung unterstellen: Art. 42 Abs. 1 Ziff. 5 KV SH (angenommen 19.11.1978 mit 28 001 Ja zu 13 421 Nein, BBl 1979 III 863 1153) Art. 30 Abs. 1 Ziff. 4 KV ZH (angenommen 2.12.1979 mit 95 121 Ja zu 69 404 Nein, BBl 1980 II 271); vgl. dazu die aufschlussreichen Entscheide des Bundesgerichtes BGE 106 Ia 20, 105 Ia 11 zu den Verfassungszusätzen in KV BE und VD, je angenommen am 14.6.1981, NZZ vom 15.6.1981, Nr. 135, 17.

46 Vergleiche etwa die Beurteilung und Begründung der Beschwerdelegitimation bei geplanten Kernkraftwerken, VPB 42 (1978) Nr. 96, 422 ff., 431 (Beschränkung auf Einwohner innerhalb von fünf Kilometern Umkreis des Standorts): neuestens auch das allgemeine, interessante Anhörungsrecht vor der Konzessionserteilung an Lokalradioversuche, Verordnung über lokale Rundfunkversuche vom 7. Juli 1982. AS 1982 II 1149 ff., Art. 30 Abs. 4: »Vernehmlassung«: *»Jedermann,* der im Versorgungsgebiet Wohnsitz oder Sitz hat, kann sich innert 30 Tagen nach der Veröffentlichung im Bundesblatt schriftlich zu den Gesuchen äussern.« Vgl. auch BBl 1982 III 377 zu den eingegangenen Gesuchen.

47 S. auch Kap. 9.23 Lit. b.

len und sachbezogenen Ausbau von Verwaltungsreferendum und Initiative ein.[48] Dem Ausbau parlamentarischer Verwaltungstätigkeit, a fortiori des Verwaltungsreferendums, sind mit *Kölz* indessen Grenzen gesetzt. Seine Durchführung beschränkt sich im wesentlichen auf Bereiche, wo die Verfassung und das betreffende Grundlagengesetz dem Entscheidungsträger einen weiten Gestaltungsspielraum offen lassen. Wo das Gesetz Ansprüche verleiht, sind Parlament und Volk durch die Spannung von rechtlich geschützten Individualinteressen und der freien, gewillkürten, vom Mehrheitsprinzip getragenen politischen Willensbildung *nicht die geeigneten Entscheidungsträger.*[49]

b) Grundsätzlicher stellt sich meines Erachtens die Frage, ob die Wiederherstellung der Zuordnung von direkter Demokratie und Entscheidungen von materialer Allgemeinheit nicht erst mit punktueller Remedur beim Verwaltungsreferendum, sondern beim Gesetzesbegriff selbst ansetzen muss. Die Erweiterung möglicher Gesetzesinhalte und vor allem, wo vorhanden, auch des allgemein-verbindlichen Beschlusses, bewirkt nicht nur den ordentlichen Einbezug projektorientierter Entscheidungen in die Erlassformen und Verfahren der Gesetzgebung und damit auch des Referendums. Sie erlaubt auch, heute atypisch verstandene Erscheinungen wie etwa des Plangesetzes sowie der praktisch zahlreich bestehenden Erlasse des Wirtschaftsverwaltungsrechts nicht generell-abstrakter Natur besser zu erfassen. In diesem Sinne schlägt namentlich *Schaumann* vor, das Gesetz über seine traditionellen, generell-abstrakten Inhalte begrifflich zu erweitern und als Instrument der Staatsleitung zu verstehen.[50] Das Gesetz soll für die politische Führung und damit auch für konkrete Anordnungen fruchtbar gemacht werden.

Das schweizerische Verfassungsrecht steht – entgegen herrschender Auslegung – grundsätzlich einer solchen Erweiterung des Gesetzesbegriffes und damit der Ausdehnung wesentlicher Partizipationsmöglichkeiten des Bürgers nicht entgegen.[51] Grenzen bestehen auch hier: Wo und inwieweit konkrete, projektbezogene, individuell-konkrete Gesetze von

48 Dazu neuerdings Kölz (1981).
49 Dazu Kölz (1981) 58 ff. Zum Kriterium der Eignung Kap. 15.4.
50 Schaumann (1972) 325.
51 Eingehend Kap. 9.

allgemeiner Tragweite und allgemeinverbindliche Beschlüsse mit Rücksicht auf Individualschutzinteressen verfassungsrechtlich unzulässig sind, wird auch anhand des amerikanischen Verfassungsrechts (Bills of Attainder) auszuleuchten sein.[52]

## 7. Hinweis auf den offenen, umfassenden Normbegriff der jüngeren Rechtslehre

a) Die Erweiterung möglicher Gesetzesinhalte schliesst die Erweiterung des Rechtssatzbegriffes nicht notwendigerweise mit ein. Im Sinn der Unterscheidung von formellem und materiellem Gesetz in ihrer ursprünglichen, auf den Inhalt des Gesetzes bezogenen Bedeutung,[53] lässt sich etwa mit *Eichenberger* vertreten, dass der Einbezug auch konkreter Gesetzesinhalte der Verbreiterung demokratisch legitimierter Akte diene, die Rechtsetzungsfunktion, nicht aber das »objektive Recht« als generell-abstrakte Norm berühre.[54] Demgegenüber steht die Auffassung, dass die Erweiterung mit einer begrifflichen Entwicklung des materiellen Rechtssatzes und damit schliesslich auch des Rechtsbegriffes einhergeht.[55] Die zweitgenannte Auffassung findet erneut Unterstützung in der jüngeren Rechts- und Methodenlehre, die für die Bestimmung des Normbegriffes eine Orientierung am generell-abstrakten Rechtssatz überhaupt aufgibt. Als grundlegend für die jüngere schweizerische Lehre erweisen sich die Thesen *Bäumlins* in seiner 1961 erschienenen Studie »Recht, Staat und Geschichte«. Das dort entwickelte Verständnis des Rechts als Verhaltensentwurf unterschiedlicher Dichte, die Absage an eine Alternative von generell-abstrakter Norm (Rechtssatz) und zweckrationaler Dezision im Sinne des Massnahmegesetzes, das Verständnis des Verwaltungshandelns nicht als Gesetzesvollzug, sondern als Rechtsverwirklichung, weisen auf die Überwindung des formalisierten Rechtssatzes, hin zu einem offenen Normverständnis.[56] In

[52] Kap. 19 und 20.
[53] Kap. 2.1, Anhang Kap. I Lit. A.
[54] Eichenberger (1974) 16 zur Auffassung Schaumanns (1972).
[55] So Schaumann (1972) 325.
[56] Bäumlin (1961) 31 ff. Dazu die Besprechung von Scheuner, AöR 1963, 114 ff.

jüngster Zeit befürwortet *Rhinow* den offenen Normbegriff als eines der zentralen Ergebnisse seiner Habilitationsschrift: »Die Unterscheidung von Rechtssatz-Einzelakt ist demnach aufzugeben, zugunsten eines umfassenden rechtstheoretischen Begriffs der Norm. Die Norm ist weder durch materiale Gesichtspunkte noch durch formal-logische Elemente zu definieren.«[57] Auf demselben Boden steht im Ergebnis auch *G. Müller.* Er betont die praktische Notwendigkeit zu generell-abstrakter Normierung, schliesst aber ein, dass der generell-abstrakte Rechtssatzbegriff zur Abgrenzung von Rechtsetzung und Rechtanwendung nicht taugen mag und dass dadurch auch individuell-konkrete Erlasse möglich sind.[58] Zum selben Ergebnis kommt auch *Noll*, wenn er die Unterscheidung von Rechtsetzung und Rechtanwendung nicht am generell-abstrakten Begriff bemisst und die Möglichkeit individuell-konkreter Rechtsetzung bejaht.[59] Bedeutsam für die Einheit der Rechtsidee ist, dass der offene Normbegriff auch im Privatrecht vertreten wird. *Bucher* widersetzt sich hergebrachter kontinentaler Tradition, die Recht mit Gesetz gleichsetzt. »Entgegen dieser Normkonzeption sind richtigerweise auch die individuell-konkreten Rechtssätze, d.h. die an eine individuell bestimmte Person gerichteten Befehle konkreten Inhalts, als Norm aufzufassen.«[60] Der offene Normbegriff erscheint als Grundlage eines Verständnisses des privaten subjektiven Rechts als Normsetzungsbefugnis, wie es *Bucher* wegleitend vertritt.

b) Es ist nicht Aufgabe dieser Arbeit, den offenen Normbegriff erneut in der Auseinandersetzung mit der Tradition begrifflicher Allgemeinheit des Rechtssatzes herauszuarbeiten. Es ist auch nicht der Ort, sich eingehend mit den Theoretikern des offenen Normbegriffes in seinen Verästelungen und Begründungen der spätkonstitutionellen Lehre[61], mit *Haenel*[62], der Reinen Rechtslehre *(Kelsen, Merkl)*[63] sowie mit *Heller*[64] und aus jüngster Zeit mit den normlogischen Unter-

57 Rhinow (1979) 227 mit Hinweisen.
58 G. Müller (1979) 83, 99.
59 Noll (1973) 250 ff.
60 Bucher (1965) 49.
61 Dazu Anhang Kap. I.
62 Haenel (1888).
63 Dazu u.a. Rhinow (1979) 222 ff.
64 Heller (1928) 107.

suchungen, vor allem *Rödigs*[65], zu befassen. Ich knüpfe hier, nach den durchaus empirisch-praktischen Ausführungen des sechsten Kapitels, an den Ergebnissen dieser Forschungen an.[66]

# 8. Das monistische Gesetzesverständnis

## 8.1 Der Begriff des demokratischen Gesetzes

Auf der Grundlage des strukturell offenen Normbegriffes lässt sich das Gesetz nicht weiterhin formal-logisch definieren. Allgemeinheit und Abstraktheit entfallen als *begriffliche* Merkmale, als Essentiale des Gesetzes. Die in positivistisch-kontinentaler Tradition stehende Identität von Rechtssatz und materiellem Gesetz löst sich auf. Damit werden dem dualistischen Gesetzesbegriff die Grundlagen entzogen. Das Gesetzesverständnis verlagert sich in erster Linie auf seine Bestimmung als ein im *demokratischen Prozess,* nach Massgabe des verfassungsrechtlichen *Verfahrens* entstandener und dem Referendum unterstellter Erlass des Gesetzgebers. Der nunmehr monistische Gesetzesbegriff fällt teilweise mit den Qualitäten des (vormals) formellen Gesetzes in seiner inhaltlichen Offenheit für generell-abstrakte wie auch andere Inhalte (individuell-konkrete Anordnungen, Pläne, Richtlinien u.a.) zusammen. Der Begriff weist aber auch *materiale Quali-*

65 Rödig (1976) 5 ff., 16, 35, 38.

66 Es sei hier überdies daran erinnert, dass selbst dort, wo die Lehre an der Unterscheidung von Rechtssatz und Einzelakt festhält, die fliessende Grenze und damit die Relativität des Rechtssatzbegriffes eingestanden wird. Dazu Rhinow (1979) 214 ff., mit Hinweisen. Selbst bei Burckhardt (1944) 238 / 239, findet sich ein Bekenntnis zur bloss *graduellen* Unterscheidung von Rechtssatz und Rechtsanwendung: »Zwischen Ergänzung des Gesetzes durch Auffinden eines neuen Rechtssatzes, Ausdehnung eines gegebenen Rechtssatzes nach Analogie und Auslegung ist nur ein Unterschied des *Grades*, und überall gilt dasselbe: Was der Richter im Gesetz nicht entschieden findet, muss er selber entscheiden, wie es der Gesetzgeber hätte tun müssen, in sachlicher Abwägung der Interessen unter dem Gesichtspunkt des Gerechten.« Eingehend zum Verhältnis von Rechtsetzung und Rechtsanwendung Metraux, Rechtsetzung und Rechtsanwendung aus argumentationstheoretischer Sicht, in: Eichenberger et al (1978) 75 ff., Baden, Gesetzgebung und Gesetzesanwendung im Kommunikationsprozess?, Baden-Baden 1977; Rödig (1976) 44; Noll (1974) 259 ff.; (1973) 251.

*täten* auf. Im Anschluss an den materialen Gesetzesbegriff[67] ist das Gesetz den *grundlegenden Entscheidungen* im Gemeinwesen verpflichtet. Im Unterschied zum formellen Gesetzesverständnis verpflichtet es den Gesetzgeber, diese Entscheidungen und Regelungen grundsätzlich selbst zu treffen. Wo dies, mangels Eignung des Gesetzgebungsverfahrens, für einen Regelungsgegenstand nicht möglich erscheint, bedarf die Übertragung an andere Staatsorgane (u.a. Delegation) an sich schon durch den Gesetzesbegriff besonderer Begründung.

Im schweizerischen Staatsrecht umfasst ein monistischer Begriff nach Massgabe des demokratischen Verfahrens (Referendum) neben dem Gesetz an sich auch die Verfassung, sowie, wo vorhanden und verfahrensmässig gleichgestellt, auch den allgemein-verbindlichen Beschluss.[68] Dem Begriff unterliegt ebenso der von der Gemeindeversammlung erlassene bzw. dem Gemeindereferendum unterstellte autonome Gemeindeerlass.

Wir nennen diesen Begriff das *demokratische Gesetz.*[69] Damit soll die Entstehung im demokratischen Prozess sowie die primäre Bestimmung des Gesetzesinhaltes, unter Vorbehalt des Verfassungsrechts, durch den Gesetzgeber selbst (und nicht durch Rechtstheorie) zum Ausdruck gebracht werden.

## 8.2 Die Bindung an die Verfassung

Mit der Öffnung des Gesetzesbegriffes ist kein Rückfall in einen dezisionistischen »politischen« Gesetzesbegriff, etwa im Sinne von *C. Schmitt*[70], verbunden. Das demokratische Gesetz ist verfassungsmässiges Gesetz. Es lässt dem Gesetzgeber nicht freie Hand, jedwelche Regelung, situationsbedingt und nach Massgabe gerade herrschender Mehrheiten, willkürlich und beliebig anzuordnen: Die Verfassung formt und nimmt das Gesetz in Pflicht. Sie durchdringt und bindet es auf verschiedenen Ebenen. Ja, erst die Entfaltung des Verfassungsrechts in seinem heutigen und zukünftigen Ent-

67 Kap. 2.23.
68 Dazu Kap. 9.3
69 So auch die Terminologie bei Ehmke, zit. Kap. 8.3.
70 Schmitt (1928) 141 ff.; es liegt keine Herrscherwillkür etwa im Sinne der Lehren Hobbes vor.

wicklungsstand erlaubt eigentlich die Öffnung des Gesetzesbegriffes.

a) Die Bindung besteht vorerst in *verfahrensrechtlicher* Hinsicht: Die Verfassung sorgt dafür, dass das Gesetz in einem besonderen qualifizierten Verfahren ergeht, das sich durch vielseitige und vielschichtige Partizipation von Interessen sowie durch öffentliche Kontrolle der Medien auszeichnet. Die heute bestehenden rechtlichen und faktischen Prozesse der Gesetzgebung sorgen dafür, dass *repräsentierte* Anliegen[71] nicht sprachlos übergangen werden. Diese finden – gerade durch den Referendumsdruck – frühzeitig Eingang und regelmässig in einer mehr oder weniger ausgeprägten Kompromissformel ihren Niederschlag. Das Zweikammersystem im Bund oder die Pflicht zu zweimaliger Lesung von Gesetzesvorlagen in vielen Kantonen schützen vor übereilten Entscheidungen. Die Ausgestaltung des Verfahrens kann so entscheidend dazu beitragen, dass die resultierenden Gesetzesinhalte ein minimales Mass an gerechter Entscheidung aufweisen.[72]

b) Das Gesetz ist zweitens auf mannigfache Weise materiell an die Verfassung gebunden. Die materielle Verfassungskonformität des Gesetzes, die Bindung an Kompetenznormen sowie v.a. an die Grundrechte, mit ihrem Erfordernis des überwiegend öffentlichen Interesses und der Verhältnismässigkeit gesetzlicher Beschränkung, sind neben dem Willkürverbot die in der Praxis wichtigsten Bollwerke gegen dezisionistische Gesetzgebung.

c) Im dritten Teil dieser Arbeit wird darzulegen sein, dass die Verfassung die einzelne Gesetzesnorm auch in *struktureller* Hinsicht prägt. Sie bestimmt den unter den konkreten Umständen gebotenen notwendigen Regelungsgehalt des demokratischen Gesetzes (Delegation), die erforderliche Dichte eines Rechtssatzes (Bestimmtheit) sowie wo seine Struktur generell-abstrakt sein muss bzw. wo der Erlass auch konkrete Inhalte aufweisen kann.

d) Besonders ist schliesslich hervorzuheben, dass heutige Gesetze ihre innere Legitimität oft überhaupt erst in Verbin-

[71] Vgl. Kap. 20.2 lit.a für nicht-repräsentierte Anliegen.

[72] In diesem Sinne auch Rödig (1976) 43, Starck (1970) 169 ff., weitergehend Luhmann, N., Legitimation durch Verfahren, 2. Aufl. Neuwied/Darmstadt 1975.

dung mit den Verfassungswerten und -zielen gewinnen, auf deren Verwirklichung sie angelegt sind. Die enge Wirkungseinheit von Gesetz und Verfassung besteht vor allem im Bereiche des Sozial- und Lenkungsstaates. Die Offenheit und Dynamik des Gesetzes, seine zeitliche Unbeständigkeit, seine Unmöglichkeit, Dauerhaftigkeit oder gar immanente Vernunft einzulösen, werden durch die Verfassung in stabilisierender Weise kompensiert. So schreibt *Scheuner:*

> »Wenn das Gesetz durch seine häufige Änderung und die Verbindung mit jeweiligen aktuellen Zielsetzungen beweglicher und veränderlicher erscheint und den Konflikten der sozialen und politischen Kräfte geöffnet ist, so findet die alte Forderung nach Beständigkeit und Sicherheit des Rechts in der höheren Ebene der Verfassung ihre Erfüllung.«[73]

Die im liberalen Rechtsstaat dem generell-abstrakten Normbegriff zugewiesene Aufgabe, Gleichheit, Rechtssicherheit und Vernunft zu gewährleisten, muss mit der heutigen Komplexität der Regelungsbedürfnisse vermehrt vom Verfassungsrecht wahrgenommen werden.

## 8.3 Zur Tradition des demokratischen Gesetzesbegriffes

a) Der demokratische Gesetzesbegriff ist bei weitem keine Neuschöpfung. Die angelsächsische und anglo-amerikanische Tradition stehen seit jeher auf dem Boden des strukturell offenen Gesetzes. So schreibt *Ehmke:*

> »Die(se) historische Bedingtheit (des dualistischen Gesetzesbegriffes, Anm. des Verf.) wird uns in Gegenüberstellung mit der amerikanischen demokratischen Auffassung der »legislative function« doppelt deutlich werden. Hier bezeichnete der »Gesetzesbegriff« zunächst die »Allmacht« des demokratischen Gesetzgebers, die von den Gerichten (und den verfassungsändernden

[73] Scheuner (1981) 139/140. In diesem Sinne auch Eichenberger (1982) 19 f. Der wichtige Gedanke der stabilisierenden Verfassungsfunktion muss bei der Formulierung, insbesondere in den dynamischen Bereichen des Sozial- und Lenkungsrechtes Berücksichtigung finden. Für die Totalrevision der Bundesverfassung folgt daraus, dass die oft und stark kritisierten offenen Zielbestrebungen im Bereich des Sozial- und Wirtschaftsrechtes nicht beliebig durch detaillierte instrumentale Bestimmungen ersetzt werden können, die ihrerseits wiederum dauerndem Wandel und Revision unterliegen und so die stabilisierende und kompensierende Funktion der Verfassungsnorm nicht wahrnehmen können. Es ist eine grosse Kunst, die schweizerische Tradition relativ eingehender und detaillierter Verfassungsbestimmungen, wie sie durch die Verfassungsinitiative und das obligatorische Referendum auf Bundesebene bestehen – vgl. G. Müller (1979) 138 ff –; mit der stabilisierenden Funktion der Verfassungsnorm, namentlich im Wirtschafts- und Sozialrecht, zu koordinieren.

Gesetzgebern) erst nach und nach auf ein konstitutionelles Mass gebracht wurde. Eine materielle Bestimmung (richtiger: Beschränkung) des Gesetzes, etwa im Sinne der »Freiheit und Eigentum-Klausel« ist der demokratischen Auffassung des Gesetzes fremd. Der demokratische »Gesetzesbegriff« ist vielmehr darin ein materieller, dass er ein politischer ist. Er bezeichnet – im Rahmen der Verfassung – die »supremacy of the representative assembly« im Bereich der rechtlichen Ordnung und Gestaltung des Gemeinwesens. Mit anderen Worten: Der amerikanische »Gesetzesbegriff« ist praktisch der, den Hermann Heller gegenüber der bei uns bestehenden Verwirrung herausgearbeitet hat.«[74]

b) Auch der Gesetzesbegriff des Bonner Grundgesetzes kreist nach massgebenden Autoren im wesentlichen, wie schon bei *Heller,* um die Elemente der Wichtigkeit, der strukturellen Offenheit und vor allem der Determinierung des Gesetzes durch das qualifizierte Verfahren seiner Entstehung. So kennzeichnet sich das Gesetz bei *Hesse, Achterberg* und *Röllecke* ausschliesslich durch das qualifizierte parlamentarische (offene) Verfahren der Rechtsetzung.[75] *Starck* definiert das Gesetz als »ein in besonders qualifiziertem Verfahren erzeugter grundlegender und wichtiger Rechtssatz«, der nicht generell sein muss, es in der Regel aber ist.[76] Durch die Verneinung einer logischen, aber Bejahung einer praktischen Allgemeinheit des Gesetzes, ist dieses bei *Rödig* grundsätzlich auch strukturell offen und inhaltlich auf das »Wichtige« gerichtet. Dabei wird diesem Kriterium nicht klassifikatorische Abgrenzungskraft zugemessen: »Wichtig ist, was das zur Gesetzgebung berufene Gremium für wichtig hält, und zwar für genauso wichtig, dass eine Behandlung im Rahmen der Kapazität dieses Gremiums möglich erscheint.«[77] Damit wird mittelbar auch die entscheidende Bedeutung des Verfahrens betont. Unter Bezugnahme auf die verfassungsrechtliche Ir-

[74] Ehmke (1961) 62.
[75] Hesse (1980) 206; Achterberg (1973) 291; Röllecke (1969) 278 ff.
[76] Starck (1979) 241, 313 ff. (Ziff. 2.2; 2.5.3 daselbst).
[77] Rödig (1976) 38 ff. 43: Der Ansatz Rödigs, ausschliesslich den Gesetzgeber über die Frage der »Wichtigkeit« einer Materie entscheiden zu lassen und so auf eine verfassungsrechtliche Definition dieses Prädikates zu verzichten – vgl. auch sein Diskussionsvotum zu Rhinow (1976) 171 –, leuchtet vorerst durch seine Einfachheit ein, befriedigt aber bei genauerer Betrachtung nicht. Der Ansatz verkennt, dass der Gesetzgeber bei politischen Pattsituationen die Enscheidung ohne weitere Begründung nicht mehr ausfechten muss, sondern sie der Exekutive delegieren kann. Der praktische Lösungsversuch Rödigs ist auf die parlamentarische Demokratie zugeschnitten. In der Referendumsdemokratie, mit ihrem zwei- oder mehrstufigen Gesetzgebungsverfahren, muss aber das Verfassungsrecht, zum Schutze der politischen Rechte der Bürger, selbst die Frage der Wichtigkeit einer Gesetzesmaterie entscheiden. So auch G. Müller (1979) 130; eingehender zur »Wichtigkeit« unten Kap. 15.2 ff.

relevanz des Massnahmegesetzes (Bverf.G. 25, 371, Lex Rheinstahl) führt *Badura* auf der Suche nach verfassungsrechtlichen Mindeststandards der Gesetzgebung aus, dass die klassische »Allgemeinheit« des Gesetzes nicht unter diesen Mindeststandard falle. Gegen ein Gesetz, das sich nicht auf eine im Einzelfall erst zu vollziehende oder anzuwendende Ordnungsregelung beschränkt und so der »Allgemeinheit« entbehrt, könne ein verfassungsrechtlicher Einwand nicht mehr geleistet werden.[78]

Die Auffassung des monistischen, primär am Verfahren orientierten Gesetzesbegriff, findet ihre erneute Bestätigung schliesslich in einer der letzten Schriften *Scheuners,* die sich einlässlich den Funktionen des Gesetzes im Sozialstaat widmet.[79] Anscheinend beginnt sich der lange überhörte monistische Gesetzesbegriff *Haenels* – bald hundert Jahre nach Veröffentlichung seiner grundlegenden Kritik des dualistischen Gesetzesdenkens – in der Lehre der Bundesrepublik durchzusetzen:

> »In der Hauptsache bleibt das Ergebnis: Für die Annahme, dass individuelle oder spezielle rechtsverbindliche Regelungen Rechtssätze nicht sein könnten – dass darum Gesetze solchen Inhalts nicht Gesetze schlechthin seien, sondern einer besonderen Kategorie des Gesetzes »im formellen Sinne« zugewiesen werden müssten – besteht eine wissenschaftliche Berechtigung nicht.[80]

c) Diese Auffassung wurde in der Schweiz schon früh auch von *Hiestand* vertreten.[81] Sie wird nach der Frage rufen, inwieweit der schweizerischen Verfassungsgebung des 19. Jahrhunderts der demokratische Gesetzesbegriff und das offene Normverständnis zugrunde liegen.[82]

## 8.4 Exkurs: Verfahrensrechtliche Chancen des offenen Norm- und Gesetzesbegriffes

Normquantität, erhöhte Technizität der Erlasse, relative Raschlebigkeit und die Schwierigkeiten, Planungen verfassungsrechtlich befriedigend zu fassen, bleiben auch mit einem demokratischen Gesetzesbegriff aufgegebene Proble-

78 Badura (1981) 18.
79 Scheuner (1981) 132 et passim.
80 Haenel (1888) 139.
81 Hiestand (1891) 29/30 et passim.
82 Kap. 9.

me. Die Öffnung des Normbegriffes bedeutet aber, bisher gehegte Illusionen begrifflich-rechtsstaatlicher Sicherheit aufzugeben und auf einer neu definierten Basis, namentlich mit *J.P. Müller*[83] vor allem nach *verfahrensrechtlichen* Mitteln und Wegen zu suchen, die unter den erschwerten Bedingungen des Lenkungsstaates mit seiner Normdynamik und Planungsbedürftigkeit ein wirksames Instrumentarium zum Schutze berechtigter Individualinteressen schaffen. Zu diesem Zweck sei rechtsvergleichend auf das amerikanische Verwaltungsverfahren und die englischen Private Bills hingewiesen. Fruchtbare Anknüpfungspunkte lassen sich sodann in der Schweiz im Verfahren der Raumplanung feststellen.

### *8.41 Rulemaking, Adjudication und Hearings*

a) In der Schweiz wie auch in der Bundesrepublik haben sich bis dahin keine hinreichenden, der Komplexität des Sozial- und Lenkungsstaates angemessenen Partizipationsansprüche Betroffener auf der Ebene der Verwaltungstätigkeit entwikkelt.[84] In erster und typischer Weise ist der Rechtsschutz im *nachträglichen,* verwaltungsinternen und verwaltungsgerichtlichen Beschwerdeverfahren ausgebaut. Der Rechtsstaat hängt am Verfügungsbegriff; namentlich stehen dem Privaten, wie sehr er auch betroffen ist, keine *Rechte* in der Ausarbeitung und beim Erlass von Verordnungen, Richtlinien u.a. zu.[85] Diese Ausrichtung rechtsförmiger Kontrolle auf die Rechtsanwendung hängt wesentlich mit der begrifflich fixierten Dichotomie von Rechtsetzung und Vollzug als zwei auch verfahrensrechtlich völlig getrennten Sphären und Phasen zusammen. Das geltende Verwaltungsverfahrensrecht geht nach wie vor davon aus, dass der politische Prozess der Gesetzgebung die Partizipation betroffener Interessen in der Rechtsetzung hinreichend sichert; eine Vorstellung, die trotz

83 J.P. Müller (1973) 734, 929 ff.

84 Vgl. etwa die Referate von Walter und Schmitt-Gläser, Partizipation an Verwaltungsentscheidungen, VVDStRL 31, Berlin 1973, 147 ff. 197 ff.; aufschlussreich im vorliegenden Zusammenhang namentlich die Einwände Walters, These III, ibid. 176 sowie die Bemerkungen Denningers, ibid. 268. S. auch J.P. Müller (1973) 296 ff. mit Hinweisen, Knöpfel (1977) 156 ff. Saladin, P., Das Verwaltungsverfahrensrecht des Bundes, Basel / Stuttgart 1979, 27 f.

85 S. auch Kap. 8.43.

materieller Anforderungen an Delegationsnormen der Wirklichkeit komplexer Regelungsbereiche nicht gerecht wird. Ebensowenig ist das materielle Legalitätsprinzip mit seinem Ideal möglichst bestimmter und vollzugsreifer generell-abstrakter Vorausbestimmung, wie gesehen, stets möglich, noch immer sinnvoll.

b) Das amerikanische Bundesverwaltungsrecht geht die Probleme des modernen Sozial- und Lenkungsstaates, wie er sich in den USA seit der New-Deal-Gesetzgebung entwickelt hat, im Unterschied zur europäisch-kontinentalen Tradition, vor allem verfahrensrechtlich an. Namentlich die komplexen Bereiche des Sozial- und Wirtschaftsverwaltungsrechts zeichnen sich durch offen gehaltene Grunderlasse des Kongresses aus, die breite Kompetenzen und Aufträge, insbesondere an die »regulatory agencies« der Exekutive oder des Kongresses (sogenannte »independent agencies«), delegieren; darauf ist später zurückzukommen.[86] Diese breiten Befugnisse der Verwaltung sind nur vertretbar, weil betroffenen und interessierten Privaten in der Konkretisierung dieser Aufträge gleichzeitig ausgebaute und *rechtlich verfasste Partizipationsmöglichkeiten* zustehen. Der traditionell offene Normbegriff des angloamerikanischen Rechts hat in Verbindung mit der Abwesenheit begrifflich-kategorialen Denkens diese Entwicklung stark beeinflusst und zu einer Zeit gefördert, als die Nachkriegslehre in Europa der rechtlichen Bewältigung des Sozialstaates eigentlich noch hilflos gegenüberstand.[87]

c) Mit dem offenen Normbegriff zeichnet sich das amerikanische Verwaltungsrecht durch eine nur relative, fliessende und nicht begrifflich-logische Unterscheidung von Rechtssatz und Verfügung aus.[88] Nach der Umschreibung des (bundesrechtlichen) *Administrative Procedure Act* vom 11. Juni 1946 (APA)[89] ist ein Rechtssatz (»rule«) im wesentlichen ein in Zukunft wirksamer, allgemeiner *oder* konkreter Erlass.[90]

86 Kap. 15.8.
87 Kap. 6.22.
88 Zum Nachstehenden eingehend Gellhorn / Byse / Strauss (1979) 147 – 248; aus der deutschsprachigen Literatur, J.P. Müller (1973) 929 ff.
89 5 U.S.C. (United States Code) § 551 et seq. (1976 ed.).
90 Section 2 (c) lautet: »...« rule means the whole or a part of an agency statement of general or particular applicability and future effect designed to implement, interpret od prescribe law or policy or describing the organisation, procedure, or practice requirement of an agency...«

Die Verfügung (»order«) wird ihrerseits nicht selbständig definiert, sondern vereinfacht, als ein Akt »other than the rule making« bezeichnet.[91] Die Relativität der Unterscheidung zeigt sich vorerst darin, dass es den Verwaltungseinheiten, namentlich den »regulatory agencies«, häufig nach Massgabe des Gesetzes, mit dem sie errichtet wurden, freisteht, ob sie – so ganz anders als unsere Rechtsstaatstradition – ihren oft nur mit vagen Standards umschriebenen Auftrag des Kongresses mittels »rule-making« (quasi-legislative) oder mittels »adjudication« (quasi-judicial) wahrnehmen wollen. Diese Alternative ermöglicht es der Verwaltung, sich in neuen und noch unvertrauten Regelungsbereichen fallweise vorzutasten und allgemeine Regeln, wenn überhaupt, erst später, gestützt auf gemachte Erfahrungen, zu verabschieden. In einem grundlegenden Entscheid hielt der Supreme Court zum Verhältnis von »rule-making« und »adjudication« im Jahre 1947 fest:

»Since the Commission (d.h. die betreffende Verwaltungseinheit; Anm. des Verf.), unlike a court, does have the ability to make new law prospectively through the exercise of its rule-making powers, it has less reason to reply upon ad hoc adjudication to formulate new standards of conduct within the framework of the ... Act (des Kongresses; Anm. des Verf.). The function of filling in the interstices of the Act should be performed, as much as possible, through this quasi legislative promulgation of rules to be applied in the future. But any rigid requirement to that effect would make the administrative process inflexible and incapable of dealing with many of the specialized problems which arise. ... Not every principle essential to the effective administration of a statute can or should be cast immediately into the mold of a general rule. Some principles must await their own development, while others must be adjusted the meet particular, unforeseeable situations. In performing its important functions in these respects, therefore, an administrative agency must be equipped to act either by general rule or by individual order. To insist upon one form of action to the exclusion of the other is to exalt form over necessity.«[92]

d) Bis heute haben sich in der Praxis allerdings noch keine wirklich gefestigten Kriterien herausgebildet, nach denen, unter jeweils gegebenen Umständen, die Wahl der einen oder anderen Methode der Regelbildung auf einfache Weise bestimmt beziehungsweise gerichtlich beurteilt werden kann. Die Wahl liegt, soweit nicht gesetzlich getroffen, weitgehend im Ermessen der Verwaltung, und der vorstehende Entscheid blieb denn auch mit seinem Vorrang flexibler Verwaltung zu

[91] Ibid. Section 2 (d).

[92] *Securities & Exchange Comm.v.Chenery Corp.*, 332 U.S. 194, 202/203 (1947). Diese und auch nachfolgende Entscheidungen zit. nach Gellhorn / Byse / Strauss (1979) 213 ff.

Lasten der Vorhersehbarkeit staatlichen Handelns nicht unbestritten.[93] Das Fehlen von Kriterien ist indessen darauf zurückzuführen, dass sich letztlich – der europäischen Diskussion um »Allgemeinheit« des Rechtssatzes vergleichbar – keine zuverlässigen und theoretisch befriedigenden Abgrenzungen zwischen »rule-making« und »adjudication« finden lassen. So wie die »rule« nach ihrer gesetzlichen Definition im APA auch konkrete Erlasse (Individualnorm) umfasst, so entfaltet auch »adjudication« in ihrer Eigenschaft als Präjudiz Wirkungen in die Zukunft.[94] Immerhin ist zu sagen, dass »adjudication« mit ihrer Schaffung neuer Regeln und Standards im Rahmen eines Einzelfalles rückwirkende Effekte hat, die, wo als unfair beurteilt, zum Ausschluss dieser bevorzugten Methode führen.[95] Neben dem Rückwirkungsproblem können auch Interessen der Berechenbarkeit zum Ausschluss von »adjudication« zwingen. In einem jüngeren Urteil hält der Supreme Court fest, dass Sozialleistungsansprüche nicht auf einer (unpublizierten) Ad-hoc-Basis festgelegt werden dürfen, wo »substantial individual rights and obligations« betroffen sind.[96] Im Ergebnis lässt sich dies im hier beschränkten, personell so bedeutsamen und wichtigen Bereich, mit dem bei uns herrschenden Erfordernis der zugänglichen, erkennbaren und hinreichend bestimmten Norm bei Grundrechtsbeeinträchtigungen der EMRK vergleichen.[97]

e) Die Alternative von »rule-making« und »adjudication« eröffnet der Verwaltung im Rahmen des zudem oft breiten gesetzlichen Auftrages regelmässig einen weiten Spielraum. Er wird, trotz Kritik, in der Lehre stark zugunsten der fallwei-

[93] Ibid. 219 ff., abweichende Meinung der Richter *Jackson* und *Frankfurter*, die am Erfordernis einer vorgängig vorhandenen Rechtsnorm festhalten und dem Gericht die Vernachlässigung der mit der »adjudication« verknüpften Rückwirkungsproblematik vorhalten.

[94] S. *National Labor Relations Board v. Wyman-Gordon Co.*, 394 U.S. 379 (1969).

[95] S. Gellhorn / Byse / Strauss (1979) 231 ff.

[96] *Morton v. Ruiz* 415 U.S. 199 (1974).

[97] Vgl. Kap. 5.2.

[98] Die Abneigung gegen die Methode der »rule-making« wird auf zahlreiche verwaltungsinterne Schwierigkeiten und Hindernisse zurückgeführt. Das Verfahren könne mehrere Jahre in Anspruch nehmen; von den anfänglichen Vorschlägen bleibe oft nicht mehr viel Erkennbares übrig. Vielfach stünden Spitzenbeamte nicht hinter dem Entwurf. Der Prozess könne leicht blockiert werden, so dass, wer die Rechtslage ändern will, wenn immer möglich zu anderen Methoden greift; Strauss, P.L., Rules, Adjudication, and Other Sources of Law in an Executive Department: Reflections on the Interior Department's Administration of the Mining Law, 74 Columbia Law Review, 1231, 1245 (1974).

sen »adjudication« genutzt.[98] Diese Grundsituation ist für den betroffenen Bürger und Privaten (in der Praxis oft Gesellschaften) nur annehmbar, weil ihm in den beiden Methoden der Regelbildung und der Rechtsfindung weitgehende Partizipationsrechte zustehen: »Adjudication« verpflichtet nach dem APA zu einem förmlichen Verfahren, das dem ordentlichen Prozess gleichgestellt ist und innerhalb der Verwaltung zu Beweisführung, Zeugeneinvernahme und Kreuzverhör berechtigt. Die Verwaltungsentscheidung muss sich entsprechend auf das von ihr und den Parteien eingebrachte Beweismaterial stützen (»trial-type-hearing«). Dasselbe Verfahren kann auch im Rahmen der Rechtsetzung (rule-making) stattfinden. Häufiger sehen die einzelnen Sachgesetze, nach denen sich die Anwendung des APA und seiner Varianten primär bestimmt, hier indessen das Verfahren des »informal rule making« vor. Danach muss der Verordnungsentwurf publiziert werden (soweit nicht nur einzelne Private betroffen werden), und allen *interessierten* Personen steht das Recht zu, sich am Verfahren zu beteiligen. Section 4 (b) des APA lautet:

»After notice required by this section, the agency shall give *interested persons* an opportunity to participate in the rule making through submission of written data, views, or arguments with or without opportunity for oral presentation. After consideration of the relevant matter presented, the agency shall incorporate in the rules adopted a concise general statement of their basis and purpose.«[99]

Die Ausgestaltung der Beteiligungsrechte ist im einzelnen äusserst komplex. Sie werden nicht nur durch den APA umschrieben, sondern auch nach den Vorschriften der einzelnen Sachgesetze und nach Standards, welche die Verwaltung selbst einführt oder die von den Gerichten zusätzlich verlangt werden. Ob das Verfahren der »adjudication«, der »rulemaking« oder ein Drittes vorliegt (z.B. unverbindliche Planung)[100] oder ob der Verwaltungsakt unter eine der zahlreichen Ausnahmen im APA und den Sachgesetzen fällt, ist oft schwierige Auslegungsfrage, mit der sich die Gerichte bei der Rüge von Verfahrensmängeln befassen müssen. Es bestehen keine einfachen und klaren Kriterien, aufgrund welcher beurteilt werden kann, ob ein Akt Rechtsetzung oder Verfügung

99 (Hervorh. durch den Verf.)

100 Der Erlass von sog. »general statements of policy« ist von den Partizipationsrechten ausgenommen, APA § 553 (b) (3) (A).

ist und entsprechend, in welchem Partizipationsverfahren die Regel ermittelt werden muss. Die Rechtsprechung stützt sich, soweit ersichtlich, primär auf den Gesichtspunkt des betroffenen Adressatenkreises; wo nur einzelne Private reguliert werden, neigt sie zur »adjudication« und so zum »trial-type-hearing«; wo der Kreis sich weitet, steht »rule-making« und so das informelle Hearing im Vordergrund.[101] *Letzlich geht es immer um die Suche nach einem der Sache angemessenen Entscheidungsprozess im Spannungsfeld staatlicher Leistungsfähigkeit und optimaler Partizipation betroffener Interessen auf Verwaltungsebene.*

f) Diese stete, einzelfallweise Interessenabwägung erschwert zwar einfache und klare Lösungen. Sie ermöglicht aber massgeschneiderte Antworten und verhindert die bei uns zwischen Erlass und Verfügung liegenden Grauzonen. Nachteilig erscheint vor allem, dass die Lösung aufwendig und kostspielig ist und zu einer beachtlichen Beanspruchung der Gerichte in verwaltungsrechtlichen Verfahrensfragen führt. Das Prinzip der Partizipation-ab-initio ist aber unbestritten. Die heutige Diskussion ist auf der Suche nach dem richtigen Mass ihrer Ausgestaltung.

### *8.42 Private Bills*

Der offene Normbegriff wirkt sich nicht nur im Rahmen des Verwaltungsverfahrens aus, sondern kann auch im Bereiche der parlamentarischen Gesetzgebung zu besonderen Schutzgarantien beim Erlass von individuell-konkreten Gesetzen, wie sie der offene Normbegriff nicht ausschliesst, Anlass geben. Das englische Verfassungsrecht kennt so besondere Partizipationsrechte direkt Betroffener im Rahmen der Gesetzgebung. Es handelt sich um die sogenannten *Private Bills.* Es sind dies Erlasse des Parlamentes, die konkrete Gegenstände regeln und sich in verfahrensmässiger Hinsicht vom Erlass der allgemeinen Gesetze, der *Public Bills,* unterscheiden.[102] Das Verfahren charakterisiert sich in England durch besondere Einspracherechte, welche die Betroffenen im parlamentarischen Verfahren vor einer besonderen Kommission erheben können. Erst nach einer quasi justizförmigen Entscheidung

[101] S. *American Airlines Inc. v. Civil Aeronautics Board.* 359 F.2d 624 (1966).
[102] Vgl. hierzu auch Zimmerli (1967) 47 ff. mit Hinweisen.

der Einsprachen (Petitions) kann das ordentliche Gesetzgebungsverfahren seinen Fortgang nehmen. *Wade, Phillips* und *Bradley* umschreiben das Verfahren folgendermassen:

»A private Bill is a Bill to alter the law relating to a particular locality or to confer rights on or relieve from liability a particular person or body of persons (including local authorities and statutory undertakers, for example British Railways). The procedure for private legislation is regulated by the Standing Orders of each House relating to private business. When the objects of the Bill have been advertised and plans and other documents have been displayed in the locality concerned, a petition for the Bill together with the Bill itself must be deposited in Parliament by 27 November each year. Landowners and others whose interests are directly affected are separately notified by the promoters and they may petition against the Bill. The second reading of the Bill does not determine its desirability, as in the case of a public Bill, but merely that, assuming the facts stated in the preamble to the Bill to be true, it is unobjectionable from the point of view of national policy. If read a second time, the Bill is committed to a committee of four members in the Commons or of five members in the Lords.

The committee stage is usually the most important stage in the passage of a private Bill, particularly if there are many petitions of objection to the Bill. The committee procedure has some of the attributes of a quasi-judicial proceeding. The promoters and opponents of the Bill are usually represented by counsel and may call evidence in support of their arguments. The views of relevant government departments are made known to the committee. The committee first consider whether or not the facts stated in the preamble, which sets out the special reasons for the Bill, have been proved. If the preamble is accepted, the clauses are taken in order and may be amended. If the preamble is rejected the Bill is dead. After the committee stage the Bill is reported to the House and its subsequent stages are similar to those of a public Bill... One reason for the elaborate procedure is to ensure that Parliament does not inadvertently take away an individual's private rights.«[103]

## *8.43 Partizipationsrechte in der Raumplanung*

a) Es ist höchst bedeutsam, dass sich in der Schweiz dem amerikanischen und englischen Recht vergleichbare Partizipationsansprüche Betroffener in der Raumplanung entwikkelt haben; also dort, wo die Rechtsnatur des entsprechenden Erlasses sich weder als generell-abstrakte Norm noch als individuell-konkreter Akt (Verfügung) charakterisieren lässt. Hier, wo die Hypothek der Dichotomie zwischen Rechtsetzung und Rechtsanwendung nicht besteht, hat die Gesetzgebung Einsprachemöglichkeiten ausserhalb der traditionell-demokratischen Partizipationsmöglichkeiten geschaffen,[104] und das Bundesgericht hat den Anspruch auf rechtliches Ge-

[103] Wade/Phillips/Bradley (1977) 180. Für die USA vgl. Tribe (1978) 493 N.13, unter Betonung des Ausnahmecharakters solcher Erlasse.

[104] Statt vieler z.B. Art. 123 ff. Bauverordnung des Kantons Bern vom 26.11.1970, BSG 72.11.

hör direkt betroffener Eigentümer, *unabhängig der Rechtsnatur des Planes,* in einem umfassenden Sinn anerkannt:

»Tout en maintenant son opinion selon laquelle le plan d'aménagement est une institution intermédiaire entre les actes législatifs et administratifs, le Tribunal fédéral a reconnu aux propriétaires fonciers touchés par un tel plan le droit d'être entendus individuellement, de manière approprié, avant qu'une décision définitive soit prise au sujet de l'attribution de leurs bien-fonds à une zone déterminée. Il a cependant laissé indécise la question de savoir si ce droit pourrait être également garanti en cas d'adoption d'un plan de protection du paysage englobant toute une région (AFF 104 Ia 67...). Dans sa jurisprudence antérieure, à laquelle il se réfère expressément dans ce dernier arrêt, le Tribunal fédéral a cependant précisé que la reconnaissance du droit d'être entendu du propriétaire intéressé au cours d'une procédure d'adoption ou de modification d'un plan était indépendant de la nature juridique de celui-ci. *Il a admis que, même si l'on assimilait théoriquement le plan à une loi, on devrait dire qu'il constitue un cas particulier auquel il ne serait pas juste d'appliquer le principe selon lequel l'individu n'a pas le droit d'être entendu au cours d'une procédure législative (...).*[105]

b) Es scheint prüfenswert, diese Rechtsprechung differenziert einer Erweiterung zuzuführen und den Anspruch auf besondere, individualrechtlich geschützte Partizipationsformen (Einsprache, Anhörung) auch in der Rechtsetzung zu entfalten.[106] Überall da, wo ein Erlass, unabhängig seiner Form, dem Inhalte nach nur einen individualisierbaren Adressatenkreis anspricht und betrifft (Individualgesetz[107]), müssten den so direkt Betroffenen entsprechende Partizipationsansprüche, analog der Raumplanung, offen stehen. Es versteht sich, dass Einwirkungen in solchen Fällen längst und auch mit Erfolg von interessierten Betroffenen auch ohne Rechtsansprüche ausgeübt werden. Es geht aber darum, diese heute noch faktischen Prozesse rechtlich zu fassen und zu kanalisieren. Nur so ist es möglich, dass sich auch nicht oder nur schwach organisierte, direkt betroffene Interessen Gehör verschaffen können. Es ist denkbar, hier am Petitionsrecht

105 BGE 106 Ia 79/80 mit Hinweisen (Hervorhebung durch den Verfasser), bestätigt in BGE 107 Ia 275/276, 334.

106 Die Praxis schliesst bis heute die Rechtsetzung, allein nach Massgabe des generell-abstrakten Normbegriffs, vom Anspruch des rechtlichen Gehörs generell aus, BGE 106 Ia 76, 104 Ia 67, 100 Ia 391, 90 I 334. Wo der Gesetzgeber (Parlament) ausnahmsweise richterliche Funktionen ausübt, sind nach BGE 98 Ia 77 keine hohen Anforderungen an den Gehörsanspruch zu stellen. Eine Ausnahme – oder besser eine erste Ausdehnung – des Gehörsanspruches findet sich im Rahmen der Gemeindeautonomie (und nicht Art. 4 BV) im Recht der Gemeinde auf Anhörung vor Erlass kantonaler Rechtsnormen, die sie betreffen, BGE 98 Ia 431, 96 I 239.

107 Dazu Kap. 19 und 20.

(Art. 57 BV),[108] am Vernehmlassungsverfahren,[109] vor allem aber am grundrechtlichen Anspruch auf rechtliches Gehör anzuknüpfen und verfassungsrechtliche und gesetzliche Ansprüche der Partizipation in der Gesetzgebung und vor allem bei der Verordnungsgebung nach Massgabe der Betroffenheit zu entfalten. Wesentlich ist im vorliegenden Zusammenhang vorerst allein die Erkenntnis, dass eine solche Entfaltung des rechtlichen Gehörs m.E. erst auf der Grundlage eines offenen Normbegriffes fruchtbar geleistet werden kann.

## 9. Zum Gesetzesbegriff im schweizerischen Verfassungsrecht

### 9.1 Vorbemerkung

Der von der konstitutionellen Lehre zur Abgrenzung der Kompetenzen von Parlament und Krone aktivierte dualistische Gesetzesbegriff wird heute »nicht aus der Verfassung entwickelt, sondern von aussen an sie herangetragen.«[110] Was *Hesse* hier in Übereinstimmung mit anderen Autoren für das Bonner Grundgesetz diagnostiziert, muss als Frage auch an die schweizerischen Verfassungen herangetragen werden; an demokratische Verfassungen, die mehrheitlich geschaffen wurden, bevor sich die Unterscheidung von materiellem und formellem Gesetz sowie die strenge Formalisierung des Rechtssatzbegriffes als generell-abstrakte Norm in Lehre und Praxis der Schweiz durchgesetzt haben konnte.

Einschränkend ist vorauszuschicken, dass im schweizerischen Verfassungsrecht (Bund und Kantone) kein einheitlicher Gesetzesbegriff bestehen muss. Das gilt, wo vorhanden, auch für den allgemeinverbindlichen Beschluss. Die Begriffe müssen grundsätzlich gesondert, nach Massgabe der jeweili-

108 Wegleitend J.P. Müller (1973) 937 ff., Muheim, F.X., Das Petitionsrecht ist gewährleistet, Diessenhofen 1981.

109 Zum Vernehmlassungsverfahren im Bund s. Art. 32 Abs. 2 und 3, 34ter Abs. 4, 34 sexies Abs. 3, 34 novies Abs. 5, 42 quinquies Abs. 4 BV; Richtlinien über das Vorverfahren der Gesetzgebung vom 6.5.1970 / 14.7.1976, BBl 1970 I 993, 1976 II 949; dazu u.a. Buser (1981) 501 ff.; Neidhart, L., Reform des Bundesstaates, Bern 1970, 55 ff.; Flückiger, M., Die Anhörung der Kantone und der Verbände im Gesetzgebungsverfahren, Bern 1968.

110 Hesse (1980) 204, s. auch Anhang Kap. I Lit. A, B.

gen Verfassung und unter Berücksichtigung ihrer Materialien, gesondert ermittelt werden. Das kann hier nicht geleistet werden. Immerhin bestehen durch die gemeinsame politische Kultur beschränkte Möglichkeiten, auch allgemeine Thesen zu Gesetz und allgemeinverbindlichem Beschluss als den Hauptformen demokratischer Rechtsetzung vorzulegen.[111] Im folgenden sei nachgewiesen, dass das schweizerische Verfassungsrecht gesamthaft einen offenen, demokratischen Gesetzesbegriff aufweist.

## 9.2 Das demokratische Gesetz

### *9.21 Der dualistische Gesetzesbegriff als rezipierte Entscheidungsgrundlage des Bundesgerichts*

a) Das Bundesgericht stellt bis heute bei der Bestimmung des Gesetzesbegriffes einer kantonalen Verfassung massgebend auf die Unterscheidung von formellem und materiellem Gesetz ab. Die Frage des massgebenden Gesetzesbegriffes stellt sich praktisch vorwiegend im Rahmen der Rechtsprechung zur Stimmrechtsbeschwerde, wenn die Referendumspflichtigkeit eines bestimmten Erlasses oder – wie im nachgenannten Entscheid *Bebi c. Grossen Rat des Kantons Aargau*[112] – die zulässigen Inhalte der Gesetzesinitiative umstritten sind. So führt das Gericht zum Begriff des Gesetzes in der früheren aargauischen Verfassung aus:

»Welchen Gesetzesbegriff Art. 26 Abs. 1 KV meint, lässt sich aufgrund dieser Vorschrift allein nicht feststellen. Zu ihrer Auslegung sind deshalb weitere Bestimmungen der aargauischen Verfassung heranzuziehen. Erheblich ist in diesem Zusammenhang Art. 25 KV, welcher das Referendumsrecht regelt. Art. 25 Abs. 1 KV zählt die der Genehmigung des Volkes zu unterstellenden Erlasse auf und unterscheidet dabei, abgesehen von Verfassungsänderungen, Gesetze (lit. a) und Beschlüsse (lit. b – e). Der Beschluss ist die Form für die Akte des Grossen Rates, welche rechtsanwendender Natur sind, wie insbesondere Verwaltungsverfügungen. *Demnach ist hier unter Gesetz nur der generell-abstrakte Rechtsetzungserlass, das Gesetz im materiellen Sinne, zu verstehen.* Hat somit der

[111] Ausser Betracht bleiben hier Entscheidungsformen, die – unabhängig vom Referendum – a priori auf individuell-konkrete Akte beschränkt sind, so der einfache Beschluss, insbesondere der einfache (gewohnheitsrechtliche) Bundesbeschluss sowie die Finanzbeschlüsse der Kantone. Dazu Auer (1978) 36, 56 f.

[112] BGE 98 Ia 637.

Verfassungsgeber bei der Festlegung des Umfanges des Referendumsrechts in Art. 25 Abs. 1 KV den Begriff des Gesetzes im materiellen Sinne verwendet, so leuchtet nicht ein, weshalb er dies nicht auch im Zusammenhang mit dem Initiativrecht in Art. 26 Abs. 1 KV getan haben sollte.«[113]

Der dualistische Gesetzesbegriff erscheint in dieser Argumentation als massgebende – und offenbar bundesrechtlich geltende – Entscheidungsgrundlage. Das Gesetz ist danach entweder formell oder materiell. *Tertium non datur,* obgleich solche Beschränkung nie Sinn des konstitutionellen Begriffspaares gewesen ist.[114] Weder die Bundesverfassung noch eine schweizerische Kantonsverfassung kodifizieren dabei die Unterscheidung von formellem und materiellem Gesetz; das Bundesgericht verwendet den Begriff denn auch ohne eigentliche verfassungsrechtliche Begründung. Ebensowenig findet sich in den vorhandenen verfassungsrechtlichen Umschreibungen des Gesetzes eine Begriffsbestimmung, die das Gesetz – anders als Art. 5 Abs. 2 GVG[115] – im Wortlaut auf den generell-abstrakten Normbegriff fixieren würde.[116]

b) Es fragt sich, ob Rechtsprechung und Lehre nicht zu kurz greifen, wenn sie die Frage unter der axiomatisch verstandenen Prämisse des formellen oder materiellen Gesetzes angehen. Im Lichte der schweizerischen Tradition der Gewaltenteilung und der Referendumsdemokratie ist zu prüfen, ob die Alternativen des dualistischen Gesetzesbegriffes nicht ein zu enges Korsett sind. Ist es nicht möglich, dass das Gesetz – selbst wenn die Verfassung neben ihm besondere, individuell-konkrete, aber bereits gesetzesabhängige Beschlüsse kennt (Verwaltungsakte) – auch konkrete, projektbezogene Anordnungen von allgemeiner Tragweite nicht generell-abstrakter Natur enthalten kann? Im Lichte dieser Frage sind die bestehenden verfassungsrechtlichen Gesetzesbegriffe näher zu betrachten.

113 Ibid. 642 f. (Hervorh. durch den Verf.) In diesem Sinne hat das Bundesgericht auch die Gesetzesbegriffe der Verfassungen von Zürich, Bern, Uri, Obwalden, Nidwalden, Zug, Solothurn und Freiburg beurteilt, a.a.O. 644. S. auch 102 Ia 138 mit Hinweisen, 89 I 375, 37 I 503.

114 Vgl. Anhang Kap. I.

115 Kap. 2.21.

116 Kap. 9.23.

## *9.22 Verfassungsrechtlich positivierte Gesetzesbegriffe: das Merkmal materialer Allgemeinheit*

In den schweizerischen Verfassungen finden sich folgende punktuelle Umschreibungen des Gesetzes[117], hier aufgeführt in der Reihenfolge ihrer Entstehungszeit:

- *KV Uri, Art. 53*[118]
  »Als Gesetze sind diejenigen Vorschriften zu verstehen, die allgemeinverbindlich sind und solche Rechte oder Pflichten feststellen, welche die Gesamtheit oder einen erheblichen Bruchteil des Volkes berühren. Vorbehalten bleiben die von der Verfassung selbst gemachten Ausnahmen.« (6.5.1888)
- *KV St.Gallen, Art. 54 Abs. 2*[119]
  »Als Gesetze werden alle Erlasse angesehen, welche die Rechte und Pflichten der Privaten, der öffentlichen Genossenschaften, der Gemeinden und des Staates sowie der organischen Einrichtungen des Staates, des Gerichts- und Verwaltungswesens allgemein und bleibend bestimmen.« (16.11.1890)
- *KV Nidwalden, Art. 52 Abs. 2*[120]
  »Sie (die Landsgemeinde; Anm. des Verf.) erlässt unter Vorbehalt der Verordnungsbefugnisse des Landes und des Regierungsrates in der Form des Gesetzes alle allgemeinen Vorschriften, welche Rechte und Pflichten der Bürger sowie die Organisation und das Verfahren der öffentlichen Gewalten bestimmen.« (1.10.1965)
- *KV Obwalden, Art. 65 Abs. 3*[121]
  »In der Form des Gesetzes sind alle generellen Bestimmungen zu erfassen, welche Rechte und Pflichten der natürlichen und juristischen Person sowie die Organisation von Kantonen und Gemeinden allgemeingültig festlegen.« (19.5.1968)
- *KV Luzern, § 47*[122]
  *»Begriff und Gegenstand der Rechtsetzung«*
  »Die Rechte und Pflichten der natürlichen und juristischen Personen, die Organisation der Gemeinwesen, das Verfahren vor den Behörden und die Ausübung des Stimmrechts sind durch allgemein gefasste Vorschriften (Rechtssätze) zu ordnen.« (Novelle vom 5.12.1976)
- *KV Aargau, § 78 Abs. 1*[123]
  »Der Grosse Rat erlässt in der Form des Gesetzes alle wichtigen Bestimmungen, insbesondere diejenigen, welche die Rechte und Pflichten der Bürger oder Grundzüge der Organisation des Kantons und der Gemeinden festlegen.« (28.9.1980)

Fünf der sechs vorgefundenen verfassungsrechtlichen Definitionen betonen die *Allgemeinheit* des Erlasses [»allge-

117 Vgl. auch Art. 5 Abs. 2 GVG, oben Kap. 2.21.
118 SR 131.214.
119 SR 131.225.
120 SR 131.216.2.
121 SR 131.216.1.
122 SR 131.213.
123 SR 131.227.

mein-verbindlich«, »allgemein und bleibend«, »allgemeine Vorschriften«, »generelle Bestimmungen«, »allgemein gefasste Vorschriften« (Rechtssätze)«]. Durchwegs halten sie als zentralen Gegenstand die Regelung von Rechten und Pflichten des Bürgers, teilweise auch der Personen des öffentlichen Rechtes, fest. Sodann umfassen die Begriffe, mit Ausnahme von Uri, auch das Organisationsrecht als Gegenstand des Gesetzes.

b) Das Erfordernis der Allgemeinheit erweist sich als gemeinsames und zentrales Merkmal der positivierten Gesetzesbegriffe des schweizerischen Verfassungsrechts. Sie stehen in Übereinstimmung mit der Lehre, die dieses Erfordernis seit jeher als Essentiale des Gesetzes erachtet hat. Es ist aber eine andere Frage, ob der Begriff der Allgemeinheit in seinen vielschichtigen möglichen Bedeutungen[124] sich zwingend auf den rationalistischen, formalisierten, generell-abstrakt definierten Rechtssatz beziehen muss. Aus demokratischer Perspektive deutet der häufige Einbezug des Organisationsrechts mit seinen oft nicht generell-abstrakten Normen darauf hin[125], dass hier Allgemeinheit im Sinne von Entscheidungen allgemeiner Bedeutung und Tragweite für das ganze Volk oder einen wesentlichen Teil davon gemeint ist. Diese Auslegung des Gesetzes im Sinne materialer Allgemeinheit findet ihre Unterstützung in der neuesten Entwicklung mit der ausdrücklichen Betonung der *wichtigen* Bestimmungen in § 78 Abs. 1 der Aargauer Verfassung von 1980. Diese können wohl, müssen aber nicht notwendigerweise generell-abstrakter Natur sein.[126]

124 Zur vielschichtigen und umstrittenen Bedeutung der »Allgemeinheit« s. Rhinow (1979) 202 ff.

125 Kap. 6.1; vgl. demgegenüber die Bündner Kantonsverfassung vom 2.10. 1892 (SR 131.226); sie unterscheidet in klassifikatorischer Systematik zwischen »organischen Gesetzen« und »Verwaltungsgesetzen« (Art. 2 Abs. 3) und Organisationsnormen, die durch Beschlüsse des Grossen Rates aufgestellt (Art. 2 Abs. 5), den Gesetzen in bezug auf die Volksrechte aber gleichgestellt sind.

126 Anders wohl § 47 KV Luzern vom 5.12.1976, nachstehend Kap. 9.23, lit. a (ii) a.E.

## *9.23 Primäre Funktion der Begriffe: Sicherung der Volksrechte (Referendum und Initiative)*

a) Die teleologische und systematische Betrachtung der vorgenannten positivierten verfassungsrechtlichen Gesetzesbegriffe legt nahe, dass den Begriffen mehrheitlich in erster Linie die Aufgabe zukommt, die dem Gesetzesreferendum unterstellten Gegenstände zu erfassen. In den Verfassungen von Uri, Nidwalden, Obwalden und Aargau bestimmen die Begriffe diejenigen Inhalte der Rechtsetzung, die dem obligatorischen Referendum unterliegen. Sie grenzen diese von Materien ab, die lediglich dem fakultativen (oder freiwilligen) Referendum unterstellt sind oder von diesem überhaupt ausgenommen werden.

(i) So unterliegen z.B. in *Uri* u.a. gemäss Art. 48 Abs. 3, lit. d KV »landrätliche (d.h. parlamentarische; Anm. des Verf.) Verordnungen und Beschlüsse allgemeiner Natur«, im Unterschied zum Gesetz und zu Verfassungsänderungen [Art. 48 Abs. 3 Lit. a] lediglich dem fakultativen Referendum. In *Obwalden* dient der Gesetzesbegriff besonders deutlich der Kompetenzordnung unter den vier (!) vorhandenen Organen, die an der Rechtsetzung beteiligt sind (Urnenabstimmung, Landsgemeinde, Kantonsrat und Regierungsrat): Der Gesetzesbegriff sondert u.a. die der Urnenabstimmung unterliegenden Gegenstände aus (Art. 65 KV). In *Nidwalden* beschreibt der Gesetzesbegriff die Zuständigkeiten der Landsgemeinde in der Rechtsetzung (Art. 52 KV) und grenzt so die obligatorische von der fakultativen Abstimmung ab, letztere u.a. bei Gesetzen und Verordnungen, die der Landrat (Parlament) mit Vollmacht der Landsgemeinde erlassen oder abgeändert hat (Art. 57 KV) und gegen die das Referendum von einem Zwanzigstel der Aktivbürgerschaft verlangt wird (Art. 53 KV). Die neue *Aargauer Verfassung* definiert das Gesetz bei den Zuständigkeiten des Grossen Rates (§ 78 Abs. 1), beschränkt dabei das obligatorische Referendum neben Verfassungsfragen auf das Gesetz (§ 62 Ab. 1) und dient so der Abgrenzung von den Gegenständen des fakultativen Referendums (§ 63).

(ii) In *St. Gallen* dient der Gesetzesbegriff nach der Praxis in erster Linie dazu, das Gesetz vom allgemein-verbindlichen Beschluss zu unterscheiden. Beide unterliegen dem fakultativen Referendum. Sie unterscheiden sich nach herrschender Auffassung durch den Zeitfaktor, durch die Befristung des Beschlusses, weil das Gesetz nicht nur allgemein, sondern auch »bleibend« regeln soll. Die Beziehung des Gesetzesbegriffes zum Referendum zeigt sich aber deutlich darin, dass er Inhalte umschreibt, die unter dem »Vorbehalt der Souveränitätsrechte des Volkes« zu erlassen sind (Art. 54 Abs. 1 KV).[127] Keine Abgrenzungsfunktion innerhalb verschiedener Organe der Rechtsetzung vermag demgegenüber die Begriffsbestimmung des Rechtssatzes im § 47 ff., KV *Luzern* zu erfüllen. In Verbindung mit § 48 und § 49 KV umschreibt hier die Definition des Rechtssatzes den zulässigen Gehalt von Verfassung, Gesetz und Verordnung, ohne festzuhalten, welche Fragen notwendigerweise im Gesetz geregelt sein müssen. § 49 Abs. 2 und 3 KV verlangt für das Verordnungsrecht des Grossen Rates bzw. des Regierungsrates, des Erziehungsrates, des Obergerichtes oder

[127] Vgl. BGE 102 Ia 138 mit Hinweisen.

des Verwaltungsgerichtes lediglich, dass die Delegation auf bestimmte Gegenstände beschränkt ist und eine Grundlage im Gesetz haben muss.

b) Für mehrheitlich mögliche, über generell-abstrakte Normen hinausgreifende Gesetzesinhalte von allgemeiner Tragweite und Wichtigkeit sprechen nun nicht allein die positivierten Begriffe in ihrer systematischen Stellung zu den Volksrechten. Grundlegender ist vielleicht, dass der verkürzte generell-abstrakte Gesetzesinhalt der Tradition schweizerischer Staatsauffassung nicht gerecht wird. Der mit dem generell-abstrakten Rechtssatz eng verknüpfte Gedanke dogmatischer Aufteilung von drei Staatsfunktionen auf besondere Staatsgewalten[128] findet nach *T. Fleiner* in der Restaurationszeit nur schwer Eingang in den Kantonen: »Das Prinzip der Gewaltenteilung wurde mit der helvetischen Verfassung zwar formell eingeführt; es wurde aber mit der Zeit dem eidgenössischen Grundprinzip angepasst, dass das Volk in allen wichtigen Angelegenheiten oberste und letzte Instanz ist.«[129] Diese Auffassung findet eine Grundlage interessanterweise schon in der frühen schweizerischen Staatsrechtsliteratur. So schreibt *Hiestand* im Jahre 1891 zum Konzept der Gewaltenteilung:

> »In der neuern staatsrechtlichen Litteratur gilt das Ideal einer Durchführung der Gewaltentrennung als veraltet. So werden namentlich Gesetzgebung und Verwaltung nicht mehr als zwei grundverschiedene und voneinander zu trennende Gewalten betrachtet, sondern man ist vielmehr der Ansicht, dass das Interesse der Einheit der Staatsgewalt eine Vermischung von legislativen und administrativen Befugnissen in der Hand einer und derselben Behörde fordert, ...«[130]

Dieses – erneut aktuelle[131] – Verständnis manifestiert sich in der Verfassungspraxis vorerst in den zahlreichen Verwaltungsfunktionen des Parlamentes. Mit der Einführung der Volksrechte (Referendum und Initiative) in der zweiten Hälfte des 19. Jahrhunderts erfährt sie nicht nur in bezug auf Rechtsetzung, sondern – in allerdings geringerem Ausmasse – auch in bezug auf konkrete Akte (Verwaltungsreferendum und Verwaltungsinitiative) mannigfache Erneuerung. Was

128 Kap. 6.4.
129 Fleiner (1981) 65 mit Hinweisen.
130 Hiestand (1891) 77.
131 Zur Regelungstheorie s. Kap. 12.

heute vielfach als Abweichung von einer »Stammfunktion«, als Durchbrechung einer funktional verstandenen Gewaltenteilung gedeutet wird,[132] macht in der Schweiz gerade den zentralen Wesenszug der demokratischen Konzeption aus. Im Entscheid *Degen c. Basel-Stadt* vom 24.5.1978 hält das Bundesgericht denn auch ausdrücklich fest, dass das Parlament im schweizerischen Staatsrecht im Sinne einer Generalklausel, *und über die Gesetzgebung hinaus,* alle staatsleitenden Funktionen ausübe, die nicht ausdrücklich einem andern Staatsorgan übertragen sind.[133]

Die Verfassungen entwerfen tendenziell eher das Bild einer *Pyramide* mit den fundamentalen und tragenden Entscheidungen durch Volk und Parlament. In der schweizerischen Verfassungstradition dominiert gesamthaft weniger die funktionale Teilung, weniger auch die Vorstellung von Checks und Balances nach amerikanischem Vorbild, als vielmehr der Gedanke eines »Instanzenzuges«.[134] Die Geschäftslast zwischen Volk, Parlament, Regierung und Verwaltung wird eher nach materiellen Kriterien unterschiedlicher »Wichtigkeit«, denn nach der funktionalen Unterscheidung von Rechtsetzung und Vollzug vorgenommen.[135] Die Verfassungswirklichkeit stellt diese Pyramide freilich heute, wie gesehen, vielfach auf den Kopf;[136] inwieweit die gewachsene historische Vorstellung eines derart gewaltenteiligen Instanzenzuges heutigen Bedürfnissen noch gewachsen ist, bleibe denn auch vorläufig dahingestellt. Hier interessiert vorerst allein die Frage, ob mit diesem Verständnis vertikaler Aufgabenverteilung die Vielfalt rechtsetzender, staatleitender, organisatorischer und verwaltender Tätigkeiten von Parlament und Volk mit der strikten Unterscheidung von generell-

132 So Häfliger (1943) 11, Kopp (1958) 666 ff., 668 mit Hinweisen; vgl. auch Bericht (1973) 377 f. Gegen das Suprematiedenken des Parlamentes auch Eichenberger, z.B. in Ohnmacht des Parlaments, Allmacht der Verwaltung?, in: Gruner/Müller (Hrsg.) Erneuerung der schweizerischen Demokratie, Bern 1977, 25 ff., 36.

133 BGE 104 Ia 415 ff., 420, unter Hinweis auf Giacometti (1949) 335.

134 So Fleiner in: Protokoll (1979) 26; vgl. auch Jagmetti (1956) 99 f.

135 Einige Verfassungen, so sie die Gewaltenteilung explizit verankern, halten nur die Trennung von Richter und Verwaltung fest oder betonen die personale Trennung. Vgl. z.B. Art. 10 und 11 KV BE; § 18 KV LU; Art. 15 KV UR; § 21 KV ZG; § 8 KV BS. Demgegenüber wird die rechtsetzende, vollziehende und richterliche Gewalt ausdrücklich getrennt in Art. 45 KV § 10 BL; Art. 4 KV SO; Art. 26 KV SH; Art. 101 KV SG; Art. 3 KV AG; § 19 KV TG; Art. 2 KV TI, Art. 18, 54 KV NE; Art. 55 KV JU.

136 Kap. 6.4.

abstraktem Gesetz (und allgemein-verbindlichem Beschluss) sowie individuell-konkretem Beschluss je – und nicht erst seit den Bedingungen des modernen Sozial- und Lenkungsstaates – erfasst werden konnten. War es überhaupt je erklärter Wille des Verfassungsgebers, den Gesetzesinhalt auf generell-abstrakte Normen zu beschränken oder lag ihm – im Sinne des englischen und anglo-amerikanischen, demokratischen Gesetzesbegriffes – nicht mit der Volkssouveränität die Vorstellung zugrunde, dass das Gesetz, wie die frühe Praxis des Bundesgerichts beweist, mitunter auch individuell-konkrete Inhalte allgemeiner Tragweite aufnehmen kann?[137] Meines Erachtens kann man jedenfalls mit den bestehenden Verfassungsgrundlagen das Gesetz nicht ohne weiteres in einfacher Frontstellung zum konkreten Beschluss definieren. Die heutige Rechtsprechung wird bestehender Komplexität nicht gerecht, wenn sie auf Grundlage des dualistischen Gesetzesbegriffes[138] aus der Existenz des gesetzesanwendenden Verwaltungsreferendums (Beschlüsse) im vorgenannten Entscheid *Bebi c. Grossen Rat des Kantons Aargau*[139] e contrario auf einen verengten, generell-abstrakten Gesetzesbegriff schliesst[140], und so im Ergebnis die auf Schutz einer bestimmten Flusslandschaft gerichtete Gesetzesinitiative für verfassungswidrig hält. Das Verständnis des Gesetzes als Träger von Entscheidungen materialer Allgemeinheit und Tragweite führt hier zu einem anderen Ergebnis.[141]

c) Mit einem offenen Gesetzesverständnis sei die liberale, individualrechtliche Funktion des Gesetzes nicht verkannt. Schutz vor staatlicher Willkür, vor unsachlich punktueller Einzelfallgesetzgebung, das Streben nach praktisch optimaler Verwirklichung der Rechtsgleichheit, nach Berechenbarkeit und Vorhersehbarkeit staatlichen Verhaltens sind *durch die Grundrechte* der Kantonsverfassungen bzw. der Bundesverfassung ebenso aufgegebene Anforderungen an das Gesetz

[137] Zur Zulässigkeit von Individual- und Einzelfallgesetzen in der früheren Rechtsprechung des Bundesgerichts Kap. 19.1.
[138] Kritisch zur Anwendung des dualistischen Gesetzesbegriffes auf die Vielfalt schweizerischer Gesetzgebungsverfahren auch Fleiner (1981) 65.
[139] BGE 98 Ia 637.
[140] Ibid. 642 f., zit. Kap. 9.21.
[141] Der Entscheid ist um so fragwürdiger, als sich die hier einander gegenübergestellten Formen des Gesetzes und des Beschlusses nicht auf die gleiche Normstufe beziehen. Der Beschluss ist hier gesetzesvollziehend, anwendend, während die Gesetzesinitiative neues Gesetzesrecht initiieren will.

wie der in der überwiegenden Zahl der Gesetzesbegriffe primär zum Ausdruck gebrachte Schutz der Volksrechte. Die mit dem generell-abstrakten Gesetzesinhalt angesprochene (rechtsstaatliche) Individualschutzfunktion darf indessen begrifflich nicht absolut gesetzt werden. Wo eine Norm diese Struktur zwingend aufweisen muss, soll sich aus den Individualrechten selbst und nicht aus dem Gesetzesbegriff erweisen.[142]

## 9.3 Der allgemein-verbindliche Beschluss (décret, arrêté d'une portée générale)

### *9.31 Verhältnis zum Gesetz*

Die Bundesverfassung sowie zahlreiche Kantonsverfassungen kennen gewissermassen zwischen Gesetz und (einfachem) Beschluss den allgemein-verbindlichen Beschluss (AVB). Sein Verhältnis zum Gesetz kann grundsätzlich nicht generell, sondern auch hier nur von Verfassung zu Verfassung ermittelt werden. Der allgemein-verbindliche Bundesbeschluss (AVBB) unterscheidet sich verfassungsrechtlich vom Gesetz darin, dass er unter entsprechendem Aufschub des fakultativen Referendums auch sofort in Kraft gesetzt werden und – mit obligatorischem Referendum und Befristung – selbst extrakonstitutionelle Inhalte aufnehmen kann.[143] Nach der Legaldefinition des Geschäftsverkehrsgesetzes bedarf der AVB überdies stets einer Befristung.[144] In den Kantonen wiederum können dem AVB in seinem Verhältnis zum Gesetz andere Funktionen zukommen. Im vorliegenden Zusammenhang interessieren indessen allein die nachstehenden Gesichtspunkte:

a) Der AVBB umfasst nach heutiger Legaldefinition nur rechtsetzende, d.h. generell-abstrakte Erlasse.[145] Diese Geset-

[142] Dazu Kap. 18 – 20.

[143] Art. 89bis Abs. 1 und 3 BV; zur Praxis der Bundesversammlung. J.P. Müller, Gebrauch und Missbrauch des Dringlichkeitsrechts, Bern 1977.

[144] Art. 6 GVG (SR 171.11). Die Verfassung verlangt demgegenüber eine Befristung des AVBB nur bei Dringlicherklärung, Art. 89bis Abs. 1 BV; die Verfassungsmässigkeit von Art. 6 GVG ist daher umstritten. Vgl. Aubert (1968) 419 Nr. 1120, Eggimann (1978) 108 ff.

[145] Art. 6 i.V. mit Art. 5 Abs. 2 GVG (zit. Kap. 2.21), BGE 104 Ib 420 (Rechtssätze müssen als Bundesgesetz oder AVBB ergehen; Rechtssätze in der Form des einfachen Bundesbeschlusses haben nur deklaratorischen Wert).

zesdefinition hat das Bundesgericht *per analogiam* auch für die Auslegung der kantonalen AVB herangezogen.[146] Gesetz und AVB weisen so nach bisheriger Rechtsprechung gleich strukturierte Inhalte auf. Ob diese Gleichstellung im Verständnis der »Allgemeinheit« zu Recht besteht, ist als Hauptfrage nachstehend zu prüfen.[147]

b) Sodann besteht – und dies unabhängig von Legaldefinitionen und Auslegung – eine enge verfahrensrechtliche Beziehung zwischen Gesetz und AVB. Vom Dringlichkeitsrecht abgesehen, ergehen sie im Bund und in verschiedenen Kantonen im gleichen Verfahren.

Eine verfahrensmässige Identität von Gesetz und AVB besteht dort, wo beide Erlassformen dem obligatorischen Referendum unterliegen. (Z.B. SO, BL, VS),[148] bzw. dort, wo beide Erlassformen dem fakultativen Referendum unterliegen. (Bund, ZG, FR, SG, TI, BS).[149] Ein verfahrensrechtlicher Unterschied besteht da, wo das Gesetz dem obligatorischen, der allgemein-verbindliche Beschluss dem fakultativen Referendum untersteht, (UR, SZ, GR).[150] Umgekehrt ist zu beachten, dass der allgemein-verbindliche Beschluss in den Kantonen regelmässig vom Referendum ausgeschlossen wird, wenn sein Inhalt nicht allgemeinen Charakter hat oder für dringlich erklärt wird.[151]

Wo Gesetz und allgemein-verbindlicher Beschluss grundsätzlich dem genau gleichen Verfahren unterliegen, besteht, gesamthaft besehen, ein einheitlicher (formeller) Gesetzesbegriff, ein verfahrensmässig einheitliches Instrument der Rechtsetzung, ausgeprägt in zwei Formen: dem Gesetz (im engeren Sinne) und dem AVB.[152] Namentlich die Austauschbarkeit von Bundesgesetz und (nicht dringlichem) allgemeinverbindlichem Beschluss in der Praxis der Bundesversammlung[153] bestätigt diese Übereinstimmung in der Verfassungswirklichkeit. Fraglich ist, ob eine solche Identität auch hinsichtlich der Normstruktur besteht.

146 BGE 102 Ia 138; 101 373; 99 Ia 211; 89 Ia 206;, 89 I 376; a.m. Bericht (1973) 579; differenzierter BGE 74 I 252 ff. sowie 104 Ia 415 ff.
147 Kap. 9.32.
148 Vgl. Auer (1978) 34/35.
149 Ibid. 54.56.
150 Ibid. 34/35, 56 Anm. 278.
151 S. z.B. Art. 39 Abs. 2 KV NE; § 29 Abs. 2 lit. a KV BS: »Dringliche, persönliche und nicht endgültige Grossratsbeschlüsse«; Art. 28bis KV FR; Art. 47 KV SG; vgl. auch Art. 55 KV GE für Dringklicherklärung von Gesetzen, hierzu BGE 103 Ia 154.
152 So auch Eggimann (1978) 69.
153 Eggimann (1978) mit Nachweisen.

## *9.32 Funktionen des allgemein-verbindlichen Bundesbeschlusses in der Lehre*

Das Bundesgesetz entspricht nach hergebrachter Auffassung im wesentlichen dem materiellen Gesetzesbegriff. Die begriffliche Verengung auf generell-abstrakte Gesetzesnormen – mitunter der Verzicht auf den Begriff des formellen Gesetzes[154] – ist der Lehre nur möglich, weil mit dem AVBB, neben dem Gesetz, eine weitere gleichrangige Erlassform zur Verfügung steht, der gewissermassen Auffangfunktion für das Übrige, »Artfremde«, zukommt. Untersucht man die Auffassungen in der schweizerischen Literatur zu Funktion und Stellenwert des AVBB, lässt sich feststellen, dass sich die ganze Problematik des Gesetzesbegriffes in der Referendumsdemokratie des Bundes beim allgemein-verbindlichen Bundesbeschluss kristallisiert. Nach mehrheitlicher Auffassung lässt sich der AVBB nicht endgültig dem materiellen Gesetzesbegriff zuordnen.[155] Er trägt die Züge des demokratischen Gesetzes und ist offen für nicht generell-abstrakte Inhalte.

(i) *Burckhardt* weist dem AVBB wie dem Bundesgesetz allein rechtsetzende Funktionen zu. Beim Erlass rechtsetzender Normen (Verhaltensrecht für Private) ist das Bundesgesetz die Regel und der AVBB die Ausnahme. Regelungen, die »für die Gesamtheit der Bürger von untergeordneter Bedeutung sind« oder ein Erlass, »der neben allgemein-verbindlichen Rechtsvorschriften andere enthält, die sich von jenen nicht trennen lassen«, sind als allgemein-vebindliche Bundesbeschlüsse zu erlassen.[156]

(ii) *Fleiner* vertritt demgegenüber die Auffassung, dass dem Bundesgesetz und dem AVBB sinnvollerweise nicht die gleiche Funktion zukommen könne. Er weist den AVBB – gestützt auf die französische Fassung »arrêté d'une portée générale« (»Beschluss von allgemeiner Tragweite«) und getreu der Dichotomie von Rechtssatz und Einzelakt – die Funktion zu, wichtige Verwaltungsakte zu erfassen und sie damit dem Referendum zu unterstellen. Nach entsprechenden Beispielen aus der Praxis führt er aus: »Alle die genannten Erlasse veranschaulichen die Tatsache, dass der allgemein-verbindliche Bundesbeschluss zur Aufnahme von Verwaltungsakten bestimmt ist, und zwar von solchen, welche dem freien Ermessen der Bundesversammlung entspringen und von grösserer finanzieller oder politischer Tragweite sind. Einzelakte, welche die Bundesverfassung oder ein Bundesgesetz vollziehen, nimmt er dementsprechend aus. Rechtssätze müssen demgegenüber ausschliesslich in der Form des Bundesgesetzes ergehen: »Wenn sich die Praxis der Form des allgemein-verbindlichen Bundesbeschlusses anstatt der Gesetzesform zur Aufstellung von Rechtssätzen bedient, so ist dies mit Art. 89 BV nicht vereinbar.«[157] Der allgemein-verbindliche Bun-

[154] Kap. 2.31 lit. b.

[155] Zum Folgenden vgl. Eggimann (1978) 14 ff., 104; eine Darstellung der älteren Lehre und Praxis findet sich u.a. auch bei Seeger (1926) 383 ff.

[156] Burckhardt (1931) 707.

[157] Fleiner (1923) 40.

desbeschluss erscheint hier, im Unterschied zum einfachen Bundesbeschluss, als Form für das eigentliche Einzelfallgesetz.
Im ähnlichen Sinne äussern sich schon im Jahre 1891 *Hiestand*[158] sowie später auch *Seeger*, unter Hinweis auf die Praxis der Bundesversammlung,[159], sowie *H. Huber* (allerdings in Zusammenhang mit dem AVB der alten nidwaldnerischen Verfassung). Nach ihnen sind allgemein-verbindliche (Verwaltungs-)Beschlüsse Entscheidungen »von grösserer Tragweite«.[160]

(iii) Diesen Autoren gegenüber kann der AVBB bei *Giacometti* sowohl generell-abstrakte wie auch individuell-konkrete Inhalte aufweisen. In Übereinstimmung mit der Praxis der Bundesversammlung dient der AVBB hier primär dem Erlass generell-abstrakter Normen, vor allem im Hinblick auf die Dringlichkeitserklärung. Er steht aber auch für den Erlass individuell-konkreter Anordnungen[161] offen, unter den gleichen einschränkenden Voraussetzungen wie bei *Fleiner*.[162] Ähnliche Auffassungen vertreten weitere Autoren, wenn auch mit unterschiedlichen Gewichtungen, so *Regi, Kopp* und *Häfliger*.[163] Nach eingehenden Untersuchungen der Entstehungsgeschichte kommt *Aubert* zum Ergebnis, dass der AVBB nicht nur rechtsetzende, sondern auch andere Akte von allgemeinem Interesse umfasse, insbesondere Kreditbeschlüsse. Er begründet seine Kritik an der Legaldefinition mit der Unschärfe der Unterscheidung von Rechtsetzung und Rechtsanwendung.[164] In jüngerer Zeit schliesst auch *Eggimann*,

158 Hiestand (1891) 32.

159 Seeger (1926) 393 ff., 400. Unter Hinweis auf die Botschaft des Bundesrates zur Nachsubvention der Gotthardbahn vom 25.6.1878 (BBl 1878 III 95) und eine Mehrheit der Redner in den eidg. Räten, die den allgemein-verbindlichen Bundesbeschluss als Form für »Beschlüsse, die eine grosse Tragweite, Bedeutung haben« versteht, führt der Autor aus: »Nach den Anschauungen der Bundesverfassung und dem Willen des Verfassungsgesetzgebers soll aber das Schweizervolk nicht nur mitwirken bei der Aufstellung von Rechtssätzen, also bei der Gesetzgebung im materiellen Sinne, sondern auch bei Verwaltungsakten von weitreichender, allgemeiner Tragweite. Dazu soll der allgemein-verbindliche Bundesbeschluss dienen, welcher dem Referendum unterstellt ist. Das ist auch offenbar der Sinn der Einführung des allgemein-verbindlichen Bundesbeschlusses. Hätte man nicht daran gedacht, die Aktivbürgerschaft bei der Erledigung besonders einschneidender Verwaltungsangelegenheiten in der Volksabstimmung mitwirken zu lassen, so wäre der Zweck des allgemein-verbindlichen Bundesbeschlusses, also einer zweiten Form des formellen Gesetzes, nicht einzusehen. Das schweizerische Bundesstaatsrecht könnte des allgemein-verbindlichen Bundesbeschlusses entbehren.«

160 S. BGE 74 I 255, mit Hinweisen.

161 Giacometti (1949) 738 ff. 747.

162 Ibid. 750.

163 Regi, Die Grenzen des fakultativen Referendums in der Bundesgesetzgebung. Diss. Bern 1945, 71 ff., 88 ff., 112 sowie Kopp (1958) 726 betonen die beschränkte zeitliche Dimension des AVBB, während Häfliger (1943) 87/88 in Anschluss an Burckhardt den AVBB für Erlasse heranziehen will, die neben Rechtssätzen (Verhaltensnormen) auch Verwaltungsakte (Nichtrechtssätze) beinhalten; zu diesen Autoren auch Eggimann (1978) 18 ff.

164 Aubert (1974) 424 Nr. 25, (1968) 419 Nr. 1120, vgl. auch Nr. 1129, zur Problematik von Referenden in konkreten Fragen auch (1978) 259 Nr. 434, 267, Nr. 444. Zum Finanzreferendum auf Bundesebene, das nach heutiger Lehre nicht besteht, vgl. Initiative und Gegenvorschlag der Bundesversammlung zur Einführung des Finanzreferendums im Jahre 1956, BBl 1956 I 1330; der Gegenentwurf wurde (nach Rückzug der Initiative) am 30.9.1956 mit 331 117 Nein (11

dass der allgemein-verbindliche Bundesbeschluss nicht nur rechtsetzende Erlasse, sondern auch andere Akte von allgemeiner Bedeutung aufnehmen kann und die heutige Beschränkung auf generell-abstrakte Normen nicht mehr zu befriedigen vermag.[165] Neuestens spricht sich in diesem Sinne auch *Herald* nach eingehender Untersuchung der Entstehungsgeschichte des AVBB aus.[166]

## *9.33 Offene Normstruktur des allgemein-verbindlichen Bundesbeschlusses und das Referendum*

Die nicht abgeschlossene Auseinandersetzung um die Rechtsnatur des AVBB und die mehrheitliche Anerkennung seiner *Mischform* in der zeitgenössischen Lehre steht mit dem Referendumsgedanken in Zusammenhang. Dieser ist – wie schon beim Gesetzesbegriff erläutert[167] – am Grundlegenden, am Material-Allgemeinen orientiert und verläuft quer durch die strukturellen Merkmale des formalen, generell-abstrakten Rechtssatzes, des individuell-konkreten Einzelaktes sowie deren Kombinationen. Dieser Befund widerspiegelt nichts anderes als die oben bereits gemachte Feststellung, dass sich ein formalisierter Rechtssatzbegriff mit Dichotomie von Rechtssatz und Einzelakt nicht mit der politischen Tragweite einer Entscheidung deckt.[168] Mit *Rhinow* ist darin der eigentliche Grund für die mit der Einführung des Referendums geschaffene Figur des allgemein-verbindlichen Beschlusses zu erblicken. »Könnte im letzten Jahrhundert nicht auch die Erkenntnis Anlass zur Einführung des referendumspflichtigen allgemein-verbindlichen Beschlusses gewesen sein, dass es eben unmöglich ist, die formale Natur des Rechtssatzes und die politische Tragweite einer dem Volksentscheid offenstehenden Anordnung zur Deckung zu bringen?«[169] Die Richtigkeit dieser These findet ihre Bestätigung

Stände, 4 Halbkantone) zu 276 660 Ja (8 Stände, 2 Halbkantone) verworfen. BBl 1956 II 660. Das Finanzreferendum besteht nach der heutigen Praxis der Bundesversammlung nur punktuell, so z.B. mit dem AVBB über die dritte Beitragsperiode nach dem Hochschulförderungsgesetz SR 414.202.

165 Eggimann (1978) 34; vgl. auch 67 ff.

166 Herald (1981) 67 ff.

167 Kap. 9.22.

168 Kap. 6.4. Diesen Einfluss des Referendums auf den Gesetzesinhalt hat selbst Burckhardt (1931) 708 anerkannt: »Die Bundesversammlung soll m.E. Rechtssätze in Gesetzesform kleiden; andere Vorschriften kann sie in diese Form kleiden, wenn sie den Gegenstand für bedeutend genug erachtet, wodurch sie auch zu bewirken vermag, dass darüber eine Volksabstimmung verlangt werden kann.« Um so eher muss dies für den allgemein-verbindlichen Bundesbeschluss gelten.

169 Rhinow (1979) 209.

in der Entstehungsgeschichte des allgemein-verbindlichen Bundesbeschlusses. Nach dem Willen des Verfassungsgebers wurde er im Jahre 1874 gerade deshalb eingeführt, um die grundlegenden Entscheidungen der Bundesversammlung über die »Rechtsgesetze« hinaus und unter Einschluss von Finanzbeschlüssen dem Referendum zu unterstellen.[170]

### *9.34 Der allgemein-verbindliche Beschluss als Träger staatsleitender Entscheidungen*

a) Die Legaldefinition des allgemein-verbindlichen Bundesbeschlusses in Art. 6 GVG sowie die davon beeinflusste Rechtsprechung des Bundesgerichtes[171] verkennen die Inkompatibilität von Referendum und formalisiertem Rechtssatzbegriff. Dem Referendumsgedanken kann nur eine Auslegung des AVBB gerecht werden, die ihn neben generell-abstrakten Normen auch für andere Inhalte öffnet. Der allgemein-verbindliche Beschluss ist, neben seiner heutigen Bedeutung für das Dringlichkeitsrecht und als Träger extrakonstitutioneller Normen des Bundesrechts, nicht nur ein geeignetes Gefäss für wichtige Einzelakte grosser Tragweite, sondern auch für neuartige Formen der Entscheidfindung wie grundlegende Pläne, Richtlinien und Gesetzgebungsprogramme. Er ist geradezu prädestiniert, mit Aufnahme derartiger Gehalte das durch den Bedeutungsschwund des klassischen Gesetzes eingetretene demokratische Defizit der Staatslenkung und Entscheidbildung in Gemeinwesen aufzufangen. Nach § 63 Abs. 1 lit. b des (verworfenen) aargauischen Verfassungsentwurfes vom 13.12.1978 unterlagen dem fakultativen Referendum u.a. »Beschlüsse des Grossen Rates, die von staatsleitender Bedeutung sind«. Diese Formulierung trifft meines Erachtens die seit jeher bestehende, heute verkannte Funktion des allgemein-verbindlichen Beschlusses. Sie überwindet auch dogmatische Abgrenzungsschwierigkeiten zum einfachen, gesetzesanwendenden Beschluss. Sie zielt, am Referendumsgedanken orientiert, auf das Wesentli-

[170] Aufschlussreich Herald (1981) 65 ff.; vgl. auch Dubs, Über die Fortentwicklung der schweizerischen Demokratie, 1868, sowie Hiestand (1891) 25.
[171] Nachweis oben Kap. 9.21.

che, Grundlegende, Material-Allgemeine, *unabhängig von der Normstruktur des Beschlusses.*

b) In dieselbe Richtung weist auch die Rechtsprechung des Bundesgerichtes mit der Entscheidung *Degen c. Basel-Stadt* vom 25.5.1978.[172] Die daselbst als zulässig erklärte Beschlussinitiative (§ 28 KV BS) hat mit ihrem Auftrag zu einer umfassenden Verkehrsplanung mit Richtlinien und teilweise detaillierten Bestimmungen weder generell-abstrakten noch individuell-konkreten Inhalt; sicher aber handelt es sich um eine für die Verkehrsentwicklung der Stadt Basel bedeutsame staatsleitende Entscheidung.

## 9.4 Ergebnis

Die Untersuchung der kantonalen verfassungsrechtlichen Gesetzumschreibungen lässt zumindest vermuten, dass die Verfassungen in erster Linie die demokratische Funktion des Gesetzes, die Sicherung der Volksrechte, betonen. Sie verengen den möglichen Gesetzesinhalt nicht auf generell-abstrakte Normen, sondern richten sich am grundlegenden und wichtigen Entscheid von allgemein wirksamer Tragweite aus, im Sinne der »pyramidenförmigen« Gewaltenteilung.

Die Untersuchung des allgemein-verbindlichen Bundesbeschlusses ergibt ihrerseits, dass nach überwiegender Lehre und entgegen der gesetzlichen Definition in Art. 6 GVG klarerweise eine auf die Bedürfnisse des Referendums ausgerichtete, nicht auf generell-abstrakte Gehalte beschränkte, offene Erlassform (»Mischform«) vorliegt. Ein solches Verständnis bietet die Chance, das Gesetz – auch in den Kantonen, wo der AVB vorgesehen ist – langfristigen Erlassen zu reservieren, den grossen Kodifikationen, den bleibenden Verwaltungs-, Verfahrens- und Organisationsgesetzen, den grossen Sozialwerken usf. Demgegenüber können der Dynamik unterliegende und relativ rasch ändernde, aber ebenso staatsleitende, wichtige Lenkungs-, Planungs-, Massnahme- und Individualgesetze in die Form des AVB »gekleidet« werden.

Zusammenfassend: Mit den mehrheitlich an materialer Allgemeinheit orientierten Gesetzesbegriffen des schweizerischen Verfassungsrechts und *gemeinsam* mit der nach über-

[172] BGE 104 Ia 415.

wiegender Lehre offenen Normstruktur des allgemein-verbindlichen Beschlusses liegt meines Erachtens, mit Rücksicht auf die regelmässig enge verfahrensrechtliche Verwandtschaft der beiden Erlassformen, gesamthaft gesehen ein offener, demokratischer Gesetzesbegriff vor.

## 9.5 Anhang: zum Gesetzesverständnis im Vorentwurf 1977 für eine neue Bundesverfassung

a) Der Gesetzesbegriff erfährt wie in der geltenden Bundesverfassung keine einheitliche Begriffsbestimmung. Der Vorentwurf 1977 bezieht sich in unterschiedlichen Bedeutungen auf »Gesetz« und »Gesetzgebung«. In der Tradition des dualistischen Gesetzesbegriffes wird der Terminus »Gesetz« teils im Sinne des materiellen Legalitätsprinzips als Erfordernis rechtlicher, rechtssatzförmiger Bindung der Staatstätigkeit (vgl. Art. 4, 9, 13, 24), teils im Sinne des (formellen) demokratisch legitimierten Erlasses – so bei Grundrechtsbeschränkungen (Art. 23 Abs. 2) und beim Bundesgesetz in seiner Gegenüberstellung zum Bundesdekret (Art. 80) – verwendet. Die historisch überholte, positivistische Gleichung von Gesetz und Rechtssatz wird wörtlich weitergeführt; die Chance begrifflicher Klärung des Gesetzesbegriffes bleibt ungenutzt.

b) Besondere Beachtung bedarf der mögliche und verfassungsrechtlich gebotene Inhalt des Bundesgesetzes (Art. 80). Zwei Merkmale erscheinen als wesentlich: Zum einen muss der Gesetzgeber alle *wichtigen* Inhalte selbst festlegen; das Gesetz ist dem grundlegenden Entscheid verpflichtet. Dasselbe gilt von Verfassung wegen im Ergebnis auch für das kantonale Recht, wo dieses bundesrechtlich geschützte Grundrechte beschränkt (Art. 23 Abs. 2).[173] In diesem Verständnis entspricht das Gesetz vorerst dem materialen Gesetzesverständnis, wie es weiter oben umschrieben wurde.[174] Ein zweites Merkmal liegt darin, dass die Verfassung als Gegenstand des Bundesgesetzes und des Bundesdekretes nur »rechtsetzende Bestimmungen« nennt (Art. 80 Abs. 1). Der

[173] Kritisch zur gesetzesbegrifflichen »Wichtigkeit« und der Pflicht des Gesetzgebers, *stets* zumindest Inhalt, Zweck und Ausmass festzulegen; Kap. 15 und 16.

[174] Kap. 2.23.

verfassungsrechtlich gebotene Gesetzesinhalt hängt damit, von seiner Wichtigkeit abgesehen, entscheidend von der Auslegung des Begriffes der Rechtsetzung ab. Mit ihm entscheidet sich auch die Tragweite des fakultativen Gesetzesreferendums (Art. 62). Der Begriff umfasst unbestrittenermassen und in hergebrachter Weise generell-abstrakte Normen. Die entscheidende Frage ist, ob sich das Bundesgesetz auf diese Funktion und damit, wie in der Lehre vertreten, auf einen materiellen Gesetzesbegriff beschränkt.[175] Die bisherigen Ergebnisse dieser Arbeit treten dieser Auffassung entgegen. Soll die Verfassung heutigen Regelungsbedürfnissen im Sozial- und Lenkungsstaat[176] sowie dem zunehmenden Bedürfnis nach Referendumsmöglichkeiten bei Projekten von grosser Tragweite[177] auch auf Bundesebene gerecht werden, muss das Bundesgesetz auch nicht-generelle Akte von material-allgemeiner Tragweite umfassen. Das gilt um so mehr, als der Vorentwurf auf den AVBB als einem verfassungsrechtlich möglichen Ort für derart staatsleitende Entscheidungen verzichtet und neben Gesetz und Dekret auf Stufe der Verfassung auch keine andern Beschlussformen vorsieht.[178] Das Verständnis der Rechtsetzung in seiner heute noch herrschenden Beschränkung auf generell-abstrakte Normen hätte zur Folge, dass der Vorentwurf – zumindest in bezug auf das Gesetzesreferendum[179] – hinter die bestehende Verfassung zurückfällt.

175 So E. Grisel (1978) 454, und in diesem Sinne wohl auch Schmid (1978) 470 ff.

176 Kap. 6.2.

177 Kap. 6.4.

178 Vgl. Bericht (1977) 157. Danach soll der Bundesversammlung für nicht-rechtsetzende Akte, z.B. im Rahmen der Planung (Art. 82) und anderen Aufgabenbereichen (Art. 84, 85, 90 und 92) selbständig andere Erlassformen wählen und neu schöpfen können.

179 Art. 62; vgl. aber Art. 64 VE (Initiative), der im Wortlaut nicht auf rechtsetzende Inhalte beschränkt ist.

Teil III

# VERFASSUNGSRECHTLICHE KRITERIEN ZUR BESTIMMUNG SACHGERECHTER ANFORDERUNGEN AN DIE GESETZLICHE GRUNDLAGE

## 1.Abschnitt: Das Legalitätsprinzip als verfassungsrechtlicher Minimalstandard — Aktivierung der verfassungsmässigen Rechte

### 10. Die Entlastung des allgemeinen Legalitätsprinzips

Bisherige Ergebnisse dieser Arbeit lassen sich dahin zusammenfassen, dass grundlegende Probleme des modernen Staates mit dem herrschenden Verständnis des Legalitätsprinzips, seinem dualistischen Gesetzesbegriff und dem formalen Rechtssatz nicht fruchtbar und erfolgreich angegangen werden können. Die Schwierigkeiten treten mit dem stark erweiterten Geltungsbereich des Gesetzmässigkeitsgrundsatzes heute um so deutlicher hervor. Dies spricht dafür, das Legalitätsprinzip begrifflich und verfassungsrechtlich zu entlasten und es anstelle vielmehr als einen fassbaren und somit auch praktikableren Minimalstandard zu begreifen. Auf diese Weise lässt sich auch sein Verhältnis zu den verfassungsmässigen Rechten sowie zum positiven Verfassungsrecht eher klären.[1]

### 10.1 Der Verzicht auf das umfassende materielle Legalitätsprinzip

Der verfahrensrechtlich definierte, materiell dem Wichtigen und Grundlegenden verpflichtete demokratische Gesetzesbegriff und das offene Normverständnis (Teil II) beinhalten den Verzicht auf einen als vorgegeben verstandenen, *umfassenden Begriff* des materiellen Legalitätsprinzips.[2] Ebenso veranlasst die nicht selten bestehende Unmöglichkeit, staatliches Handeln auf sinnvolle Weise generell-abstrakt vorauszubestimmen[3], das materielle Legalitätsprinzip in seinem heute herrschenden Verständnis als ein *stets* gebotenes Erfordernis an die gesetzliche Grundlage zu verlassen. Vielmehr wird von Bereich zu Bereich, unter Berücksichtigung aller Umstände

1 Zur heute unklaren Verankerung des Legalitätsprinzips Kap. 2.43.
2 Vgl. dazu Kap. 2.41.
3 Vgl. Kap. 3.2, 3.33, 6.2

zu prüfen sein, wo generell-abstrakte Normierung angezeigt, wo mitunter ein Einzelfallgesetz zulässig und wo, gestützt auf einen offenen Auftrag des Gesetzgebers, ein Vortasten und Erfahren der Behörde von Fall zu Fall angemessener ist.[4]

## 10.2 Die Kompetenznorm als Minimalerfordernis

a) Der heute bestehende komplexe und hohe Anfall staatlicher Regelungsaufgaben in unterschiedlichsten Problemlagen verunmöglicht nicht nur ein umfassendes, materielles Legalitätsprinzip, sondern macht auch eine grosse Bandbreite sachgerechter Abstufungsmöglichkeiten materieller Regelungsdichte im *demokratischen Gesetz* erforderlich. Diese muss von der abschliessenden Normierung und Gestaltung durch den Gesetzgeber selbst über Rahmengesetzgebung, Grundsatzentscheidung, Zielbestimmung, Richtlinie und Auftrag, bishin zur Ermächtigungsnorm reichen können. Das Bundesgericht hat denn auch die Ermächtigungsnorm als minimale, aber mitunter gebotene Art gesetzlicher Regelung für den Bereich der Leistungsverwaltung anerkannt.[5] Die Notwendigkeit, sich gegebenenfalls mit Ermächtigungsnormen (offene Kompetenznormen) zu bescheiden, zeigt sich aber auch in andern Bereichen. Solche Bestimmungen kommen in ihrer minimalen, auf den Gesetzeszweck reduzierten Normativität im komplexen Lenkungsrecht, im Planungsrecht, ja allein schon mit der allgemeinen Polizeiklausel selbst im Polizeirecht und damit in traditionellen Eingriffsbereichen vor.

b) Im Unterschied zum herrschenden Begriff des formellen Legalitätsprinzips[6] umfasst das hier vorgeschlagene Verständnis des Prinzips als Minimalerfordernis auch *ungeschriebene Kompetenznormen.*[7] Staatliches Handeln kann legitimerweise auch auf ungeschriebenen Befugnissen basieren, wie das Gewohnheitsrecht oder die (eng auszulegende) allgemeine Polizeiklausel[8] belegen. Das Bundesgericht hat denn auch im Fall *Wäffler* die Möglichkeit ungeschriebener, offener Kompetenznormen zumindest für die Leistungsverwaltung als grundsätzlich zulässig beurteilt.[9] Der Einbezug derart un-

[4] Dazu Kap. 18 ff.
[5] BGE 103 Ia 381, Kap. 3.31.
[6] Kap. 2.31.
[7] Vgl. Kap. 2.33 a.E.
[8] Kap. 3.321.

geschriebener Befugnisse ins Legalitätsprinzip ermöglicht nunmehr die Vorstellung umfassender Geltung des Prinzips im Sinne tradierter schweizerischer Lehre,[10] ohne sich dabei die Chancen gebotener Differenzierung zu verbauen. Das heute noch weitgehend ungelöste Problem des Geltungsbereiches des formellen Legalitätsprinzips mit seinen tradierten Ausnahmen konstitutioneller Herkunft verlagert sich, wie gesehen, auf die offene Frage, inwieweit und unter welchen Voraussetzungen sich staatliches Handeln im demokratischen Verfassungsgefüge auf ungeschriebene Kompetenzen, auf »inherent« oder »implied powers« zu stützen vermag.[11]

c) Dieses minimale Erfordernis der geschriebenen oder – seltener – der ungeschriebenen Kompetenznorm kann sicherlich als ein *allgemeiner Minimalstandard* festgehalten werden. Das Legalitätsprinzip sichert in diesem beschränkten Verständnis den fundamentalen Grundsatz, dass sich staatliches Handeln in der Demokratie gestützt auf *rechtliche Befugnisse* und in deren Rahmen bewegen muss und – entgegen konstitutioneller Tradition – nicht bloss durch das Recht (Gesetzesvorbehalt) beschränkt wird.[12] Angesichts der Komplexität und Vielfalt heutiger Regelungsbedürfnisse vermag es aber als *allgemeiner* Grundsatz selbst keine höheren Anforderungen, etwa an die jeweils gebotene Normstufe, Normdichte oder Normstruktur zu beinhalten. Solche führen zu einer Strapazierung des Prinzips und zu den heute bestehenden ungelösten Problemen seiner verfassungsrechtlichen Bewältigung. Sie hemmen, wie zu zeigen sein wird, die Möglichkeiten einer optimalen Verteilung der Regelungslasten und Entscheidungsbefugnisse auf die verschiedenen Staatsfunktionen.[13]

## 10.3 Das Legalitätsprinzip als schlichter Rechtsgrundsatz – sein Verhältnis zum Verfassungsrecht

a) Das als Erfordernis rechtlicher Befugnis verstandene Legalitätsprinzip entfaltet seine Wirkung in erster Linie auf der Stufe des einfachen Rechts. Ob sich staatliches Handeln auf

[9] BGE 103 Ia 381.
[10] Kap. 3.1.
[11] Kap. 3.32.
[12] Vgl. Kap. 3.4.
[13] Eingehend zur Regelungstheorie Kap. 12, 15, 16.

eine geschriebene oder ungeschriebene Rechtsgrundlage stützt, ist in den meisten Fällen eine Frage des einfachen Rechts. Nach Massgabe des Wortlauts, des Zwecks und der Materialien einer Norm ist zu bestimmen, ob eine urteilende, verfügende oder rechtsetzende Behörde ihre Befugnisse überschreitet oder nicht. Die Anweisungen des Rechts, insbesondere des Gesetzes, können bestimmter oder offener sein; sie können sich letztlich im Minimalstandard der Kompetenznorm erschöpfen. Solange sich die Behörde in dem ihr zugestandenen Spielraum bewegt, ist das Legalitätsprinzip nicht verletzt. Das gilt auch da, wo die Verfassung an sich qualifiziertere Anforderungen an die Rechtsgrundlage hinsichtlich Normstufe, Normdichte und Normstruktur stellt. Denn die Behörde ist, soweit ihr die Verfassungsgerichtsbarkeit und damit die Beurteilung rechtlicher Grundlage nach Massgabe v.a. der verfassungsmässigen Rechte nicht zusteht, an das einfache Recht und Gesetz gebunden, *so wie es ist.*[14] Damit sei gesagt, dass das Legalitätsprinzip in erster Linie ein Grundsatz des einfachen Rechts ist. Er ist primär durch den *Fachrichter* (in freier Prüfung) zu realisieren und zu kontrollieren.[15]

b) Nun ist das Legalitätsprinzip als Grundsatz gerade einer demokratischen Rechtsordnung von derartiger Wichtigkeit, dass ihm gemeinhin Verfassungsrang zuerkannt wird.[16] Der Rechtsgrundsatz geniesst damit zu Recht auch den Schutz des Verfassungsrichters. Da die Auslegung des einfachen Rechts aber an sich keinen unmittelbaren Bezug zum Verfassungsrecht aufweist, kann dessen Auslegung nicht die eigentliche Aufgabe des Verfassungsrichters sein. Die Verfassung bietet, vom Gebot verfassungskonformer und willkürfreier Auslegung abgesehen, keine besonderen Anhaltspunkte dafür, ob sich staatliches Handeln im Rahmen des Gesetzes bewegt, *so wie es vorliegt.* Darin, und weniger in praktischen Problemen der Überlastung des Gerichts, liegt der Grund, weshalb verfassungsrechtlicher Schutz des Legalitäts-

14 So typisch etwa in der Verwaltungsgerichtsbarkeit des Bundes, vgl. z.B. BGE 104 Ib 105, 412.

15 Daraus erhellt, dass dem Bundesgericht *als Fachgericht* die Verwirklichung des Legalitätsprinzips im gesamten *Bundesrecht,* dem kantonalen Richter *als Fachrichter* dieselbe Aufgabe im *kantonalen* Recht beidseits durch notwendig freie Prüfung und Auslegung obliegt.

16 Nachweise Kap. 2.43.

prinzips in der Regel nur beschränkt möglich sein kann.[17] Das Bundesgericht prüft denn auch die Anwendung und Auslegung des einfachen kantonalen Rechts im Rahmen der staatsrechtlichen Beschwerde grundsätzlich nur auf Willkür.[18] Erst wo Anwendung und Auslegung den Grad qualifizierter Unrichtigkeit und damit Unhaltbarkeit erreicht, wächst sie, wie *Gygi* zutreffend ausführt, in »verfassungsrechtliche Dimensionen«.[19] Mit Bezug auf das einfache Recht erschöpft sich das Legalitätsprinzip als schlichter Rechtsgrundsatz daher *materiell* im Willkürverbot des Art. 4 BV. [20]

Aus dem Gesagten erhellt, dass das Legalitätsprinzip über das Willkürverbot hinaus nicht selbständiges verfassungsmässiges Recht sein kann. Ein solches müsste die stets freie Überprüfung des einfachen kantonalen Rechts auslösen. Dem Verfassungsgericht kämen so bekanntlich die Funktionen einer obersten Verwaltungs- und Appellationsinstanz über das kantonale Recht zu; eine Konsequenz, die den Rahmen der Verfassung sprengt und die auch unter funktionellem und föderalistischem Gesichtspunkt kaum sinnvoll ist.

c) Diese Beurteilung des Legalitätsprinzips als primär ein Grundsatz des einfachen Rechts schliesst nicht aus, dass es in den spezifischen Fragen des Verfassungsrechts und des Bundesstaatsrechts einen über das Willkürverbot hinausgehenden verfassungsrichterlichen Schutz geniesst. Das ist der Fall, wo sich die Frage der Kompetenznorm und der Rechtsbin-

17 Zutreffend Gygi (1981) 193, im Ergebnis auch Hangartner (1982) 201; a.M. Kaufmann O.K., Die beiden Brillen des Bundesgerichts, in: Beiträge zur Methode des Rechts, St. Galler Festgabe zum Schweizerischen Juristentag 1981, Bern 1981, 165 ff., 178.

18 So schon BGE 13, 253, s. Kap. 21, insbesondere zur Ausnahme freier Prüfung bei schweren Grundrechtsbeschränkungen.

19 Gygi (1981) 205.

20 Erübrigt sich so aus *materieller* Sicht von einem selbständigen Verfassungsrang des Legalitätsprinzips zu sprechen, so kann indessen darauf solange nicht verzichtet werden, als das Bundesgericht dem Willkürverbot des Art. 4 BV im Ergebnis die selbständige Grundrechtsqualität aus *prozessualen Gründen* (Art. 88 OG) abspricht; deutlich BGE 98 Ia 649 ff, kritisch dazu St. Müller (1981) 165 ff. m.H. Das heute zur Beschwerdelegitimation bestehende, zusätzliche Erfordernis der Verletzung in rechtlich geschützten Interessen (d.h. eines Rechtsanspruchs) hätte zur Folge, dass ein allein im Rahmen des Willkürverbotes geschütztes Legalitätsprinzip in wesentlichen Bereichen aus prozessualen Gründen ohne verfassungsrechtlichen, minimalen Schutz bliebe; eine Konsequenz, die mit seiner Anerkennung als Rechtsgrundsatz von selbständigem Verfassungsrang vermieden wird, vgl. hierzu und zum Folgenden auch Kap. 2.43.

dung direkt auf der Stufe der Verfassung stellt, z.B. bei der Beurteilung der Frage, ob einer Behörde eine beanspruchte verfassungsunmittelbare geschriebene oder ungeschriebene Befugnis zu Recht zusteht oder nicht. Das Bundesgericht prüft denn auch solche Fragen im kantonalen Verfassungsrecht grundsätzlich frei. Anders als beim einfachen kantonalen Recht ist das Verfassungsgericht hier die funktionell massgebende Instanz der Auslegung und damit auch des Legalitätsprinzips in seiner Anwendung auf Verfassungsstufe. In ähnlichem Sinne lässt sich auch die freie Prüfung und Auslegung des Staatsvertrags-[21] und Konkordatsrechts[22] begründen.

## 11. Verlagerung auf das Verfassungsrecht – zur Methode des weiteren Vorgehens

Die vorstehend vorgenommene Entlastung des Legalitätsprinzips auf einen Grundsatz des einfachen Rechts und des Erfordernisses lediglich einer Kompetenznorm ist im Lichte der Rechtsschutzinteressen und der politischen Partizipationsrechte des Individuums nun möglich, weil die heute weitgehend dem Legalitätsprinzip selbst zugeschriebenen Funktionen, über den Minimalstandard der Ermächtigungsnorm hinausgehend, im Einzelfall auf differenziertere Weise vom Verfassungsrecht, insbesondere von den verfassungsmässigen Rechten wahrgenommen werden können. Das gilt sowohl für die Verortung der gesetzlichen Grundlage auf einer jeweils sachgerechten Normstufe und in einer angemessenen Normdichte (Delegation) sowie auch mit Bezug auf die Anforderungen an die Normstruktur (Rechtssatzerfordernis).

Der folgende Abschnitt äussert sich zur Methode des weiteren Vorgehens auf der Suche nach verfassungsrechtlichen Kriterien zur Beurteilung der gesetzlichen Grundlage im Einzelfall. Es gilt aufzuzeigen, dass sich Anforderungen an die gesetzliche Grundlage über den Minimalstandard des Legali-

[21] Art. 113 Abs. 1 Ziff. 3 BV, Art. 84 Abs. 1 lit. c OG, BGE 106 Ia 214 ff. (EMRK), 101 Ia 523 f. mit Hinweisen.

[22] Art. 113 Abs. 1 Ziff. 3 BV, Art. 84 Abs. 1 lit. b OG, BGE 102 Ia 502, 100 Ia 422, für Ausnahmen z.B. BGE 107 Ib 65.

tätsprinzips hinaus nicht begrifflich-deduktiv, sondern nur topisch, unter Berücksichtigung aller relevanten Gesichtspunkte, erarbeiten lassen.

## 11.1 Der Beizug der Verfassungsnormen, insbesondere der verfassungsmässigen Rechte

a) Auf der Suche nach verfassungsrechtlichen Standards zur Bestimmung sachgerechter Ausgestaltung der gesetzlichen Grundlage liegt es auf der Hand, in erster Linie die verfassungsmässigen Rechte des Bürgers[23] heranzuziehen. Ihre Einwirkungen auf die gesetzliche Grundlage traten im Verlaufe dieser Untersuchung schon verschiedentlich hervor. Das gilt vor allem in bezug auf die Gewaltenteilung und die politischen Rechte mit ihrem starken Interesse an materiellen Regelungen auf der Stufe des demokratischen Gesetzes.[24] Das gilt ebenso für die Grundrechte, namentlich mit den Geboten der Bestimmtheit, der Vorsehbarkeit und der Publizität im Rahmen der EMRK.[25] Noch weniger ausgeschöpft sind die Möglichkeiten der Rechtsgleichheit zur Bestimmung sachgerechter Normstrukturen. Hier, wie auch bei den andern Rechten wird es darum gehen, Einwirkungsmöglichkeiten und Grenzen der verschiedenen Verfassungsnormen in ihrem mitunter bestehenden Spannungsverhältnis auszuleuchten

23 Art. 5, Art. 113 Abs. 1 Ziff. 3 BV. Zum umstrittenen Begriff der verfassungsmässigen Rechte BGE 104 Ia 286 ff. mit Hinweisen zur Literatur. Der Begriff umfasst nicht nur die Grundrechte (ein Begriff, den das positive Verfassungsrecht des Bundes noch nicht kennt; vgl. aber den Entwurf 1977 für eine neue Bundesverfassung Art. 8 ff. sowie KV AG § 7 ff.), sondern auch objektiv formulierte Verfassungsbestimmungen, die durch Auslegung des Verfassungsrichters dem Bürger einen Schutzanspruch gegenüber dem Staate einräumen, neuestens dazu J.P. Müller (1982) 27 ff. In einem weiteren Sinne gehören zu den verfassungsmässigen Rechten, trotz unterschiedlicher Ausgestaltung der Beschwerdevoraussetzungen auf Gesetzesstufe (Art. 85, Art. 88 OG), auch die politischen Rechte, s. Kaufmann (1978a) 475. Nach überwiegender schweizerischer Auffassung kommt ihnen im Rahmen des politischen Systems der direkten Demokratie nicht nur funktionale Bedeutung und Begründung zu, sondern es handelt sich ebensosehr um eigentliche Individualrechte (dualistische Konzeption); eingehend dazu Auer (1978) 10 ff., 21 ff. Vgl. auch J.P. Müller (1982) 32 f., wo die politischen Rechte als »Schnittstelle« zwischen Grundrechten und organisatorischem Verfahrensrecht erscheinen. Für die folgenden Ausführungen unterscheiden wir politische Rechte und Gewaltenteilung mit ihrer Wirkung im gesamten Bereich des Legalitätsprinzips als organisatorische Individualrechte von den Grundrechten mit punktuellen Schutzbereichen und Wirkungsfeldern; vgl. Kap. 15 und 16.

24 Kap. 4.

25 Kap. 5.

und unter Einbezug relevanter positiver Verfassungsbestimmungen und allgemeiner Verfassungsgrundsätze zu vertiefen. Es zeichnet sich ein reiches Koordinatennetz ab, das die Überlastung und Spezialisierung des Legalitätsprinzips über seinen Gehalt als Minimalstandard hinaus entbehrlich macht. So ist es nicht nötig, den Gesetzmässigkeitsgrundsatz in verschiedene Teilaspekte aufzulösen, etwa einer formellgesetzlichen Ebene richtiger Normstufe, einer materiellrechtlichen Ebene richtiger Regelbildung und schliesslich einer Ebene richtiger Normdichte und Bestimmtheit.[26]

b) Die Bedeutung der Verlagerung des Schwergewichts auf die einzelnen verfassungsmässigen Rechte liegt auch darin, dass die Rechtsetzungslehre vermehrt auf die Individualrechte und -interessen des Bürgers und damit des Menschen ausgerichtet wird. Seine Bedürfnisse sollen massgebend auf die Ausgestaltung des gegenseitigen Verhältnisses der verschiedenen Staatsfunktionen einwirken.

## 11.2 Der Beizug praktischer Interessen

Den individualrechtlich gesicherten Partizipationsrechten (politische Rechte und Gewaltenteilung) sowie den Interessen der Grundrechte an berechenbaren und vorhersehbaren, also stabilen und durch demokratische Gesetze legitimierten Beschränkungen treten staatliche Leistungsfähigkeit (Effizienz), Flexibilität des Handelns, Bewältigung dringlicher Aufgaben, die (seit jeher notwendige) Verwirklichung von Einzelfallgerechtigkeit und schliesslich die Möglichkeit zu flexibler, tastender, experimentierender, innovativer Rechtsgestaltung bei der Lösung neuartiger Aufgaben entgegen. Diese Interessen führen tendenziell weg von Regelungen im demokratischen Gesetz, weg von Parlament und Stimmbürgerschaft in die Entscheidungsräume der Regierung, der Verwaltung und der Gerichte. Sie müssen in ihrem Spannungsverhältnis zu den Anliegen demokratischer Partizipation und des individuellen Rechtsschutzes stets miteinbezogen werden.

[26] Vgl. demgegenüber die Voten von Eichenberger, Linder und Rhinow anlässlich der Schweizerischen Staatsrechtslehrer-Tagung vom 3.11.1979, in: Protokoll (1979) 9, 25 f., 34.

## 11.3 Güterabwägung, Topik und »offenes System«

a) Die verfassungsmässigen Rechte, andere Verfassungsnormen und derartige, nicht abschliessend aufgezählte praktische Interessen bilden das Koordinatennetz, in dessen Spannungsfeld sich die gesetzliche Grundlage im Einzelfall herauszubilden hat. Die Interessen an staatlicher Effizienz, Flexibilität und Einzelfallgerechtigkeit mit ihrer exekutiv- und richterstaatlichen Tendenz, lassen sich durchaus als (öffentliche) Interessen verstehen, die beim einzelnen Regelungsgegenstand mit den zum demokratischen Gesetz tendierenden verfassungsmässigen Rechten abgewogen werden müssen. Im Grunde lässt sich hier in bezug auf die Strukturierung der Erlasse ein vergleichbarer Prozess der Güterabwägung feststellen, wie er bei der Prüfung von Grundrechtsbeschränkungen mit dem Erfordernis des entgegenstehenden, überwiegenden öffentlichen Interesses durchgeführt wird.[27] Die verschiedenen Interessen harmonieren oder konkurrieren als verfassungsrechtlich bedeutsame Aspekte. Sie sind miteinander unvoreingenommen abzuwägen, als Vektoren ins Spiel zu bringen, als deren Ergebnis, dem Kräfteparallelogramm, die sachgerechte Ausgestaltung der gesetzlichen Grundlage hinsichtlich ihrer Normstruktur, Normstufe und Normdichte resultiert. Das Ergebnis dieser Abwägung kommt durch *Entscheidung* zustande. In Regierung, Parlament und Volksabstimmung erfolgt diese letztlich interessengebunden durch Mehrheitsprinzip; in der gerichtlichen Überprüfung aber muss sie durch Rekurs auf offengelegte, nachvollziehbare, rationale Güterabwägung und Begründung, unter Einbezug aller relevanten Gesichtspunkte,[28] erbracht werden können.

b) Dieser Prozess entspricht der heute in der Verfassungslehre wohl vorherrschenden Topik[29] und ihrer Vorstellung

27 Aus der bundesgerichtlichen Praxis s. z.B. BGE 103 Ia 43, 253, 420, 588; 102 Ia 434, 522; G. Müller (1981) 58 f. mit Hinweisen. Zur Methode einzelfallweiser, punktueller Güterabwägung bei verfassungsrichterlicher Konkretisierung der Grundrechte statt vieler Häberle (1972) 39 ff., Hinderling (1971) 237 ff., J.P. Müller (1964) 185 f., (1982) 119 ff.

28 Mit Schlink, B., Abwägung im Verfassungsrecht, Berlin 1976, 128 ff., ist hervorzuheben, dass Güterabwägung nicht im Rahmen eines als festgefügt angenommenen Wertsystems mit vorgegebenen Werthierarchien von Verfassungsnormen vorgenommen werden darf.

29 Grundlegend in jüngerer Zeit Viehweg, Th., Topik und Jurisprudenz, 5. erweiterte Auflage, München 1974, 31 ff. Eine eingehende Darstellung der Topik und des Methodenproblems kann hier nicht geleistet werden; es sei verwiesen auf Rhinow (1979) 149 ff.; vgl. auch Larenz (1975) 138 ff., Esser (1972)

eines »offenen Systems« *(Esser)* im Sinne der englischen und angloamerikanischen Case-law-Methode.[30] Als Problemdenken, als Absage an Dogma und ein deduziertes, logisches und »geschlossenes System«,[31] ist sie an praktischer Vernunft orientiert. Stellvertretend sei die treffende Umschreibung *Essers* wiedergegeben:

> »Topische Begründung kann und muss es sich leisten, die Ergebnisse als nicht logisch zwingend aus vorhandenen Grundsätzen folgend, sondern als aus der Sache einsichtig darzustellen. Wird beim dogmatischen Deduzieren die Vereinfachung der Komplexität auf logisch verwertbare Relevanzen zum Handwerk, dann ist es hier umgekehrt: Die Situation muss in ihrer ganzen Komplexität erfasst werden, um das Lösungsideal zu »problematisieren«. Der Durchgriff auf die Komplexität der Rechtsschutzkonflikte muss, um überzeugende Evidenzen aufzudecken, die Problemabwertung im deduktiven dogmatischen System zur Seite schieben und alle formalen Gesichtspunkte zur »Absorption« der komplexen Erwartungen zurückzuweisen.«[32]

»Offenes System« und topisches Denken beinhalten so den Einbezug der Realien, der »Wirklichkeit« bei der Auslegung einer Norm bzw. hier bei der »richtigen« Ausmessung gesetzlicher Grundlage hinsichtlich Normstruktur, Normstufe und Dichte. Konkretisierende Gestaltung hat hier mit den einprägsamen Worten von *Engisch* durch »hin und her wandern des Blickes«[33] zwischen auszulegender Verfassungsnorm und der zu normierenden Wirklichkeit Gestalt anzunehmen; eine Beziehung, wie sie im Grunde bereits *Schindler sen.* im Jahre 1931 mit seinen Ausführungen zum Verhältnis von Recht und sozialer Ambiance zum Ausdruck gebracht hat.[34]

Norm und Wirklichkeit wirken so interdependent auf die Rechtsgewinnung ein.[35] Je offener die Norm, um so grösser

154 ff.; für die topische Auslegung des Verfassungsrechts s. Hesse (1980) 19, 25 ff., 27, Ehmke (1963) 61 ff., Schneider (1963), Bäumlin (1971) 26, 55 und v.a. Kriele (1979) sowie ders. Theorie der Rechtsgewinnung, entwickelt am Problem der Verfassungsinterpretation, 2. Auflage, Berlin 1976.

30 Esser, J., Grundsatz und Norm in der richterlichen Fortbildung des Privatrechts, 3. Auflage, Tübingen 1974, 44, 239.

31 Zur Überwindung des Systemdenkens im Sinne Burckhardts (1936) über die geschichtliche Betrachtungsweise Bäumlins (1961) hin zum offenen System s. Huber, Einführung zu Burckhardt, W., Aufsätze und Vorträge 1910 – 1938, Bern 1970, 9 ff., 17; vgl. auch Larenz (1975) 157.

32 Esser (1972) 157, 158.

33 Engisch, K., Logische Studien zur Gesetzesanwendung, 2. Aufl., Heidelberg 1960, 15.

34 Schindler, D., Verfassungsrecht und soziale Struktur, 5. unveränderte Auflage, Zürich 1970, 92 ff.

35 Das ist bei F. Müller (1966) 184 ff. mit »Normbereich« umschrieben; vgl. hierzu sowie zum Begriff des »Normprogrammes« die Synopsis von Rhinow (1979) 155 ff., Mastronardi (1978) 146 ff.

sind die Einwirkungsmöglichkeiten faktischer Topoi und Interessen; entsprechend geringer sind sie bei dichten Normierungen.[36] Diese Relation gilt auch mit Bezug auf die Ausgestaltung der gesetzlichen Grundlage nach Massgabe der offenen, geschriebenen und ungeschriebenen, verfassungsmässigen Rechte bzw. nach Massgabe dichterer Umschreibungen geforderter Normqualität im geschriebenen Verfassungsrecht, wie dies z.B. in Art. 23 Abs. 2 VE für Grundrechtsbeschränkungen generell vorgeschlagen wird.[37]

c) Aus dem Erfordernis der Topik, bei Gestaltung und Ausmessung gesetzlicher Grundlage eine Vielzahl rechtlicher und praktischer Gesichtspunkte zu berücksichtigen, mag auch erhellen, dass für die vorliegende Problematik davon abgesehen wird, von einem die individualrechtlichen Interessen wahrnehmenden »Rechtsstaatsprinzp« auszugehen und dieses einem »Demokratieprinzip« und einem »Sozialstaatsprinzip« antinomisch gegenüberzustellen. Der Ansatz müsste für das vorliegende Problem zu kurz greifen. Rechtsstaat, Demokratie und Sozialstaat bedingen einander gegenseitig zu sehr, als dass Spannungen auf notwendigerweise abstraktem Niveau fruchtbar gelöst werden können.[38] Vielmehr scheint dies nur im Rahmen des konkreten Falles, der konkreten Problemlage mit all ihren beteiligten, vielseitigen Interessen und Umständen möglich zu sein.[39]

36 Auf die wissenschaftliche Diskussion zum Verhältnis von Norm und Topoi ist hier nicht einzutreten. Anzumerken ist lediglich, dass nach schweizerischer Auffassung die Bindung an den Verfassungstext und die damit einhergehende Einschränkung topischer Betrachtung weniger ausgeprägt erscheint als in der bundesdeutschen Diskussion; vgl. F. Müller (1976) 79, 82 ff. und passim, Hesse (1980) 30, 31, Rhinow (1979) 158 ff. Namentlich wird in der Schweiz die Notwendigkeit auch offener Verfassungsnormen betont; vgl. J.P. Müller (1981b) 17, 60 ff., Breiter (1980) 82, G. Müller (1978) 138, Schmid (1978) 317 ff.

37 Vgl. Kap. 14 zu den positivierten Anforderungen der Verfassungen an die gesetzliche Grundlage, kritisch zu Art. 23 Abs. 2 VE Ziff. 16.4.

38 Vgl. Kap. 4.313. Zutreffend Hesse (1980) 110; Abravanel (1980) 11 ff.; Bäumlin (1965) 91 ff., (1954) 90 ff.; Klein (1972) 9 ff.; Kägi (1952) 174 ff.; neuestens dazu Eichenberger (1982) 9 ff.

39 Es ist denn auch interessant, dass jüngst *Grimmer* (1980) 19, 245 f. in seiner Untersuchung zum Verhältnis von Demokratie und Grundrechten nicht mit dem Rechtsstaatbegriff arbeitet, sondern die Volkssouveränität, das Mehrheitsprinzip und die Grundrechte als die Basiselemente des Grundgesetzes bezeichnet, die miteinander koordiniert und harmonisiert werden müssen; bedeutsam ist im vorliegenden Zusammenhang, dass die Dialektik dieser Basiselemente nur im Einzelfall gelöst werden könne; in diesem Sinne auch Hesse (1980) 26.

## 12. Wegleitung durch die Ansätze der Regelungstheorie

Einen hervorragenden Beitrag auf der topischen Suche nach Kriterien zur jeweils sachgerechten Ausgestaltung der gesetzlichen und rechtlichen Grundlagen staatlichen Handelns leistet die seit einigen Jahren in Entwicklung stehende Regelungstheorie und Gesetzgebungslehre in ihren verschiedenen Ausprägungen. Als wesentliche Grundlagen und Bezugspunkte dieser Arbeit erweisen sich v.a. die Ansätze von *Rhinow* und *Tribe*. Über die Abwägung divergierender Interessen und die Berücksichtigung der »Realien« hinaus ist bei ihnen die enge, verschränkte Betrachtungsweise von materiellem Recht und Verfahren besonders hervorzuheben.

### 12.1 Die funktionale Verteilung der Regelungslast bei R. Rhinow

Aufgrund einer eingehenden Untersuchung zum Verhältnis von Rechtsetzung und juristischer Methode zeigt *Rhinow* die Notwendigkeit einer umfassenden Regelungstheorie zur besseren praktischen Bewältigung der so unterschiedlichen und differenzierten Regelungsbedürfnisse im Gemeinwesen auf. Der offene Normbegriff, die Abkehr von der kategorialen Unterscheidung von Rechtsetzung und Rechtsanwendung, ermöglichen ein Verständnis der Rechtsverwirklichung als ein – in der Praxis längst wirksamer – Prozess abgestuft schöpferischer, durchgehend »rechtsetzender« Regelbildung aller Staatsorgane in ihrer differenzierten gegenseitigen Verschränkung. Diese Betrachtungsweise erlaubt es *Rhinow,* die sachgerechte Verteilung der so verstandenen »rechtsetzenden Regelungslasten« auf die verschiedenen Staatsorgane in den Mittelpunkt zu stellen:

> »Die zu entwickelnde Regelungstheorie thematisiert die unterschiedlichen Formen *und* Verfahren der Rechtsetzung, weitet den Blick von den methodisch unhaltbaren Dichotomien »Gestaltungsfreiheit des Gesetzgebers – Gebundenheit von Richter und Verwaltung«, Rechtsschöpfung – Rechtsanwendung und Norm – Einzelakt auf eine integrierende Betrachtung und Analyse, wer im Rechtsstaat was, gegenüber wem, in welchen Formen, in welchen Verfahren, mit welcher Wirkung »regelt«, d.h. auch regeln kann und soll.«[40]

[40] Rhinow (1979) 244.

Diese »Verteilung der Regelungslast« auf die Funktionsträger hat bei *Rhinow* andeutungsweise nach verschiedenen funktionalen Kriterien zu erfolgen, die u.a. Legitimität, Interessen zeit- und sachgerechter Konkretisierung, Kontrolle und Implementation berücksichtigen müssen.

Entscheidend ist, dass dem jeweiligen Verfahren der Regelbildung in seiner Ausgestaltung (law in making) für die jeweilige Zuweisung einer Sachregelung hervorragende Bedeutung zukommt.[41] Für das hier interessierende Problem der gesetzlichen Grundlage führt der Ansatz vorerst zur Einsicht, dass die Frage nicht auf das bisher vorherrschende Verhältnis von Verfassungs-, Gesetz- und Verordnungsgeber beschränkt werden kann. Namentlich über das Delegationsproblem hinaus muss stets die ebenso regelbildende, »rechtsetzende«, einzelfallbezogene und durch Präjudiz wirksame Tätigkeit von Verwaltung und Richter mit ihren Verfahren der Entscheidfindung einbezogen werden. Nach *Rhinow* – und u.E. in Übereinstimmung mit der hier vertretenen Auffassung des Legalitätsprinzips als Ermächtigungsnorm – hat der Gesetzgeber (Parlament und Volk) kein Rechtsetzungsmonopol, sondern lediglich ein Gesetzgebungsprimat, mit dem er teils vorgegebene Verfassungsaufträge konkretisiert, teils selbst Rechtsetzungsprozesse einleitet oder eben Spielräume für »dezentrale Gesetzgeber« *(Ott),* darunter auch Verwaltung und Richter, schafft.[42]

Der Gegenstand einer integral verstandenen Regelungstheorie ist ausserordentlich komplex. Die jeweils sachgerechte Zuweisung einer Regelungslast an ein bestimmtes Staatsorgan hängt nicht nur von materiell-rechtlichen und verfahrensrechtlichen, sondern interdisziplinär auch von soziologischen, politologischen und kommunikationswissenschaftlichen Gesichtspunkten und damit einer Vielzahl relevanter Topoi ab.[43]

41 Ibid. hierzu und zum Folgenden 245, 249 ff.
42 Ibid. 250.
43 Ibid. 244.

## 12.2 Structural Due Process bei L. Tribe

In der amerikanischen Verfassungslehre sind heute Bemühungen im Gange, die unter anderem für die Frage der adäquaten Ausgestaltung der gesetzlichen Grundlage nach Struktur, Stufe und Dichte von Bedeutung sind. *Tribe* entwikkelt unter den Stichworten des »structural due process« oder der »structural justice« in Ansätzen eine Theorie verfassungsrechtlicher Argumentation, die sich zwischen die klassische Beurteilung staatlicher Regelung und Entscheidung nach materiellen Gerechtigkeitskriterien (»substantive due process«) einerseits und den verfassungsrechtlichen Anforderungen an das Verfahrensrecht (»procedural due process«) schiebt und eine Verbindung der beiden in Lehre und Rechtsprechung gefestigten Massstäbe verfassungsrechtlicher Kontrolle sucht:

> »Within this category, the question is neither simply whether the *substance* of a government rule or policy accords with constitutional norms, nor simply whether the *application* of a given rule or policy to a particular case is *procedurally* acceptable, but whether the *structure through which policies are both formed and applied, and formed in the very process of being applied,* are consistent with due process of law.«[44]

Aufgabe und Gegenstand der »structural justice« sind damit Untersuchung und Ausgestaltung der vielseitigen, umfassend verstandenen Prozesse und Verfahren in ihrer Wechselbeziehung zur Rechtsverwirklichung. Im Mittelpunkt des Interesses stehen nicht das Resultat, die Norm oder konkrete Entscheidung und die Frage nach deren Verfassungsmässigkeit, sondern vielmehr die komplexen Umfelder und der Begründungszusammenhang in der Rechtsfindung. Im wesentlichen geht es *Tribe* darum, dass staatliche Entscheidungen aller Art und Stufe – vorerst unabhängig ihres materiellen Gehaltes – nur dann verfassungsmässig sind, wenn sie von Organen in Verfahren und Begründungen ergehen, welche die Voraussetzungen geforderter Sachgerechtigkeit und Legitimation in der Rechtsetzung (»due process of law making«) und in der Rechtsanwendung (»due process of law applying«) erbringen können.[45] Ausgangspunkt der praktischen, im Gespräch mit zahlreichen Entscheidungen des Supreme Courts

[44] Tribe (1979) 873, (Hervorheb. durch den Verf.) ebenso ders. (1975) 269.
[45] Hierzu und zum Folgenden Tribe (1978) 1137 ff.; vgl. auch die Interpretation des Ansatzes bei Görlich (1978) 461 ff.

entwickelten Theorie ist die Einsicht, dass menschliche Freiheit (in einem umfassenden Sinne als Herrschaftsfreiheit verstanden) vielseitig und stets aufs neue gefährdet ist und dabei die traditionellen, historisch gewachsenen Sicherungen des Verfassungsrechtes mit ihren je spezifischen Entscheidungsstrukturen (»structure-substance pairings«) in strenger, dogmatischer Anwendung unter Umständen nicht genügen können. Gewaltenteilung, liberal-defensives Grundrechtsdenken, die wohlerworbenen Rechte, der Grundsatz der Gesetzmässigkeit, die Doktrin der »preferred rights« und die Rechtsgleichheit als die sechs hauptsächlichen Sicherungen des amerikanischen Verfassungsrechts (Modell I–VI), die *Tribe* in seinem Lehrbuch systematisch darstellt [46], geniessen nur so lange Legitimität, als sie ihre Funktion der Sicherung menschlicher Freiheit wahrnehmen und sich unter spezifischen Verhältnissen nicht in ihr Gegenteil kehren. Derartigen Gefährdungen setzt *Tribe* das Konzept der »structural justice« als neuen Ansatz der Sicherung entgegen, das mit der Gewährleistung sachgerechter Zuordnung von Entscheidungsstrukturen zu den je spezifischen sozialen Lagen die Verallgemeinerung und Dogmatisierung bestehender Sicherungen verhindern soll (Modell VII). Dabei geht es darum, Kriterien und Gesichtspunkte zu entwickeln, nach denen sich unter den jeweils konkreten Umständen sachgerechte Entscheidungsstrukturen im Sinne optimaler freiheitsbezogener Rechtsverwirklichung heranziehen lassen:

> »(W)e might define Model VII as reconstituting Models I through VI by seeking particular decision structures for particular substantive purposes in particular contexts, while avoiding generalizations about which decisional pattern is best suited, on the whole, to which substantive aims. This »Model of Structural Justice« would borrow from each of the prior models its insights about the substantive tendencies of specific structural arrangements; but it would repudiate each prior model by refusing to regard those tendencies as inhering in one structure rather than another, without regard to context, time, or place.... In its maturity, Model VII might identify criteria linking particular structure-substance pairings to specific aspects of each social and historical setting in which such pairings occur; in its early development, Model VII can at best hint at such criteria.«[47]

[46] Tribe (1978) 1 ff.
[47] Tribe (1978) 1139, 1140.

Als ein solches Kriterium nennt *Tribe* vorerst eine mögliche Regel, wonach – mit Bedeutung für die Normstufe – das Mehrheitsprinzip als eine in der Demokratie zentrale Entscheidungsstruktur dort nicht zum Tragen kommen darf, wo es um die Beurteilung individualisierter Interessen geht, die der Betroffene in einem individualisierten Verfahren mit Parteirechten verteidigen können muss.[48] Sodann geht es, mit besonderer Bedeutung für die Normdichte, um Kriterien, anhand derer entschieden werden kann, wann eine Norm bestimmt, wann sie im Interesse optimaler Rechtsverwirklichung gerade offen ausgestaltet werden muss.[49] Darauf, wie auch auf weitere Gesichtspunkte der stufen-, sachgerechten und zeitgemässen Begründungspflicht von Grundrechtseingriffen und der grossen Bedeutung, die *Tribe* dem Dialog zwischen Entscheidungsträger und Betroffenem zumisst, wird im gegebenen Zusammenhang zurückzukommen sein.[50] Interessant ist mit Blick auf die topische Methode, dass *Tribe* starre Regeln (rules), z.B. im Delegationsrecht, vermeiden will.[51] Die aufgegebenen Kriterien (principles) versteht er als relevante, zu berücksichtigende Gesichtspunkte (Topoi), denen im Interesse je optimaler Zuordnung von konkretem Normprogramm und Entscheidungsstruktur keine abschliessende Wirkung zukommt. So wird eine gewisse Flexibilität erreicht, die eine fortlaufende Anpassung in Rechtsetzung und Strukturierung der Entscheidungsprozesse an neue Bedrohungslagen ermöglicht.[52]

## 12.3 Unterschiede und Gemeinsamkeiten

Die Theorie des »structural due process« steht in ihrer Gesamtheit, von bedeutenden und ersten fruchtbaren Konkretisierungen eines Teilaspektes in der Praxis abgesehen[53], noch in den Anfängen. Soweit ein Vergleich mit der von *Rhinow* angestrebten Regelungstheorie möglich ist, zeichnen sich Gemeinsamkeiten, aber auch Unterschiede ab.

48 Ibid. 1145, vgl. auch Kap. 20.2.
49 Ibid.
50 Kap. 16.3.
51 Vgl. Kap. 16
52 Tribe (1978) 1140 ff.
53 S. dazu Kap. 17.3.

a) Auch bei *Tribe* lässt sich festhalten, dass die Verwirklichung »richtigen« Rechts im Ergebnis mit einer sachgerechten Verteilung der Regelungslasten auf die verschiedenen Entscheidungsträger zu erreichen ist. Es ist bedeutsam, dass die beiden unabhängig voneinander entwickelten Ansätze auf eindrückliche Weise die Notwendigkeit einer verschränkten Betrachtungsweise des materiellen Rechtes und den strukturellen verfahrens- und organisationsrechtlichen Bedingungen seiner Entstehung und Verwirklichung (»law in making«) in den Mittelpunkt stellen und auch *Tribe* keinen grundlegenden Unterschied von Rechtsetzung und Rechtsanwendung macht. Diese gegenseitige Übereinstimmung in wichtigen Grundlagen bestärkt in der Annahme, dass die Frage der Ausgestaltung der gesetzlichen Grundlage in erster Linie als eine Frage der Funktion sachgerechter Verteilung der Regelungslast auf die in unterschiedlichen und typischen Verfahren konstitutionierten Staatsfunktionen nach Massgabe ihrer Eignung angegangen werden muss.[54]

b) Die Theorie von *Rhinow* zielt auf einen umfassenden Ansatz, eine umfassend verstandene Rechtsetzungslehre, die wohl primär aus der Sicht des Normsetzers die sachgerechte Bewältigung der vielseitigen Regelungsbedürfnisse anstrebt, mitunter durch Orientierung an kybernetischen und systemtheoretischen Modellen und Forschungsergebnissen.[55] *Tribe* kommt methodisch von einer anderen Seite her. Sein Anliegen scheint enger gefasst zu sein. Die aufgegebenen Kriterien sachgerechter Entscheidungsstrukturen sind in erster Linie auf verfassungsrechtliche Argumentation und auf Verbesserung des Grundrechtsschutzes gerichtet. Der Ansatz von *Tribe* kann u.E. eher als der eigentliche Anfang einer grundrechtsspezifischen Regelungstheorie verstanden werden, die sich an der Freiheit des Menschen und seinen Schutzbedürfnissen misst. So lautet seine einfache Grundfrage: »(G)iven the relevant social and economic realities, which path now points away from domination?« – oder: »(G)iven the cultural and bureaucratic realities, which path currently points toward freedom?«.[56] Mit dieser Ausrichtung treten gewisse bedeutsame Aspekte, wie etwa die Frage staatlicher Effizienz in der

[54] Kap. 15.4.
[55] Rhinow (1979) 251 ff.
[56] Tribe (1978) 1138.

Rechtsetzung und im Vollzug[57] vielleicht in den Hintergrund. »Structural due process« betont in besonderem Masse, dass sich eine Regelungstheorie primär am einzelnen Menschen, seinen Bedürfnissen und seiner Freiheit und nur mittelbar an der (freilich für menschliche Freiheit ebenso bedeutsamen) Funktionstüchtigkeit des Staates ausrichten muss. Die Absicht, Bestimmung und Ausgestaltung gesetzlicher Grundlage primär an den Individualrechten und damit am Verfassungsrecht zu bemessen, erfährt hier eine besondere Bestärkung.

## 2. Abschnitt: Die sachgerechte Ausgestaltung von Normstufe und Normdichte (Delegation und Bestimmtheit)

### 13. Grundrelationen: Die Interdependenz von Regelungslast, Normstufe und Normdichte

Zwischen der zentralen Aufgabe sachgerechter Verteilung der Regelungslasten im Sinne der Regelungstheorie und der Ausgestaltung gesetzlicher Grundlage besteht ein enger und offensichtlicher Zusammenhang: Die Zuweisung von Regelungsaufgaben an die einzelnen Funktionsträger wird über die Wahl einer entsprechenden Stufe und Dichte der Grundnorm erreicht. Umgekehrt zieht eine auf bestimmte Weise geartete, dichte oder offene Regulierung eine (oft mehr oder weniger bewusst angestrebte) Kompetenzzuweisung nach sich. Normstufe und Normdichte können so *Ergebnis,* aber auch *Grundlage* für eine bestimmte Verteilung der Regelungslast sein.

[57] Vgl. demgegenüber den teilweise dominierenden Aspekt des effizienten Vollzugs bei Steinmann (1981) IV 6.3 und passim.

## 13.1 Normstufe und Normdichte als Ergebnis der Kompetenzverteilung

a) Wie bis dahin vor allem das Delegationsproblem zeigte, muss der Gesetzgeber eine Regelung in den entscheidenden Punkten eingehend und bestimmt treffen, wo er die Wirkung einer abschliessenden und doch massgebenden Vorausbestimmung erzielen will. Die Anforderungen in Lehre und Rechtsprechung, wonach Inhalt, Zweck und Ausmass namentlich grundrechtsbeschränkender Vorkehren im formellen Gesetz enthalten sein müssen, bringen dies ebenso wie die damit verwandte Wesentlichkeits-Rechtsprechung des Bundesverfassungsgerichtes zum Ausdruck.[58] Zwischen Normstufe und Normdichte besteht so ein enger, notwendiger Zusammenhang. Wo eine Regelung auf einer jeweiligen Normstufe verortet werden soll, muss dies mit einer minimalen Dichte geschehen. Je dichter die Regelung ausfällt, um so stärker ist sie im betreffenden Erlass verankert. Für das demokratische Gesetz gilt so: Die Normdichte profiliert den sogenannten Gesetzesvorbehalt.[59]

Mit dem hier vertretenen Verständnis des Legalitätsprinzips als einem Mindeststandard, der sich auf Rechtsbindung und das Erfordernis einer Ermächtigungsnorm beschränkt, steht dem demokratischen Gesetzgeber grundsätzlich die gesamte Bandbreite möglicher Regelungsdichten, von der abschliessenden Normierung, über Grundsatz-, Rahmen-, Instrumental- oder Richtliniengesetz[60], bis hin zu reinen Kompetenznormen, offen. In dem Masse, wie er Entscheidungsbefugnisse selbst wahrnehmen bzw. an Regierung und Verwaltung delegieren will, verdichtet bzw. öffnet er seinen Grunderlass in »planmässiger Offenheit«.[61] Die Normdichte erweist sich so als ein Instrument zur stufenlos und gleitend möglichen Verteilung von Regelungslasten auf Gesetzgeber und Verordnungsgeber im demokratischen Gesetz.

[58] Kap. 4.2, 4.31.

[59] Zu dieser einfachen Grundbeziehung s. auch Steinmann (1981) II 4.4, G. Müller (1979) 87, 94; eingehend Dubs (1974) 225, Noll (1973) 195, Geitmann (1971) 22, 164; ebenso spricht das Bundesgericht diesen Bezug zur Normdichte an, wenn es im Geltungsbereich des Gesetzesvorbehalts »erhöhte Anforderungen an die Delegationsnorm von Verfassung wegen« stellt und reine Ermächtigungen ausschliesst, BGE 103 Ia 376, vgl. auch Kap. 3.4.

[60] So die Terminologie bei G. Müller (1979) 88.

[61] Zu den einzelnen Formen planmässiger Offenheit eingehend Geitmann (1971) 47 ff., s. auch Rhinow (1979) 50 ff., G. Müller (1979) 88 ff.

b) Dieser einfachen funktionellen Relation unterliegt die Ausgestaltung der Norm jeder Form und Stufe; die Gestaltung des gegenseitigen Verhältnisses der verschiedenen Staatsfunktionen und ihrer Kompetenzen, so auch von Gesetz- und Verordnungsgeber zur Verwaltung und zum Richter, ebenso das Verhältnis des Verfassungsgebers zur Regierung, zum Gesetzgeber wie auch (mit den offenen, stark konkretisierungsbedürftigen Grundrechten) zum Verfassungsrichter, wird in concreto mittels der Normdichte ausgedrückt.

## 13.2 Die Normdichte als Grundlage der Kompetenzverteilung

Die Normdichte ist im Unterschied zur Normstufe nun aber nicht nur Ergebnis sachgerecht gestalteter Verteilung der Regelungslast, sondern wirkt *als Eigenwert* ihrerseits auf die Zuordnung der Kompetenzen auf die verschiedenen Funktionsträger ein. Solche Einwirkungen gehen insbesondere von den Interessen der Rechtssicherheit (Vollzug und Rechtsverwirklichung), und der Rechtsgleichheit aus.

So beinhaltet vor allem der Normbegriff der EMRK mit seinen Anforderungen der Erkennbarkeit und Vorhersehbarkeit des Staates ein grundrechtsspezifisches Bestimmtheitserfordernis[62], wie es in Lehre[63] und vor allem in der bundesgerichtlichen Praxis[64] dem Gebote der Rechtssicherheit zugeschrieben wird. Zwar verlangt die EMRK nach heutiger Auslegung mit Rücksicht auf den Rechtskreis des »common law« keine geschriebenen Normen, sondern legt das Gewicht im Ergebnis auf den Regelcharakter der grundrechtsbeschränkenden Norm. Dennoch führt dies, zumindest unter den heutigen, lückenhaften Bedingungen der Publikationspraxis von Verwaltungs- und Gerichtsentscheiden dazu, dass die massgebenden Beschränkungen in der Regel im publizierten Gesetz oder in der Verordnung und damit durch den Gesetz-

62 Oben Kap. 5.
63 Dubs (1974) 225, 226 beurteilt die Rechtssicherheit neben dem Gesetzesvorbehalt als die beiden wesentlichen Wurzeln des Bestimmtheitspostulates; für die Begründung aus dem Rechtsstaatsprinzip, wie sie in der BRD vorherrscht, vgl. Geitmann (1971) 77. S. auch Kap. 16.22 lit. a.
64 Kap. 16.22 lit. b.

geber und den Verordnungsgeber gestaltet werden sollten.[65] Neuere Untersuchungen haben bestätigt, dass auch die Implementation, d.h. das Interesse an optimalen Vollzugschancen, unter anderem nach einer möglichst bestimmten Normierung (im geschriebenen Erlass) rufen.[66]

Mit dem Bestimmtheitserfordernis plädieren diese Interessen damit für die Verortung massgebender Entscheidung in Gesetz und Verordnung. Sie legen so die massgebende Entscheidung stets dem Gesetz- und Verordnungsgeber zu, dem diese Erlassformen zugeeignet sind. Damit können Konflikte mit andern Topoi und Interessen entstehen, die einer anderweitigen Zuteilung der Regelungslast, etwa im Sinne optimaler Einzelfallgerechtigkeit, an Verwaltung und Richter das Wort reden.[67] Die Abwägung im Einzelfall muss ergeben, welchen Interessen Vorrang einzuräumen ist. Wo dem rechtsstaatlichen Bestimmtheitserfordernis so nicht nachgekommen werden kann, wird man nach Kompensationsmöglichkeiten zu suchen haben, die auf ihre Weise Rechtssicherheit, Rechtsgleichheit und erfolgreiche Implementation zu erzielen vermögen.[68]

## 13.3 Sprachlich bedingte Unbestimmtheit

Schliesslich ist daran zu erinnern, dass eine an sich erstrebte Bestimmtheit, sei sie durch entsprechende Verteilung der Regelungslast oder durch die Interessen der Rechtssicherheit, Rechtsgleichheit und Implementation begründet, ausbleiben kann, weil die Sprache als hauptsächliche Trägerin

65 Eingehender Kap. 18.3

66 Eingehend Steinmann (1981) Kap. IV, insbesondere 6.3.2; Pressmann / Wildavsky, Implementation, How Great Expectations in Washington are Dashed in Oakland, University of California Press, Berkeley / Los Angeles / London 1973, haben drei Faktorengruppen für die Erklärung von Vollzugsdefiziten ins Zentrum gestellt:
a) mangelhafter, weil zuwenig konkretisierter und detaillierter Programmkonsens (specific consensus anstelle von general consensus),
b) Struktur und Verfahrensweisen der administrativen Vollzugsträger (complexity of joint action),
c) die vorgefundenen Sozial- und Verwaltungsstrukturen, auf und in denen die Norm anzuwenden ist; zit. nach Knöpfel (1979) 39.

67 Kap. 16.3.

68 Kap. 17.

rechtlicher Regelung das betreffende Normprogramm nicht mit der gewünschten Dichte auszudrücken vermag.[69] In diesem Zusammenhang sind *Klarheit und Bestimmtheit* auseinanderzuhalten.[70] Klarheit, etwa bezüglich Aufbau, Gestaltung und Übersichtlichkeit des Erlasses (Gesetzestechnik), hat nichts mit der Verteilung der Regelungslast zu tun; sie ist stets anzustreben. Unklare Normen können in diesem Sinne nie, unbestimmte Normen aber sehr wohl sinnvoll und begründet sein (planmässige Offenheit). Die Unterscheidung erfährt indessen eine Relativierung, weil sprachlich bedingte Unklarheiten des Erlasses Unbestimmtheiten nach sich ziehen können, die aus der Sicht optimaler Verteilung unerwünscht sind.[71]

Das kommt, wie jedermann aus täglicher Erfahrung berichten kann, bei an sich zu Recht knapp gehaltenen Gesetzen und Verordnungen häufig vor. Die massgebenden Entscheidungen verschieben sich deshalb auf Verwaltung und Richter, weil deren sprachliche Formen der Verfügungs- bzw. Urteilsbegründung (Motiv) weit bessere Möglichkeiten zu umschreibender und damit differenzierter Regelbildung bieten.

## 13.4 Zusammenfassende Begriffsbestimmung

Mit den vorstehenden Relationen sind Normstufe und Normdichte in ihren Funktionen für die folgenden Ausführungen begrifflich folgendermassen determiniert: Die *Normstufe* besagt, wo eine Regelung auf der Leiter der Normhierarchie (Verfassung, Gesetz, Verordnung aller Grade) formell verortet ist. Die *Normdichte* ihrerseits gibt das Mass rechtsetzender Entscheidungen auf der betreffenden Normstufe selbst bzw. das Mass der Dezentralisierung der massgebenden Normgebung an andere Staatsfunktionen an. Gesamthaft sind Normstufe und Normdichte Funktionen der Verteilung der Rege-

69 Für diesen Problemkreis und die damit verbundene Notwendigkeit der Auslegung, kann auf die jüngste eingehende Darstellung von Steinmann (1981) II 2 sowie auf Noll (1973) 194, verwiesen werden.

70 Geitmann (1971) 28; ebenso Dubs (1974) 223; vgl. neuerdings auch Fleiner (1982).

71 In diesem Sinne auch Steinmann (1981) II 5.1.2.

lungslast. Die Verteilung zieht in concreto eine bestimmte Konstellation von Normstufe und Normdichte nach sich. Diese kann ihrerseits aber auch durch das eigenständige Bestimmtheitspostulat, z.B. der EMRK, bewirkt werden.

## 14. Das positive Verfassungsrecht

Im Sinne der vorgenannten Relationen ist vorerst zu untersuchen, inwieweit das *geschriebene* Verfassungsrecht der Kantone und des Bundes *ausdrückliche* Anforderungen an die Ausgestaltung von Normstufe und Normdichte stellt und damit die Verteilung von Regelungslasten explizit bestimmt.[72] Besondere Beachtung sei dabei den Anforderungen an Grundrechtsbeschränkungen geschenkt.

### 14.1 Ausdrückliche Anforderungen an die Normstufe (Übersicht)

#### *14.11 Kantonale Verfassungen*

Das kantonale Verfassungsrecht, historisch gewachsen und oft nur punktuell, ist, von jüngeren Verfassungen abgesehen, in der Frage gesetzlicher Grundlage wenig systematisch. Es weist eine Vielfalt von Erscheinungen auf.

a) Sieht man von den zahlreichen Verfassungsbestimmungen ab, die zur gesetzlichen Grundlage überhaupt schweigen, so lassen sich die relevanten Bestimmungen zu *Beschränkungen* von Individualrechten im wesentlichen drei Gruppen zuordnen:

(i) Vereinzelt behält sich die *Verfassung* die Regelung von Beschränkungen selbst vor oder verbietet ausdrücklich gesetzgeberische Einschränkungen. So bestimmt die Verfassung Zürichs, dass Beschränkungen der staatsbürgerlichen Rechte (politischen Rechte) nur durch die Verfassung selbst vorgesehen werden

[72] Zur impliziten Verteilung der Regelungslasten durch die Individualrechte Kap. 15 und 16.

dürfen.[73] Die Verfassung Genfs regelt selbst umfassend die Beschränkungen der persönlichen Freiheit (mit ausdrücklichen, punktuellen Delegationen an die Gesetzgebung).[74] Die Verfassung von Neuenburg enthält ein ausdrückliches Verbot gesetzgeberischer Beschränkung der Pressefreiheit, behält indessen die Abwehr von Missbräuchen dem Gewohnheitsrecht (droit commun) vor.[75]

(ii) Regelmässig sehen die Verfassungen die Möglichkeit von Grundrechtsbeschränkungen *gestützt auf »Gesetz«* vor. Das gilt vorab für die Persönliche Freiheit,[76] weitgehend – aber mit einigen Ausnahmen für Expropriation durch Dekret – für die Eigentumsgarantie,[77] für die Steuererhebung,[78] für die Handels-und Gewerbefreiheit[79] sowie, aber weniger häufig, für die ideellen Grundrechte (Pressefreiheit, Meinungsäusserungsfreiheit, Versammlungsfreiheit, Lehrfreiheit).[80] Neuere Verfassungen formulieren ein allgemeines Erfordernis gesetzlicher Grundlage für Grundrechtsbeschränkungen (teils mit Sondernormen für die Eigentumsgarantie).[81]

(iii) Nicht selten verweisen die Verfassungen bei der Beschränkung einzelner ideeller Grundrechte auf das *»allgemeine Recht«*[82], auf »allgemeine

[73] Art. 2 KV ZH. (Diese und die nachfolgenden Verfassungbestimmungen zitiert nach SR 131).

[74] Art. 12 ff., Art. 16 Abs. 1 lit. d, Art. 39 KV GE.

[75] Art. 9 KV NE; s. in diesem Sinne auch das erste Amendment der U.S.-Verfassung: »Congress shall make *no* law respecting an establishment of religion, or prohibiting the free exercise thereof; or abridging the freedom or speech, or of the press; or the right of the people peaceably to assemble, and to petition the government for a redress of grievances.« (Hervorhebung durch den Verfasser)

[76] Z.B. Art. 7 Abs. 2 KV ZH, Art. 72 Abs. 2 KV BE, § 5 Abs. 2 KV LU, Art. 29 Abs. 1, lit. e KV UR, § 5 KV SZ, Art. 12 KV NW, Art. 5 Abs. 2 KV GL, § 8 Abs. 3 KV ZG, § 3 KV BS, § 6 KV BL, Art. 30 Abs. 2 KV SG, Art. 3 Abs. 2 KV FR, Art. 13 Abs. 2 KV SO, Art. 4 KV VD, Art. 5 KV TI, Art. 4 KV VS, Art. 7 KV NE, Art. 9 KV GR, § 40 KV AG (besonderes Rechtsverhältnis der Strafgefangenen).

[77] Z.B. Art. 10 Abs. 3 KV UR, § 13 Abs. 3 KV SZ, Art. 14 Abs. 2 KV NW, Art. 15 Abs. 2 SO, Art. 12 KV FR, § 5 KV BS, Art. 9 Abs. 4 KV GR, Art. 12 KV AR, § 11 KV TG, Art. 6 KV VD, Art. 6 KV GE, Art. 12 Abs. 1 KV JU (als Sondernorm zu Art. 13 KV), Art. 6 KV VS, Kein Gesetz für Enteignungen ist erforderlich z.B. mit § 9 Abs. 2 KV BL, Art. 19 KV SH, Art. 22 Abs. 2a KV AG, Art. 8 KV NE, Art. 31 Abs. 2 SG, Art. 4 KV AI.

[78] Z.B. Art. 19 Abs. 2 KV ZH, Art. 92 KV BE, § 11 KV LU, Art. 42 KV NW, § 15 KV ZG, § 6 BS, § 29 KV TG, Art. 16 Abs. 2 KV NE, § 117 KV AG.

[79] Z.B. Art. 81 KV BE, § 10 KV LU, § 14 KV SZ, Art. 13 KV NW, Art. 12 KV GL, § 13 KV ZG, Art. 11 KV FR, Art. 12 Ziff. 2 KV SO (mit Delegationsverbot an Regierung), Art. 4 KV TI, Art. 15 KV NE (»loi de police»), Art. 10 Abs. 2 KV GR sowie § 15 KV TG sprechen von »gesetzlichen und polizeilichen Beschränkungen« der Handels- und Gewerbefreiheit.

[80] Z.B. Art. 77 Abs. 2, 78 KV BE, § 6 KV LU (»gesetzliche Vorschrift«), § 10 KV SZ, Art. 3 Abs. 4, 26 KV SG, §§ 12, 15 KV TG, Art. 7 KV VD, Art. 8 KV GE, Art. 13 Abs. 23 KV VS, s. auch Art. 9 KV NE.

[81] Art. 13 KV NW, Art. 1 Abs. 1 KV OW, Art. 13 KV JU (mit Sondernorm für Eigentumsgarantie, Art. 12 Abs. 1).

[82] Art. 3 Abs. 1 KV ZH.

Rechtsbestimmungen«,[83] auf »Beschränkungen des allgemeinen Rechts und der Sittlichkeit«[84] oder in einem Einzelfall auf die Ausübung »innerhalb der Schranken der Sittlichkeit und der öffentlichen Ordnung«.[85] Hier ist auch die explizite Verankerung der allgemeinen Polizeiklausel (Notverordnungen) zu erwähnen.[86]

Schliesslich sei auf die vielseitigen und differenzierenden Regelungen von Grundrechtsbeschränkungen in der neuen aargauischen Verfassung vom 25.6.1980 hingewiesen; sie kombiniert Elemente der vorgenannten Gruppierungen (i – iii):

(iv) In § 8 KV AG wird festgehalten, dass Grundrechte nur eingeschränkt werden dürfen, soweit »das Bundesrecht oder diese Verfassung es zulassen«. In den einzelnen Grundrechtsbestimmungen werden sodann unterschiedliche Anforderungen an die gesetzliche Grundlage gestellt, so der Vorbehalt von »Bestimmungen« zum Jugendschutz bei Beschränkung der Presse- und Meinungsäusserungsfreiheit (§ 13 Abs. 3), der Vorbehalt der »im Gesetz vorgesehenen Massnahmen« bei Beschränkung der Persönlichen Freiheit (§ 15 Abs. 3), der Vorbehalt der allgemeinen Polizeiklausel bei Gewährleistung der Versammlungsfreiheit (§ 17 Abs. 2), der Vorbehalt der Rechtsmässigkeit von Vereinigungen, ohne Hinweis auf die Normstufe (§ 18), der Vorbehalt »polizeiliche(r) Bestimmungen« bei Beschränkung der Wirtschaftsfreiheit (§ 20 Abs. 2), das Erfordernis der »gesetzlichen Grundlage« für Beschränkungen der Eigentumsgarantie (Art. 21 Abs. 2) sowie die Enteignung »nach Massgabe des Gesetzes« (Art. 21 Abs. 3). Für Beschränkungen der Persönlichen Freiheit die »ungesetzlich« sind, schuldet der Staat Entschädigung, allenfalls Genugtuung (Art. 23 Abs. 2).

b) Die oben festgestellte Dreistufigkeit positivierter verfassungsrechtlicher Verteilung der Regelungslast ist nicht grundrechtsspezifisch, sondern findet sich auch im Bereiche des Organisationsrechtes und der Staatsaufgaben:

(v) Auf *Stufe der Verfassung* findet sich die grundlegende Ausgestaltung der Volksrechte (Initiative, Referendum) und der Behördenorganisation: In der neueren Verfassungsgebung zeichnet sich die Entwicklung ab, alle Staatsaufgaben in der Verfassung selbst vorzuzeichnen.[87]

83 Art. 2 Abs. 1 KV AI.
84 Art. 18 Abs. 1a KV AG, § 13 KV TG.
85 Art. 2 Abs. 3 KV VS (Religionsfreiheit).
86 Z.B. Art. 39 Abs. 2 KV BE, vgl. auch Art. 30 KV GR.
87 Gemäss § 26 KV AG vom 25.6.1980 bedarf die Erfüllung von Aufgaben, die dem Kanton nicht durch Bundesrecht übertragen sind, einer verfassungsrechtlichen Grundlage. Die Angleichung der Konzeption an die Bundesverfassung hat einerseits den Vorteil, dass das Volk frühzeitig durch das obligatorische Verfassungsreferendum eingeschaltet wird. Andererseits führt dieser Weg zu einer ausserordentlichen Erschwerung des politischen Prozesses. Das gilt vor allem, wenn, wie nun in der angenommenen Kantonsverfassung, das Gesetzesreferendum weiterhin obligatorisch ist (§ 62 Abs. 1 lit. b). Es bleibt

(vi) Im Hinblick auf die Konkretisierung und nähere Ausgestaltung des Organisationsrechtes und der Staatsaufgaben sprechen die Verfassungen vielfach ausdrücklich vom Erfordernis einer Regelung *im »Gesetz«*. Solche Bestimmungen finden sich verschiedentlich zur Ausgestaltung des Gerichtswesens,[88] der Organisation der Behörden,[89] zur Verantwortlichkeit,[90] zu Gemeinderecht und Bezirksorganisation,[91] zur Regelung der Personen des öffentlichen Rechts,[92] zum Wahlrecht[93] sowie auch zum Schulwesen,[94] namentlich in der Verfassung des Kantons Aargau zu verschiedenen weiteren Staatsausgaben.[95]

(vii) Neben dem häufig anzutreffenden ausdrücklichen Erfordernis des Gesetzes, finden sich vereinzelt Verfassungsbestimmungen, die *ausdrücklich auf einen unter-gesetzlichen Erlass verweisen,* so auf das Dekret des Grossen Rates[96] als verfassungsunmittelbares Verordnungsrecht. In anderen Fällen wiederum lässt sich die Normstufe aufgrund des Verfassungstextes nicht bestimmen, sei es, dass lediglich von »Anordnungen«,[97] »Vorschriften«[98] oder schlicht »Erfordernis des Rechtssatzes«[99] gesprochen wird. Häufiger als diese an sich seltenen

abzuwarten, ob der Kanton Aargau unter diesem System doppelter gesetzlicher Grundlage gegenüber neuen Problemlagen noch fristgerecht handlungsfähig sein wird. Auch der Verfassungsentwurf für den Kanton Basel-Land von 1979 sieht die Enumeration der Staatsaufgabe im sechsten Abschnitt (öffentliche Aufgaben) vor. Ausdrücklich wird hier aber auf das Erfordernis einer notwendigen Verfassungsgrundlage verzichtet, um den politischen Prozess nicht übermässig zu erschweren; s. Bericht des Regierungsrates an den Verfassungsrat vom 5.11.1979, 8. Diese Auffassung ist zu unterstützen. Das Erfordernis verfassungsrechtlicher Grundlage ist durch Art. 3 BV ein spezifisches Attribut des Bundesstaatsrechts. Ihre Übernahme auf die Kantone ist nicht erforderlich und nicht geboten. Sie führt zum Verlust notwendiger Flexibilität und birgt die Gefahr staatlicher Erstarrung, die möglicherweise – wie im Bund – nur durch verstärkten Rückgriff auf Notrecht aufgefangen werden kann; vgl. Kap. 14.3. Eingehend zu dieser Problematik Müller, P., Funktionen und Motive einer verfassungsrechtlichen Aufgabennormierung in den Kantonen, Basel/Frankfurt 1981.

88 Z.B. Art. 57, 58 KV ZH, Art. 62 KV BE, § 82 H KV LU, §§ 72 Abs. 3, 97 Abs. 1 und 4 KV AG.

89 Z.B. § 57 KV LU, § 48 KV BS, §§ 90 Abs. 3, 94 Abs. 1 KV AG.

90 Z.B. Art. 15 Abs. 3 KV BE, Art. 44 Abs. 2 KV GR, Art. 8 aKV AG, Art. 21 Abs. 2 KV NE, § 75 KV AG.

91 Z.B. Art. 55 Abs. 2 KV ZH, Art. 65 KV BE, § 94 KV LU, Art. 35 KV UR (Aufgabenteilung zwischen Kanton, Gemeinden und Korporationen), § 76 KV ZG, Art. 144 KV GE, §§ 77 Abs. 2, 103 Abs. 2, 106, 107, 108 Abs. 3 KV AG.

92 Z.B. Art. 1 Abs. 3 KV TI, § 94 Abs. 3 KV AG.

93 Z.B. Art. 11 Abs. 2, Art. 13 Abs. 3 KV BE, Art. 22 KV NE, Art. 153 KV GE, §§ 60, 61 Abs. 1 lit. i, 69 Abs. 3 und 4 KV AG.

94 Art. 63bis KV ZH Art. 5 KV SG, Art. 40 Abs. 2 KV JU, Art. 161 KV GE, §§ 28 Abs. 3, 31 KV AG.

95 § 37 (Mediengesetz), § 51 (Landwirtschaftspolitik), § 56 (Obligatorium und Neuschaffung von Versicherungen), § 58 (Beteiligung an gemischtwirtschaftlichen Unternehmungen).

96 Z.B. Art. 17 b, 45, 62 Abs. 2, 63 Abs. 2 KV BE (Dekrete)

97 So Art. 7 Abs. 2 Ziff. 3 KV UR.

98 Art. 16 Abs. 1 KV UR, Art. 4 KV GR.

99 Art. 87 KV SZ.

Erscheinungen sind Verfassungsnormen, die keinen ausdrücklichen Bezug auf Art und Normstufe ihrer Konkretisierung nehmen. Das gilt vor allem für den Bereich des Leistungsstaates, so bei Förderungskompetenzen und -aufträgen.[100]

## *14.12 Die Bundesverfassung*

Die Bundesverfassung enthält wie die meisten (älteren) Kantonsverfassungen nur punktuell positivierte Anforderungen an die gesetzliche Grundlage von Grundrechtsbeschränkungen. Eine allgemeine Vorschrift, wie sie in Art. 23 Abs. 2 des VE 1977 vorgeschlagen wird[101], fehlt im geltenden, geschriebenen Bundesverfassungsrecht. Sieht man auch hier von den Gewährleistungen verfassungsmässiger Rechte ab, die sich zur Qualität gesetzlicher Grundlage möglicher Beschränkungen ausschweigen, so z.B. das PTT-Geheimnis, die Niederlassungsfreiheit, die Pressefreiheit und die Petitionsfreiheit[102], so lassen sich folgende Gruppen unterscheiden:

(i) Art. 31 Abs. 1 BV behält *explizit* das Erfordernis der grundlegenden verfassungsrechtlichen Kompetenznorm für Einschränkungen der HGF vor. Von *impliziten* »Verfassungsvorbehalten« kann sodann da gesprochen werden, wo die BV absolute Garantien enthält, die nur durch Verfassungsänderung beschränkt werden könnten, so beim Ausweisungsverbot für Schweizerbürger, beim partiellen Verbot der Todesstrafe und beim Verbot der Körperstrafe.[103] Von diesen Fällen abgesehen kommt dem »Verfassungsvorbehalt« in der Bundesverfassung durch die Kompetenzvermutung zugunsten der Kantone und dem Erfordernis der verfassungsrechtlichen Grundlage für Handlungen des Bundes (Art. 3 BV) allgemeine und hervorragende Bedeutung zu. Darauf ist nachstehend (Kap. 14.2) einzugehen.

(ii) Teilweise verlangt die Bundesverfassung in ihren Grundrechtsbestimmungen ausdrücklich das Erfordernis eines *Gesetzes.* Das gilt für die Eigentumsgarantie[104], sodann für Beschränkungen der HGF – zusätzlich zum Verfassungsvorbehalt – durch den Bund.[105] Das gilt sowohl für polizeiliche Beschränkungen sowie durch das ausdrückliche Erfordernis referendumspflichtiger Erlasse[106] grundsätzlich auch für wirtschaftspolitische Massnahmen. Teilweise wird das Erfordernis der »Gesetzgebung« auch für das *kantonale* Recht aufgestellt.[107] Eine ausdrückliche Verweisung auf die gesetzliche Grundlage findet sich ferner

100 Z.B. § 3 KV LU, § 9 KV SZ, Art. 18 Abs. 1 KV GL, Art. 31 Abs. 2 KV NW, § 11 und 12 KV BS sowie die Staatsaufgaben im dritten Abschnitt der aargauischen Verfassung, mit Ausnahme der oben (v) genannten Bestimmungen.

101 Dazu Kap. 14.4 und 16.4 (Kritik).

102 Art. 36 Abs. 4, Art. 45, 55 (vgl. aber alt Art. 55) und 57 BV.

103 Art. 41 Abs. 1, 65 BV, vgl. auch die zumindest absolut formulierte Garantie der Ehefreiheit, Art. 54 Abs. 1 und 2 BV, dazu die einschränkende Auslegung des Bundesgerichts, BGE 75 II 3, 68 I 73, vgl. auch Art. 12 EMRK.

104 Art. 22ter Abs. 2, 22quater Abs. 1 BV.

105 Art. 31 Abs. 2 BV.

106 Art. 32 Abs. 1 BV.

107 So Art. 22ter Abs. 2, 32quater Abs. 1, 2 BV.

bei Beschränkungen der politischen Rechte.[108] Eine Begrenzung auf kantonale Beschränkungen, also – zumindest nach dem Wortlaut – ein Verbot bundesrechtlicher, gesetzlicher Beschränkungen, enthält die Vereinsfreiheit mit ihrem ausdrücklichen Bezug auf die »Kantonalgesetzgebung«.[109] Das Erfordernis der Gesetzgebung ist im übrigen auch in der Bundesverfassung nicht grundrechtsspezifisch, sondern im Gegenteil das *typische* Muster in der Verteilung der Regelungslast im Bund.

(iii) Vereinzelt weist die BV die Regelungslast ausdrücklich dem Bundesrat (verfassungsunmittelbare Verordnung) oder gar den Kantonsregierungen zu.[109b]

(iv) Schliesslich finden sich in der Bundesverfassung zahlreiche Bestimmungen, denen im Ergebnis *keine Anforderungen an die Normstufe* entnommen werden können. Das ist – abgesehen von den einleitend erwähnten Grundrechten, die mögliche Beschränkungen gar nicht erwähnen – z.B. da der Fall, wo die Verfassung bei der Kultusfreiheit von »geeigneten Massnahmen«, u.a. zur Aufrechterhaltung von Ruhe und Ordnung, spricht,[110] wo sie »(k)antonale Bestimmungen« zur Beschränkung von Handel und Gewerbe vorbehält[111] oder wo sie dem Bund in allgemeiner Weise das Recht zur Ausweisung von Ausländern zugesteht.[112] Diese fehlende Bezugnahme auf eine bestimmte Normstufe lässt sich auch ausserhalb des Grundrechtsbereiches zahlreich feststellen.[113]

## 14.2 Der bundesstaatliche Verfassungsvorbehalt (Art. 3 BV)

### *14.21 Das Erfordernis der Kompetenznorm*

a) Die Aufgabenverteilung zwischen Bund und Kantonen fällt sachgemäss der Bundesverfassung zu (»Kompetenz-Kompetenz«). Artikel 3 BV regelt die Kompetenzverteilung dahin, dass die Kantone zur Wahrnehmung von Staatsaufgaben in all jenen Bereichen frei und zuständig sind, die nicht dem Bund aufgegeben sind. Der Bund kann Tätigkeiten, namentlich der Rechtsetzung, nur da entfalten, wo ihm die Bundesverfassung eine mitunter auch ungeschriebene, entsprechende Sachkompetenz zuweist.[114] Das derartige, bundesstaatlich motivierte Erfordernis einer verfassungsgesetzlichen Grundlage stellt einen eigentlichen *»Verfassungsvorbehalt«* dar, der die Bundesverfassung gegenüber den Kantons-

[108] Art. 66 BV.
[109] Art. 56 BV; vgl. auch die Kompetenzzuweisung zwischen Bund und Kantonen bei Beschränkungen der Pressefreiheit in alt Art. 55 BV.
[109b] Art. 35 Abs. 2 und 3, Art. 36ter Abs. 1 lit. b, Art. 41 Abs. 4 BV.
[110] Art. 50 Abs. 2 BV.
[111] Art. 31 Abs. 2 BV
[112] Art. 70 BV.
[113] Z.B. Art. 23bis, 27sexies, 34 Abs. 1, 34ter Abs. 1, 34septies, 42quater.
[114] Statt vieler Aubert (1967) 232 ff., Bericht (1977) 110 f., insbesondere zu den möglichen Kompetenzverhältnissen zwischen Bund und Kantonen s. Keller, M., Aufgabenverteilung und Aufgabenkoordination im Landschaftsschutz, Diessenhofen, 1977, 29 ff. Hangartner, Y., Die Kompetenzverteilung zwischen Bund und Kantonen, Bern 1974.

verfassungen – nunmehr mit Ausnahme der neuen aargauischen Verfassung[115] – wesentlich prägt. Dieser Modus bundesstaatlicher Kompetenzverteilung entfaltet seine Wirkungen auch im Grundrechtsbereich. Bundesrechtliche Massnahmen der »Grundrechtspolitik« bedürfen stets einer verfassungsrechtlichen Grundlage.

b) Die *bundesstaatliche* Begründung des Erfordernisses verfassungsgesetzlicher Grundlage lässt erkennen, dass dieselbe nur beschränkt in den offenen, höchst konkretisierungsbedürftigen, geschriebenen und ungeschriebenen Grundrechten der Bundesverfassung begründet sein kann. Jedenfalls weist der bundesstaatliche Aspekt der Kompetenzverteilung zwischen Bund und Kantonen dem konstitutiven Grundrechtsdenken und den programmatischen Grundrechtsschichten Grenzen. So zutreffend es ist, dass Grundrechte die Voraussetzungen ihrer Ausübung mitbedenken und mitberücksichtigen müssen und sich nicht auf reine Abwehrrechte beschränken dürfen,[116] so sehr kann wohl dieser Ansatz nicht zu einer grundrechtsspezifischen Kompetenzverschiebung und Aufgabenattraktion grösseren Ausmasses im Bundesstaate führen.[117] Wo die Grenzen und Möglichkeiten grundrechtlicher Kompetenzbestimmung für den Verfassungsrichter und für die Bundesversammlung liegen, bedürfte eingehender Abklärung.

## *14.22 Die Auswirkung unterschiedlich dichter Kompetenznormen*

Mit der jeweiligen Regelungsdichte der von Artikel 3 BV geforderten Kompetenznorm bemisst sich auch das Ausmass materieller Ausgestaltung des Rechts durch Volk und Stände auf der Ebene der Bundesverfassung. Die verfassungsgesetz-

[115] Kap. 14.11 lit. b (v).

[116] Zum institutionell-konstitutiven Grundrechtsdenken s. statt vieler die Darstellungen bei G. Müller (1981) 26 ff., Breiter (1980) 22 ff., Trachsel (1980) 74 ff., Nuspliger (1980) 77 ff. Zu den Schichten der Grundrechte grundlegend J.P. Müller (1973) 817 ff. mit der Unterscheidung von programmatischer, mittelbar wirksamer und selbständig anspruchbegründender Schicht, aufgenommen auch von G. Müller (1981) 35.

[117] So hat es z.B. die Kommission Presserecht/Pressefreiheit des Bundes 1975 abgelehnt, die Verfassungsgrundlagen einer Presseförderung in der bestehenden Gewährleistung der Pressefreiheit (Art. 55 BV) zu erblicken, wie dies mit einem konstitutiven bzw. programmatischen Grundrechtsdenken durchaus vertretbar wäre; zu den Vorschlägen der Kommission, Nuspliger (1980) 151 ff.

liche Grundlage kann, wie alle Verfassungsnormen, von unterschiedlichster Dichte sein.[118] Sie kann sich in einer reinen Kompetenznorm erschöpfen oder wesentliche Entscheidungen bereits bindend für die nachfolgende Gesetzgebung festlegen, wie das in der schweizerischen Verfassungspraxis, namentlich auch jener des Bundes mit dem obligatorischen Verfassungsreferendum, oft der Fall ist.[119] Je offener die Norm, um so grösser ist der Gestaltungsspielraum des Bundesgesetzgebers, gegebenenfalls des Bundesrates oder des Bundesgerichts als verfassungsunmittelbar zur Konkretisierung beauftragte Organe. Je dichter umgekehrt bereits die Verfassungsnorm gestaltet ist, um so eher verlagert sich die Auseinandersetzung auf die Stufe der Verfassungsrevision, um so mehr kommt der dem Bundesverfassungsrecht typische Charakter der Zweistufigkeit, das »Zweiphasensystem«[120] der Rechtsetzung im Bund zur Geltung. Dieses Erfordernis doppelter gesetzlicher Grundlage im Sinne des »Zweiphasensystems« gilt grundsätzlich mit Artikel 3 BV für alle Grundrechte gleich. Durch unterschiedliche Ausgestaltung der Dichte verfassungsrechtlicher Grundlage bei den einzelnen Grundrechten treten aber erhebliche Wirkungsunterschiede auf.

a) Die verfassungsrechtlichen Grundlagen für bundesgesetzliche Beschränkungen *ideeller Grundrechte* zeichnen sich durch geringe Normativität auf Verfassungsebene aus (Generalkompetenzen). Beschränkungen der persönlichen Freiheit oder auch der Meinungsäusserungsfreiheit durch den Bund weisen keine expliziten, gezielten Verfassungsgrundlagen auf.

So werden z.B. die prozessualen Beschränkungen der Persönlichen Freiheit im Bundesstraf- und Bundeszivilprozess (z.B. die zwangsweise Vorführung des Zeugen[121] oder die Untersuchungs- und Sicherungshaft im Bundesstrafprozess[122]) auf die allgemeinen Kompetenzen von Art. 106 bis 114 bzw. Art. 106, 112 und 114 BV gestützt. Dasselbe gilt mit Art. 64bis BV auch für grundrechtsrelevante, grundrechtsbeschränkende Tatbestände des Schweizerischen Strafgesetzbuches, so z.B. das Abtreibungsverbot, die Ehrverletzungsdelikte, die Bestrafung des Ehebruchs, die Beleidigung schweizerischer Hoheitszeichen, die

118 Eingehend Breiter (1980) und Schmid (1978), Huber (1971a).
119 Dazu G. Müller (1979) 138 ff.
120 So der Bericht (1977) 110.
121 Art. 44 Abs. 2 Bundesgesetz über den Bundeszivilprozess, SR 273.
122 Art. 44 ff. Bundesgesetz über die Bundesstrafrechtspflege, SR 312.0.

Gefährdung der verfassungsmässigen Ordnung, staatsgefährliche Propaganda, Verbot rechtswidriger Vereinigungen, Beleidigung eines fremden Staates und zwischenstaatlicher Organisationen, tätliche Angriffe auf fremde Hoheitszeichen, Presseübertretungen[123] und die umstrittene Beschränkung der Meinungsäusserungsfreiheit für Ausländer (Rednerbeschluss), die sich ihrerseits auf die allgemeinen Kompetenzen des Bundesrates zum Schutze der inneren und äusseren Unabhängigkeit (Art. 102 Ziff 8bis 10 BV) stützt.[124] Solche Beschränkungen bestehen ohne ausdrückliche verfassungsrechtliche Regelung aufgrund eines allgemeinen Verfassungsauftrages. Das »Zweiphasensystem« des Rechtsetzungsverfahrens kommt hier nicht eigentlich zum Tragen.

b) Anders verhält es sich im Bereiche der *Wirtschaftsfreiheit.* In bezug auf die Anforderungen an die gesetzliche Grundlage geniesst die HGF die Stellung einer eigentlichen »preferred position«,[125] einer eigentlichen Vorzugsstellung gegenüber den anderen schweizerischen Grundrechten, was in Kürze darzulegen ist.

## 14.3 Der ausgeprägte Verfassungsvorbehalt für bundesrechtliche Einschränkungen der Handels- und Gewerbefreiheit

a) Die Bundesverfassung weist bei den wirtschaftlich relevanten Bestimmungen in auffallender Weise einen vergleichsweise dichten Normierungsstil auf.[126] Die Verfassung nimmt hier nicht nur die mit Art. 3 BV begründete Funktion der Aufgabenteilung zwischen Bund und Kantonen wahr, wozu ja auch schlichte Kompetenznormen hinreichen würden. Vielmehr soll hier die Bundesverfassung nach hergebrachter Auffassung das gesamte Feld zulässiger Staatstätigkeit, die Präsenz der gesamten res publica abstecken, an sich unabhängig vom Problem föderalistischer Aufgabenteilung. Dieses Verständnis bringt vorerst Art. 31 Abs. 1 BV zum Aus-

[123] Art. 118, 173 ff., 214, 270, 275, 275bis, 275ter, 296, 297, 322 Schweizerisches Strafgesetzbuch, SR 311.0.

[124] Politische Reden von Ausländern, Bundesratsbeschluss vom 24.3.1948, SR 126; s. dazu Wertenschlag (1980) 393 mit Hinweisen.

[125] Zum Begriff der »preferred position«, wie er in der angloamerikanischen Verfassungsrechtsprechung zu den ideellen Grundrechten als Ausdruck ihres gegenüber wirtschaftlichen Tätigkeiten erhöhten Schutzes geprägt wurde, s. Tribe (1978) 564 ff., rechtsvergleichend mit der Schweiz, wegleitend Stalder, »Preferred Freedoms« – Das Verhältnis der Meinungsäusserungsfreiheit zu den anderen Grundrechten, Bern 1977; J.P. Müller (1978) 278 ff., Saladin (1975) 329.

[126] Z.B. Art. 23bis, 24bis, 27ter, 29, 31bis, 31ter, 31quater, 32bis, 32quater, 34quater, 41bis BV u.a.m.; dazu auch Schluep (1978) 359.

druck, vor allem aber Art.31bis Abs. 3 BV mit seiner Enumeration wirtschaftspolitischer Handlungsräume und der ausdrücklichen Ermächtigung, hier »nötigenfalls« von der Handels- und Gewerbefreiheit abzuweichen.[127]

b) An der Formulierung dieses besonderen Verfassungsvorbehaltes hat sich die Streitfrage entzündet, ob wirtschaftspolitische, interventionistische Massnahmen des Bundes[128] *stets* einer derartig *expliziten* Ermächtigung bedürfen.[129] Die Frage ist in der Lehre nach wie vor umstritten. Während sie von einer Richtung in Verallgemeinerung des Art. 31 Abs. 3 BV bejaht wird[130], vertreten massgebende Autoren die der *»mixed-economy«* adäquatere Auffassung, dass die Frage bei den einzelnen Bestimmungen der Verfassung nach Zweck und Auftrag der Norm beantwortet werden muss.[131] Die Verfassung selbst ist als Abbild der geteilten Meinungen wenig konsequent.[132] Im Rahmen des neuen Konjunkturartikels hat

[127] Zum (umstrittenen) Verhältnis von Wirtschaftsverfassung und Wirtschaftsfreiheit wegleitend Gygi (1978), insbesondere 61ff., 80ff., 149ff., ders. (1981a); s. auch Saladin (1975) 406ff.; Borner, Wirtschafts-, Sozial- und Eigentumsordnung im Verfassungsentwurf – ein Diskussionsbeitrag aus ökonomischer Sicht, ZSR 1979 I 463ff.; J.P. Müller (1973) 762ff.

[128] Anders für Förderungsmassnahmen, vgl. zur kantonalen Wirtschaftsförderung Nef, Förderung und Lenkung der Wirtschaft, in: Recht als Prozess und Gefüge, Festschrift für H. Huber, Bern 1981, 417ff., 425; Schürmann (1978) 89ff., Gygi (1978) 156.

[129] Statt anderer die Darstellung bei Fleiner / Giacometti (1949) 293 f, ferner J.P. Müller, Gutachten über die Verfassungswürdigkeit eines erweiterten geldpolitischen Instrumentariums, Dezember 1976, teilweise wiedergegeben in: ders. Praxis der Grundrechte (Skriptum) Bern 1979, 202ff.

[130] So jüngst erneut Schürmann (1978) 98 (»ausdrückliche und unmissverständliche Verfassungsbestimmungen«), Marti (1976) 140 (ausdrückliches Erfordernis seit Einführung der »neuen« Wirtschaftsartikel im Jahre 1947).

[131] So erneut Huber, H., Die Wirtschaftsfreiheit, in: Der Entwurf für eine neue Bundesverfassung, Beiträge zur Diskussion, NZZ-Schriften zur Zeit 42, Zürich 1979, 255ff., 230; Gygi, F. Wirtschaftsfreiheit und Wirtschaftsordnung im Verfassungsentwurf, in: Totalrevision der Bundesverfassung – Notwendigkeit oder Wunschtraum? Schriften des Schweizerischen Aufklärungsdienstes 15, Zürich 1978, 99ff. 105. Implizit dürfte das auch die Auffassung aller Autoren sein, die im Sinne des Vorentwurfes von 1977 die Gleichwertigkeit und Gleichrangigkeit von Wirtschaftsfreiheit, Wirtschaftspolitik, Sozial-und Eigentumspolitik hervorheben und – wie das Bundesgericht in BGE 102 Ia 104ff. (Hülften) – um deren praktische Konkordanz bemüht sind, darunter J.P. Müller (1978) 276, (1973) 768ff., Kaufmann (1978) 285ff., 307; Borner (a.a.O. Anm.) 465; Saladin (1975) 403ff., vgl. auch Aubert (1982), 244, 250, zutreffend Hangartner (1982) 149.

[132] So stehen expliziten Vorbehalten in Art. 31bis Abs. 3, 27ter Abs. 1 lit. b BV Bestimmungen gegenüber, die ihrer Sache nach wirtschaftspolitische Beschränkungen der HFG mit sich bringen, so die von H. Huber a.a.O. genannten Art. 23bis (Getreideartikel), Art. 24bis (Nutzbarmachung der Wasserkraft), Art. 26 (Eisenbahnartikel) sowie auch Art. 28 (Zollartikel), Art. 31

sich die Praxis der Verfassungsgebung beim Notenbankinstrumentarium erneut für den expliziten Vorbehalt ausgesprochen.[133]

c) Es handelt sich hier um einen Streit über die Anforderungen an die *Dichte der Verfassungsnormen im Bereiche der Wirtschaftspolitik.* Zum ohnehin dichteren Verfassungsstil postulieren die am ordoliberalen Grundmodell staatsfreier Wirtschaft orientierten Vertreter mit dem Erfordernis eines *ausdrücklichen* Verfassungsvorbehaltes die *abschliessende* Entscheidung der Beschränkungsmöglichkeiten (Instrumentarium) auf Verfassungsebene. Sie verstärkt mit diesem besonderen Bestimmtheitserfordernis den der Wirtschaftsfreiheit eigenen, spezifischen Verfassungsvorbehalt, der sich von seiner ursprünglichen Ratio, der Kompetenzverteilung im Bundesstaat, endgültig gelöst hat. In diesem Sinne ist es aufschlussreich, wenn etwa *Marti,* im Rahmen seiner Kritik zur vorgeschlagenen Wirtschaftsverfassung im Vorentwurf 1977 für eine neue Bundesverfassung schreibt: »Wirtschaftspolitische Beschränkungen der HGF waren bisher grundsätzlich dem Bund vorbehalten. Sie müssen – *als Begrenzung eines verfassungsmässigen Rechtes – in der BV selbst* vorgesehen sein, wobei nie die Rede war von irgendwelchen Generalklauseln, sondern behutsam ist jeweilen darum gerungen worden, in welchen Bereichen eine Ausnahme von der HGF unerlässlich sei«.[134]

Die besondere Vorrangstellung der Handels- und Gewerbefreiheit kommt hier deutlich zum Ausdruck. Kein anderes Grundrecht, namentlich auch nicht die Eigentumsgarantie, bedarf derart qualifizierter Grundlage in der Verfassung.[135] Mit ihrer besonderern Dichte auf Verfassungsstufe und dem zusätzlichen Erfordernis demokratischer, dem Referendum unterstellten Grundlage (Bundesgesetz oder allemein-verbindlicher Bundesbeschluss) zeugen diese Anforderungen,

quater BV (Bankenartikel, sehr umstritten), die alle zumindest wirtschaftspolitische Nebenwirkungen entfalten.

132 Art. 31 quinquies Abs. 2 BV vom 26.3.1978. Zur Diskussion zum Instrumentarium der Notenbank u.a. Aubert (1978) 39 ff.

134 Marti, Die Wirtschaftsfreiheit im Expertenentwurf, in: Berner Festgabe zum Schweizerischen Juristentag 1979, Bern 1979, 400 (Hervorhebung durch den Verfasser).

135 Diesen Aspekt vernachlässigt Junod, Liberté économique et révision totale de la Constitution fédérale, in: Festschrift M. Kummer, Bern 1980, 35 ff., 46 f., bei seiner Argumentation gegen die These der »preferred position« der heutigen Wirtschaftsfreiheit.

mit den damit verbundenen Sicherungen des obligatorischen Referendums von Volk und Ständen *und* dem fakultativen Gesetzesreferendum, von einem latenten Misstrauen gegenüber dem politischen Prozess im Parlament und seinen Ergebnissen auf der Stufe einfacher Gesetzgebung.

Der ausgeprägte Verfassungsvorbehalt ist wohl mitunter dafür verantwortlich, dass die Wirtschaftspolitik in der Schweiz weitgehend reaktiv bleibt und gerade daher ohne extrakonstitutionelles Regime des Dringlichkeitsrechtes mit seinen – paradoxerweise – primär unbeschränkten Kompetenzen der Bundesversammlung im Krisenmanagement nicht auszukommen scheint.[136]

d) *Der Entwurf 1977 für eine neue Bundesverfassung* schlägt die Lockerung dieses starren Gefüges vor. Er führt die wirtschaftspolitischen Vorkehren in die »Hauptverantwortung« des Bundes (ohne damit die Kantone auszuschliessen, Art. 50 Abs. 5 lit. i, Art. 50 Abs. 2 VE). Er sieht umfassend formulierte, wirtschaftspolitische, sozial- und eigentumspolitische Zielsetzungen vor (Art. 26, 30, 31 VE) und beschränkt die Wirtschaftsfreiheit *»im Rahmen der Gesetzgebung«* (Art. 19 Abs. 1 VE).[137]

Die vorgeschlagene Konzeption ist – wohl als Kernstück einer neuen Verfassung – erwartungsgemäss auf starke Kritik gestossen.[138] Diese stösst sich vorerst daran, dass die Wirtschaftsfreiheit nurmehr »im Rahmen der Gesetzgebung« gewährleistet werden soll; es wird darin der Abstieg der Handels- und Gewerbefreiheit vom verfassungsmässigen zum bloss noch gesetzesmässigen Recht erblickt.[139] Das gilt für die Variante des Art. 34 VE.

In Art. 19 VE geht es kaum darum, die Handels- und Gewerbefreiheit zu entleeren und »von der Verfassungsmässigkeit der Gesetze zur Gesetzesmässigkeit der Verfassung« *(Leisner),* zum alten konstitutionellen Gesetzesvorbehalt, zurückzukehren. Die Wirtschaftsfreiheit geniesst schon nach ihrer Systematik den Schutz des Willkürverbotes, des Grundsatzes der Verhältnismässigkeit und des Kerngehaltes (Art. 5 Abs. 1 und 2, Art. 23 Abs. 1).[140] Die Formulierung des

136 Art. 89 Abs. 3 BV; zur Praxis des Dringlichkeitsrechtes eingehend J.P. Müller, Gebrauch und Missbrauch des Dringlichkeitsrechts, Staat und Politik 18, Bern 1977.

137 Statt vieler die Kommentierung von Schluep (1978) 362 ff.

138 Vgl. Vernehmlassung (1980) 171 ff., (1980a) 497 ff.

139 U.a. Junod, Liberté économique et révision totale de la Constitution fédérale, in: Festschrift M. Kummer, Bern 1980, 43 ff., Marti, Die Wirtschaftsfreiheit im Expertenentwurf, in: Berner Festgabe zum Schweizerischen Juristentag 1979, Bern 1979, 392 f. Huber, die Wirtschaftsfreiheit, in: Der Entwurf für eine neue Bundesverfassung, Beiträge zur Diskussion, NZZ-Schriften zur Zeit 42, Zürich 1979, 232 f.

140 So ausdrücklich Bericht (1977) 48.

Art. 19 Abs. 1 VE will vielmehr laut Bericht die gegenseitige, zur Koordination aufgegebene Gleichwertigkeit von Wirtschaftsfreiheit und Wirtschaftspolitik zum Ausdruck bringen.[141] Die Berechtigung der besonderen Formulierung kann gerade darin erblickt werden, dass namentlich wirtschaftspolitische Beschränkungen in Beurteilung durch den Verfassungsrichter (Art. 109 VE) nur beschränkt justiziabel sind. Es fehlt hier (noch) jener Fundus konsensgefestigter juristischer Argumentation, die dem Richter eingehende und massgebende Gestaltung – wie etwa im Bereiche der Persönlichen Freiheit, der Pressefreiheit oder der Meinungsfreiheit – erlauben würde.[142] Daran wird auch nichts ändern, wenn die Formulierung jener der anderen Grundrechte angepasst wird; verloren geht dabei allerdings die Transparenz, dass in diesen Bereichen der Grundrechtsgestaltung dem politischen Prozess weitgehend sachbedingt Vorrang zukommt.

Den Kritikern scheint es letztlich auch nicht um diesen Aspekt zu gehen. Im Widerstand gegen die Gewährleistung der Wirtschaftsfreiheit bloss »im Rahmen der Gesetzgebung« kristallisiert sich vielmehr die im Vorentwurf vorgeschlagene *Absage an das Erfordernis der ausgeprägt doppelten gesetzlichen Grundlage und damit der Vorzugsstellung der HGF* mit Bezug auf das Erfordernis gesetzlicher Grundlage.

Die Wirtschaftsfreiheit wird im Entwurf 1977 – und das ist zu betonen – in bezug auf die Anforderungen an die gesetzliche Grundlage im Ergebnis lediglich den gleichen Standards unterstellt, wie sie bereits im geltenden Verfassungsrecht für die anderen Grundrechte, namentlich auch für die Eigentumsgarantie, gelten.

In der Ausmarchung des politischen Kompromisses künftiger Gestaltung der Wirtschaftsverfassung wird das Schwergewicht der Auseinandersetzung auf die Frage der *Normierungsdichte* der wirtschaftspolitischen Verfassungsnormen entfallen müssen (Ziele und Instrumentarium). Sie entscheidet darüber, in welchem Masse letztlich aus politisch-prozessualen Gründen die Wirtschaftsfreiheit hinsichtlich der Anforderungen an die gesetzliche Grundlage weiterhin eine Vorzugsstellung einnehmen soll. Sie entscheidet darüber, ob dem demokratischen Gesetzgeber der erforderliche Spielraum im *ordentlichen* Gesetzgebungsverfahren gewährt wird und so die Verfassung im Bereiche des Wirtschaftsrechts Stabilität und Kontinuität erlangen kann.[143]

141 Ibid.
142 In diesem Sinne J.P. Müller (1978) 280.
143 Den Kritikern einer offenen Wirtschaftsverfassung sei die nordamerikanische Verfassung in Erinnerung gerufen, die sich namentlich im Bereiche wirtschaftlenkender Massnahmen des Kongresses mit knappen Kompetenzbestimmungen begnügt und keiner Aufzählung des Instrumentariums bedarf. Mit der »necessary and proper clause«, Art. III Section 8, Clause 18, ermächtigt sie den Kongress, die zur Wahrnehmung seiner Kompetenzen notwendigen und geeigneten Vorkehren zu treffen. Grundlegend für die Auslegung dieser Bestimmung – und gleichzeitig Beleg, wie ewig die Frage der

## 14.4 Ausdrückliche Anforderungen an die Dichte des demokratischen Gesetzes

a) Die Verfassung kann, neben Anforderungen an die Normstufe, auch Anforderungen an die *Normdichte* einer nachgeordneten gesetzlichen Regelung positivieren.[144] Solche Bestimmungen sind im schweizerischen Verfassungsrecht selten. Bei der Durchsicht des kantonalen Verfassungsrechts stossen wir auf die Bestimmung des Artikels 5 der waadtländischen Verfassung zur Unverletzlichkeit der Wohnung:

»Le domicile est inviolable. Aucune visite domiciliaire ne peut avoir lieu que dans les cas déterminés par la loi et dans les formes qu'elle prescrit. Ces cas ne doivent être aussi rares et aussi précisés que possible; les formes doivent éviter l'arbitraire.«[145]

Mit diesem positivierten, punktuellen Bestimmtheitserfordernis weist der Verfassungsgeber den Gesetzgeber an, die Regelung selbst mass-gebend zu treffen. Er will den konkretisierenden Verwaltungsbehörden und dem Richter einen nur geringen Gestaltungsspielraum belassen und so die Gefahr staatlicher Willkür reduzieren. Das primäre Motiv bei der Verfassungsgebung dürften die mit der Bestimmtheit der grundrechtsbeschränkenden Normen angestrebte Rechtssi-

Normdichte einer bundesstaatlichen Verfassung ist – die Ausführungen von Chief-Justice *Marshall* in *McCulloch v. Maryland,* 17 U.S. (4 Wheat) 316 (1819), zit. nach Gunther (1980) 85, wo der Supreme Court die Errichtung einer Staatsbank durch den Kongress ohne Erfordernis einer expliziten Verfassungsgrundlage guthiess: »It must have been the intention of those who gave these powers, (dem Kongress. Anm. des Verf.) to insure, as far as human prudence could insure, their beneficial execution. This could not be done by confining the choice of means to such narrow limits as not to leave it in the power of Congress to adopt any which might be appropriate, and which were conducive to the end. This provision is made in a constitution intended to endure for ages to come, and, consequently, to be adapted to the various crises of human affairs. To have prescribed the means by which government should, in all future time, execute its powers, would have been to change, entirely, the character of the instrument, and give it the properties of a legal code. It would have been an unwise attempt to provide, by immutable rules, for exigencies which, if foreseen at all must have been seen dimly, and which can be best provided for as they occur. To have declared that the best means shall not be used, but those alone without which the power given would be nugatory, would have been to deprive the legislature of the capacity to avail itself of experience, to exercise its reason, and to accommodate its legislation to circumstances. If we apply this principle of construction to any of the powers of the government, we shall find it so pernicious in its operation that we shall be compelled to discard it.«

144 Die Frage ist vom Problem der Normdichte der *Verfassung* selbst zu unterscheiden.

145 SR 131.231.

cherheit und Vorhersehbarkeit gewesen sein. Es handelt sich um ein Beispiel für Normdichte als *Grundlage* der Kompetenzzuweisung.

b) Nicht mehr punktuell, sondern in allgemeiner Weise, stellt Art. 23 Abs. 2 VE 1977, unter Vorbehalt der allgemeinen Polizeiklausel, allgemeine und durchgehende verfassungsrechtliche Anforderungen an die Dichte grundrechtbeschränkender Normen auf:

»Einschränkungen der Grundrechte bedürfen einer gesetzlichen Grundlage; schwerwiegende Einschränkungen müssen im Gesetz ausdrücklich vorgesehen sein. Vorbehalten bleiben Fälle ernster, unmittelbarer und offensichtlicher Gefahr.«[146]

Die Tragweite der Bestimmung ist indessen nicht eindeutig: Bedeutet die Ausdrücklichkeit hier das Erfordernis einer hinreichend ausgewiesenen Kompetenznorm des Gesetzgebers, im Sinne der Rechtsprechung des Bundesgerichts zum Erfordernis der klaren, unzweideutigen gesetzlichen Grundlage?[147] Oder bedeutet Ausdrücklichkeit hier, im Sinne von Bestimmtheit, dass der Gesetzgeber wie in Art. 5 KV VD die grundrechtsbeschränkende Regelung materiell im wesentlichen selbst treffen und mass-gebend gestalten muss? Geht es mit anderen Worten um die Gewährleistung des Regelungsprimates des Gesetzgebers bei der optimalen Zuweisung der Regelungslasten und die Vermeidung von »implied powers« bei schweren Eingriffen, oder soll die Bestimmung in erster Linie, im Sinne der EMRK, Publizität, Vorhersehbarkeit und Berechenbarkeit staatlicher Freiheitsbeschränkungen sichern?[148] Oder hat die Bestimmung des Verfassungsentwurfes zugleich beiden Funktionen zu dienen?

Im Lichte der Topik und Regelungstheorie ist Art. 23 Abs. 2 erster Satz VE skeptisch gegenüberzutreten. Kann die Verfassung in derart allgemeiner Weise und ohne auf die unterschiedlichen Probleme der einzelnen Grundrechte Rücksicht zu nehmen, die Frage der gesetzlichen Grundlage schwerer oder wichtiger Grundrechtsbeeinträchtigungen *allgemein mit einer Formel* lösen? Die Frage ist weiter unten aufzunehmen.[149]

146 Den gleichen Wortlaut hat auch § 14 Abs. 2 des Entwurfes für eine neue Verfassung von Basel-Land, Bericht des Regierungsrates an den Verfassungsrat vom 5.11.1979.
147 Dazu oben Kap. 4.35.
148 Oben Kap. 5.2.
149 Nachstehend Kap. 15 und 16; zu Art. 23 Abs. 2 VE 1977 insbes. Kap. 16.4.

## 14.5 Ergebnis

a) Das geschriebene schweizerische Verfassungsrecht regelt Anforderungen an gesetzliche Grundlage staatlicher Tätigkeit und insbesondere von Grundrechtsbeschränkungen punktuell. Es zeichnet sich durch eine reiche Vielfalt einzelner Bestimmungen aus, die in ihrer Tragweite auf bestimmte Sachbereiche beschränkt bleiben. Das schweizerische Recht steht so zwischen der streng gebauten Schrankensystematik des Bonner Grundgesetzes und der amerikanischen Unionsverfassung, die das Problem der gesetzlichen Grundlage in der Tradition des common law weitgehendst dem Verfassungsrichter überlässt.[150] Soweit sich die Verfassungen überhaupt zum Erfordernis gesetzlicher Grundlage aussprechen, verweisen ihre einzelnen Bestimmungen, erwartungsgemäss und als Ausdruck des konstitutionellen Staates, regelmässig auf den demokratischen Gesetzgeber. Die Normstufe stimmt mehrheitlich mit den Anforderungen überein, wie sie auch aus den Individualrechten der Gewaltenteilung und des Stimmrechts ungeschrieben allgemeine Geltung haben.[151] Von besonderem praktischem Interesse sind jene recht zahlreichen Bestimmungen, die einen eigentlichen Verfassungsvorbehalt verlangen. Das gilt für das kantonale Verfassungsrecht nur punktuell, neuerdings mit der Ausnahme von § 26 KV im Kanton Aargau. Artikel 3 BV bewirkt den allgemeinen Verfassungsvorbehalt im Bund; dieser Vorbehalt hat in der heutigen Wirtschaftsverfassung seinen ausgeprägtesten Niederschlag gefunden.

b) Ein Überblick über das positive Verfassungsrecht führt die Vielzahl unterschiedlicher Schutz- und Regelungsbedürfnisse vor Augen. Die punktuellen Lösungen machen erneut deutlich, dass – entgegen heutigen Trends der Verfassungsgebung – Anforderungen an die gesetzliche Grundlage im Detail kaum auf *allgemeine* Weise und ohne Überanstrengung der Verfassung formuliert werden können. Damit wird deutlich, dass ein Instrumentarium weitgehend ungeschriebener Standards und Topoi zur Bestimmung sachgerechter gesetzlicher Grundlage erforderlich ist, wie es das geschriebene Recht in der geforderten Differenzierung kaum befriedigend zu positivieren vermag.

[150] In diesem Sinne auch J.P. Müller (1978) 275.
[151] Kap. 15.

# 15. Stimmrecht und Gewaltenteilung

## 15.1 Zur Verortung organisationsrechtlicher Kriterien

a) Mit den Ergebnissen zum positiven Verfassungsrecht kommt der Suche nach ungeschriebenen Kriterien zur Ausgestaltung der gesetzlichen Grundlage im Rahmen der verfassungsrechtlich geschützten Individualrechte der Gewaltenteilung und des Stimmrechts besondere Bedeutung zu.[152] Beide Rechte verlangen mit Wirkung im gesamten Geltungsbereich des Legalitätsprinzips – *und vorerst nicht grundrechtsspezifisch*[153] –, dass die wesentlichen, wichtigen Entscheidungen des Gemeinwesens von allgemeiner Tragweite im Prozess der Verfassungs- oder Gesetzgebung, durch Parlament und Stimmbürgerschaft entschieden werden. Dieser Rechtsanspruch stimmt mit der tradierten Vorstellung der eher »pyramidenförmigen« Gewaltenteilung,[154] mit Bezug auf die Rechtsetzung mit dem materialen Gesetzesbegriff[155] und unter Einschluss auch staatsleitender Akte nicht-generell-abstrakter Natur, auch mit dem demokratischen Gesetzesbegriff[156] überein.[157]

b) Die Zuordnung von Gesetz und »Wichtigkeit« ist in der Demokratie nun allerdings nicht mehr als eine »Binsenwahrheit«.[158] Sie hilft praktisch noch nicht weiter. Die Einlösung von Stimmrecht und Gewaltenteilung bzw. des materialen und demokratischen Gesetzesbegriffes hängt entscheidend davon ab, ob für die Praxis operationable, konsensfähige Topoi und Kriterien zur Bestimmung der »Wichtigkeit« bzw. der »Unwichtigkeit«[159] gefunden werden können, an-

[152] Kap. 11.1, vgl. auch 4.313, 4.4.
[153] Zu besonderen Topoi der Grundrechte Kap. 16.
[154] Dazu Kap. 9.23 lit. b.
[155] Kap. 2.23.
[156] Kap. 8, 9.
[157] Kap. 9.23.
[158] So BVerfG 47, 46 (49).
[159] Aus einem konsequent demokratischen Blickwinkel müsste die Rechsetzungslehre, ausgehend vom Regelungsprimat des Gesetzgebers, im Grunde genommen nach Kriterien suchen, nach denen die Zulässigkeit der Übertragung von Entscheidungsbefugnissen, namentlich an die Verordnungsgeber, beurteilt werden könnte. Es entspricht freilich der tatsächlichen Verfassungslage mit der gewachsenen Hypertrophie von Regierung und Verwaltung im planenden und lenkenden Gemeinwesen (vgl. oben Kap. 6.2), dass in der angestrebten Restitution des Parlamentes spezifisch nach Wichtigkeitskriterien gefragt wird.

hand deren, willkürfrei und intersubjektiv überprüfbar, der jeweils notwendige Gesetzesinhalt bestimmt und beurteilt werden kann.
Zu dieser Schwierigkeit tritt hinzu, dass die Kriterien der Zuordnung von »Wichtigkeit« und Gesetz nicht die einzigen Gesichtspunkte zur Bestimmung des richtigen Gesetzesinhaltes sein können. Im Lichte der Regelungstheorie und der sachgerechten Verteilung von Regelungslasten[160] ist jedenfalls anzunehmen, dass in gewissen Fällen selbst wichtige Regelungen anderen Staatsfunktionen als dem Gesetzgeber zugewiesen werden können. »Wichtigkeit« würde so zwar als ein zentraler, aber nicht allein massgebender Gesichtspunkt zur Ausgestaltung gesetzlicher Grundlage erscheinen.

c) Systematisch lassen sich die vielseitigen Kriterien, wie sie nachstehend zu erörtern sind, meines Erachtens durchaus im Sinne herrschender Grundrechtstheorie, teils als zentrale Schutzgehalte, teils als Einschränkungen der Individualrechte der Gewaltenteilung und des Stimmrechtes betrachten. Die Forderung, »Wichtiges« im Gesetz zu regeln, gehört zur wesentlichen Grundsubstanz dieser Rechte (Kap. 15.2). Andere Kriterien wiederum werden diese Gleichung durchbrechen und so, gewissermassen im öffentlichen Interesse und durchaus nach Gesichtspunkten der Verhältnismässigkeit bemessbar, eine Beschränkung darstellen (Kap. 15.4 – 6). Mit dieser an die Grundrechte angelehnten Systematik sei vorerst lediglich angeregt, dass es nicht erforderlich ist, die Kriterien der »Wichtigkeit« sowie andere Topoi als *selbständige* Grössen des Verfassungsrechtes zu begreifen. Wie die herrschenden Delegationsgrundsätze gehören sie meines Erachtens sachlich zu den bundesrechtlich geschützten Individualinteressen der Gewaltenteilung und des Stimmrechts.[161] Daran hindert auch nicht, dass Inhalt und Ausmass dieser Rechte in erster Linie durch das kantonale Recht definiert werden.[162] Wie in der Praxis die heutigen Delegationsgrundsätze von

[160] Kap. 4.313.
[161] Zu den unterschiedlichen Legitimationsvoraussetzungen von Stimmrechtsbeschwerde (Art. 85 OG) und Gewaltenteilung in der staatsrechtlichen Beschwerde s. Auer, A., Politische Rechte und Gewaltenteilung, Kritische Anmerkungen zu einer Praxisänderung, Zbl 82 (1981) 346 ff.
[162] Eingehend dazu Auer (1978) 31, 32, 70 ff., 109 (pol. Rechte) 97 ff., BGE 93 I 44 mit Hinweisen (Gewaltenteilung).

»Verfassungsrang«,[163] können die Topoi als einheitliche, bundesrechtlich geltende Standards betrachtet werden.

## 15.2 Kriterien der »Wichtigkeit« nach K. Eichenberger und G. Müller

In der Schweiz unternimmt es *Eichenberger,* soweit ersichtlich, als erster, im Anschluss an die Tradition des materialen Gesetzesbegriffes eigentliche Kriterien für die Beurteilung des Wichtigkeitsgrades einer aufgegebenen Regelung und damit der sachgerechten Verortung auf der Leiter der Normenhierarchie zu suchen.[164] *G. Müller* nimmt diesen Ansatz auf und führt ihn fruchtbarer Vertiefung zu.[165] Für die Bestimmung der Wichtigkeit diskutiert er eine Reihe von Topoi, die teils materielle Kriterien sind, teils das Verfahren der Entscheidung über die Wichtigkeit betreffen. Hier interessieren vorerst seine materiellen Beurteilungsmassstäbe:

(i) Als Indiz für die Wichtigkeit können die *Zahl der geregelten Verhaltensalternativen und die Grösse des Adressatenkreises* herangezogen werden. Je abschliessender eine Norm mögliche Verhaltensalternativen regle, um so eher dürfte ihr Wichtigkeit zukommen. Dasselbe gilt auch für die Zahl des betroffenen Adressatenkreises.[166]

(ii) *Die Intensität der Betroffenheit in Grundrechtspositionen,* zutreffend nicht auf Eingriffe beschränkt, ist eines der massgebenden Kriterien für die Bestimmung der Wichtigkeit und damit für die Verortung gesetzlicher Grundlage auf der Stufe der Normenhierarchie.[167]

(iii) Die Bedeutung einer Regelung für das politische System. Angesprochen wird hier die *Auswirkungsintensität einer Normierung auf das Verhältnis der Gewalten.* Grundsätzliche Fragen der Machtverteilung im Staat sollen dem demokratischen Verfassungs- und Gesetzgeber vorbehalten sein. Dasselbe gelte für die Verschiebung im föderativen Gefüge.[168]

(iv) Regelungen von grosser *finanzieller Tragweite* sind wichtig. Die Setzung von Prioritäten in der Verwendung sich verknappender Mittel ist Aufgabe des Gesetzgebers.[169]

(v) *Akzeptierbarkeit einer Regelung:* Das Mass des Widerstandes, das einer Regelung entgegengestellt wird, ist ein Indiz für die Wichtigkeit des Regelungsauftrages. Je umstrittener eine Vorlage ist, um so eher bedarf sie, im Hinblick auf erfolgreiche Implementation, der politischen Legitimation.[170]

163 Vgl. BGE 103 Ia 375, 101 Ia 75, Kap. 4.313.
164 Eichenberger (1974) 21 Anm. 22 erneut (1982) 26 ff.
165 G. Müller (1979) 110 ff. mit Hinweisen.
166 Ibid. 111 f.
167 Ibid. 112 ff., eingehend Kap. 16.
168 Ibid. 114 f.
169 Ibid. 115 f.
170 Ibid. 116 f.

(vi) *Das geltende Recht als Massstab:* Nach diesem Gesichtspunkt lässt sich die Wichtigkeit der ins Auge gefassten Neuregelung an der Normstufe des bisher geltenden Rechtes messen.[171]

## 15.3 Leistungsgrenzen der »Wichtigkeit«

### *15.31 Die immanente Relativität der Kriterien*

Die Kriterien zur Bemessung der Wichtigkeit sind als verfassungsrechtliche Topoi in der Lage, die Beurteilung des notwendigen Gesetzesinhaltes zu strukturieren, zu versachlichen und dem reinen politischen Ermessen zu entziehen.[172] Dennoch darf von diesem Ansatz nicht zuviel erwartet werden. Es fällt auf, wie sehr *G. Müller* die genannten Kriterien in differenzierter Beurteilung selbst wieder relativiert. So werden etwa die Grösse des Adressatenkreises und die Quantität geregelter Verhaltensalternativen lediglich als Indizien richtiger Normstufe beurteilt; auch die Regelung eines einzelnen Falles oder mit Bedeutung für nur einen geringen Adressatenkreis (z.B. Verstaatlichung) können durchaus »wichtig« sein.[173] Das Kriterium der politischen Akzeptierbarkeit wiederum erfährt nach ihm seine Relativierung darin, dass die Normstufe letztlich, unabhängig von der Tagespolitik durch die Behörden, korrigierend nach »sachliche(r) Einschätzung« beurteilt werden müsse.[174] Bei der Beurteilung des geltenden Rechtes als Massstab der Normstufe für künftige Rechtsetzung werden zutreffend auf die Gefahr der Versteinerung hingewiesen und mögliche Verlagerungen in der Bewertung der Wichtigkeit eingeräumt.[175]

Mit diesen sacheigenen Argumenten reduzieren die genannten Kriterien ihre Leistungsfähigkeit auf blosse *Indizien für die Wichtigkeit* der Regelungsaufgabe. Dazu kommt, dass die Beurteilung der Wichtigkeit stets eine Frage des Wertens und Wägens ist und bleibt.[176] Besonders deutlich kommt dies bei der Beurteilung der Intensität der Betroffenheit in Grundrechtspositionen zum Vorschein; ein Gesichtspunkt, der bei

171 Ibid. 119 f.
172 Ibid. 110, 112.
173 Ibid. 111.
174 Ibid. 118.
175 Ibid. 119.
176 Ibid. 131.

*G. Müller* eines der massgebendsten Kriterien und mehr als blosses Indiz für die Wichtigkeit ist.[177] Ihre Bewertung hängt massgeblich vom Blickwinkel des jeweiligen Betrachters und seiner Interessenlage ab. Was dem einen als schwere Beeinträchtigung und damit wichtig erscheint, kann für den andern mitunter nebensächlich und damit geeigneter Gegenstand für die Verordnung oder gar für die Stufe des verwaltungsinternen Reglementes sein. So mag z.B. die Regelung des Alltages eines Straf- oder Untersuchungsgefangenen, die Bemessung der Rechtstellung psychisch Internierter, in der Optik der Mehrheit als »unwichtig« erscheinen und der Verordnungs- oder Reglementsstufe zugeordnet werden; für den einzelnen Betroffenen im besonderen Rechtsverhältnis entscheiden solche Normen, wie z.B. Anspruch auf Bewegung, Anspruch auf Lesestoff, die Regelung des Lichterlöschens, über elementarste Lebensbedürfnisse und Atmungsmöglichkeiten.[178]

### *15.32 Die allzu enge Gleichung von Gesetz und »Wichtigkeit«*

a) Problematischer als die »Unschärfe« der Prinzipien ist die offenbar als zwingend verstandene Verknüpfung von Wichtigkeitsgrad und Normstufe. »Fest steht, dass das Wichtigste in der Verfassung, das Wichtige im Gesetz und alles übrige in der Verordnung geregelt werden soll.«[179] Diese Stu-

177 Ibid. 112.

178 Vgl. BGE 106 Ia 136 ff., 102 Ia 279 ff., 99 Ia 262 ff., oben Kap. 3.31, 3.322. Die erst im letztgenannten Entscheid vorgenommene Absage an die Möglichkeit, Grundrechte im Rahmen des »besonderen Gewaltverhältnisses« ohne gesetzliche Grundlage zu beschränken, illustriert, wie wenig der politische Prozess als Auseinandersetzung parlamentarisch vertretener, organisierter Interessen imstande ist, die Gleichung von demokratischem Gesetz und Wichtigkeit überall, vor allem auch in den Belangen der Minderheiten, herzustellen. Es dürfte kein Zufall sein, dass nicht er, sondern der Verfassungsrichter mit seinem sensiblen Ohr für den Schutz der Minderheiten das Erfordernis der gesetzlichen Grundlage im besonderen Gewalt- bzw. Rechtsverhältnis durchgesetzt hat. Für die Kognition des Verfassungsrichters lässt sich daraus die These folgern, dass die Frage der Wichtigkeit vor allem dort eingehend zu prüfen ist, wo die betroffenen Interessen, wie diejenigen von Minderheiten, im Parlament und Volk wenig repräsentiert sind und so kaum Durchsetzungschancen haben. Vgl. Ely J.H., Democracy and Distrust, a Theory of Judicial Review, Mass./London 1980.

179 So G. Müller (1979) 109, erneut in diesem Sinne auch Eichenberger (1982) 27: »Das Gesetz soll das Grundlegende, Belangvolle, Gewichtige, Gefestigte bringen, wo möglich auch das Dauerhafte und Stabilisierende, schliesslich das, was in der politisch-demokratischen Wertung den nahen Volksbezug als

fenleiter entspricht dem traditionellen Verhältnis von Verfassung, Gesetz und Verordnung und spiegelt die schweizerische Tradition der pyramidenförmigen Gewaltenteilung wider.[180] Mit dieser grundsätzlich festgefügten Zuweisung von Wichtigkeitsgraden zu den verschiedenen Normstufen wird aber eine Weiterentwicklung im Sinne der Regelungstheorie, der sachgerechten Verteilung der Regelungslast und des »structural due process« verhindert. Das Konzept der Wichtigkeit bei *G. Müller* scheint jedenfalls auf den ersten Blick[181] in seiner Grundannahme stillschweigend davon auszugehen, dass die Verfassung (und das ihr zugeordnete Verfahren) stets der sachlich richtige Träger für wichtigste Fragen, das Gesetz stets für wichtige und die Verordnung stets für nebensächliche Regelungen gewährleistet.

b) Diese Gleichungen stimmen indessen nur nach der einen Seite: Die Verbindung von Normstufe und Wichtigkeit ist insofern absolut, als nicht nebensächliche Fragen auf Gesetzesstufe sowie nicht »bloss« wichtige, aber nicht wichtigste Fragen auf Verfassungsebene geregelt werden sollten. Solche Überhöhung der Normstufe kann mit den Wichtigkeitskriterien sinnvoll vermieden werden; sie helfen entscheidend mit, das alte Anliegen des materialen und hier vertretenen demokratischen Gesetzesbegriffes mit seiner normativen Beschränkung auf das Grundlegende und Allgemeine zu verwirklichen.[182] Nach der andern Seite sind die Gleichungen aber zu eng, namentlich für Gesetz und »Wichtigkeit«: Das Gesetz ist nicht und kann nicht der einzige Ort wichtiger Entscheidungen sein. Die komplexen Regelungsbedürfnisse im heutigen Gemeinwesen haben in dieser Arbeit zur Folgerung geführt, dass das Legalitätsprinzip in allgemeiner Weise mehr als ein Minimalstandard nicht sein kann. Mit seiner Beschränkung auf das Erfordernis der Kompetenznorm im demokratischen Gesetz (Verfassung, Gesetz, allgemeinverbindlicher Beschluss, Gemeindesatzung) wird berücksichtigt, dass heute selbst wichtige Regelungen auch anderen Ent-

nötig ausweist. Man mag weitere Merkmale beifügen, entscheidend bleibt, dass nach Wert und Geltungsanspruch *Gehobenes* hervorgeht, das in der Obhut eines spezifisch autorisierten Organs zu stehen verdient. Anderes dann lässt sich verlegen, darf in andern Verfahren und Formen unterkommen.«, vgl. auch ders. (1974) 21.

180 S. Kap. 9.22.

181 S. aber nachstehend lit. c.

182 Zum materialen und demokratischen Gesetzesbegriff oben Kap. 2.23; 8.

scheidungsträgern als Volk und Parlamenten, so namentlich der Regierung, der Verwaltung, aber auch dem Richter, für sachgerechte Entscheidungen zugewiesen werden müssen.[183]

c) In diesem Sinne darf wohl letztlich auch *G. Müller* verstanden werden, wenn er im Rahmen der Wichtigkeitskriterien unter dem Titel der »Gewähr für die Richtigkeit der Regelung« Abweichungen von den Gleichungen »Wichtigkeitsgrad/Normstufe« einräumt. Das sei möglich, wenn das gewählte Verfahren der Rechtsverwirklichung Gewähr für »richtige« Entscheidungen biete. So könne der Gesetzgeber eine (wichtige) Regelung um so eher offen lassen, als ein unabhängiges Gericht und Parteirechte für sachgerechte Einzelfallentscheidung Gewähr bieten. Ebenso könne sich am Verfahrensrecht entscheiden, ob eine (wichtige) Frage aus Gründen gebotener Flexibilität durch den Gesetzgeber oder den Verordnungsgeber geregelt werden solle.[184]

## 15.4 Die Eignung zu sachgerechter Entscheidung als übergeordnetes Strukturprinzip

a) Was bei *G. Müller* noch »im Sinne eins Korrektivs oder einer Kompensation«[185] zur Zuweisung von Regelungsaufgaben nach dem Kriterium der Wichtigkeit auf die einzelnen Normstufen erscheint, ist im Lichte einer allgemeinen Regelungstheorie und nach dem Grundanliegen des »structural due process« der eigentlich übergeordnete Gesichtspunkt richtiger Verteilung der Regelungslasten: *Bei der Zuweisung muss es letztlich darauf ankommen, welches der vorhandenen Staatsorgane, nach Massgabe seiner Konstituierung, ((Legitimität) seiner Arbeitsweise, unter Berücksichtigung seines Instrumentariums (z.B. Verwaltungsapparat), seines Verfahrensrechtes (Partizipation Betroffener und Interessierter) und in seiner gegenseitigen Interdependenz und Verschränkung mit andern Organen, am besten Gewähr für eine sachgerechte Regelung*

[183] Kap. 10.
[184] G. Müller (1979) 120 f., mit dem ausdrücklichen Hinweis darauf, dass dieser Aspekt der »Gewähr für die Richtigkeit der Regelung« in keinem direkten Zusammenhang mit der Wichtigkeit stehe. Dazu auch J.P. Müller (1982b).
[185] Ibid. 120.

*und Entscheidung bietet.*[186] Unabhängig von der »Wichtigkeit« kann dies der Gesetzgeber, der Verordnungsgeber oder die Verwaltung, der Richter oder ein besonderes, eigens für eine bestimmte Aufgabe geschaffenes Organ sein. Anstelle der traditionellen Vorstellung »pyramidenförmiger« Gewaltenteilung tritt die Vorstellung des – demokratisch legitimierten – *regimen commixtum.*[187]

b) Unter dem Aspekt der Eignung verliert die Gleichung von Wichtigkeit und Gesetz ihre Bedeutung nicht: Neben der Konkretisierung des materialen und demokratischen Gesetzesbegriffes (Vermeidung von stufenmässig »überhöhten« Regelungen), wird die Wichtigkeit in aller Regel auch für die Regelung durch das Gesetz und damit auf dem Wege des politischen Prozesses sprechen. Für wichtige Regelungen besteht so praktisch eine *Vermutung zugunsten des Gesetzes,* von der nur begründet abgewichen werden kann. Die »Wichtigkeit« ist indessen methodisch nicht das grundlegende und allein massgebende Beurteilungskriterium für sachgerechte Kompetenzzuweisung. Als weitere materielle Topoi der Eignung, die tendenziell von massgebender Entscheidung *wichtiger* Fragen durch den demokratischen Gesetzgeber wegführen, wirken Aspekte der Flexibilität, der Technizität und der Innovationsfähigkeit sowie – als grundrechtsspezifisches Anliegen – die Einzelfallgerechtigkeit[188] auf die Verteilung der Regelungslast und damit die Ermittlung der sachgerechten

[186] Grundlegend Rhinow und Tribe, Nachweise oben Kap. 12 sowie J.P. Müller (1981a) 79 ff., (1982) 52 ff. und (1982b) 169 ff. Nach Eichenberger (1974) 22, Anm. 22 a. E. ist demgegenüber dieser Gesichtspunkt der Eignung zu richtiger Entscheidung zu eng und wird dort zugunsten der Wichtigkeitstopoi aufgegeben.

[187] Solche Zuordnung staatlicher Regelungsaufgaben an die verschiedenen bestehenden (oder jeweils zu schaffenden) Staatsfunktionen und Entscheidungsträger nach Massgabe ihrer organisationsrechtlichen Eignung, entspricht im Ergebnis dem demokratisch legitimierten *regimen commixtum,* der demokratischen »Mischverfassung«, wie sie mit Bäumlin bereits bei Rousseau vorliegt; danach ist namentlich die Exekutive nicht auf strikten Vollzug beschränkt, sondern es ist »auch ein Handeln vereinbar, in welchem relativ offene Normen selbständig zu konkretisieren sind, ja auch eigentlich staats- und politikleitende Funktionen« innerhalb der vom Gesetz gesteckten Rahmen wahrzunehmen sind. Bäumlin, R., Jean-Jacques Rousseau und die Theorie des demokratischen Rechtsstaats, in: Berner Festgabe zum Schweizerischen Juristentag, Bern, 1979, 41 ff., mit Hinweisen. Vgl. auch Anhang Kap. II.

[188] In diesem Sinne auch Dubs (1974) 225, 241, 243, als Kriterien, die Ausnahmen vom Bestimmtheitsgebot begründen.

Norm und Normdichte ein.[189]

c) Die bundesgerichtliche Praxis nimmt den Gesichtspunkt der Eignung nicht nur explizit bei der Frage, ob sich staatliches Handeln zu generell-abstrakter Determinierung eigne,[190] sondern mit einer Reihe weiterer Topoi auch implizite auf. Sie belegt mit den nachstehenden Gesichtspunkten selbst, dass die Inhalt-Zweck-und-Ausmass-Formel bei Delegationen – und damit die enge Gleichung von Gesetz und Wichtigkeit – schweizerischem Fallrecht nicht entspricht.

## 15.5 Flexibilität, Technizität und Komplexität

a) Das Verfahren der Gesetzgebung vermag in seinen heutigen Ausprägungen dort nicht zu genügen, wo an sich wichtige Entscheidungen mit durchaus weittragenden Konsequenzen steter Anpassung an den sozialen Wandel, insbesondere auch an technische Entwicklungen bedürfen. Mit Rücksicht auf raschere Verfahren müssen solche Regelungsbereiche, losgelöst von ihrer Wichtigkeit und Normstruktur, dem Verordnungsgeber, mitunter auch zur fallweisen Entfaltung der Verwaltung oder dem Richter zur näheren Ausgestaltung übertragen werden. Ältestes Beispiel derartiger Übertragung ist wohl die allgemeine Polizeiklausel selbst, deren Anerkennung letztlich auf die Notwendigkeit rascher und flexibler Entscheidungsmöglichkeiten zurückzuführen ist. Davon abgesehen bestehen derartige Bedürfnisse aus dem gleichen Grunde wohl am augenscheinlichsten im Wirtschaftsverwaltungsrecht mit seiner häufigen Auftragstaktik an Regierung und Verwaltung.[191] Beispiele notwendiger Flexibilität sind hier etwa die (früher bedeutsamen) Währungsbeschlüsse, die in ihrer Wichtigkeit nur um den Preis

189 Das Kriterium der Eignung zu sachgerechter Entscheidung dürfte als grundlegender Gesichtspunkt der Kompetenzzuweisung nicht nur für die hier allein interessierende Ausgestaltung gesetzlicher Grundlage, sondern auch für die Ausmessung der überprüfenden Verwaltungs- und Verfassungsgerichtsbarkeit sein. Im Lichte dieses »Tests« lassen sich u.E. Probleme der Zuständigkeit (vgl. z.B. Art. 100 OG), der Justiziabilität (vgl. neuestens J.P. Müller (1981b), des »judicical self-restraint«, etwa in der amerikanischen Praxis der Act of State doctrine, statt vieler Müller/Wildhaber (1977) 304 ff., aber auch das Problem des sogenannten »judicical activism« (als Ergänzung eines untätigen oder ungeeigneten Gesetzgebers) sinnvoll angehen.

190 BGE 103 Ia 381, dazu Kap. 3.33.

191 Oben Kap. 6.2.

unvermeidlicher Spekulation und Wirkungsverluste der parlamentarischen Entscheidung belassen werden könnten.[192] Aufgrund hoher Technizität und Komplexität eignen sich sodann z.B. Regulierungen im Bereiche des Umweltschutzes, wie Abgasvorschriften für Automobile oder Heizungen (z.B. Tankinstallation) oder etwa (künftige) Vorschriften der Energiepolitik[193] wie Anforderungen an Gebäudeisolationen, *in der oft erst entscheidenden und massgebenden komplexen Detailregelung* wenig für die Gesetzesstufe. Solche Normen bedürfen steter Anpassung an technische Entwicklungen. Die Reihe der Beispiele könnte beliebig fortgesetzt werden.

b) In der bundesgerichtlichen Rechtsprechung haben – abgesehen von der allgemeinen Polizeiklausel – die Topoi der Flexibilität und Technizität Berücksichtigung gefunden und zur Verschiebung von an sich dem Gesetze vorbehaltenen Regelungen auf die Verordnungsstufe geführt. So liess das Bundesgericht im Rahmen seiner Rechtsprechung zur Gewaltenteilung im Entscheid *Emmenegger c. Gutheusser* vom 7.11.1973[194] die Regelung einer Fleischschaugebühr, entgegen dem herrschenden Erfordernis des formellen Gesetzes für Gebühren, mit folgender Begründung auf Verordnungsebene zu:

> »Die Fleischschautarife weisen einen stark technischen Charakter auf und richten sich nach einer Vielzahl von Kriterien wie Tierart, Anzahl miteinander untersuchter Tiere, Tätigkeit des Fleischschauers usw. Das bringt es mit sich, dass solche Tarife schwerlich zum voraus in allgemeine Regeln gefasst werden können, die geeignet wären, als Anweisung des Gesetzgebers an die Vollziehungsbehörde zu dienen. Das blosse Wiederholen der schon von Verfassungs wegen geltenden Prinzipien der Kostendeckung und der Verhältnismässigkeit in einem formellen Gesetz hätte wenig Sinn, da die Behörde, die den detaillierten Tarif aufzustellen hat, ohnehin an diese gebunden ist. Sollte es deshalb in Fällen wie dem vorliegenden nicht genügen, wenn im formellen Gesetz lediglich der Grundsatz der Gebührenerhebung festgehalten ist, wäre der Gesetzgeber praktisch genötigt, den ganzen Tarif selber zu erlassen. Das hätte jedoch bedeutende Nachteile:
> Einmal zeigt sich oft erst bei der Anwendung eines Tarifs, ob dieser nicht über die Kostendeckung hinausgeht, im Einzelfall angemessen ist und nicht Gleiches ungleich behandelt. Notwendige Änderungen können aber vom Gesetzgeber viel weniger leicht verwirklicht werden als von der Exekutive, besonders wenn noch das Volk befragt werden muss.«[195]

[192] Dazu sowie allgemein zum Erfordernis der Flexibilität in der Wirtschaftspolitik Gygi (1979) 178 ff. mit Hinweisen.

[193] Vgl. etwa die Vorschläge der Eidgenössischen Kommission für die Gesamtenergiekonzeption (GEK), Katalog denkbarer energiepolitischer Massnahmen, Beilage 2 zum Schlussbericht, Bern 1978, 71 ff.

[194] BGE 99 Ia 697 ff.

[195] Ibid. 702 f, unter Hinweis auf die entsprechende Praxis des Zürcher Verwal-

Im Entscheid *Wäffler c. Basel-Stadt* vom 25.5.1977[196], wo das Bundesgericht, wie erwähnt, das topische Verfahren für die Bestimmung zulässiger Gesetzesdelegation im Rahmen der Leistungsverwaltung praktiziert[197], begründet es die Verfassungsmässigkeit der näheren Ausgestaltung des Numerus clausus, insbesondere der Zulassungs- und Auswahlkriterien, mit *praktischen Interessen* der *Flexibilität und laufenden Koordination* mit den andern Hochschulträgern:

»Auch wenn man die gesetzliche Verankerung der Auswahlkriterien in ihren wesentlichen Zügen aus verfassungstheoretischer Sicht als wünschbare Lösung betrachtet, so können doch die praktischen Hindernisse, die einer solchen Lösung entgegenstehen, nicht übersehen werden.
Die schliesslich zu treffende Lösung hängt von einer Vielzahl tatsächlicher Umstände ab, die im heutigen Zeitpunkt noch nicht, jedenfalls noch nicht genügend, abgeklärt sind.
Ausserdem kann es notwendig werden, wie auch die ausländischen Beispiele zeigen, die zuerst getroffene Lösung, sei es anhand der damit gemachten Erfahrungen, sei es infolge einer nicht voraussehbaren oder unvorhergesehenen Veränderung der Verhältnisse, anders zu gestalten oder zu verbessern. Schliesslich ist festzuhalten, dass den Universitätskantonen – unabhängig von rechtlichen oder faktischen Verpflichtungen, die sich aus dem heutigen oder dem zukünftigen, zur Zeit in Beratung stehenden Hochschulförderungsgesetz (...) ergeben können – zumindest eine moralische Pflicht zur Zusammenarbeit und zur Vereinheitlichung der verschiedenen Bestrebungen im Hochschulwesen obliegt, um auf Landesebene eine Aufgabe, der nationale Bedeutung zukommt und die die Kräfte der einzelnen Kantone übersteigt, mit Hilfe des Bundes und der Nichtuniversitätskantone bestmöglich bewältigen zu können. Dieses Ziel kann durch interkantonale konkordatsähnliche Vereinbarungen oder durch Verankerung von sog. Parallelbestimmungen in den Rechtsordnungen der Universitätskantone angestrebt und erreicht werden. Es leuchtet ein, dass ein solches Ziel durch Verhandlungen auf Regierungsebene leichter erreicht werden kann als auf dem Wege des viel mehr Zeit beanspruchenden, schwerfälligen Gesetzgebungsverfahrens, um so mehr, als Koordinationsstellen auf Bundesebene schon vorhanden sind.
Die weitgehende Gestaltungsfreiheit, welche die Delegation der Verordnungsbehörde einräumt, scheint am besten geeignet, die Voraussetzungen zu schaffen, um dem Numerus clausus weiterhin auszuweichen oder wenigstens seine Einführung zeitlich hinauszuschieben und auf Extremsituationen zu beschränken, was von den Beschwerdeführern gerade verlangt wird und auch im Interesse der Hochschulen, der Studierenden und des gesamten Schweizervolkes liegt.«[198]

c) Zusammenfassend lässt sich festhalten, dass Gründe der Komplexität, Flexibilität und Technizität dazu zwingen können, die wichtigen Entscheidungen auf andere Stufen, namentlich der Verordnung, zu verlegen und das Erfordernis gesetzlicher Grundlage, *unabhängig* von der »Wichtigkeit«

tungsgerichtes, Zbl 1972, 355 und die Praxis der Bundesversammlung bei der Delegation von Gebührenregelungen an den Bundesrat.

196 BGE 103 Ia 369 ff.

197 Dazu oben Kap. 4.31.

198 Ibid. 391, 392; s. auch die Formulierung der allgemeinen Regel, ibid. 384.

auf seinen Minimalstandard, auf die erforderliche Ermächtigungsnorm im demokratischen Gesetz zu beschränken.

## 15.6 Innovationsinteressen

Im genannten Entscheid *Wäffler* findet sich beim Gebot der Berücksichtigung der »praktische(n) Bedürfnisse« auch der interessante Hinweis auf »die Förderung des Fortschritts«.[199] Was ist damit gemeint?

a) In der Demokratie, insbesondere der Referendumsdemokratie mit ihrer Gewährleistung der politischen Rechte, obliegt es klarerweise dem Verfassungs- und dem Gesetzgeber, grundlegende Innovationen, gesellschaftliche Veränderungen zu beschliessen und einzuleiten. Das zeigt sich gerade im genannten Urteil, wonach die Einführung des Numerus clausus als bildungspolitischer Grundsatzentscheid im demokratischen Gesetz und damit im offenen politischen Prozess der Gesetzgebung getroffen werden muss. Wo dieser Entscheid wie in den nachfolgenden NC-Urteilen *Beeli* und *Escher* fehlt,[200] kann auch die nähere Ausgestaltung (hier von Zulassungsbedingungen an eine staatliche Anstalt) nicht vom Verordnungsgeber vorgenommen werden. Um diese grundlegende Entscheidung, um die Frage »ob – überhaupt«, kann es beim Topoi des »Fortschritts« nicht gehen. Diese muss grundsätzlich mit dem Erfordernis hinreichender Ermächtigung (Legalitätsprinzip) durch den politischen Prozess eingeleitet werden. Indessen ist das Kriterium der Innovation, wie ich es nennen möchte, bedeutsam für die Frage des »Wie«. Wo sich Verfassungs- oder Gesetzgeber für grundlegende Neuerungen entscheiden, fehlt es oftmals für deren Verwirklichung und Ausgestaltung vorerst an Erfahrung. Dem Gesetzgeber fehlen die nötigen Entscheidungsgrundlagen, um weitreichende, generell-abstrakte Vorausbestimmungen auf der Gesetzesstufe vorzunehmen. Wo er dies jedoch unternimmt, läuft er Gefahr, Fehlentwicklungen von grossem Umfange einzuleiten, die er wiederum – zufolge des schwerfälligen Verfahrens – regelmässig zu spät korrigieren können wird. Aus dieser Situation ergibt sich das Interesse,

[199] BGE 103 Ia 381.
[200] BGE 103 Ia 394 ff., 104 Ia 305 ff.

die Konkretisierung der Neuerung und ihre Normierung vorerst tastend, einzelfallweise oder auf der flexibleren Verordnungsstufe vorzunehmen, wie das der amerikanische *Administrative Procedure Act* ausdrücklich vorsieht.[201] Ein derartiges Vorgehen – bewusst oder intuitiv gewählt – lässt sich auf Bundesebene z.B. bei der (extrakonstitutionellen) Einführung der Preisüberwachung feststellen, die vorerst dem Bundesrat und sodann dem »vollziehenden« Preisüberwacher einen weiten Gestaltungsspielraum überliess. Es lässt sich fragen, ob eine von Anfang an dichte und abschliessende Normierung nicht mangels Erfahrung zu erheblichen Fehlentwicklungen hätte führen können.[202] Das gleiche Verfahren tastender Rechtsentwicklung besteht letztlich auch da, wo eine durch den Richter entwickelte und allmählich erhärtete Rechtsprechung später kodifiziert wird und so bei Redaktion und Erlass der Gesetze bereits »erprobt« ist.[203]

201 Dazu Kap. 8.41 mit Hinweisen.

202 So schreibt Schlumpf (1979) 145 f.: »Von nicht zu unterschätzender Bedeutung für den Vollzug der Massnahmen war die Gestaltung des BB 1972 und des BB 1975. Sie legten Ziele, Instrumente und Kompetenzen fest. Im übrigen räumten sie für die Auslegung der Begriffe der ungerechtfertigten Preiserhöhung und des ungerechtfertigten Preises der Rechtsanwendung einen *beachtlichen Interpretations- und Ermessensspielraum* ein (vgl. Seiten 9 f., 26 f., 38 ff.). Das machte es möglich, sich verändernden Verhältnissen anzupassen und entsprechende Schwerpunkte für die Teuerungsbekämpfung festzulegen, *Kriterien und Methoden weiterzuentwickeln* und übergeordnete Gesichtspunkte zu berücksichtigen. Das war vor allem nützlich, als ab 1974 die Rezession an die Stelle der zur Zeit des BB 1972 herrschenden Hochkonjunktur trat. Der breite Ermessensbereich ermöglichte eine den jeweiligen Gegebenheiten Rechnung tragende, vernünftige Handhabung der Massnahmen.« (1981) [Hervorhebung durch den Verf.].
Zur gewachsenen Erfahrung vgl. insbesondere die unterschiedlichen Formulierungen der Art. 3 Abs. 1 der Bundesbeschlüsse von 1972 und 1975 über die Preisüberwachung:

– »Ergibt die Überwachung der Preise eine ausserordentliche Preissteigerung bei einzelnen Waren oder Dienstleistungen, wird diese in gemeinsamen Gesprächen des Beauftragten (...) mit den Betreffenden zu klären und nötigenfalls zu beseitigen versucht.« (Art. 3 Abs. 1 Bundesbeschluss betreffend Überwachung der Preise, Löhne und Gewinne vom 20.12.1972, BBl 1972 II 1541).

– »Bei anhaltend starker Teuerung oder ausserordentlichen Preisentwicklungen mit erheblichen Nachteilen für die Wirtschaft kann der Bundesrat Vorschriften über die Herabsetzung ungerechtfertigt erhöhter Preise erlassen.« (Art. 3 Abs. 1 Bundesbeschluss über die Preisüberwachung vom 19.12.1975, BBl 1975 II 1601, beide Beschlüsse und Verordnungen wiedergegeben bei Schlumpf (1979) 152 ff., eingehend zur Preisüberwachung Steinmann (1981) III, 2; vgl. auch oben Kap. 6.2.

203 Vgl. dazu Zippelius (1981) 143 ff.

Für die Ausgestaltung von Normen, mit denen auf diese Weise Neuland beschritten wird, kann sich aus den genannten Innovationsinteressen *ebenso und unabhängig von der »Wichtigkeit«* der Sache, eine sinnvolle Beschränkung auf die Ermächtigungsnorm in Gesetz oder Verfassung ergeben, deren Konkretisierung mittels offener Normierung der Verordnungsgeber oder aber vor allem der einzelfallbefassten Verwaltung und Richter, gleichsam »experimentell«, erfolgen soll. Zusammenfassend liesse sich die These formulieren: Je weniger Erfahrung besteht, um so mehr soll die gesetzliche Regelung sich auf eine Kompetenznorm zugunsten flexiblerer Staatsorgane beschränken.

b) In der bundesgerichtlichen Rechtsprechung kommt diese Relation von Erfahrung und Normdichte bereits im Urteil *Blum c. Kanton Zürich* vom 21.1.1976[204] zum Tragen. Das Gericht bejaht hier die Verfassungsmässigkeit eines Gesetzes, das im wesentlichen Ziel – und Kompetenz – als Norm ausgestaltet, den Regierungsrat zur Einführung von Versuchsschulen ermächtigte:

> »Das zulässige Mass der Delegation kann aber nicht ein für allemal generell umschrieben werden, denn es ist in erheblichem Masse von der Art des zu regelnden Sachgebietes abhängig ... Zudem leuchtet ein, dass die von Verfassung und Gesetz ermöglichten Schulversuche im Gesetz selber nicht im einzelnen umschrieben werden können, ohne den Gesetzgeber zu überfordern. Das liegt in der Natur des vom Gesetz angestrebten Zweckes. Die Anordnung eines Versuches im vorgesehenen Bereich hängt von zahlreichen Umständen ab, die nicht ohne weiteres vorausgesehen werden können. Die Richtung der Versuche muss wieder abgeändert werden können, wenn die bereits durchgeführten Versuche sich als unzweckmässig oder ohne befriedigendes Ergebnis erweisen sollten. Sonst müsste entweder das Gesetz selber eine grössere Zahl von Möglichkeiten einzeln ordnen, oder es müsste nach verhältnismässig kurzer Zeit aufgrund der gemachten Erfahrungen wieder geändert werden. Das ist dem Gesetzgeber nicht zuzumuten. Für den Erlass solcher Durchführungsvorschriften, die zudem von praktisch beschränkter Tragweite sind, ist der Rahmen der Delegationsmöglichkeit weit zu fassen.« ...[205]

In die gleiche Richtung – Schutz der Innovationsinteressen – weist die nunmehr allgemeine Formulierung im Entscheid *Wäffler c. Basel-Stadt*;[206] wobei hier das Spannungsverhältnis von Innovationsinteressen mit der Gewaltenteilung und dem Stimmrecht zum Ausdruck kommt:

[204] BGE 102 Ia 62 ff.
[205] Ibid. 67, 68.
[206] BGE 103 Ia 369 ff.

»Das Prinzip des Gesetzesvorbehaltes braucht dann nicht im strengen Sinne befolgt zu werden, wenn zur Regelung einer Materie zwar *verschiedene Wege offenstehen, aber nicht oder nur mit Mühe vorausgesehen werden kann, welcher Weg einzuschlagen ist, um der konkreten Situation am besten zu entsprechen.* Das gleiche gilt für den Fall, wo der Gesetzgeber sich gezwungen sähe, für die Wahl der geeigneten Lösung und für die Weisung an den Verordnungsgeber *sämtliche sich stellende Fragen in allen Einzelheiten abzuklären und zu beantworten, die Delegationsnorm entsprechend zu gestalten und dadurch überfordert wäre.* Andererseits aber darf die Delegationsnorm auch nicht einfach deshalb inhaltlich unbestimmt sein, weil sich der Gesetzgeber nicht die Mühe nehmen will, entsprechende Vorstellungen zu entwickeln, oder weil er fürchtet, eine Präzisierung in bestimmter Richtung könnte deren Annahme durch das Volk in Frage stellen.«[207]

## 15.7 Allgemeine Praktikabilität und Effizienz?

Der einschränkende Vorbehalt des Bundesgerichtes am Ende des unmittelbar vorstehenden Zitats bringt treffend die grosse Gefahr zum Ausdruck, die mit der verfassungsrechtlichen Anerkennung praktischer Interessen für die Verteilung der Regelungslast und damit der sachgerechten Ausgestaltung gesetzlicher Grundlage hinsichtlich der Normstufe und Normdichte verknüpft ist. »Praktische Interessen« an sich – oder mit den Worten des Bundesgerichtes, »das einwandfreie Funktionieren der staatlichen Institutionen«[208] – verlocken *in ihrer Allgemeinheit* Regierung und Verwaltung, aber auch das Parlament dazu, im Interesse rascherer, effizienterer Bewältigung der »Normenflut«, mögliche Reibungswiderstände im politischen Prozess der Gesetzgebung durch entsprechend offene Formulierungen auszuräumen. Derart sachlich nicht erforderliche Übertragungen wichtiger Regelungen können namentlich einer differenzierten verfassungsrichterlichen Güterabwägung unter den verschiedenen Topoi nicht standhalten und müssen sich so als Verstösse gegen die verfassungsmässigen politischen Rechte und die Gewaltenteilung erweisen.

Für die Praxis der Rechtsprechung und ihrer Verteilung der Regelungslasten auf die verschiedenen Staatsfunktionen muss es darum gehen, der Gefahr unsachlicher Kompetenz-

207 Ibid. 383, 384 (Hervorhebung durch den Verf.), ebenso der Hinweis auf die »gemachten Erfahrungen«, die zur Änderung der Politik Anlass geben können, im vorstehenden Zitat des Entscheides *Wäffler,* Kap. 5.5 a.E.

208 BGE 103 Ia 381.

zuweisungen durch eine *hinreichende Spezifizierung praktischer* Interessen vorzubeugen, wie das vorstehend in Anlehnung an die bundesgerichtliche Praxis mit den Kriterien der Flexibilität, Technizität, Komplexität und der Innovationsinteressen (nicht abschliessend) versucht wurde. »Praktische Interessen« oder Effizienz *an sich* vermögen die Übertragung massgebender wichtiger Entscheidungen vom Gesetzgeber auf ein anderes Staatsorgan und damit eine offene Normierung allein noch nicht zu rechtfertigen. Im übrigen zeigt sich die Unbrauchbarkeit allgemeiner Praktikabilität als ein Topos zur Verteilung der Regelungslast auch darin, dass sie mitunter gerade auch möglichst dichte Normen verlangt, um so die für die Praxis nötige Klarheit zu erzielen. Das ist bei Erlassen der Fall, die möglichst unmittelbare und reibungslose Anwendung finden sollen, wie z.B. ein Steuergesetz oder ein Gefängnisreglement.[209]

## 15.8 Auf der Suche nach verfahrensmässigen Delegationsgrundsätzen

### *15.81 Hinweis auf die »Delegation Doctrine« in den USA*

Der hier vertretene Verzicht auf vorgesehene, *allgemeine* materielle Delegationsgrundsätze im Sinne von »Inhalt, Zweck und Ausmass«[210] zugunsten einer topischen Betrachtungsweise, findet auch in der langjährigen Verfassungspraxis des amerikanischen Supreme Court zum Delegationsproblem Unterstützung. Einige Hinweise mögen von Interesse sein, besonders weil die schon frühe Einsicht in die Unmöglichkeit zuverlässiger und tragfähiger materieller Standards zur Suche nach verfahrensrechtlichen Sicherungen geführt hat.

a) Der amerikanische Supreme Court stellt seit jeher nur bescheidene Anforderungen an die Ausgestaltung von Delegationsnormen.[211] Das Problem müsse »according to common

[209] So ausdrücklich das Bundesgericht in BGE 106 Ia 138; zu diesem Entscheid s. auch unten Kap. 17.23.
[210] S. Kap. 4.2.
[211] Dazu und zum Folgenden s. Gellhorn/Byse/Strauss (1979) 52 ff., Tribe (1978) 284 ff., Gunther (1980) 407 f.

sense and the inherent necessities of governmental co-ordination« gelöst werden.[212] Das Gericht lässt es traditionellerweie genügen, wenn das demokratische Gesetz »primary standards« setzt oder sich diesem ein »intelligible principle« für die Anleitung von Verwaltung (und Richter) entnehmen lässt. Diese und ähnliche Formeln verlangen im praktischen Ergebnis oft nicht mehr als eine Kompetenznorm (im Sinne des hier vorgeschlagenen Legalitätsprinzips), die im Lichte des Gesetzeszweckes auszulegen ist und allein durch diesen kanalisiert wird.[213] Verschiedene grundlegende Enscheidungen des Supreme Court rekurrieren zur Begründung der Verfassungsmässigkeit offener Delegationsnormen auf Kriterien der Flexibilität, der Komplexität oder fehlender Erfahrung des Gesetzgebers für genauere Anweisungen im betreffenden Sachbereich. So schreibt der amerikanische Bundesrichter *Brennan:*

> »Congress ordinarily may delegate power under broad standards. E.g. *Dakota Central Tel. Co. v. South Dakota,* 250 U.S. 163, 183; *FPC v. Hope Natural Gas Co.,* 320 U.S. 591; *NBC v. United States,* 319 U.S. 190. No other general rule would be feasible or desirable. Delegation of power under general directives is an inevitable consequence of our complex society, with its myriad, ever changing, highly technical problems. »The Constitution has never been regarded as denying to the Congress the necessary resources of flexibility and practicality... to perform its function ....« *Panama Refining Co. v. Ryan,* 293 U.S. 388, 421; *Curring v. Wallace,* 306 U.S. 1, 15. It is generally enough that, in conferring power upon an appropriate authority. Congress indicate its general policy, and act in terms or within a context which limits the power conferred. See, e.g. *Arizona v. California,* 373 U.S. 546, 548 – 585; *FCC v. RCA Communications Inc.,* 346 U.S. 86; *Lichter v. United States,* 334 U.S. 742; *Yakus v. United States, supra,* at 424; *Bandini Petroleum Co. v. Superior Court,* 284 U.S. 8; *FTC v. Gratz,* 253 U.S. 421; *Butterfield v. Stranakan,* 191 U.S. 470. ...«[214]

212 So Chief Justice Taft in *J.W. Hampton, Jr. & Co v. United States,* 276 U.S. 394, 406 (1928) [der Fall betraf delegierte, flexibel festsetzbare Schutzzölle].

213 Das gilt vor allem – aber nicht nur – bei den umfassenden Regelungsaufträgen an die »independent agencies« des Kongresses; so z.B. der Federal Communication Commission (FCC), deren Auftrag zur Regelung von Radio und Fernsehen unter anderem vorsieht, dass »the Commission from time to time, as *public convenience, interest,* or *necessity* requires, shall... (m)ake such rules and regulations and prescribe such restrictions and conditions, not inconsistent with the law as may be necessary to carry out the provisions of this act.« Section 303 (r) Communications Act, 47 U.S.C. 303 (r) (Hervorhebung durch den Verf.).

214 *United States v. Robel,* 389 U.S. 258, 274, 275 (1967), concurring.

Die Tradition offener Delegationsnormen,[215] namentlich in den komplexen Bereichen des Wirtschaftsverwaltungsrechts, wurde einzig und für kurze Zeit im Jahre 1935 unterbrochen. Zwei Entscheidungen des obersten Gerichts haben damals neuartige lenkungsstaatliche Erlasse der New-Deal-Gesetzgebung wegen mangelnder gesetzlicher Grundlage aufgehoben.[216] Seither hat das Gericht nie mehr einen Erlass aus Gründen einer zuwenig substanzierten Delegationsnorm kassiert.

b) Die Beschränkung der Praxis auf bloss vage Standards und im Ergebnis oft auf das Erfordernis einer Kompetenznorm, bedeuten keinen Verzicht auf die »delegation doctrine«. Die Sorge um stets neue Verwirklichung repräsentativer Demokratie, auch im Sozial- und Lenkungsstaat, die Sorge um den Vorrang demokratischer Gesetzgebung durch den Kongress (Art. I Const.), lassen die Diskussion nicht zur Ruhe kommen. Die traditionelle Betrachtungsweise des Delegationsproblems wird indessen in Lehre und Praxis zusehends durch andere Ansätze überlagert: »If it is desirable that fundamental governmental policy decisions be made by those elected by the people and if the delegation doctrine is ineffective to achieve that objective, the question then is what other mechanisms, doctrines, or principles are available or may be evolved to cope with the problem.«[217] Bemerkenswert ist einerseits, dass bei offenen Delegationen neuerdings besondere Anforderungen an die Begründung der Verordnung gestellt werden. Darauf ist noch zurückzukommen.[218] Zum andern ist hervorzuheben, dass die Einsicht in die praktisch oft bestehende Unmöglichkeit substanzierter Delegationsnormen zur Ausbildung *verfahrensrechtlicher* Surrogate führen muss. Hier liegt heute das Hauptinteresse der »delegation

215 S. auch die folgenden Ausführungen von Steward zur Offenheit zahlreicher Delegationsnormen:
»The factors responsible for this lack of specifity are ① the impossibility of specifying at the outset of new governmental ventures the precise policies to be followed; ② lack of legislative resources to clarify directives; ③ lack of legislative incentives to clarify directives; ④ legislators' desire to avoid resolution of controversial policy issues; ⑤ the inherent variability of experience; ⑥ the limitations of language.« Stewart, R. The Reformation of American Administrative Law, 88 Harvard Law Review, 1667, 1677 N. 27 (1975).

216 *Panama Refining Co. v. Ryan,* 293 U.S. 388 (1935), *Schechter Poultry Corp. v. United States,* 295 U.S. 495 (1935).

217 Gellhorn / Byse / Strauss (1979) 68.

218 Unten Kap. 17.2.

doctrine«. Die ausgeprägten und bereits weiter oben beschriebenen Partizipationsrechte Betroffener und Interessierter im Prozess der Verordnungsgebung (rule making) sind mitunter Antworten auf offene Delegationen des Gesetzgebers. Das Verfahren der Verordnungsgebung wie auch des Verfügungserlasses (adjudication) beruht im Administrative Procedure Act auf der Vorstellung eines quasi-gesetzgeberischen Verfahrens mit pluralistischer Interessenvertretung.[219] Ebenso lässt sich die gerichtliche Überprüfung von Verordnungen und Verwaltungsakten, vor allem durch Ausbau und Schutz von Verfahrensrechten, als Teilaspekt der Delegationsdoktrin verstehen. So führt *Brennan* im Anschluss an die vorstehend wiedergegebene Meinung aus:

»Given such a situation (offener Delegationen, Anm. des Verf.), it is possible for affected persons, within the procedural structures usually established for the purpose, to be heard by the implementing agency and to secure meaningful review of its action in the courts, and for Congress itself to review its agent's action to correct significant departures from Congress' intention.«[220]

c) In den letzten Jahren lässt sich – und durchaus im Rahmen der Delegationsproblematik – ein verstärktes Interesse an der Untersuchung und Vertiefung der *parlamentarischen Verwaltungskontrolle* beobachten. Lehre und Praxis, vor allem auch in den Gliedstaaten, versuchen auch auf diese – verfahrensmässige – Art und Weise, das mit offenen Delegationen verlorene Terrain demokratischer Herrschaft zumindest teilweise wettzumachen:

*Gellhorn /Byse /Strauss* diskutierten so, ohne dass ausgereifte Antworten vorliegen, folgende Möglichkeiten und Probleme verstärkter parlamentarischer Verwaltungskontrolle: Verwendung des Budgetrechts zur vermehrten Steuerung und Beeinflussung einer Verwaltungseinheit durch Kürzungen und Erhöhungen. Möglichkeiten von Geschäftsprüfungs- und Untersuchungskommissionen *(Government by investigation)*. Intervention einzelner Parlamentarier im Interesse einzelner Wähler *(constituents' casework)*. Partizipation des Parlaments bei Wahl und Ernennung von Spitzenbeamten *(policy-making posts)*. In Anlehnung an die britische Praxis: Einführung der ausdrücklichen (affirmative) Genehmigung von Verordnungen oder der Möglichkeit ihrer nachträglichen (negative) Aufhebung, in der Regel 40 Tage nach Erlass und ohne Wirkung auf Anwendungen in dieser Zeitspanne (seit 1979 experimentieren

219 S. Kap. 8.41.
220 A.a.O. 275.

über 30 Gliedstaaten der USA mit diesem Modell). Veto des Kongresses über Verordnungen der Exekutive. Dieses verfassungsrechtlich umstrittene Instrument wurde seit 1978 vermehrt eingesetzt, 1983 aber als verfassungswidrig erklärt.[220b] Die Verwendung von Zeitgesetzen *(sun-set-laws)* zwingt das Parlament, den Erlass und damit die Verwaltungspraxis vor seinem Ablauf auf Verlängerung und Abänderung zu prüfen (stark umstritten).[221]

## *15.82 Ansätze im schweizerischen Verfassungsrecht*

Je stärker delegierte Kompetenzen – auf welche Weise auch immer – demokratischer Kontrolle unterliegen, um so eher sind offene Delegationsnormen, weitgehende Kompetenzübertragungen, verantwortbar. Diese einfache und einleuchtende Relation ist auch im schweizerischen Staatsrecht vorhanden. Sie zeigt sich darin, dass Delegationen an das Parlament (Dekrete, Parlamentsverordnungen) sowie Delegationen an den demokratischen Gemeindegesetzgeber in der bundesgerichtlichen Rechtsprechung weniger strengen Anforderungen unterworfen sind.[222] Im Entscheid *Doering c. Standeskommission des Kantons Appenzell-Innerrhoden* vom 26.9.1980[223] kommt die praktische Bedeutung der Relation von offener Delegationsnorm und demokratischer Kontrolle lebhaft zum Ausdruck. Das kantonale, von der Landsgemeinde genehmigte Baugesetz ermächtigt den Grossen Rat zum Erlass von Vollziehungsvorschriften für die Erstellung von Quartierplänen. Gestützt auf eine reine Kompetenznorm im demokratischen Gesetz, erliess der Rat Bestimmungen zur Erhebung von Grundeigentümerbeiträgen. Entgegen seiner regelmässig strengen Anforderungen an die demokratische (formelle) Gesetzesgrundlage von Abgaben hiess das Bundesgericht diese Ermächtigungsnorm gut, weil dem Bürger nach appenzellischem Verfassungsrecht das Recht zusteht, an der Landsgemeinde die Aufhebung grossrätlicher Verordnungen zu beantragen:

220b *Immigration and Naturalization Service v. Chadha,* --U.S.-- (1983), NZZ vom 25./26.6.1983.

221 Gellhorn / Byse / Strauss (1979) 103 ff.; s. auch die Darstellung verwaltungsinterner Kontrollmöglichkeiten, ibid. 126 ff.

222 Oben Kap. 4.311 mit Hinweisen.

223 BGE 106 Ia 201.

»Mit dem Antragsrecht an die Landsgemeinde stellt das appenzell-innerrhodische Recht den Bürgern ein Verfahren zur Aufhebung von Verordnungen zur Verfügung, *das einem Referendum zumindest nahe kommt.* Der Schutz vor Verordnungen, welche von einem anderen Organ als dem Gesetzgeber erlassen werden, braucht daher nicht ausschliesslich durch eine strenge Handhabung der Delegationsgrundsätze gewährleistet zu werden. Unter diesen Umständen ist es zulässig, die Anforderungen, die nach der Rechtsprechung in der Regel an die gesetzliche Grundlage zu stellen sind, im Fall einer Verordnungsdelegation an den appenzell-innerrhodischen Grossen Rat herabzusetzen.«[224]

Das Urteil ist in seiner Argumentation vielversprechend. Es beweist die Hellhörigkeit des Bundesgerichts für *verfahrensrechtliche* Lösungen des Delegationsproblems und müsste eigentlich Lehre und Gesetzgeber ermuntern, nach vergleichbaren Lösungen und Verfahren, auch auf andern Stufen, so namentlich im Verhältnis von Parlament und Regierung in der Verordnungsgebung, zu suchen, unter Verzicht auf den strengen Grundsatz des Formenparallelismus.[225] Die Suche nach vermehrter Interaktion und Kontrolle dürfte im Bereich komplexer Regelungsbereiche fruchtbarer sein als der alte und erodierende Acker hergebrachter materieller Delegationsgrundsätze.[226]

224 Ibid. 204 (Hervorhebung durch den Verfasser).

225 Vgl. aber Art. 84 Abs. 2 VE 1977.

226 In diesem Sinne erscheint prüfenswert, inwieweit das bei der Anordnung von aussenwirtschaftlichen Massnahmen bestehende *Berichtsverfahen* und die halbjährliche *Genehmigungspflicht* derselben durch die Bundesversammlung nicht auch in andern Bereichen Anwendung finden könnte, wo offene Delegationen durch die gebotene Flexibilität kaum vermeidbar sind (vgl. Art. 1 und Art. 10 des Bundesgesetzes über aussenwirtschaftliche Massnahmen vom 25. Juni 1982, AS 1982 II 1923 ff.).
In den gleichen Zusammenhang verfahrensrechtlicher Delegationsgrundsätze ist die umstrittene und noch ungelöste Frage zu stellen, inwieweit sich das *Motionsrecht* des Parlaments auch auf *delegierte Rechtsetzungsbefugnisse* beziehen können muss. Sowohl die heutige Ablehnung dieser Befugnis durch den Bundesrat wie auch die Begründung des Rechts mit dem Verweis auf die schweizerische Tradition der Gewaltenteilung vermögen allein nicht zu befriedigen, vgl. das Votum von Nationalrat *Bäumlin* und die Antwort von Bundesrat *Honegger* zur Motion *Hari*, amtl. Bull. Nr. 1980 I 387 ff.

# 16. Grundrechte

## 16.1 Stimmrecht und Gewaltenteilung als Grundlage

Die Anforderungen an die gesetzliche Grundlage von Grundrechtsbeschränkungen bemisst sich *in erster Linie* ebenso nach den Topoi der Wichtigkeit, Flexibilität, Komplexität und des Innovationsinteresses. Sie sind vorerst nicht grundrechts-spezifisch. Das Erfordernis massgebender Entscheidung durch den demokratischen Gesetzgeber selbst (und damit auch entsprechend hinreichender Gesetzesdichte) drängt sich im Grundrechtsbereich deshalb verstärkt auf, *weil Regelungen in diesen sensiblen und heiklen Zonen menschlicher Existenz regelmässig von besonderer Wichtigkeit sind.*[227] Im Unterschied zu begrifflicher Verengung etwa der Inhalt-, Zweck- und Ausmass-Formel schliesst aber dieser Topos, namentlich in komplexen Bereichen, offene Delegationen bis hin zu Kompetenznormen nicht aus. Andererseits kann er mitunter die Delegation gerade ausschliessen, wo nach herrschender Auffassung eine Übertragung der Verantwortung noch standhält. Die Grundrechte verpflichten dabei, da nicht allein politische Rechte und Gewaltenteilung in der Sache betroffen sind, zu besonders eingehender Begründung und richterlicher Prüfung der Verteilung der Regelungslast und damit der konkreten Ausgestaltung von Normstufe und Normdichte.[228]

[227] So auch der zentrale Topos der Wichtigkeit bei G. Müller (1979) 112 f. Kap. 15.2 (ii); ebenso Rhinow (1979) 265 mit dem Kriterium der Stufenbezogenheit. Wichtigkeit, vor allem aber die besondere, persönliche Art der Betroffenheit, führen auch in der amerikanischen Rechtsprechung und Lehre bei genereller Zulässigkeit offener Delegation dazu, dass bei Beschränkung namentlich ideeller Grundrechte strengere Anforderungen gestellt werden.: »The area of permissible indefiniteness narrows, however, when the regulation invokes criminal sanctions and potentially affects fundamental rights, ... This is because the numerous deficiencies connected with vague legislative directives, whether to a legislative committee, ...; to an executive officier; to a judge and jury ...; or to private persons ...; are far more serious when liberty and the exercise of fundamental rights are at stake ...« *United States v. Robel,* 389 U.S. 258, 275 (1967) Richter Brennan, concurring. S. auch *Greene v. McElroy,* 300 U.S. 474 (1959) [fehlende gesetzliche Grundlage für ein (politisches) »security clearance program« für Beamte des Verteidigungsministeriums]; *Kent v. Dulles,* 357 U.S. 116 (1958) [fehlende gesetzliche Grundlage für Passverweigerung an Mitglieder der Kommunistischen Partei]; nun aber *Haig v. Agee,* -- U.S. -- (1981) [Zulässigkeit des Passentzuges ohne gesetzliche Grundlage, gestützt auf unwidersprochene Verwaltungspraxis, Brennan und Marshall dissenting], s. auch Tribe (1978) 288 ff. mit weiteren Hinweisen.

[228] Zur verfassungsrichterlichen Prüfung der gesetzlichen Grundlage Kap. 21.

a) Mit dem grundlegenden Entscheid *Wäffler c. Basel-Stadt*[229] zeichnet sich in der Praxis die Überwindung begrifflich starrer Anforderungen an die gesetzliche Grundlage auch bei Grundrechtsbeeinträchtigungen ab. Obgleich die topischen »Richtlinien« des Gerichts zur Gesetzesdelegation nach dem Wortlaut nur für den Leistungsbereich Geltung haben soll, finden sie m.E. letztlich in einer grundrechtsrelevanten Zone[230] Anwendung. Das Gericht anerkennt die Beschränkung auf eine reine Ermächtigungsnorm zur Einführung und Ausgestaltung des Numerus clausus auf Verordnungsstufe, gerade um so mittels gebotener Flexibilität die Chancen einer Abwendung dieser einschneidenden Massnahme zu vergrössern.[231] Im Urteil lassen sich wesentlich vier Entwicklungsstufen unterscheiden:

(i) Anknüpfend an seine bisherige Rechtsprechung zu Grundrechten und Gewaltenteilung hält das Gericht vorerst *kategorisch* fest, dass »jedenfalls dann, wenn der Gesetzesvorbehalt gilt, erhöhte Anforderungen an die Delegationsnorm von Verfassung wegen zu stellen sind.« Das heisst, dass sich das formelle, demokratische Gesetz nicht in einer Ermächtigungskompetenz erschöpfen darf (376 E. 3 b).

(ii) Mit der Ausdehnung des Gesetzesvorbehaltes auf die Leistungsverwaltung werden die allgemeinen Anforderungen an die gesetzliche Grundlage herabgesetzt: Im Leistungsbereich kann sie sich mitunter auf eine reine Ermächtigung beschränken (382 E. 6 b und c).

(iii) Der Gesetzesvorbehalt soll »in der Regel« im Rahmen der »Leistungsverwaltung« keine Abschwächung erfahren dürfen, wo staatliche Leistungen – wie namentlich bei Monopolen – »die tatsächlichen Voraussetzungen für die Ausübung und Entfaltung der verfassungsmässig gewährleisteten Freiheitsrechte schaffen...« (383 E. 6 e).

(iv) In topischer Abwägung zwischen unverminderter Geltung des Gesetzesvorbehaltes und Interessen der Flexibilität macht das Gericht eine Ausnahme von der in (iii) statuierten Regel (391 E. 7 d, ee).

229 BGE 103 Ia 369 ff.

230 Die Grundrechtsrelevanz des NC zeigt sich in der bundesgerichtlichen Rechtsprechung trotz Ablehnung eines traditionellen Grundrechtseingriffes (377 ff., E. 4 des Urteils) darin, dass das Gericht weiter unten (389, E. 7 d, bb) die Frage ausdrücklich offen lässt, »unter welchen Voraussetzungen (bei einem Anwendungsfall des NC, Anm. des Verf.) von einem Eingriff in den Kernbereich der Persönlichkeitsentfaltung gesprochen werden könnte ...)«; unter Hinweis auf BGE 102 Ia 324 ff. Vgl. dazu auch J.P. Müller (1981b) 7 ff. neuestens dazu Zenger, Ch., Der Numerus clausus an Hochschulen als Grundrechtsfrage, ZSR 1983 I 1 ff.

231 BGE 103 Ia 392, zit. Kap. 15.5.a.E.

Wenn das Urteil, gerade wegen der nicht mehr klar zu vollziehenden Unterscheidung von Eingriff und Leistung, das Legalitätsprinzip ausdehnt,[232] muss die Unmöglichkeit klarer Unterscheidungen wohl auch für die Ausgestaltung der Delegationsnormen Geltung haben. Anstelle kategorialer Trennung, wie sie der »abstrakte« Teil des Urteils noch macht, wird im Ergebnis die Betroffenheit in den Mittelpunkt gestellt. Es erscheint daher folgerichtig, die Delegationsgrundsätze auch nach Massgabe dieses Kriteriums auf einheitliche Weise für den gesamten Geltungsbereich des Legalitätsprinzips zu gestalten und auf eine Unterscheidung von (streng geprüften) Regeln und Grundsätzen im Eingriffsbereich und (weiten Spielraum gewährenden) »Richtlinien« für den neu erfassten Leistungsbereich überhaupt zu verzichten.[233] Damit liesse sich jedenfalls die im Abgaberecht ausnahmsweise bereits praktizierte topische Berücksichtigung der Flexibilität[234] sowie auch das Phänomen der relativ offenen allgemeinen Polizeiklausel besser erfassen.

b) Diese ganzheitliche Betrachtungsweise allein fügt sich sodann in die im Gange befindliche Überwindung der Dichotomie von Eingriffs- und Leistungsverwaltung ein, wie sie namentlich von *J.P. Müller, R. Rhinow* und auch *G. Müller* zugunsten der umfassenden Vorstellung einer »Grundrechtspolitik« vertreten wird.[235]

c) Zur topischen Bemessung und Beurteilung grundrechtsrelevanter Normen, primär nach Massgabe der organisationsrechtlichen Kriterien, treten nun aber weitere, eigentlich *grundrechtsspezifische Topoi* und ihre gebotene Berücksichtigung im Prozess der Güterabwägung hinzu.[236] Zwei solche Kriterien mit unterschiedlichen Wirkungen sind hier einzubringen. Dazu gehört erstens das Prävisionsinteresse, wie es die EMRK mit ihren Anforderungen der Erkennbarkeit und Berechenbarkeit staatlicher Beschränkungen der Konventionsrechte in den Mittelpunkt stellt.[237] Zweitens tritt das

232 Ibid. 380, 381, zit. Kap. 3.31 lt. c.
233 Zur Unterscheidung Kap. 4.311 und 4.312.
234 Kap. 4.36; 15.5 lit. b.
235 J.P. Müller (1978) 266 f., (1981b) 10 f.; Rhinow (1981) 440 ff., G. Müller (1979) 112; Trachsel (1980).
236 A.M. neuestens Rohner (1981) passim, der die Frage gesetzlicher Grundlage ausschliesslich dem Organisationsrecht zuordnet.
237 Oben Kap. 5.2.

Problem der Einzelfallgerechtigkeit hinzu, ein Gesichtspunkt, der seinerseits tendenziell offene, unbestimmte Normen bewirkt und Faustregeln ausschliesst.

## 16.2 Das Prävisionsinteresse (Vorhersehbarkeit und Berechenbarkeit)

Das Interesse des Menschen an Vorhersehbarkeit und Berechenbarkeit staatlichen Handelns ist ein erster Topos sachgerechter Ausgestaltung gesetzlicher Grundlage, der vor allem im Grundrechtsbereich von grosser Bedeutung ist. Je intensiver der Private aktuell oder virtuell durch staatliche Regelungen in seinen wichtigsten – und damit grundrechtlich und verfassungsrechtlich schützenswerten – Gütern und Zonen betroffen wird, um so stärker ist sein Interesse, derartige Vorkehren in ihren Wirkungen prospektiv erkennen zu können. Nur wenn der Bürger Verbote und Gebote sowie existenziell bedeutsame staatliche Leistungsansprüche vorausblickend bemessen kann, ist er in der Lage, seine eigenen Dispositionen sachgerecht zu treffen.[238] Das Prävisionsinteresse ist zugleich Präzisionsinteresse[239]; es verwirklicht sich durch das grundrechtlich motivierte Gebot hinreichend bestimmter Normen.

### *16.21 Das Verhältnis von organisationsrechtlicher und grundrechtlicher Normbestimmtheit*

Für die Beurteilung des Bestimmtheitsgebotes sind die beiden Funktionen der Normdichte in Erinnerung zu rufen:[239] Bestimmtheit kann sowohl *Ergebnis* wie auch *Grundlage* für die sachgerechte Verteilung der Regelungslast sein. Beim Prävisionsinteresse handelt es sich um Bestimmtheit als *Grundlage* der Verteilung. Ausgangspunkt ist das Anliegen bestimmter vorhersehbarer Normen, was praktisch weitgehend zur Zuweisung der massgebenden Gestaltung des Rechts an

[238] So Noll (1973) 194.
[239] Dazu Kap. 13.

Gesetzgeber oder Verordnungsgeber bedeutet. Bestimmtheit als Prävisionsinteresse ist nicht auf das demokratische Gesetz beschränkt; es bezieht sich vielmehr auf *alle* Erlassformen und weist gegenüber organisationsrechtlich motivierter Bestimmtheit bzw. Offenheit bei Verteilung der Regelungslasten einen überlappenden, aber grundsätzlich eigenen Geltungsbereich auf. Sachgerechte Kompetenzzuweisung kann so z.B. eine offene Norm im demokratischen Gesetz, aber dann hinreichend bestimmte Normen auf Verordnungsstufe gebieten.

### *16.22 Der Grundsatz der Normbestimmtheit in der Lehre und Rechtsprechung des Bundesgerichts*

a) Das Bestimmtheitsgebot geniesst in der *Lehre* – ohne dass die erforderliche Unterscheidung zwischen organisationsrechtlicher (demokratischer) und grundrechtlich bedingter Bestimmtheit immer deutlich wird – als Ideal rechtsstaatlicher Rechtsetzung einen hohen Stellenwert. Das Gebot wird wohl überwiegend als ein eigentlicher Grundsatz verstanden, dem grössere Bedeutung zugemessen wird als lediglich diejenige eines Topos unter andern. Verschiedene Autoren, unter andern *Wackernagel, Roos, Grisel* und *Saladin,* verorten das Gebot als Teilaspekt des Gesetzesmässigkeitsgrundsatzes.[240] Damit dürfte die Forderung verbunden sein, wie sie auch *Dubs* ausspricht, dass der Gesetzgeber immer dort, wo bestimmte Regelungen möglich sind, auf Bestimmtheit des Gesetzes nicht verzichten darf.[241] Dabei anerkennt *Dubs* in seiner Untersuchung, im Sinne von Ausnahmen zur Regel, drei Gründe der »unvermeidlichen Unbestimmtheit« belastender Normen, so die Komplexität der im Einzelfall erforderlichen Entscheidung, die Möglichkeit einer erst in der Konkretisierung möglichen Wahl sowie die in ihrer Vielfalt nicht abstrakt fassbaren Tatbestände.[242] Er fasst seine Untersuchung zum Bestimmtheitserfordernis belastender

[240] Wackernagel (1948) 244, Roos (1955) 131, Grisel (1972) 38 ff., Saladin (1975) 370 Anm. 67 S. auch (1975a) 63, vgl. auch Germann (1948) 266.
[241] Dubs (1974) 225, 241, 243.
[242] Ibid.

Rechtsnormen dahin zusammen, dass »die Bestimmtheit zwar eine wichtige Richtlinie, aber kein starres Dogma« ist.[243]

Im gleichen Sinne wendet sich *Geitmann* in seiner eingehenden Untersuchung gegen einen allgemeinen »Bestimmtheitsgrundsatz«,[244] und nach *G. Müller* bedürfen »Eingriffe in Freiheit und Eigentum des Bürgers ... *in der Regel* einer dichteren, bestimmteren gesetzlichen Grundlage als die Gewährung von Leistungen und ähnlichen Massnahmen ohne Eingriffscharakter.«[245] Ebenso wendet sich *Rhinow* gegen eine Pauschalierung des Bestimmtheitsgrundsatzes und hält dafür, dass der Bürger in vielen Fällen, aber nicht immer, höhere Ansprüche an die Normdichte bei Eingriffen als bei Begünstigungen stelle.[246] Schliesslich kommt *Starck* im Zusammenhang des Verhältnisses von Gesetzgeber und Richter beim Gesetzesvorbehalt zur Formulierung: »Das Hauptdilemma scheint mir hier darin zu liegen, dass auch das Eingriffsrecht nicht auf relativ offene Begriffe verzichten kann, die zunächst von der Behörde mit Fallerfahrung, gegebenenfalls mit Hilfe besonderer Verfahren und sodann im Wege der Kontrolle vom Richter, konkretisiert werden müssen.[247]

b) Für die *Praxis* kommt heute dem bereits dargelegten Rechtssatz- und Gesetzesbegriff der EMRK hervorragende Bedeutung zu.[248] Mit dem Urteil *Sunday Times* und seinen Anforderungen der Publizität, Vorhersehbarkeit und optimalen Bestimmtheit grundrechtsbeschränkender Normen wird regelmässig eine Normdichte verlangt, die über das bisher in der schweizerischen Grundrechtsprechung punktuell geforderte Mass hinausgeht:

Die schweizerische Rechtstradition sowie auch die Praxis des Bundesgerichtes zu den ideellen Grundrechten, u.a. der Persönlichen Freiheit, Meinungsäusserungsfreiheit, Versammlungsfreiheit (Demonstrationen) und der Pressefreiheit, lassen sich – wie auch das positive Verfassungsrecht[249] – in bezug auf die Anforderungen an die gesetzliche Grundlage durch eine gewisse Präferenz der Flexibilität staatlicher Reak-

243 Ibid. 264.
244 Geitmann (1971) 18.
245 G. Müller (1979) 113 (Hervorhebung durch den Verf.).
246 Rhinow (1979) 264.
247 Starck (1976) 81.
248 Eingehend Kap. 5.2.
249 Vgl. Kap. 14.4.

tionsfähigkeit und einer entsprechenden Vernachlässigung der Prävisionsinteressen der Grundrechtsträger charakerisieren. Die genannten Grundrechte werden nicht selten, gestützt auf die allgemeine Polizeiklausel[250] oder auf relativ offen formulierte Normen des Verwaltungs- und Polizeistrafrechtes, eingeschränkt.[251]

Wie wenig das Bundesgericht der Normbestimmtheit in diesem Bereich Beachtung schenkt, zeigt sich beispielsweise im Urteil *Meier c. Polizeirichteramt der Stadt Zürich* vom 10. Dezember 1973 (nicht publiziert). Danach kann der Verkauf einer ideellen politischen Zeitung zum Unkostenbeitrag von einem Franken auf öffentlichem Grund verfassungsmässig unter die Bestimmung des § 8 lit. b des (nunmehr geänderten) zürcherischen Hausiergesetzes vom 17. Juni 1894 subsumiert werden, wonach »das Kolportieren von Büchern, Zeitschriften und Bildern« als »patentpflichtiger Hausierverkehr« zu behandeln sei. Immerhin ist anzufügen, dass das Bundesgericht die Frage nicht unter dem Gesichtspunkt der Pressefreiheit, sondern lediglich der Willkürbeschwerde (Art. 4 BV) zu prüfen hatte. Selbst bei beschränkter Kognition müsste aber die m.E. hier für den Bürger kaum bestehende Vorhersehbarkeit der Bewilligungspflicht für den Vertrieb *ideeller, nicht gewinntragender* Zeitungen als fehlende Berechenbarkeit einer Grundrechtsbeschränkung stärker Beachtung finden.

Das Erfordernis hinreichender Normdichte lässt sich hier nicht nur mit dem im Grundrechtsbereich von der Lehre betonten und von der EMRK geforderten Bestimmtheitsgebot, sondern an sich, in Ansätzen, mit der Rechtsprechung des Bundesgerichts selbst begründen. Nachdem sich das Gericht gemäss den Untersuchungen von *Dubs* lange nur punktuell zur Bestimmtheit äussert,[252] spricht es 1965 allgemein vom »Erfordernis einer hinreichend bestimmten Umschreibung und Umgrenzung der gesetzlichen Tatbestände (Tatbestandsbestimmtheit)« und leitet das Erfordernis aus der

250 Zur Anerkennung offener grundrechtsbeschränkender Normen, namentlich in der früheren Praxis und neben der allgemeinen Polizeiklausel, s. BGE 60 I 197, 57 I 266, 35 I 760; dazu Germann (1948) 266 f.; vgl. auch BGE 103 Ia 15; vgl. auch Kap. 4.37 zum Grundsatz nulla poena sine lege.

251 Vgl. zur Illustration aus dem positiven Recht z.B. die schwer berechenbaren Straftatbestände der Verursachung von Schrecken (Art. 8), Vertrieb von Schundliteratur (Art. 13), Verbrecherwerkzeug (Art, 13bis), Nachtlärm, unanständiges Benehmen (Art. 15) im bernischen Einführungsgesetz zum St.GB vom 6.10.1940 (BSG 311) sowie etwa Art. 2 Abs. 1 des bernischen Dekrets vom 27.1.1920 betreffend die Ortspolizei (BSG 172.244.1) über die Präventivhaft:
»Abgesehen von der ihr (der Ortspolizei) zur Verfolgung strafbarer Handlungen zustehenden Befugnisse (...) kann sie vorläufig zur Verhinderung befürchteter Handlungen dieser Art sowie zur Verhütung von Unglücksfällen gefährliche Personen unter Polizeiaufsicht stellen oder in Gewahrsam setzen,...«

252 Dubs (1974) 226 ff. mit Hinweisen.

Rechtssicherheit ab.[253] Dieselbe Begründung findet sich – ausserhalb des Grundrechtsbereiches – erneut im Entscheid *Albonico c. Grosser Rat des Kantons St. Gallen.*[254] Das Bundesgericht verneint die Verfassungsmässigkeit einer Gesetzesinitiative, die den Kanton St. Gallen »im Rahmen seiner rechtlichen und politischen Möglichkeiten« verpflichten wollte, sich für eine Stabilisierung des Energieverbrauches auf bundesrechtlicher Ebene einzusetzen. Es begründet den Entscheid mit mangelnder Normbestimmtheit:

> »Rechtssätze, d.h. allgemeine Normen, die verbindlich und auf Verwirklichung ausgerichtet sind, müssen in ihrem Inhalt zumindest minimal bestimmt sein. Andernfalls halten sie, gerade weil ihnen mehr als bloss programmatische Bedeutung zukommt, vor dem Gebot der *Rechtssicherheit* nicht stand.«[255]

Das Gericht hält dafür, dass eine derartige Verpflichtung für einen Gesetzesinhalt zu unbestimmt sei und »nicht Inhalt rechtsstaatlicher Gesetzgebung sein« kann.[256]

Dieser Fall lässt sich nun nicht allein für die heutige Existenz eines allgemeinen grundsätzlichen Erfordernisses minimaler Bestimmtheit anführen. Er belegt ebenso, wie verfehlt ein *umfassend* verstandenes, allgemeines Bestimmtheitsgebot ist. Bestimmtheit und Rechtssicherheit sind vor allem von zentraler Bedeutung, wo der einzelne Private staatliches Handeln als virtuell Betroffener prospektiv berechnen und abschätzen können muss. Das Gericht argumentiert denn auch wesentlich aus rechtsstaatlicher Optik, obgleich eine solche Situation unmittelbarer und grundrechtsrelevanter Betroffenheit im Fall *Albonico* gar nicht vorliegt; die Initiative zielt vielmehr auf Bestimmung und Beeinflussung künftiger Energiepolitik. Ihr Inhalt ist wesentlich Auftrag an Regierung und Verwaltung. Die Annahme des Gesetzes könnte die Rechtssicherheit einzelner kaum gefährden, da konkrete Massnahmen ohnehin besondere, im politischen Prozess noch auszumarchende Erlasse erfordern würde. Im Lichte der Urteils *Degen c. Basel-Stadt,*[257] das eine programmatische

[253] Zbl. 1965, 322.
[254] BGE 102 Ia 131 ff., dazu auch Rhinow (1979) 262 f.
[255] Ibid. 138.
[256] Ibid. 141.
[257] BGE 104 Ia 415.

und in die Zukunft offene Beschlussinitiative (Verkehrsplanung) als verfassungsmässig hält, sowie nach den Ergebnissen dieser Arbeit zum demokratischen Gesetzesbegriff im schweizerischen Verfassungsrecht,[258] müsste diese Initiative heute möglicher Inhalt des Gesetzes sein können.[259] Sie dürfte nicht am Argument fehlender Dichte des Rechtssatzes scheitern können.

Der Fall zeigt deutlich die Notwendigkeit, zwischen organisationsrechtlicher und grundrechtlicher Normbestimmtheit zu unterscheiden.[260] Anforderungen an die Dichte des demokratischen Gesetzes als Träger staatsleitender Akte können nicht gleichermassen wie die Bestimmtheit grundrechtsbeschränkender Normen bemessen werden. Ein einheitliches und allgemeines Bestimmtheitsangebot verhindert die Aktualisierung moderner Gesetzesfunktion und damit demokratischer Partizipation in zentralen Fragen von allgemeiner Tragweite der heutigen Zeit.[261]

### *16.23 Verfahren und Normfunktion ex ante und ex post als Kriterien der Normdichte*

a) Im Lichte der vorstehenden Einwände ist nun die jüngste Praxis des Bundesgerichts von hervorragendem Interesse. Dem Entscheid *G. c. Appenzell-Ausserrhoden*[262] lässt sich der Verzicht auf ein allgemeines Bestimmtheitsgebot und die Hinwendung zu einer Betrachtensweise entnehmen, welche die Normdichte nicht *begrifflich,* sondern *funktional* zu bestimmen sucht. In abstrakter Normenkontrolle prüft das Gericht die Verfassungsmässigkeit eines Gefängnisreglementes

[258] Kap. 9.

[259] Das Gericht impliziert hier nach Massgabe des dualistischen Gesetzesbegriffes (nicht zwingend) den Begriff des materiellen Gesetzes und damit die Beschränkung auf Rechtssätze, obgleich die Initiative als Auftrag kaum generell-abstrakter Natur ist.

[260] Kap. 16.21. Anzumerken ist, dass der Bestimmtheit neben ihren spezifisch demokratischen und grundrechtlichen Funktionen eine weitere, dritte Aufgabe zukommt. Sie ist ein wesentliches Beurteilungskriterium für die Frage, ob ein Staatsvertrag unmittelbar Rechte und Pflichten für den einzelnen Privaten begründet, d.h. ob er *self-executing* ist oder sich als nicht justiziables Programm oder Richtlinie in erster Linie an den Gesetzgeber richtet, dazu BGE 106 Ib 187, 98 Ib 385.

[261] Vgl. Kap. 6.

[262] BGE 106 Ia 136 ff.

für die Untersuchungshaft. Im vorliegenden Zusammenhang ist von wegleitender Bedeutung, dass es bei der Beurteilung geforderter Normdichte nicht auf einen allgemeinen Grundsatz hinreichender Bestimmtheit rekurriert, sondern die Frage sachspezifisch angeht. Es begründet die geforderte Dichte mit der notwendigen Klarheit für die anwendenden Beamten (Praktikabilität!), der *Intensität der Betroffenheit,* und argumentiert – soweit ersichtlich, erstmals – auch mit dem *verfahrensrechtlichen Defizit* im Rechtsverhältnis des Untersuchungsgefangenen:

»(Es) ist ... zu berücksichtigen, dass der Untersuchungsgefangene in einem wichtigen Grundrecht beschränkt wird, wobei allerdings das Ausmass dieser Beschränkung anhand der einzelnen Bestimmungen besonders zu prüfen ist, und dass er sich infolge des Freiheitsentzuges in einer Ausnahmesituation befindet, in welcher weitere Beschränkungen in erhöhtem Masse empfunden werden. *Diese Lage wird durch die Tatsache verstärkt, dass angesichts der oftmals kurzen Haftdauer das Rechtsmittelverfahren in manchen Fällen nicht geeignet sein wird, die Verfassungswidrigkeit der einzelnen Anordnungen rechtzeitig zu beheben,* und dass in andern Fällen der Rechtsschutz erst verhältnismässig spät wirksam werden kann. Ein Gefängnisreglement für Untersuchungshaft muss *aus diesen Gründen* durch eine *ausreichende Regelungsdichte* und eine klare Fassung selber eine erhöhte Gewähr für die Vermeidung verfassungswidriger Anordnungen bieten.«[263]

b) Ebenso bedeutsam wie die bekannte Einsicht, dass offene Normen verfahrensrechtlich kompensiert werden müssen, ist mit dem vorliegenden Urteil der Gedanke, dass dort, wo Verfahren unmöglich ist, die nötige Sicherheit durch entsprechende Dichte der Norm realisiert werden muss. Mit dieser Relation von Verfahren und materiellem Recht lässt sich denn auch zum vielleicht hilfreichsten Topos zur Bestimmung grundrechtlicher Normdichte gelangen: Im Unterschied zur Inhaltsbestimmung des demokratischen Gesetzes nach Massgabe der Eignung, bestimmt sich die grundrechtliche Normdichte überdies nach der beabsichtigten primären Wirkungsweise des Rechtssatzes (Normfunktion). Mit *Rhinow* ist für die Bestimmung rechtsstaatlicher Normdichte zu unterscheiden, ob eine Norm funktionell unmittelbar, *ex-ante* Wirkung entfalten soll und ihren Zweck wesentlich nur so erfüllt, oder ob ihre Verwirklichung über einen Akt der Kon-

[263] Ibid. 138, 139 (Hervorh. durch den Verf.).

kretisierung *ex-post* (Verfügung, Urteil) geplant ist.[264] Normen *ex-ante* bedürfen hinreichender Dichte, damit sie praktisch selbständig wirksam sein können, wie das zum Beispiel bei Verkehrsvorschriften, Straftatbeständen und gewissen wirtschaftspolitischen Massnahmen, z.B. Preisvorschriften, der Fall ist. Anders kann es sich bei Normen verhalten, die als Grundlage zur Verwirklichung der Einzelfallgerechtigkeit, z.B. der Strafzumessung, der Gestaltung eines Raumplanes als individualisierende Zumessung von Rechtsfolgen dienen. Diese Normen haben lediglich einen Rahmen abzustecken, in dem sich die Entscheidfindung unter Partizipation des betroffenen Adressaten bewegen muss.

## *16.24 Die Notwendigkeit hinreichender Bestimmtheit von Beschränkung ideeller Grundrechte – Hinweise auf die »Void for Vagueness«- und »Overbreadth«-Doktrin in den USA*

Die Normfunktion *ex-ante* zeigt sich besonders deutlich bei Beschränkungen ideeller Grundrechte. Der Bürger ist hier in hohem Masse auf dichte Normierung angewiesen, die ihm die Bemessung rechtlich zulässiger und verschlossener Handlungsspielräume ermöglichen, weil verfahrensrechtlicher Schutz regelmässig nicht rechtzeitig verfügbar oder nicht eigentlich wirksam ist. Eine spätere gerichtliche Entscheidung des Falles hat oft in erster Linie nurmehr präjudiziellen Charakter, ohne in concreto tatsächliche Wirkungen nichtfinanzieller Natur einer verfassungswidrigen Beschränkung noch ausräumen zu können.[265] Vage Bestimmungen und

[264] Rhinow (1979) 226 f. spricht von der sogenannten »Klarstellungsfunktion von Regelungen«.

[265] Das gilt vor allem bei gewissen Beschränkungen der Persönlichen Freiheit (Verhaftung, Anhaltung, Präventivhaft), bei Beschränkungen der Pressefreiheit durch einstweilige Anordnungen aufgrund des privatrechtlichen Persönlichkeitsschutzes sowie deutlich bei Beschränkungen der Grundrechte sozialer Kommunikation (Meinungsfreiheit, Versammlungsfreiheit, Demonstrationsfreiheit und Religionsfreiheit), vor allem soweit sie für ihre Verwirklichung die Benützung des öffentlichen Grundes beanspruchen. Das verfahrensrechtliche Defizit ist in der Schweiz besonders augenscheinlich, da Entscheidungen meistens in erster Linie durch die (oftmals direkt betroffenen) politischen Behörden zu treffen sind. Der Bürger findet seinen unabhängigen Richter nicht selten erst mit dem Bundesgericht; vgl. BGE 96 I 232.

Grundsätze bewirken, im Verein mit mangelhaftem oder nur verspätet möglichem Verfahrensschutz, eine abschreckende Wirkung auf die freie Artikulation von Meinungen in ihren verschiedenen Formen, weil die Grenzen des rechtlich zulässigen und verfassungsrechtlich verpönten Spielraumes nicht mit hinreichender Deutlichkeit auszumachen sind. Diese Wirkung, dieser »chilling effect«, wie er in den USA genannt wird, ist nicht nur für das betroffene Individuum in seiner Existenz gefährlich; unbestimmte Normen verursachen gleichsam erhebliche Kosten für den politischen Prozess. Sie unterdrücken zumindest tendenziell Minderheitsmeinungen und beeinträchtigen das für die Demokratie unabdingbar vorausgesetzte Klima des offenen und freien Diskurses konfligierender Meinungen und Interessen erheblich.[266] Diesen Gefahren trägt der grundrechtsspezifische Rechtssatzbegriff der EMRK sowie auch das funktionelle Bestimmtheitsgebot des Bundesgerichtes Rechnung.[267] In welcher Richtung sich die Rechtsprechung darüber hinaus entfalten könnte, mag ein Hinweis auf die »Void for Vagueness«- und die »Overbreadth«-Doktrin des US Supreme Court andeuten. Die negativen Wirkungen offener Normierung (chilling effect) werden mit diesen beiden verschiedenartigen, aber verwandten Ansätzen einzudämmen gesucht.

a) Die »Void for Vagueness«-Doktrin ist Ausfluss der »due process clause (fair notice)« und dürfte im wesentlichen mit den rechtsstaatlichen Zielsetzungen des allgemeinen Bestimmtheitserfordernisses und den Elementen des Rechtssatzbegriffes der EMRK übereinstimmen. Die Doktrin kann geltend gemacht werden, wenn die Tragweite einer Bestimmung nach Massgabe durchschnittlicher menschlicher Auffassungsgabe nicht fassbar ist und sich erlaubtes und verpöntes Verhalten nicht auseinanderhalten lassen. Erforderlich ist, dass der Beschwerdeführer von der vagen Norm zu Unrecht erfasst wurde und der Gesetzgeber im Spannungsfeld mit den staatlichen Interessen flexibler Normierung eine engere, dichtere Regelung hätte treffen können.[268] Die »Vagueness«-Doktrin ist an sich nicht auf die ideellen Grundrechte

266 Zum anerkannt hohen Stellenwert der Meinungsfreiheit im demokratischen Prozess, BGE 96 I 586 ff. E. 6.
267 Kap. 16.23; 5.2.
268 Zu den Voraussetzungen s. Tribe (1978) 718 ff. mit Hinweisen.

beschränkt, hat aber ihr Anwendungsfeld bisher vor allem im Bereiche des »ersten Amendments« (Meinungsfreiheit) entfaltet. Hervorzuheben sind verschiedene Entscheidungen, die unbestimmt gehaltene Radikalenerlasse[269] oder Strafbestimmungen[270] aufheben, denen die gebotene Tatbestandsbestimmtheit abgeht. Im Bereich ökonomischer Rechte hat die Doktrin, soweit ersichtlich, kaum erfolgreich Anwendung gefunden, weil sich hier offene Normen vielfach durch gebotene Flexibilität rechtfertigen lassen.[271]

b) Die »preferred position« der Meinungsfreiheit in all ihren Erscheinungsformen kommt nun besonders in der sogenannten »Overbreadth«-Doktrin zum Ausdruck. Mit ihr wird eine verstärkte, präventive gerichtliche Kontrolle breiter und offen gehaltener Grundrechtsbeeinträchtigungen angestrebt.[272] Im wesentlichen geht es hier darum, dass eine an sich verfassungsrechtlich zulässige Beschränkung nicht so offen und breit normiert werden darf, dass sie potentiell grundrechtlich geschützte Interessen verletzen könnte:

> »... a governmental purpose to control or prevent activities constitutionally subject to regulation may not be achieved by means which sweep unnecessarily broadly and thereby invade the area of protected freedoms.«[273]

Materiell betrachtet handelt es sich im Grunde um ein Argument der *Verhältnismässigkeit.* Diese kommt zum Tragen, wenn eine breit gefasste Norm nicht durch verfassungskonforme Auslegung klarerweise einschränkend verstanden werden muss; mit andern Worten, wenn gefestigte verfassungsrechtliche Massstäbe fehlen und nur unter den konkreten Umständen, von Fall zu Fall, ermittelt werden können. Das soll mit der »Overbreadth«-Doktrin nun aber gerade vermieden werden: Ihre besondere, über konkrete Verhältnismässigkeitsprüfung hinausgehende Eigenschaft besteht gerade darin, dass der Erlass unabhängig davon, ob die konkrete,

269 Wegleitend *Keyishian v. Board of Regents,* 385 U.S. 589 (1967) zit. nach Gunther (1980) 1466 ff.

270 »Perfectly vague« wurde z.B. in *Coates v. City of Cincinnati,* 402 U.S. 611 (1971) eine Bestimmung beurteilt, die »three or more persons to assemble (on) any sidewalk (and) there conduct themeselves in a manner annoying to persons passing by« für illegal erklären wollte; zit. nach Tribe (1978) 720, 721.

271 Nachweise bei Tribe (1978) 718 Anm. 7.

272 Eingehend zum Folgenden Gunther (1980), 1185 ff., Tribe (1978) 710 ff.

273 *NAACP v. Alabama ex.rel. Flowers,* 377 U.S. 288 (1964) zit. nach Gunther (1980) 1186.

angefochtene Anwendung verfassungswidrig ist, bei Vorliegen zu breiter Normierung aufgehoben wird. Das Gericht beschränkt sich nicht auf die Beurteilung der konkreten Umstände, sondern geht über zu einer sonst nicht bestehenden abstrakten Normenkontrolle. *Gunther* beschreibt die Doktrin folgendermassen:

»The overbreadth technique, by contrast, does not reach the question whether the *challenger's* speech is constitutionally protected; instead it strikes the statute down entirely, because it *might* be applied to others not before the Court whose activities *are* constitutionally protected. Typically, the Court assumes that the challenger's behavior is *not* protected by the First Amendment and *is* reachable by the state under a more »narrowly drawn« law. The challenged statute is struck down because the challenger is permitted to argue that *other* conceivable statutory applications *might* constitutionally burden protected activity...«[274]

Die Ratio dieser Praxis, einen Erlass schon deshalb aufzuheben, weil er unabhängig des konkreten Falles eine geschützte Tätigkeit verletzen *könnte,* liegt im Bestreben, den genannten »chilling effect« optimal zu vermeiden. Die Möglichkeit einer nachträglichen gerichtlichen Prüfung, ob eine Grundrechtsbestätigung verfassungswidrig ist oder nicht, genügt eben einem wirksamen Grundrechtsschutz nicht.[275] Weitaus die Mehrheit der Normadressaten wird das Risiko einer möglichen Rechtsverletzung und die Mühen eines ungewissen und aufwendigen Gerichtsverfahren nicht auf sich nehmen. Sie wird überhaupt schweigen, solange das bedrohlich hängende Damoklesschwert nicht beseitigt ist, wie es Justice *Marshall* nennt:

»That this court will ultimately vindicate an employee if his speech is constitutionally protected is of little consequence – for the value of a sword od Damocles is that it hangs – not that it drops. For every employee who risks his job by testing the limits of the statute, many more will choose the cautions path and not speak at all... The danger of that chilling effect upon the exercise of vital First Amendment rights must be guarded against by sensitive tools which clearly inform of what is being proscribed.«[276]

274 Gunther (1980) 1187. S. zur Doktrin auch Cox (1968) 15 f. 41, 105 ff., und Note, Standing to Assert Constitutional Jus Tertii, 88 Harvard Law Review 423 ff. (1974)

275 In diesem Sinne auch BGE 106 Ia, 139, zit. Kap. 16.23 lit. a.

276 *Arnett v. Kennedy,* 416 U.S. 134 (1974), abweichende Meinung, zit. nach Gunther (1980) 1195.

c) »Vagueness« und «overbreadth« sind verschiedenartige Konzepte, die auseinanderzuhalten sind. Praktisch werden sie freilich oft gemeinsam angerufen aus dem einfachen Grunde, weil vage Normen wohl regelmässig auch zu breite Wirkungen haben, was umgekehrt nicht der Fall sein muss.[277] In der jüngeren Rechtsentwicklung ist die Unterscheidung insofern schwieriger geworden, als die Mehrheit des Gerichts sich auch im Rahmen der »Overbreadth«-Doktrin im Ergebnis auf eine Prüfung des konkreten Falles beschränkt und damit die typische und eigenartige abstrakte Normenkontrolle weitgehend aufgegeben hat (sogenannte »substantive overbreadth«).[278]

d) Diese Hinweise mögen zeigen, dass über die heutige bundesgerichtliche Prüfung der gesetzlichen Grundlage hinaus – und teilweise mit der Verhältnismässigkeit verbunden – Möglichkeiten einer vertieften verfassungsrechtlichen Argumentation auch zur Normdichte bestehen. Sie müssen auch nach Massgabe des Rechtssatzbegriffes der EMRK bei den ideellen Grundrechten stärker ausgeschöpft werden.

[277] Z.B. der Satz: »Alle Rede ist untersagt« ist durchaus bestimmt, aber offensichtlich zu breit normiert.

[278] Dazu *Broadrick v. Oklahoma,* 413 U.S. 610 (1973) [In Änderung seiner Rechtsprechung bestätig das Gericht die Verfassungsmässigkeit einer Norm, welche Staatsbeamten in genereller Weise politische Parteiarbeit, »management of affairs of a political party in any political campain, except to exercise his right as a citizen privately to express his opinion and to cast a vote«, untersagt.] *Arnett v. Kennedy,* 416 U.S. 134 (1974) [Bestätigung einer Norm, welche die Entlassung von Beamten generell und offen für »any cause as will promote the efficiency of the service« vorsieht; vgl. dazu oben zitierte abweichende Meinung *Marshall's.*]; eingehend dazu Gunther (1980) 1190 ff. Siehe aber auch *Schaumburg v. Citizens for a Better Environment,* 445 U.S. 972 (1980). [Unter Anwendung der »Overbreadth«-Doktrin hebt das Gericht eine kommunale Bestimmung auf, welche Geldsammlungen auf offener Strasse und von Haus zu Haus davon abhängig macht, dass drei Viertel der Einkünfte für »charitable purposes«, Wohltätigkeitszwecke wie Armenhilfe u.a. Verwendung finden müssen und insbesondere nicht für Gehälter verwendet werden dürfen. Das Gericht erblickte hier eine zu starke Beschneidung jener ideellen Organisationen, die andere, aber ebenso wertvolle Öffentlichkeitsarbeit leisten und dabei mehr als 25 Prozent ihrer Einnahmen für Lohnzahlungen ausgeben müssen.] Der Bezug zur Verhältnismässigkeit tritt hier deutlich hervor.

## 16.3 Einzelfallgerechtigkeit und das Interesse an diskursiver Entscheidung nach L. Tribe

a) Neben das Prävisionsinteresse mit seinem Anliegen möglichst dichter und bestimmter Regelung tritt als zweites, ebenso grundrechtsspezifisches Topoi das Interesse an Einzelfallgerechtigkeit, das Interesse am Verzicht auf schematisierende, automatische Rechtsfolgen und damit verbunden das Interesse an einem optimalen Diskurs zwischen Entscheidungsträger und Betroffenem hinzu. Mit den Relationen von Normdichte und Zuweisung der Regelungslast auf die einzelnen Staatsfunktionen[279] führt dies zu einem Interesse an tendenziell offenen Normen, die der einzelnen Entscheidfindung einen möglichst grossen Gestaltungsspielraum offen lassen. Und mit dem vorgenannten Gesichtspunkt der Normfunktion[280] besteht das Bedürfnis der Offenheit bei Normen und Regelungen, die primär Ex-post-Wirkungen entfalten und die nicht oder nur sekundär dem Prävisionsinteresse dienen. Diese offenen Normen werden durch Verwaltungsakt, Urteil, aber auch durch Verhandlungen (Vertrag) erst im Einzelfall verdichtet.

b) Die Rechtsordnung kennt – neben den Grundrechten – zahlreiche Normen, deren Offenheit und Unbestimmtheit in diesem Lichte begründet werden können. Aus dem Zivilrecht sei auf die bloss grundsatzartige Verankerung von Treu und Glauben sowie des Rechtsmissbrauches (Art. 2 ZGB) hingewiesen, die in Maximen und Regeln ausmünden, die kaum abschliessend aufgezählt und positiviert werden könnten.[281] Auf dieselbe Weise erfahren auch die offene Normierung des Persönlichkeitsschutzes (Art. 27 ZBG), der Auffangtatbestand der tiefen Zerrüttung bei den Scheidungsgründen (Art. 142 Abs. 1 ZGB) oder der Grundsatz der Verschuldenshaftung (Art. 41 OR) ihre innere Begründung. Solche Relationen von Normdichte und Möglichkeit zu individualisierender Zumessung von Rechtsfolgen bestehen auch im hergebrachten, öffentlich-rechtlichen Anwendungsbereich der Grundrechte. Klassisches Beispiel ist das Strafrecht (als Beschränkung vor allem der Persönlichen Freiheit) mit seinem am Prä-

279 Kap. 12, 13.
280 Kap. 16.23.
281 Grundlegend dazu die Kommentierung von H. Merz zu Art. 2 ZGB im Berner Kommentar, Bd. I/1 (Einleitung Art. 1 bis 10 ZGB), Bern 1966, 213 ff., N. 22, 29 ff. 45.

visionsinteresse ausgerichteten Ideal optimaler Bestimmtheit des Tatbestandes und seinen im Gegensatz dazu relativ offenen Bestimmungen zur Strafzumessung, die der Richter unter Würdigung der Tatumstände und der Täterpersönlichkeit (Schuldstrafrecht) zu konkretisieren hat.[282] Eindrücklich kommt das Anliegen der Einzelfallgerechtigkeit und die Absage an schematische Lösungen z.B. auch bei der Beurteilung der Bedürftigkeit bei Gesuchen um unentgeltliche Prozessführung zum Ausdruck. Zutreffend führt das Bundesgericht aus:

> L'autorité compétente en cette matière doit éviter de procéder de façon trop schématique, afin de pouvoir prendre objectivement en consideration tous les elements importants du cas particulier. Certes, elle peut, dans l'examen d'un cas d'indigence, partir du minimum d'existence du droit de poursuites, mais elle doit aussi tenir compte de manière suffisante des donnés individuelles en présence.[283]

c) Es erscheint als Verdienst von *Tribe,* den Gedanken der offenen Norm in ihrer Verbindung mit einem individualisierten Verfahren diskursiver Entscheidfindung mit seiner Theorie des »structural due process« auch *verfassungsrechtlich* fruchtbar gemacht und durchdrungen zu haben. Der zwischen der hergebrachten, rein materiellen und rein prozessualen Betrachtungsweise (substantive due process und procedural due process) vermittelnde Ansatz nahm seinen Anfang in der grundlegenden Publikation von 1975 als eine eigentliche Theorie der offenen Norm.[284]

Am Beispiel einer aus dem Jahre 1935 stammenden Bestimmung, welche unverheirateten und unmündigen Müttern den Besuch eines letzten Schuljahres (High School) generell verschloss, zeigt *Tribe* auf, dass diese offensichtlich veraltete, heutigen Massstäben über Familie, Schule und geschlechtliche Beziehungen nicht mehr entsprechende Norm nach den traditionellen, rein materiellen und rein prozeduralen Beurteilungen der Verfassungsmässigkeit kaum erfolgreich angefochten werden könne.[285] Im Lichte der Recht-

282 Zu dieser Relation von bestimmtem Tatbestand und unbestimmter Rechtsfolge Dubs (1974) 230 ff.
283 BGE 106 Ia 83.
284 Tribe (1975).
285 Ibid. 270 ff.

sprechung des Supreme Courts weist er nach, dass die Regelung kaum willkürlich und als Verletzung der Rechtsgleichheit beurteilt werden kann. Ebensowenig kann sie durch verfahrensrechtliche Ansprüche in Frage gestellt werden: Der Anspruch auf rechtliches Gehör, auf ein individualisiertes Hearing kann allein gewährleisten, dass die Schulbehörde ihre Entscheidung aufgrund der tatsächlichen Gegebenheiten trifft.[286] Mit diesem unbefriedigenden Ergebnis postuliert *Tribe* unter dem Begriff des »structural due process« den verfassungsrechtlichen Anspruch auf einen Entscheid, der die persönlichen Verhältnisse der Betroffenen – z.B. ihre Fähigkeit, das Kind trotz Schulbesuchs zu betreuen, etc. – sowie die heutigen Wertvorstellungen und damit *zeitgemässen* Gerechtigkeitsmassstäbe massgeblich berücksichtigt. Mit dieser Individualisierung der Entscheidung ist notwendigerweise der Verzicht auf dichte Normen verbunden, welche die Frage im Sinne einer Faustregel normieren und so das als zentral beurteilte Erfordernis des gerechten Dialoges zwischen Entscheidungsträger und Normsetzer a priori verunmöglichen.[287] Individualisierte Entscheidung aus gegenseitigem Gespräch – »fraternal conception« genannt – wird als die bedeutendste Art der Konfliktlösung beurteilt:

> »... should we not regard individual human confrontation as an intrinsically more fitting response than codification to the predicament of moral uncertainty and flux? One might, indeed, regard such confrontations between decisionmaker and disputants as the only fitting response to any serious human controversity in a community worthy of the name. Resolution of disputes by reliance on fixed rules that settle in advance the boundaries between persons and the shape of their entitlements might conceivably be thought inconsistent with any but an unacceptably atomistic, anomic, anticommunal conception of social life«.[288]

Ausgehend vom Postulat der offenen Norm, aber letztlich weit darüber hinausgehend, liegt die verfassungsrechtliche Verdichtung in der Forderung, *dass der Bürger einen verfassungsmässigen Anspruch auf sachgerechte Verfahren und Entscheidungsstrukturen und damit verbunden auch auf sachge-*

[286] Ibid. 275 ff. Vgl. in diesem Zusammenhang auch BGE 98 Ia 129 ff. zum Anspruch auf rechtliches Gehör bei Schulentlassung aus disziplinarischen Gründen.
[287] Tribe (1975) 304.
[288] Ibid. 311.

*rechte Normierungsdichte hat.*[289] *Tribe* erachtet es als die vornehmste und erste Aufgabe des Richters und damit auch der Verfassungsgerichtsbarkeit, Massstäbe, Voraussetzungen und Anforderungen für sachgerechte Entscheidungen durch die staatlichen Organe zu entfalten. Seine Aufgabe ist es weniger, selbst materielle Werturteile zu treffen, als vielmehr den Prozess der Rechtsverwirklichung, sei dies in der Rechtsetzung oder in der Rechtsanwendung so zu strukturieren, dass bestmögliche Gewähr für gerechte Entscheidungen besteht.[290]

## 16.4 Zum generellen Erfordernis der ausdrücklichen gesetzlichen Grundlage in Art. 23 Abs. 2 VE 1977 (Kritik)

Der Verfassungsentwurf von 1977 sieht, wie bereits ausgeführt, das Erfordernis gesetzlicher Grundlage für Grundrechtsbeschränkungen in *einheitlicher* und *systematischer* Weise vor.[291] Für alle Grundrechte gilt dabei, dass »schwerwiegende Einschränkungen ... im Gesetz ausdrücklich vorgesehen sein« müssen. Vorbehalten bleibt die Anwendung der allgemeinen Polizeiklausel zur Abwendung »ernster, unmittelbarer und offensichtlicher Gefahr«. Der Kommissionsbericht versteht die Ausdrücklichkeit als Erfordernis abschliessender Regelung im demokratischen (formellen) Gesetz:

> »Nach Art. 23 Abs. 2 VE müssen Einschränkungen der Grundrechte, die schwer wiegen, im Gesetz vorgesehen sein. Eine Verordnung genügt also in solchen Fällen nicht. Die nicht besonders schwerwiegenden Einschränkungen können hingegen auf ein Gesetz oder auf eine Verordnung gestützt werden.«[292]

Vielleicht wie kaum anderswo zeigt sich beim Problem der gesetzlichen Grundlage, wie schwierig Verfassungsge-

[289] S. oben Kap. 12.2.
[290] Zu Ansätzen der Praxis Kap. 17.3.
[291] Kap. 14.4.
[292] Bericht (1977) 53.

bung, wie schwierig die Verankerung einfacher und einleuchtender Bestimmungen ist und wie leicht solche Bestimmungen den Bedürfnissen staatlicher Wirklichkeit und denjenigen des einzelnen nicht gerecht zu werden vermögen.

Das Erfordernis ausdrücklicher gesetzlicher Grundlage bringt im Verfassungsentwurf den klassischen Gesetzesvorbehalt für schwere Eingriffe zum Ausdruck: Der Gesetzgeber – und damit letztlich der virtuell betroffene Bürger – soll über die Zulässigkeit schwerer Eingriffe und ihre Bemessung entscheiden. Dasselbe Vorbehaltsdenken liegt – allerdings ohne Wirkung für das kantonale Recht – auch Art. 80 Abs. 3 VE mit der Gleichung von Wichtigkeit und Gesetzesform sowie Art. 100 Abs. 1 VE mit der stets erforderlichen Substanzierung der Delegationsnorm nach Zweck und Grundsätzen inhaltlicher Gestaltung einer bundesrätlichen Verordnung zugrunde.

Die vorstehenden Kapitel legen nahe, dass dieses allgemeine Vorbehaltsdenken den komplexen Regelungsbedürfnissen nicht gerecht werden kann. Dies trifft selbst im Bereiche schwerer Grundrechtseinschränkungen zu. Auch hier kann und soll der Gesetzgeber im Interesse sachgerechter Verteilung der Regelungslasten auf geeignete Entscheidträger verfassungsrechtlich nicht gezwungen sein, alle wichtigen Regelungen selbst treffen zu müssen. Die verschiedenen Grundrechte weisen unterschiedliche Strukturen und Probleme auf; entsprechend lässt sich die Frage der gesetzlichen Grundlage nicht einheitlich beantworten.

Im Lichte der vorstehenden Kapitel erscheint es für die Verfassungsrevision prüfenswert, auf explizite qualitative Anforderungen an die gesetzliche Grundlage, über den Minimalstandard des Legalitätsprinzips hinaus, im geschriebenen Verfassungsrecht zu verzichten. Dasselbe gilt auch für die zu enge Verknüpfung von »Wichtigkeit« und Bundesgesetz in Art. 80 Abs. 3 VE und die allgemeinen Vorschriften für die Ausgestaltung der Delegationsnorm nach Zweck und Grundzügen in Art. 100 Abs. 1 des Verfassungsentwurfes. Diese komplexen Verfassungsprobleme müssen dem Gesetzgeber, letztlich aber dem Verfassungsgericht als dem dazu bestgeeigneten Organ zu differenzierter fallweiser Lösung, Pflege und Obhut überantwortet werden. Vermehrt muss dabei die Unmöglichkeit allgemeiner, tragfähiger Standards durch verfahrensrechtliche Ingeniosität aufgefangen werden, wie sie das geltende Verfassungsrecht, aber auch der Expertenentwurf noch weitgehend vermissen lassen.[293]

## 17. Hinweise zur Kompensation offener Normen

Die Ausrichtung der Rechtsetzung an der Regelungstheorie mit ihren Anliegen sachgerechter Zuweisung von Regelungslasten, am Anspruch des betroffenen Bürgers auf »structural due process« bringt die Anerkennung planmässiger, offener Normen auf allen Stufen der Rechtsordnung mit sich. Die genannten Topoi wie Komplexität, Technizität, Flexibilität sowie das Innovationsinteresse vermögen mitunter auf der Stufe des demokratischen Gesetzes reine Kompetenznormen als sachgerecht zu begründen. Die Interessen der Einzelfallgerechtigkeit an einer Entscheidung im Dialog sind individualrechtliche Motive, die unabhängig der Normstufe offene Lösungen verfassungsrechtlich erfordern können. Damit erwächst vorerst ein Verlust an Rechtssicherheit. Offene Normen sind stets potentielle Einfallstore staatlicher Willkür, ihnen müssen materiellrechtliche, verfahrensrechtliche Sicherungen sowie mitunter besondere Anforderungen an die Begründungspflicht der mit grossem Spielraum ausgestatteten Behörde zum Ausgleich entgegengestellt werden. Folgende Hinweise müssen genügen:

### 17.1 Die Kompensation durch materielle Verfassungsgrundsätze

Eine erste Möglichkeit, die fehlende Rechtssicherheit offener Normen verfassungsrechtlich aufzufangen und zu kompensieren, liegt in der verstärkten Verknüpfung und Bindung der

[293] Vgl. dazu Kap. 8.4, 15.8 und 17.3.

Norm an die materiellen Verfassungsgrundsätze des öffentlichen Interesses[294] und der Verhältnismässigkeit.[295] Das gilt jedenfalls für den klassischen Eingriffsbereich.

a) In der staatsrechtlichen Rechtsprechung lässt sich zwischen den drei hergebrachten Voraussetzungen zulässiger Grundrechtsbeschränkung,[296] dem Erfordernis gesetzlicher Grundlage, dem überwiegenden öffentlichen Interesse und der Verhältnismässigkeit eine komplementäre Relation feststellen: Je offener die gesetzte Norm ist, um so stärker treten die materiellen Eingriffsvoraussetzungen in den Vordergrund. Wo, bedingt durch die Offenheit der Norm, das öffentliche Interesse und die Verhältnismässigkeit erst in der Anwendung, in der Konkretisierung beurteilt werden und diese Frage daher nicht vom Gesetzgeber selbst massgebend vorweggenommen wurde, scheint das Bundesgericht – kompensierend – einen strengeren Prüfungsmassstab bei der Bewertung der Verfassungsmässigkeit anzuwenden.[297] So schreibt es im Urteil *Cordey c. Vaud* vom 21.5.1975[298] bei der Beurteilung einer angefochtenen Eigentumsbeschränkung, die gestützt auf eine offene Norm des Landschaftsschutzes auferlegt worden war:

»Une base légale large exige en effet que l'on se montre particulièrement rigoureux dans la phase successive de la pesée des intérêts en présence et dans l'examen de la proportionnalité de la limitation par rapport au but poursuivi et à l'objet de la protection.«[299]

[294] Von einem (selbstverständlichen) Verfassungssgrundsatz kann hier insofern gesprochen werden, als alles staatliche, insbesondere eingreifende Handeln sich auf öffentliche Interessen stützen können muss. Praktisch bedeutsam ist das vor allem für die Unterscheidung von fiskalischen und privaten Interessen. Vgl. BGE 103 Ia 592, 458, 88 I 253 mit Hinweisen.

[295] Statt vieler Zimmerli, U., Der Grundsatz der Verhältnismässigkeit im öffentlichen Recht, ZSR 1978 II 5 ff., Müller, P., Le principe de la proportionalité, ZSR 1978 II 197 ff.

[296] Die Frage des Kerngehaltes und ihre allfällige Wirkung auf die Normdichte bleibt hier vernachlässigt.

[297] Anzumerken ist, dass diese Relation bei der verwaltungsgerichtlichen Prüfung von bundesrätlichen Verordnungen nicht praktiziert wird. Im Gegenteil beschränkt sich das Bundesgericht bei offenen Delegationen im Wirtschaftsverwaltungsrecht auf eine wesentlich im Rahmen des Willkürverbotes angelegte Prüfung der Verhältnismässigkeit gerade mit dem Argument, dass der Gesetzgeber hier dem Bundesrat einen weiten, zu respektierenden Spielraum zugestanden habe; vgl. 104 Ib 209, 210, 104 Ib 325, 326.

[298] BGE 101 Ia 213 ff.

[299] Ibid. 221. Dabei ist festzuhalten, dass das Bundesgericht im Unterschied zur

b) Die Relation von Normdichte und materiellen Eingriffsvoraussetzungen spielt auch in umgekehrter Weise; wo mittels materieller Grundsätze die Möglichkeit kompensierender Bindung besteht, lässt das Gericht auch offenere Normen zu. Hervorstechendes Beispiel hierzu sind das Kostendeckungs- und Äquivalenzprinzip, die im Abgaberecht zu einer Lockerung der strengen Anforderungen an die gesetzliche Grundlage geführt haben.[300] Dieselbe Beziehung findet sich aber auch in anderen Bereichen. Im Entscheid *Barber c. Genève* vom 5.10.1977[301] begründet es die Verfassungsmässigkeit einer relativ offenen Delegationsnorm (Übergangsbestimmung) mit der ausgleichenden Funktion der materiellen Grundsätze, insbesondere der Verhältnismässigkeit als Sicherung vor verfassungswidriger Beschränkung der Wirtschaftsfreiheit;

> »Seule est litigieuse la constitutionnalité de la disposition transitoire de l'art. 123 I RPM. Or on ne saurait exiger du législateur qu'il règle lui-même jusque dans les derniers détails les problèmes de droit transitoire. On doit au contraire reconnaître en cette matière une certaine latitude au pouvoir exécutif. Même si une disposition transitoire qui, comme celle de l'art. 123 I RPM, porte sur les modalités d'exercise d'une profession, peut avoir des conséquences importantes pour les intéressés, *ceux-ci apparaissent suffisamment protégés par les principes généraux, notamment celui de proportionnalité,* auxquels le pouvoir exécutif doit, de toute manière, se conformer. On doit donc considérer que l'art. 123 I RPM peut se fonder valablement sur l'art. 72 al. I LPM.[302]

c) Schliesslich ist darauf hinzuweisen, dass auch Anzeichen bestehen, den verfassungsrechtlich geschützten Grundsatz von Treu und Glauben[303] zur Kompensation offener Normen heranzuziehen. Das Bundesgericht anerkennt die Verfassungsmässigkeit einer an sich ungenügenden gesetzlichen Grundlage für Semestergebühren mit dem Hinweis auf die geäusserte Selbstbindung des Regierungsrates (als Verord-

gesetzlichen Grundlage öffentliches Interesse und Verhältnismässigkeit unabhängig von der Eingriffsintensität an sich, frei prüft; statt vieler J.P. Müller (1981a) 251 f. Die hier vorgenommene, eingehendere Prüfung, ergibt sich daraus, dass bei konkretisierender Rechtsgestaltung durch Regierung und Verwaltung eine demokratische Rücksicht auf die Wertungen des Gesetzgebers nicht geübt werden muss.

300 Nachweise Kap. 4.36.

301 BGE 103 Ia 272 ff.

302 Ibid. 274, (LPM = Loi sur l'exercice des professions médicales, RPM = Règlement d'exécution) (Hervorhebung durch den Verf.).

303 Grundlegend BGE 103 Ia 505 ff.; 107 Ia 210 ff.

nungsgeber) an seine bisherige Übung: »Wird aber diese Bindung anerkannt, so ist das Bedürfnis nach einer formell-gesetzlichen Verankerung weniger dringlich.«[304] Damit erscheint ein neuer Vertrauenstatbestand, der für einmal nicht im üblichen Spannungsfeld zu Gesetzesbindung und Legalität steht[305], sondern vielmehr komplementär offene Normen ergänzt und deren nur geringfügige Normativität durch rechtliche Bindung an klare und unzweideutige Versprechungen und Äusserungen – dem völkerrechtlichen Estoppel-Prinzip vergleichbar[306] – auffängt.[307]

d) Die Leistungsgrenzen solch materieller Grundsätze liegen freilich darin, dass sie selbst wiederum hochgradig offene und konkretisierungsbedürftige Normen sind.[308] Sie eignen sich in ihrer kompensierenden Funktion wohl für die – autoritative – gerichtliche Entscheidung, vermögen aber für die Rechtspraxis des Alltages – von präjudiziell beurteilten Sachverhalten abgesehen – nur sehr beschränkt Rechtssicherheit zu bieten.

## 17.2 Das Erfordernis kompetenz- und sachbezogener Begründung

Eine zweite Möglichkeit zur Kompensation offener Kompetenznormen besteht im Erfordernis, die getroffene Entscheidung im Kontext der Zuständigkeiten und des Aufgabenbereiches des Entscheidungsträgers zu begründen und zu beurteilen. Ein Staatsorgan, gehöre es nach der hergebrachten Unterscheidung zur Rechtsetzung (z.B. Verordnungsgebung)

304 BGE 104 Ia 118, 119, s. auch Kap. 4.36.

305 Die Möglichkeit des Vertrauensgrundsatzes zur Kompensation offener Normen scheint noch wenig erforscht zu sein; vgl. Sameli, K., Treu und Glauben im öffentlichen Recht, ZSR 1977 II 291 ff., 347 ff., wo das Verhältnis von Vertrauensschutz und Legalitätsprinzip im traditionell antagonistischen Sinn verstanden wird, vgl. auch Picot, F., La bonne foi en droit public, ibid. 114 ff., 179 ff. sowie Rhinow (1979) 276 f., der die hinreichend bestimmte Norm gerade zur Voraussetzung eines Vertrauenstatbestandes macht.

306 Zur Anwendung von Estoppel im schweizerischen Bundesstaatsrecht BGE 106 Ib 154, 169 mit Hinweisen.

307 Vgl. auch BGE 107 Ia 312/313 (Wiederholte Äusserung der Regierung, eine Norm grosszügig auszulegen als Grundlage der Verfassungsmässigkeit dieser Bestimmung).

308 Illustrativ etwa BGE 107 Ia 29 ff. (Berechnung der Kosten für Fotokopien nach Massgabe des Äquivalenzprinzips).

oder in die Rechtsanwendung (z.B. die richterliche Auslegung einer Generalklausel), darf demnach seine Entscheidungen nur mit Argumenten begründen, die ihm im Rahmen seiner Kompetenzen und seines Auftrages zustehen.

a) Was mit dieser funktionalen Betrachtungsweise im einzelnen gemeint ist, was gegenüber traditionellen Beurteilungsmustern der Verfassungsgerichtsbarkeit neu ist, vermag das Urteil *Hampton v. Mow Sun Wong*[309] des amerikanischen Supreme Court vom 1.6.1976 zu beleuchten. Das Gericht hatte die Frage zu beurteilen, ob ein allgemeines Zulassungsverbot von Ausländern zum öffentlichen Dienst vor der Verfassung, insbesondere von der angerufenen Rechtsgleichheit, standzuhalten vermag. Die *United States Civil Commission,* die das Verbot erlassen hatte, rechtfertigt die Verordnung mit folgenden, als überwiegend erachteten öffentlichen Ineressen:

a) Dem Präsidenten werde für völkerrechtliche Vertragsverhandlungen mit andern Staaten ein grösserer Spielraum geöffnet, indem er bei entsprechenden Gegenleistungen gezielt Stellen anbieten könne,

b) dass ein allgemeines Verbot die Einbürgerung der Ausländer fördere,

c) dass das Verbot bereits über hundert Jahre bestehe.[310]

Neu und bedeutsam ist, dass das Gericht die materielle Frage des Verbots als ein Problem der Rechtsgleichheit (und der Verhältnismässigkeit) nicht direkt überprüft. Es fragt sich vielmehr, ob die *Civil Commission,* gestützt auf ihren gesetzlichen Aufgabenbereich, derartige öffentliche Interessen zur Begründung ihrer Verordnung geltend machen darf. Dazu führt es aus:

»When the Federal Government asserts an overriding national interest as justification for a discriminatory rule which would violate the Equal Protection Clause if adopted by a State, due process requires that there be a legitimate basis for presuming that the rule was actually intended to serve that interest. *If the agency which promulgates the rule has direct responsibility for fostering or protecting that interest, it may reasonably be presumed that the asserted interest was the actual predicate for the rule.* That presumption would, of course, be fortified by an appropriate statement of reasons indentifying the relevant interest. Alterna-

[309] 426 U.S. 88 (1976).
[310] Ibid. 103; auf das letztgenannte Argument ist hier nicht einzugehen.

tively, if the rule were expressly mandated by the Congress or the President, we might presume that any interest which migh rationally be served by the rule did in fact give rise to its adoption.«[311]

Das Gericht stellte in der Folge fest, dass ein eigentlicher Auftrag an die Kommission zur Wahrnehmung der zur Begründung herangezogenen öffentlichen Interessen im Grunderlass nicht vorliegt. Die Behörde kann sich deshalb nach Massgabe ihrer Funktionen auf solche Interessen nicht berufen. Das Gericht kommt so zum Ergebnis, dass das Verbot unter diesen Umständen und mit dieser Begründung vor der Verfassung nicht standhält:

»It is the business of the Civil Service Commission to adopt and enforce regulations which will best promote the efficiency of the federal civil service. *That agency has no responsability for foreign affairs, for treaty negotiations, for establishing immigration quotas or conditions of entry, or for naturalization policies.* Indeed, it is not even within the responsability of the Commission to be concerned with the economic consequences of permitting or prohibiting the participation by aliens in employment opportunities in different parts of the national market. *On the contrary, the Commission performs a limited and specific function.«*[312]

Charakteristisch für die Argumentation ist damit, dass ein allgemeines Verbot der Zulassung von Ausländern zum öffentlichen Dienst materiell nicht ausgeschlossen wird. Die geltend gemachten öffentlichen Interessen aussenpolitischer oder bevölkerungspolitischer Natur könnten die Verfassungsmässigkeit des Verbotes begründen, sofern es von Präsident oder Kongress ausginge, denen die Wahrnehmung derartiger Interessen zusteht.[313]

Mit dieser neuartigen Argumentation[314] hat das Gericht vorerst nicht nur eine Entlastung seiner selbst von materiel-

311 Ibid. 103 (Hervorhebung duch den Verfasser).
312 Ibid. (Hervorhebung durch den Verfasser).
313 Ibid. 114.
314 Die grundlegende Bedeutung und Tragweite der Entscheidung zeigt sich in der von Justice Rehnquist verfassten abweichenden Meinung. Er führt aus, dass es sich hier um eine neuartige Konzeption des »procedural due process« handle, der Elemente des »substantive due process« und der »equal Protection« zugeführt werden. Er beurteilt den Fall nach herkömmlichen Kriterien und macht im wesentlichen geltend, dass den Ausländern in bezug auf die Berufsfreiheit kein Grundrechtsschutz zukomme und dem Kongress hier weite Kompetenzen zukommen, die gerichtlicher Prüfung entzogen sind. Die Zulässigkeit des Verbotes habe sich allein aufgrund der etablierten Grundsätze zur Delegationspraxis zu entscheiden; ibid. Kap. 117 ff.

len, wertenden Entscheidungen im Rahmen der Rechtsgleichheit erreicht, sondern auch wegleitende Gesichtspunkte aufgezeigt, wie Verordnungen und Entscheidungen, die aufgrund offener, wenig normativer Kompetenz- und Ermächtigungsnormen ergehen, überprüft werden können. Durch den Einbezug des *Begründungszusammenhanges,* den Rekurs auf den spezifischen Aufgabenbereich einer Behörde, ihre Stellung und Funktion, lässt sich überprüfen, ob sich ein Entscheid durch eine kompetenzgerechte Begründung des betreffenden Organs legitimieren lässt.[315] Die fehlende Normativität reiner Kompetenznormen kann auf diese Weise zum Schutze des Bürgers in der gerichtlichen Kontrolle rational kompensiert werden.

Mit *Tribe* handelt es sich hier um eine erste praktische Konkretisierung der Theorie des »structural due process«.[316] Es liegt eine neuartige Verschränkung von materiellrechtlicher und verfahrensrechtlicher Argumentation vor, die weder einseitig dem »procedural« noch dem »substantive due process« zugeschrieben werden könne.

b) Es ist höchst bedeutsam, dass sich in der Sache vergleichbare Entscheidungsmuster auch in der neueren Rechtsprechung des Bundesgerichtes abzeichnen. So kann die im Rahmen des Verhältnismässigkeitsgrundsatzes begründete Verfassungswidrigkeit der einem Studienbewerber auferlegten Karenzfrist zur Immatrikulation an der Universität Bern wegen einer militärischen Vorstrafe[317] mit *J.P. Müller* gerade sachgerechter darin erblickt werden, dass »sich eine Behörde zur Legitimierung einer freiheitsbeschränkenden Massnah-

[315] Vgl. in diesem Zusammenhang auch die Entscheidung des Supreme Court *Regents of the University of California v. Bakke,* 438 U.S. 265 (1978), dazu EuGRZ 1978, 522 ff., wo Justice Powell argumentierte, dass die Privilegierung schwarzer Bewerber nur mit dem Gedanken einer nachträglichen, ausgleichenden Gerechtigkeit begründet werden könne; dass eine Universitätsbehörde aber im Rahmen ihrer Kompetenz und Befugnisse zu solchen Begründungen nicht berufen ist, eingehend Tribe (1979) 873 ff. Eine ähnliche Argumentation mit umgekehrtem Ergebnis lässt sich in *Fullilove et al. v. Kluznick, Secretary of Commerce of the United States,* vom 2.7.1980, zit. nach EuGRZ 1980, 604 ff., erkennen: Wirtschaftliche Förderungsmassnahmen zugunsten von Unternehmern, die einer rassischen Minderheit angehören (Submissionen) wurde mitunter als verfassungsmässig erklärt, weil die Massnahmen vom Kongress erlassen worden waren; vgl. dazu Beyerlin, U., Anmerkung des Bearbeiters, EuGRZ 1980, 606 ff., 609, ebenso St. Müller (1981) 40 zur Bedeutung des »structural due process« für die Weiterentwicklung des Willkürbegriffes.

[316] Tribe (1979) 873, Kap. 12.2.

[317] BGE 102 Ia 321 ff.

me nur auf Kriterien stützen darf, die in einem genügenden sachlichen Zusammenhang zu ihrer spezifischen Aufgabe und zum konkret zu beurteilenden Sachverhalt stehen«.[318] In gleichem Sinne lassen sich die bundesgerichtlichen Beurteilungen einer verweigerten Zulassung zu einer Grundbuchverwalterprüfung und zu einem Bergführerkurs erfassen.[319] Auch in diesen Fällen hat das Gericht implizit Motive ausgeschlossen, weil sie nach Massgabe von Aufgabe und Funktionen der entscheidenden Behörde nicht sach- und kompetenzgerecht sind. Der Ansatz ist vielversprechend. Besondere Bedeutung kommt ihm zu, weil das Bundesgericht seit einiger Zeit *erhöhte* Anforderungen an die Begründung von Ermessensentscheiden und damit bei Auslegung offener Normen verlangt.[320] Das Erfordernis der sach- und kompetenzgerechten Begründung vermag die Begründungspflicht weiter zu konkretisieren und zu strukturieren.

## 17.3 Kompensation durch Verfahren

*Zusammenfassend* ist an dieser Stelle nochmals in allgemeiner Weise die enge Relation von materiellem Recht und Verfahren hervorzuheben, wie sie dieser Arbeit zugrunde liegt. Sie ist bei offenen Normen von besonderer Bedeutung. Als gefestigte Einsicht und wohl herrschende Auffassung kann gelten, dass durch Verfahren kompensiert werden muss, was das Legalitätsprinzip, das materielle Recht selbst, an Gerechtigkeit und Sicherheit nicht zu leisten vermögen. Ist anerkannt, dass offene Normen mit ihrer nur geringen inhärenten Normativität nicht nur unvermeidbare Übel, sondern darüber hinaus ein wichtiges Instrument der sachgerechten Verteilung der Regelungslasten sind, so drängt sich auf, das Interesse künftig noch stärker auf verfahrensrechtliche Aspekte des Rechtsschutzes zu richten. Dabei geht es nicht nur darum, die bestehenden Partizipationsrechte in Verfahrensgesetzen, im Rahmen von Art. 4 BV (Anspruch auf rechtliches Gehör, unentgeltliche Prozessführung u.a.) und der EMRK zu verfeinern, sondern im Sinne der Regelungstheorie die

[318] J.P. Müller (1981a) 80, 81.
[319] BGE 103 Ia 544 ff., 104 Ia 187 ff., vgl. dazu neuestens J.P. Müller (1982b) 177.
[320] BGE 98 Ia 460 ff., wegleitend BGE 104 Ia 213 f., Praxis 67 (1978) Nr. 192, 503.

Prozesse der Rechtsgewinnung in all ihren Aspekten auf die Sachgerechtigkeit der Entscheidungsstrukturen, auf das jeweils konkrete Verhältnis von Sache und Verfahren, auf »structure – substance – pairings« *(Tribe)* zu untersuchen. Vor allem wo offene Normen wie in den komplexen Bereichen des Sozial- und Lenkungsstaates, bei der allgemeinen Polizeiklausel oder die Einzelfallgerechtigkeit im Vordergrund stehen, muss gefragt werden, ob das mit der Konkretisierung beauftragte Organ nach seiner Legitimität, seiner Zusammensetzung, seiner Arbeitsweise, seiner Einbettung im Gefüge der Staatsorgane, nach den Partizipationsmöglichkeiten und Rechtsmitteln des Betroffenen für die spezifische Entscheidung *geeignet* ist.[321]

[321] Kap. 15.4.

# 3. Abschnitt: Die Bestimmung sachgerechter Normstruktur – insbesondere zum Problem von Individual- und Einzelfallgesetz

## 18. Rechtsgleichheit und Normstruktur

Das offene Normverständnis und die Absage an den begrifflich stets generell-abstrakten Rechtssatz im zweiten Teil dieser Arbeit veranlasst, nach verfassunsrechtlichen Anhaltspunkten für die Bestimmung der jeweils sachgerechten Normstruktur eines Erlasses zu suchen. Das demokratische Gesetz ist wie auch andere Erlassformen in seinen Inhalten nicht auf generell-abstrakte Rechtssätze beschränkt, sondern eignet sich als Träger staatsleitender Entscheidung, unabhängig einer bestimmten Normstruktur.[322] Hauptsächlich stellt sich in diesem Zusammenhang die Frage, wo Erlasse mitunter auch individuell-konkreten, projektbezogenen Inhalt aufweisen dürfen, ohne dabei individualrechtlich geschützte Interessen zu verletzen. Auf der Suche nach Kriterien und Antworten ist vorerst die Rechtsgleichheit auf ihre Möglichkeiten und Grenzen in dieser Fragestellung zu untersuchen.

### 18.1 Wirkungen formeller Gleichheit

Der generell-abstrakte Erlass trägt wesentlich zur Konkretisierung und Verwirklichung der Gleichbehandlung vor dem (bestehenden) Gesetz (formelle Rechtsgleichheit, Rechtsanwendungsgleichheit) bei. Allein durch seine Struktur realisiert er ein »Minimum an Gerechtigkeit« *(Nef)*.[323] Entgegen dem heute herrschenden Rechtssatzbegriff und den Auffassungen hergebrachter (liberaler) Lehre[324] kann diese Bezie-

[322] Kap. 8 und 9.

[323] Nef (1950) 143a f.; vgl. auch ders., Gleichheit und Gerechtigkeit, Zürich 1941, 83; Weber-Dürler (1973) 40.

[324] Z.B. Fleiner (1928) 134 f., Huber (1936) 184a, 185a, (1953) 44; weitere Hinweise bei Weber-Dürler (1973) 42 Anm. 8. Die wohl ausgeprägteste Verabsolutierung des generellen Gesetzes findet sich bei Schmitt (1928) 107 f., vgl. dazu die Kritik Hellers (1928) 107 f. sowie auch Starck (1970) 136 ff., vgl. nun aber ders. (1982) 58 f., wo Starck im Sinne herkömmlicher Lehre aus dem Gleichheitssatz auf ein allgemeines Erfordernis des generellen Gesetzes zu schliessen scheint.

hung von formeller Gleichheit und generell-abstraktem Rechtssatz indessen nicht absolut und exklusiv gesetzt werden. Aus der Rechtsgleichheit lässt sich keine begrifflich zwingende Notwendigkeit generell-abstrakter Normierung begründen.

a) Die Rechtsgleichheit lässt sich als Gebot der Gleichbehandlung methodisch auch durch fortlaufende, am Präjudiz angelehnte Einzelfallentscheidung verwirklichen, ohne dass hierzu ein generell-abstrakter Grunderlass erforderlich wäre. Das zeigt sich in der Tradition des englischen und angloamerikanischen Richterrechts. Im kontinentalen Rechtsdenken kommt die Methode vielleich am deutlichsten – aber nicht nur – in der Konkretisierung der Grundrechte zum Ausdruck. Die höchstrichterliche Praxis tastet sich hier vor, von Fall zu Fall, in ihrer auf Kontinuität, Rechtssicherheit und auf Rechtsgleichheit bedachten praktischen Selbstbindung an eigene Präjudizien, von denen vielfach erst nach Vorankündigung der Praxisänderung abgewichen wird.[325] Die Bildung und Entfaltung von Rechtsregeln durch fortlaufende und sich verfeinernde Einzelentscheidungen ist zwar spezifisch auf die richterliche Tätigkeit sowie die Verwaltungspraxis zugeschnitten. Die Methode lässt sich – zumindest unter dem Gesichtspunkt der Rechtsgleichheit – grundsätzlich auch für die Gesetzgebung verwenden. Entscheidend ist allein, dass konkrete rechtsetzende Akte des Normsetzers so beschaffen sind, dass sie der *Verallgemeinerung* im Sinne eines Präjudizes und damit der Regelbildung zugeführt werden können.[326] Unter praktischen Gesichtspunkten dürfte ein solches Vorgehen nur ausnahmsweise sinnvoll sein. Es zeigt aber, dass die Rechtsgleichheit individuell-konkrete Gesetzesakte nicht generell ausschliesst.

b) Darüber hinaus ist die generell-abstrakte Norm mitunter auch keine hinreichende Voraussetzung für die Verwirklichung der Rechtsgleichheit. Die Unzulänglichkeit zeigt sich bei offenen Normen, zu denen der Gesetzgeber durch den steten Zwang generell-abstrakter Normierung staatlichen

[325] Vgl. z.B. BGE 102 Ia 290 E. 7 a und BGE 99 Ia 281 E.V. Ziff. 8 betr. minimale Anforderungen an tägliche Bewegungsmöglichkeiten von Strafgefangenen. Vgl. auch die bisher nicht eingelöste Ankündigung einer möglichen Praxisänderung betr. Bewilligungspflicht beim Verkauf ideeller Zeitschriften auf öffentlichem Grund, Zbl. 1977 357 ff., 360 f.

[326] So auch Weber-Dürler (1973) 43 mit weiteren Hinweisen, Burckhardt (1931) 29, Starck (1970) 237, von Münch (1974) 597 N. 9.

Handelns in der kontinentalen Rechtsstaatstradition selbst dort verpflichtet wird, wo Flexibilität oder gebotene Einzelfallgerechtigkeit massgebende Entscheidung im Gesetz kaum ermöglichen.[327] Je offener die Norm, je grösser das Ermessen, um so stärker wächst die Gefahr rechtsungleicher Behandlung vergleichbarer Normadressaten.[328] Der generell-abstrakte Normbegriff hat dem durch seine an sich fehlende notwendige Beziehung zur Bestimmtheit nichts entgegenzusetzen. Wesentlicher als eine generell-abstrakte Normstruktur erscheint daher für die Rechtsgleichheit das Erfordernis hinreichender Bestimmtheit der Rechtsregel.[329]

## 18.2 Wirkungen materieller (relativer) Gleichheit

a) Nach ständiger Rechtsprechung des Bundesgerichts verpflichtet der Gleichheitssatz nicht nur zu gleichmässiger Anwendung bestehender Normen (Gleichheit vor dem Gesetz), sondern er bindet in der Schweiz seit den Anfängen der bundesgerichtlichen Praxis auch den Gesetzgeber[330] oder, wie beizufügen ist, allgemeiner jede rechtsetzende und Recht schöpfende Behörde.[331] Nach der ständigen Formel ist aufgegeben, »Gleiches nach Massgabe seiner Gleichheit und Ungleiches nach Massnahme seiner Ungleichheit zu behandeln«.[332] Die Rechtsprechung hat diesen – tautologischen – Satz dahingehend konkretisiert, dass unterschiedliche Be-

327 Vgl. Kap. 6.4, 15.5. ff., 16.3.

328 Zur Pflicht rechtsstaatlicher Ermessensausübung v.a. BGE 102 Ib 46. Aggraviert wird die Gefahr ungleicher Behandlung im Vollzug von Bundesrecht durch die Kantone. Zur Beschränkung der Rechtsgleichheit durch Dezentralisation s. BGE 106 Ia 178, 91 I 480, 80 I 349, vgl. dazu auch Weber-Dürler (1973) 200, Schaumann (1966) 723.

329 So der Rechtssatzbegriff der EMRK, Kap. 5. Zum Gebot minimaler Bestimmtheit des Rechtssatzes in der bundesgerichtlichen Praxis Kap. 16.22 lit. b.

330 Grundlegend BGE 6, 172 (1880).

331 Im Lichte des offenen Normbegriffes (Kap. 7) zeigt sich hier, dass die Unterscheidung zwischen formeller Gleichheit (Rechtsanwendungsgleichheit) und materieller Gleichheit (Rechtsetzungsgleichheit) nicht mehr als eine Orientierungshilfe ist. Sie verliert aber klare Grenzziehung. So ist z.B. bei der Konkretisierung einer offenen Norm zugleich das formelle wie materielle Gleichheitsgebot im Spiel.

332 BGE 87 I 279. Hierzu und zum folgenden auch BGE 100 Ia 328, 95 I 134, 550; BGE 91 I 84; eingehend Weber-Dürler (1973) 147, sowie J.P. Müller (1973) 880 ff., Häfliger (1979), Hausheer (1966) 99 ff. Grundlegend für Deutschland Leibholz, G., Die Gleichheit vor dem Gesetz, 1. Auflage 1925.

handlungen zwischen mehreren zu regelnden Verhältnissen nur nach Massgabe ernsthafter, sachlicher und vernünftiger Gründe und allein bei wesentlich abweichenden Tatbeständen erfolgen dürfen.[333] Ohne dass bereits hier auf die Schwierigkeiten sachgerechter Differenzierung näher eingegangen werden muss,[334] ist einsichtig, dass dieses Gebot relativer Gleichheit gerade dafür verantwortlich zeichnet, dass eine umfassende, »globale« Allgemeinheit des Gesetzes überaus selten ist. Sie liegt vor, wo das Menschsein, wie bei der Rechtsfähigkeit (Art. 11 Abs. 1 ZGB), schlechthin entscheidendes Kriterium ist. Sie fehlt aber schon bei der Handlungsfähigkeit (Art. 12 f ZGB).[335] Die materielle Rechtsgleichheit veranlasst die Bildung von Gruppen und Kategorien von Normadressaten und Sachverhalten, die nach Massgabe von wesentlich befundenen Unerscheidungen verschiedenen Behandlungen zugeführt werden. Der Kategorisierung und Gruppenbildung sind vom Gedanken relativer Gleichheit her keine prinzipiellen Grenzen gesetzt. Es sind Gründe der Praktikabilität, der Notwendigkeit zu Typisierung und Standardisierung, die dem von der Lebensvielfalt geforderten Differenzierungsgebot Grenzen setzen.[336]

b) In diesem Prozess der Differenzierung ist es möglich, dass die einzelne Norm nach Massgabe relativer Gleichheit quantitativ tatsächlich nur noch wenige Subjekte erfasst und daher in die Nähe eigentlicher Einzelanordnungen oder – wo die grössere oder kleinere Anzahl betroffener Personen oder Sachverhalte praktisch feststeht – (unabhängig generell-abstrakter Formulierung) zum Typus des *Individual- oder Einzelfallgesetzes* wird. Solche Erlasse sind vom *Ausnahmege-*

333 Z.B. BGE 108 Ia 114 mit Hinweisen.

334 S. Kap. 20.1.

335 Vgl. dazu etwa Starck (1970) 234 ff.

336 Vgl. z.B. BGE 102 Ia 45, 100 Ia 328, 99 Ia 580. Zum schematischen Gesetz allg. Weber-Dürler (1973) 186 ff.

337 Die Terminologie ist nicht gefestigt, vgl. von Münch (1974 596 Nr. 9; Weber-Dürler (1973) 183; Kopp (1958) 398 ff. Insbesondere kann das Ausnahmegesetz auch generell-abstrakt sein. Theoretisch liessen sich Individualgesetz und Einzelfallgesetz dahin unterscheiden, dass das erstere sich auf einen bestimmten Personenkreis (individuell-abstrakt oder konkret), das zweite auf eine bereits bestimmte Zahl bestehender Sachverhalte (generell oder individuell-konkret) bezieht. Praktisch bestehen freilich starke Überschneidungen, da sich das so definierte Einzelfallgesetz häufig auch auf einen bestimmten Personenkreis bezieht. Das gleiche gilt, wenn auch weniger ausgeprägt, für den umgekehrten Fall: Individualgesetze beziehen sich oft auf einen bereits bestehenden Sachverhalt; vgl. zum Rückwirkungsverbot nachstehend Kap. 20.15.

setz[337] zu unterscheiden, das Sonderregelungen für Einzelpersonen oder Einzelfälle trifft, die sich weder durch die relative Rechtsgleichheit noch – wie noch zu zeigen sein wird – durch andere Verfassungsinteressen rechtfertigen lassen.[338]

Derartige Einzelfall- und Individualgesetze sind:

(i) z.B. – ohne hier vorerst zu ihrer Verfassungsmässigkeit Stellung zu nehmen – Steuerprivilegien oder Subventionserlasse, deren Wirkung sich auf einen hic et hunc leicht individualisierbaren Personenkreis beschränkt.

(ii) Im gleichen Sinne weisen zahlreiche weitere Erlasse im Bereiche der Wirtschaftsregulierung quasi-individualgesetzlichen Charakter auf.[339] So betrifft z.B. die Ladenschlussordnung einer kleinen Gemeinde praktisch nur wenige konkret bestimmbare gewerbetreibende Personen.[340] Faktisch individuell-konkrete Regelungen finden sich

(iii) – abgesehen von Raumplänen – auch bei raumgestaltenden, generell-abstrakt formulierten Massnahmen des Gesetzgebers: Wenn z.B. der Landrat des Kantons Basel-Land in einem Beschluss besondere generell-abstrakt formulierte Vorschriften erlässt »über das Verfahren bei Schaffung neuer Verkaufsflächen« und diese Bestimmungen gemässs § 4 »bis zum Inkrafttreten des definitiven Regionalplanes Siedlung« gelten, so weist das darauf hin, dass die Bestimmungen nicht nur im Hinblick auf ein bestimmtes Bauprojekt erlassen, sondern ihre Wirkung auch in diesem Sachverhalt erschöpfen.[341]

(iv) Quasi konkreten Charakter können sodann auch organisationsgesetzliche Vorschriften über die Mitbestimmung in grossen Unternehmungen haben. Wenn das als verfassungsmässig erkannte bundesdeutsche Mitbestimmungsgesetz von 1976 in § 7, Abs. 1. Ziff. 3 besondere Vorschriften über die Zusammensetzung des Aufsichtsrates für Betriebe von »in der Regel mehr als 20 000 Arbeitnehmern« festlegt,[342] so dürfte diese Vorschrift nur auf eine praktisch individualisierbare Anzahl von Grossunternehmungen in der BRD zutreffen. Trotz generell-abstrakter Formulierung liegt faktisch eine individuell-konkrete Anordnung vor.

(v) Ähnlicher Natur dürften – von der gegenwärtigen Kartellgesetzgebung und ihrem Verfahren einmal abgesehen – etwa gesetzgeberische Vorkehren gegen notwendigerweise wenige marktbeherrschende Unternehmungen, z.B. als Mittel gegen die zunehmende Pressekonzentration[343] sein.

## 18.3 Folgen für Rechtsetzungstechnik und Verfahrensgestaltung

a) Erweist sich die generell-abstrakte Norm zwar nicht als notwendige Voraussetzung der Rechtsanwendungsgleichheit (Kap. 18.1), so bleibt sie freilich für die Rechtsetzung von hervorragender *praktischer* Bedeutung. Als Prototyp bereits ge-

338 Unten Kap. 20.
339 Vgl. oben Kap. 6.21.
340 Z.B. BGE 98 Ia 399.
341 BGE 102 Ia 104 ff.
342 S. EuRGZ 1979, 121 ff.; vgl. auch Starck (1970) 237.
343 Hierzu Nuspliger (1980) 118 ff.

neralisierter Regelung – und nicht erst generalisierbarer Akte[344] – ist sie unbestreitbar das leistungsfähigste Instrument, um nicht nur heutigen Regelungsbedürfnissen quantitativ gerecht zu werden, sondern auch die *praktisch* besten Grundvoraussetzungen für die Verwirklichung des Gleichbehandlungsgebotes zu schaffen. Wo immer der Gesetz- oder Verordnungsgeber die Verhältnisse eines vorgängig nicht bestimmbaren Adressatenkreises und eine nicht abschliessend feststellbare Anzahl von Anwendungsfällen regelt, ist generell-abstrakt zu legiferieren. Mit Blick auf die funktionelle Stellung des Gesetzgebers[345] trifft dies praktisch *regelmässig* zu.

b) Wo nach Massgabe relativer Gleichheit (Kap. 18.2) ein Erlass umgekehrt Personenkreis und/oder Sachverhalt *ausnahmsweise* hic et nunc bestimmt und – insbesondere auch bei zeitlich beschränkten Massnahmen – mit dem Einbezug weiterer Subjekte nicht gerechnet werden muss, kann und sollte der Erlass direkt entsprechend konkret formuliert werden. Unabhängig von der Frage, inwieweit solche gesetzte Normen aus andern Gründen verfassungwidrig sein können[346], ist nicht einzusehen, weshalb bei derart bestimmten und abschliessend geregelten Verhältnissen der Gesetzgeber zum Scheine eine generell-abstrakte Formulierung, ein »getarntes Individualgesetz«[347] wählen sollte. Darauf ist aus Gründen der Transparenz, insbesondere für den Normadressaten und den Stimmbürger zu verzichten.

c) Mit der konkreten Formulierung wird auch die Notwendigkeit verfahrensrechtlicher Partizipationsrechte direkt

[344] Zur diskriminierenden Wirkung der mangelhaften Zugänglichkeit und noch ungelösten Publizität von Gerichtsentscheidungen (v.a. in der kontinentalen Tradition) s. Kramer, Richterrecht und Veröffentlichung von Gerichtsentscheidungen, in: Rödig (1976) 722 ff. Entgegen dem gesetzten Recht bestehen bei Gerichtsentscheidungen nur punktuelle Veröffentlichungspflichten, vgl. z.B. Art. 18 Abs. 2 des Bundesgesetzes über Kartelle und ähnliche Organisationen (SR 251). Zur Regelung der Publizität von Entscheidungen des Bundesverfassungsgerichts der BRD s. § 31 Abs. 2 des Gesetzes über das Bundesverfassungsgericht (BVerfGG) vom 12.3.1951.

[345] Heller (1928) 107 hat diesen Zusammenhang treffend umschrieben: »Dass die obersten Normen in einer Gemeinschaft in der Regel auch die allgemeinsten sind, ist vom Standpunkt des Rechtssatzbegriffes eine organisationstechnische Zufälligkeit, die lediglich damit zusammenhängt, dass dem Gesetzgeber in der Regel eine genügende Abstraktionsbasis zur abstrakt allgemeinen Formulierung seiner Gesetze gegeben ist.«

[346] Dazu Kap. 19 und 20.

[347] So BVerfG 10, 234, 244.

Betroffener deutlich sichtbar. Die konkrete Formulierung von Einzelentscheidungen des Gesetz- und Verordnungsgebers trägt zur Einsicht bei, dass derart direkt Betroffenen, im Verfahren der Rechtsetzung vermehrt Parteirechte zustehen müssen, die über das Vernehmlassungsverfahren hinausgehen. Der offene Normbegriff ermöglicht hier, bestehende Anhörungsrechte, wie sie heute in der *Rechtsanwendung* bestehen, im Sinne der Verfahrensgestaltung beim Erlass von *Private Bills* als eigentliche Individualrechte auch für die *Rechtsetzung* fruchtbar zu machen.[348]

## 19. Allgemeines verfassungsrechtliches Verbot des Individual- und Einzelfallgesetzes?

Lässt sich aus der Rechtsgleichheit an sich keine begriffliche Notwendigkeit generell-abstrakter Gesetzgebung begründen, so fragt sich, ob konkrete Erlasse, wie sie gerade durch die materielle Rechtsgleichheit ausnahmsweise geboten sein können, durch andere Verfassungsgehalte, insbesondere den Grundrechten, allgemein oder punktuell untersagt sind. Die Frage ist auf der Suche nach weiteren Beurteilungskriterien vorerst rechtsvergleichend anzugehen.

### 19.1 Schweizerisches Verfassungsrecht

Das schweizerische Verfassungsrecht steht in seinem gegenwärtigen Stand auf der Grundlage eines *allgemeinen* Verbotes von Individual- und Einzelfallgesetzen. Seine begriffliche Formalisierung des Rechtssatzes als eine *stets* generell-abstrakte Norm in hergebrachter Lehre und Rechtsprechung[349] sowie der langjährige Ausschluss gerichtlicher Überprüfung von Leistungen und Privilegien in der staatsrechtlichen Be-

[348] Dazu Kap. 8.4, insbesondere 8.42.
[349] Vgl. Kap. 2.21, 9.21, Anhang Kap. II Lit. B.

schwerde[350] scheinen in der Frage des Individualgesetzes im Sozial- und Lenkungsstaat – etwa im Vergleich zur bundesdeutschen Diskussion[351] – lange zu einer gewissen Verkümmerung des Problembewusstseins geführt zu haben.

a) Die Lehre hat die Frage des Individualgesetzes vor allem unter dem Gesichtspunkt gesetzlicher Privilegien erörtert und diese als Verstoss gegen die Rechtsgleichheit für unzulässig beurteilt.[352] Das Verbot reiner Privilegien, die sich nicht auf eine allgemeine Regel stützen können, macht bei *Burckhardt* den eigentlichen Gehalt der formellen Gleichheit aus.[353] Verallgemeinert lautet seine Auffassung: »Wer also für einen einzigen, individuellen Fall etwas anordnet, das als Grundsatz noch nicht verbindlich war, das vielmehr im Verhältnis zu den geltenden Rechtssätzen neu ist, setzt auch Recht, aber er treibt Missbrauch mit der Rechtsetzung, indem er das neue Recht nicht grundsätzlich, also in abstrakter Formulierung, verbindlich erklärt, sondern nur individuell, für den *einen* Fall. Denn sicher steht *diese* Art der Rechtsetzung im Widerspruch mit der Idee des Rechts als einer grundsätzlichen Forderung.«[354] In diesem Sinne dürfte auch *H. Huber* verstanden werden, wenn er Privilegien als mit dem Grundsatz der Gleichheit vor dem Gesetz als unvereinbar beurteilt, »weil, was gerecht ist, unter gleichen Umständen ausnahmslos durchgesetzt werden soll.«[355]

b) Unter den heutigen Bedingungen des Sozial- und Lenkungsstaates stellt sich das Problem des Individualgesetzes nicht mehr ausschliesslich unter dem früher dominierenden Gesichtspunkt privilegierender Ungleichbehandlungen und damit des Ausnahmegesetzes. In der jüngeren schweizerischen Staatsrechtslehre zeichnet sich denn auch die Abkehr von einer begrifflichen Ablehnung konkreter und individualisierter Gesetzesinhalte ab. So löst *G. Müller* das Problem aus dogmatischer Bindung, versteht das Erfordernis genereller Normierung praktisch und schliesst dort, wo das Anliegen im Vordergrund steht, den Umständen des Einzelfalles Rech-

350 Vgl. Kap. 3.3 Anm. 107.
351 Nachstehend Kap. 19.2
352 Nachweise bei Weber-Dürler(1973) 185.
353 Burckhardt (1931) 28 f.; s. auch Huber (1936) 159a; zur häufigen Kritik dieser Auffassung Weber-Dürler (1973) 53 ff.
354 Burckhardt (1944) 276.
355 Huber (1936) 183a.

nung zu tragen, individuell-konkrete Entscheidungen des Gesetzgebers nicht aus.[356] In einem ähnlichen Sinne hat sich auch *Noll* ausgesprochen.[357] Bei *Rhinow* ergibt sich die Möglichkeit konkreter Gesetzesinhalte grundsätzlich aus dem offenen Normbegriff.[358] Nach wie vor fehlt es aber an einem Instrumentarium zur verfassungsrechtlichen Ausgrenzung zulässiger und unzulässiger konkreter Gesetzesinhalte, insbesondere bei grundrechtsrelevanten Vorkehren. Einen wichtigen Beitrag wird hier in Zukunft die Regelungstheorie mit ihrer Betonung der Eignung zu sachgerechter Entscheidung leisten können.[359] Aber auch die ältere, gegenüber der herrschenden Praxis noch weit pragmatischere Rechtsprechung des Bundesgerichts vermittelt auf der Suche nach solchen Argumenten wertvolle Ansatzpunkte, die über die Gesichtspunkte formeller und materieller Rechtsgleichheit hinauszeigen.

c) Die frühe Praxis des Bundesgerichts hat individualgesetzliche Anordnungen des Gesetzgebers nicht a priori als verfassungswidrig beurteilt. Bei den nachfolgenden Entscheidungen handelt es sich um Bestimmungen, die dem Staat selbst,[360] einer staatlichen Anstalt[361] oder Personen des Privatrechts (private Unternehmung oder gemischtwirtschaftliche Unternehmung)[362] Privilegien einräumen, die sich teilweise als *indirekte* Grundrechtsbeschränkungen Dritter auswirken. Das war z.B. bei der entschädigungslosen Aufhebung privater Versicherungsverträge zugunsten eines neu geschaffenen kantonalen Monopols der Gebäudeversicherung der Fall. Die Beurteilung des Gesetzes als eine quasi-konkrete Norm erfolgte – und das ist bedeutsam – *ausschliesslich nach materiellen Gesichtspunkten und unabhängig vom formalisierten Rechtssatzbegriff.* Das Einzelfallgesetz – hier als »Gelegenheitsbestimmung« bezeichnet, wird durch das überwiegende öffentliche Interesse gerechtfertigt:

356 G. Müller (1979) 86.
357 Noll (1973) 251.
358 Rhinow (1979) 216, 227, s. auch Kap. 7.
359 Kap. 15.4 sowie nachstehend Kap. 20.2.
360 BGE 9, 405 (1883).
361 BGE 37 I 503 ff.
362 BGE 8 1 ff.; 10, 318; 11, 125; 12, 714 ff.; 16, 678. Vgl. auch Burckhardt (1931) 28 ff. mit der Auffassung, wonach Ausnahmen (Individualgesetze) von allg. Normen zulässig sind, wenn es sich um rein staatliche Einrichtungen handelt, nicht aber, wenn sie selbst mit anderen Privatpersonen in Verkehr tritt.

»Die angefochtene Gesetzesbestimmung qualifiziert sich allerdings nicht, wie in der Duplik angenommen wird, als ein »allgemeiner Rechtssatz, den der Kanton als privatrechtliche und öffentlichrechtliche Rechtsnorm zu erlassen befugt war«, sondern, wie schon mehrfach konstatiert, als eine Gelegenheitsbestimmung, durch die ganz konkrete, wenn auch nicht konkret bezeichnete Privatrechte aufgehoben wurden. Allein der Staat hat hier nicht wie im bekannten Fall der Freiburger Kantonalbank (BGE 23, S. 1023 f. Erw. 11) das Mittel der Gesetzgebung dazu missbraucht, um sich selber als Fiskus einen finanziellen Vorteil zu verschaffen, der ihm nach der objektiven Rechtsordnung nicht zukam. Er hat auch nicht etwa zum Zwecke der Schädigung der Versicherungsgesellschaften in deren Rechtsverhältnisse eingegriffen, sondern anlässlich der Errichtung einer staatlichen Wohlfahrtsanstalt, die sowieso die Hintansetzung gewisser privater Interessen bedingte und übrigens auch ihm, dem Staat, ganz erhebliche Opfer auferlegte, diejenigen Massnahmen getroffen, die ihm unvermeidlich schienen, um das ordnungsmässige Funktionieren jener staatlichen Wohlfahrtsanstalt zu sichern. Er hat also das Mittel der Gesetzgebung nicht missbraucht, sondern es im Gegenteil zur Durchführung einer derjenigen Aufgaben benutzt, denen es im modernen Staate in erster Linie zu dienen bestimmt ist.«[363]

In andern Enscheidungen stehen *der Gesichtspunkt des Willkürverbotes und das Gebot der Verhältnismässigkeit* im Vordergrund. So z.B. in einem (auch prozessual interessanten) Fall aus dem Jahre 1883, als das Bundesgericht die Verfassungsmässigkeit der konkret erlassenen kantonal-gesetzlichen Verpflichtung der Stadt Sitten als Hauptort des Kantons dem Staate unentgeltlich Gebäulichkeiten (Parlamentssaal, Obergericht, Zeughaus) zur Verfügung zu stellen, wie folgt beurteilt:

»Loin, en effet, de constituer un privilège odieux ou arbitraire, cette disposition ne fait que prévoir l'imposition de charges représentant l'équivalent des avantages résultant pour une localité de sa situation comme chef-lieu. Il est dans la nature des choses, et en tout cas loisible à un canton, sans violer l'art. 4 de la Constitution fédérale ou les dispositions analogues des Constitutions cantonales, d'astreindre, dans une mesure équitable, la localité investie des prérogatives de chef-lieu, à des prestations en rapport avec la qualité de siège des autorités et des principaux services administratifs du canton.

Il est néanmoins incontestable qu'une violation des articles visés par le recours devrait être admise si l'étendue des prestations exigées en application de l'art. 22 (der Walliser Kantonsverfassung, Anm. des Verf.) susvisé venait à dégénérer en spoliation, en imposant à la ville recourante un fardeau sans rapport avec son rôle de chef-lieu, ou dans des proportions impliquant l'arbitraire.«[364]

d) Selbst im sensiblen Bereich *ideeller Grundrechtsbeschränkungen* lässt das Bundesgericht anlässlich der Parteienverbote in den dreissiger Jahren Erlasse zu, die sich im Ergebnis als Individual- oder Einzelfallgesetze auswirken. Darin lag nach Auffassung des Gerichts solange keine Verletzung des Gleichheitssatzes, als der Erlass verallgemeinerungsfähig ist,

363 BGE 37 I 532.
364 BGE 9, 407.

d.h. kein Ausnahmegesetz darstellt und ohne Willkür dem angestrebten Zweck dient. So führt es zum Neuenburger Gesetz über kommunistische und (andere) subversive Organisationen vom 23.2.1937 aus:

»Le législateur n'a pas rendu une décision dans une affaire concrète; il a établi des règles pour un nombre indéterminé de cas et, étant donné le danger particulièrement grand que lui ont paru présenter les organisations communistes, il a édicté une règle précise pour les prohiber. Ce pouvoir lui appartient. Comme *Regelsberger* le note, il a le droit d'établir des »Individualrechtssätze« (Pandekten I p. 121 et 122), lorsqu'il peut estimer sans arbitraire, ce qui est le cas en l'espéce, que de la sorte il atteint plus sûrement le but qu'il se propose (mettre fin à l'activité des associations subversives). On ne pourrait parler d'inégalité devant la loi que si le législateur – ce qui n'est pas démontré – avait omis de prohiber espressément d'autres organisations manifestement aussi dangereuses pour l'ordre établi que les organisations communistes. Or, au contraire, il a pris soin à l'art. 6 de citer les »groupements anachistes« comme tombant sous le coup de la loi. Pour que le principe de l'égalité soit respecté, il suffit que la règle instituée soit applicable dans tous les cas où les circonstances justifient un traitement identique...«[365]

## 19.2 Bonner Grundgesetz

Dem Bonner Grundgesetz lässt sich – in Übereinstimmung mit dem demokratischen Gesetzesbegriff[366] – kein allgemeines Verbot von Individual- und Einzelgesetz entnehmen. Vielmehr besteht mit Art. 19 Abs. 1 Satz 1 ein punktuelles, grundrechtsspezifisches Verbot solcher Erlasse, indem Beschränkungen der Freiheitsrechte nur durch allgemeines Gesetz und (im Unterschied zur verfassungsrichterlichen, einzelfallweisen Anordnung der Grundrechtsverwirkung in Art. 18 GG) vom Gesetzgeber nicht individuell-konkret erlassen werden dürfen. Die Auffassungen zur Auslegung dieser Bestimmung gehen indessen auseinander.

a) Nach der einen Richtung geht Art. 19 Abs. 1 Satz 1 in seiner Schutzwirkung über den Gleichheitssatz des Art. 3 Abs. 1 GG hinaus und verbietet Einzelanordnungen im Grundrechtsbereich schlechthin; auch dort, wo sie unter dem Gesichtspunkt relativer Gleichheit an sich zulässig wären. Das Gesetz muss allgemein im Sinne des generell-abstrakten Rechtssatzes sein, also für eine unbestimmte Zahl von Personen und Fälle gelten. Konkrete Anordnungen des Gesetzgebers verletzten überdies den Grundsatz der Gewaltentei-

[365] BGE 63 I 281 ff., 290 f. Kritisch zum Entscheid Kap. 20.12 a.E.
[366] Kap. 8.3.

lung.[367] In diesem Sinne spricht sich auch *Rupp* aus, der Art. 19 Abs. 1 als einen »Vorfilter« grundrechtsbezogener Gesetzesvorhaben versteht, das zwinge, das Allgemeine stets mitzubedenken.[368]

Nach einer anderen Auffassung verbietet die Bestimmung allein das Einzelpersonengesetz, nicht aber – mit Blick auf den Typus des Massnahmegesetzes – Regelungen, die einen konkreten Sachverhalt beinhalten. Nach *Hendrichs* führt eine gesetzliche Regelung nicht zur Annahme eines unzulässigen Individualgesetzes, auch wenn dem Gesetzgeber die betroffenen Fälle im wesentlichen bekannt sind; ein allgemeines Gesetz, das nur einen einzigen Fall betreffe (z.B. BVerfG 13, 225, 229: Regelung für die einzige in Deutschland bestehende Bahnhofapotheke) bleibe allgemeines Gesetz. Anders sei es nur, wenn der Wille des Gesetzgebers ausdrücklich ergibt, dass mittels allgemeiner Formulierung nur ein einziger Fall hat geregelt werden sollen (sogenanntes »getarntes Einzelfallgesetz«, BVerfG 10, 234, 244).[369] Nach *Starck* ist der Verfassungsgeber davon ausgegangen, dass Grundrechtsbeschränkungen immer generell sein müssen, also eine generelle Vermutung darin bestehe, dass die Einschränkung von Grundrechten mittels nicht-genereller Gesetze der materialen Allgemeinheit stets widerspreche. Diese Vermutung dürfte für die meisten Grundrechte zutreffen. »Im Bereich der Wirtschaft« hält er es allerdings für möglich, den Freiheitsbereich des Individuums auch individuell zu bestimmen.[370] Eine interessante (verfahrensrechtliche) Bedeutung misst *Roellecke* der Verfassungsbestimmung zu: Art. 19 Abs. 1 Satz 1 GG verbietet es dem Gesetzgeber, einen bestimmten Sachverhalt in tatsächlicher und rechtlicher Hinsicht derart zu bestimmen, dass dem gerichtlichen, kontradiktorischen Verfahren – als Ort des eigentlichen Grundrechtsschutzes – kein Auslegungsspielraum mehr bleibe. Der Gesetzgeber verletze so die Möglichkeit der Rechtsprechung und dadurch das Prinzip des offenen Verfahrens.[371] Entgegen der erstge-

367 Zusammengefasst nach Starck (1970) 34, 53 ff. mit Hinweisen.

368 Rupp (1976) 369; vgl. auch Klöpfer (1980) 47, 59 der das Verbot des Einzelfallgesetzes mit Wesensgehaltsgarantie der Rechtsgleichheit begründet.

369 Hendrichs in: von Münch (1974) 597.

370 Starck (1970) 234 ff., 237, vgl. aber auch (1982) 58, wo diese Differenzierung fehlt; vgl. auch Kap. 20.2.

371 Roellecke (1969) 291. Als Beispiel eines solchen Individualgesetzes nennt der Autor das nationalsozialistische »Gesetz über Massnahmen der Staatsnot-

nannten Auffassung spricht *Hesse* Art. 19 Abs. 1 Satz 1 GG eine über den Gleichheitssatz hinausgehende Bedeutung ab. Es komme allein auf die sachliche Abgrenzung des Personenkreises und der getroffenen Regelungen an; durch die bloss beschränkte Allgemeinheit der meisten Gesetze und der Möglichkeit, faktische Individualgesetze jederzeit generell-abstrakt zu fassen, vermöge Art. 19 Abs. 1 Satz 1 GG keine wirksame Sicherung darzustellen.[372]

b) Das Bundesverfassungsgericht vertritt die letztgenannte Auffassung, wonach Art. 19 Abs. 1 GG eine Konkretisierung des Gleichheitssatzes enthalte und daher auch sachlich begründete Individualgesetze nicht ausschliesse. Nachdem es im wegleitenden *Rheinstahl-Beschluss* vom 7.9.1969[373] vorerst ausführt, dass Art. 19 Abs. 1 Satz 1 GG nur für jene Grundrechte gelte, die ausdrücklich oder aufgrund eines Gesetzes beschränkt werden können[374], fährt es fort:

> »Art. 19 Abs. 1 Satz 1 GG enthält nach dieser Auffassung eine Konkretisierung des allgemeinen Gleichheitssatzes. Er verbietet dem Gesetzgeber, aus einer Reihe gleichartiger Sachverhalte willkürlich einen Fall herauszugreifen und zum Gegenstand einer Ausnahmeregelung zu machen. Art. 19 Abs. 1 Satz 1 GG schliesst dagegen die gesetzliche Regelung eines Einzelfalles dann nicht aus, wenn der Sachverhalt so beschaffen ist, dass es nur einen zu regelnden Fall dieser Art gibt und die Regelung dieses singulären Sachverhaltes von sachlichen Gründen getragen wird.«[375]

c) Fraglich bleibt, ob die Bestimmung der Verfassungsmässigkeit des Individualgesetzes nach Massgabe materieller, relativer Gleichheit überall einen hinreichenden Grundrechtsschutz zu gewährleisten vermag.[376] Die Verfassung bedarf überdies spezifischer Sicherungen zum Schutze menschlicher Freiheit. Das amerikanische Verbot der *Bills of Attainder,* in der Tradition des offenen demokratischen Gesetzesbegriffes entwickelt, zeigt hier Möglichkeiten auf, ohne dass da-

wehr« vom 3. Juli 1934 (RGBl. I 529), dessen einzige Bestimmung lautete: »Die zur Niederschlagung hoch- und landesverräterischer Angriffe am 30. Juni, 1. und 2. Juli 1934 vollzogenen Massnahmen sind als Staatsnotwehr rechtens«, a.a.O. 293; vgl. Kap. 20.2. lit. a.

372 Hesse (1980) 140.

373 BVerfG 25, 371.

374 Zustimmend *Hendrichs Sigurd* in: von Münch (1974) 594 f.

375 A.a.O. 399. Hinweise auf weitere Entscheidungen bei Hesse (1980) 140 Anm. 29.

376 Vgl. namentlich Rupp (1976) 369.

bei auf die Zulässigkeit von Einzelfallgesetzen begrifflich verzichtet werden muss.

## 19.3 Das Verbot der Bills of Attainder

a) Eine über den Gleichheitssatz (Equal Protection) hinausgehende, spezifisch personale Schutzfunktion nimmt das in der nordamerikanischen Unionsverfassung enthaltene Verbot der Bills of Attainder wahr.[377] Ursprünglich im englischen Common Law ein Verbot parlamentarisch dekretierter Todesstrafe gegen Einzelpersonen oder Personengruppen (insbesondere gegenüber gestürzten, missliebigen Machthabern) erfuhr die Klausel in der amerikanischen Verfassungs entfaltung durch den Supreme Court zunehmend eine Ausdehnung ihres Schutzbereiches:[378] Das heute weit ausgelegte Verbot der Bills of Attainder verbietet dem Kongress wie den gliedstaatlichen Parlamenten *Massnahmen mit strafendem, disziplinierendem, massregelndem oder tadelndem Zweck und Charakter gegenüber einer Einzelperson oder leicht individualisierbaren Personengruppen zu erlassen.* »The Bill of Attainder Clause was not to be given a narrow historical reading,... but was instead to be read in light of the evil the Framers had sought to bar: legislative punishment of any form of severity, of specifically designated persons or groups«.[379]

Die Klausel schützt heute nicht nur vor eigentlichen Strafen aller Art, sondern nach neuerer Auffassung auch vor disziplinierendem Entzug staatlicher Leistungen (privileges).[380] Schon früh erfasste sie auch die gesetzliche Anordnung von gezielten Berufsverboten gegenüber Einzelpersonen oder leicht individualisierbaren Personengruppen. So erklärte der Supreme Court z.B. im *Cummings v. Missouri* eine Bestimmung der Verfassung von Missouri als verfassungswidrig, die

377 »No Bill of Attainder or ex post facto Law shall be passed«, Art. I § 9 cl. 3 (betr. Kongress); »No State shall ... pass any Bill of Attainder ...« Art. I § 10 cl. 1. United States Constitution.

378 Hierzu und zu den folgenden Entscheidungen des Supreme Court Tribe (1978) 484 ff. sowie die Darstellung der Rechtsprechung in *Nixon v. Administrator of General Services,* 433 U.S. 425, 473 (1977).

379 *United States v. Brown,* 381 U.S. 437, 447 (1965) zit. nach Tribe (1978) 487.

380 Anders noch *Fleming v. Nestor,* 363 U.S. 603 (1960). Tribe (1978) 487 weist darauf hin, dass die traditionelle Dichotomie von Eingriff (rights) und Leistungen (privileges) auch in der amerikanischen Diskussion allgemein an Bedeutung verliert.

einen Reueeid für begangene Illoyalitäten gegenüber den USA im Bürgerkrieg als Voraussetzung für verschiedene berufliche Tätigkeiten, darunter auch die Ausübung des Priesteramtes, verlangte.[381] Im wegleitenden Entscheid *U.S. v. Brown* wurde eine Bestimmung des Labor Management Reporting Act aufgehoben, welche die Ausübung einer gewerkschaftlichen Funktion durch damals leicht bestimmbare Mitglieder der Kommunistischen Partei unter Strafe stellte.[382]

b) Auch im Verfassungsrecht der USA bemisst sich die sachgerechte Normstruktur und damit die Frage des Einzelfall- und Individualgesetzes in erster Linie nach Massgabe materieller Gleichheit. Ihr Differenzierungsgebot kann zu unterschiedlichen Belastungen von Personen und Personengruppen führen. Es hindert den Gesetzgeber nicht, wie das Oberste Gericht erneut im Jahre 1977 im Entscheid *Nixon v. Administrator of General Services,*[383] selbst Individualgesetze zu erlassen, wo dies nach Massgabe relativer Gleichheit[384] durch ein überwiegendes öffentliches Interesse[385] gefordert ist. Das spezifische Verbot der Bills of Attainder und seine weite Auslegung durch den Supreme Court lehrt uns indessen eindrücklich, dass eine Rechtsordnung, die mit dem offenen Normbegriff auf (vermeintliche) begriffliche Sicherungen einer materiellen (d.h. begrifflich generell-abstrakten) Gesetzesumschreibung verzichtet, in verletzlichsten und zentralsten Lebensbereichen als ein »bulwork against tyranny«[386] einen besonderen Grundrechtsschutz entwickelt, der in seinem Anwendungsbereich Individualnormen, vor allem mit Rücksicht auf die beeinträchtigte Verfahrensstellung des Betroffenen[387] grundsätzlich ausschliesst.

Der Schutz des Verbotes der Bills of Attainder beschränkt sich (im Sinne schweizerischer Terminologie) nicht auf ein besonderes Grundrecht, etwa der Persönlichen Freiheit. Es tritt – selbst als ein verfassungsmässiges Recht zu verstehen

[381] 71 U.S. (4. Wall) 277 (1867).
[382] 381 U.S. 437 (1965).
[383] 433 U.S. 425 (1977). Zur Beurteilung stand die Verfassungsmässigkeit des Presidential Recordings and Materials Preservation Act, mit dem der Kongress den zurückgetretenen Präsidenten im Gefolge der Watergate-Affäre zur Herausgabe seiner präsidialen Dokumente und Tonbandaufnahmen verpflichtete. Bejahung der Verfassungsmässigkeit des klarerweise auf Nixon zugeschnittenen Erlasses.
[384] Ibid. 470.
[385] Ibid. 475 f., vgl. dazu Kap. 20.12.
[386] So der Supreme Court in *United States v. Brown,* 381 U.S. 437, 443 (1965).
[387] Dazu Kap. 20.2.

– der Verletzung menschlicher Würde durch pönale disziplinierende, diskriminierende Einzelgesetze entgegen, indem er den Gesetzgeber dazu verhält, straf- oder auch verwaltungsrechtliche Beschränkungen in diesen Bereichen ausschliesslich durch effektiv allgemeine, nicht gruppenspezifische (generell-abstrakte) Normen vorzunehmen. Das kann, wie die genannten Fälle zeigen, im Schutzgebiet des Rechts auf Leben, der Persönlichen Freiheit, aber ebenso mit den Fällen der Berufsverbote, der Meinungsfreiheit, der Vereins- und Koalitionsfreiheit u.a. liegen. Die ökonomischen Rechte sind von diesem Schutze mit dem Verbot pönaler Konfiskation von Eigentum durch ein Einzelfallgesetz[388] sowie nach neuerer Auffassung mit dem Verbot des individual-gesetzlichen Entzugs staatlicher Leistungen nicht ausgenommen. Das Verbot der Bills of Attainder greift so über den auf das Strafrecht beschränkten Grundsatz von nulla poena sine lege (Art. 4 BV, Art. 1 StGB) hinaus.

## 20. Kriterien zur Beurteilung von Individual- und Einzelfallerlassen

Die Rechtsvergleichung bestätigt, dass individuell-konkrete Erlasse rechtsetzender Natur in Übereinstimmung mit dem offenen Normbegriff und dem demokratischen Gesetzesverständnis nicht generell ausgeschlossen, aber punktuell in sensiblen menschlichen Zonen unzulässig sein müssen. Als Kriterien zur Beurteilung der Verfassungsmässigkeit solch konkreter Erlasse lassen sich gestützt auf die vorstehenden Ausführungen vorerst materielle Aspekte, sodann aber auf Grundlage der Regelungstheorie und dem Kriterium der Eignung auch verfahrensrechtliche Gesichtspunkte anführen.

[388] Dazu Tribe (1978) 485.

## 20.1 Materielle Kriterien

### *20.11 Rechtsgleichheit*

Als ein erster Anhaltspunkt lässt sich – zusammenfassend – zur Beurteilung von Einzelfall- und Individualgesetz die materielle Rechtsgleichheit heranziehen.[389] Die gesonderte Behandlung einer Person oder Personengruppe und bestimmter Sachverhalte muss an wesentlichen Unterscheidungen anknüpfen können und sich auf vernünftige und sachliche Gründe stützen können. Wo dies nicht zutrifft, kann der Betroffene einwenden, dass die Regelung nicht nur auf ihn, sondern auch auf weitere, nicht erfasste Adressaten und Sachverhalte Anwendung finden muss; mit andern Worten, dass ein verfassungswidriges Ausnahmegesetz[390] vorliegt. Durch den zu eng gezogenen Adressatenkreis liegt eine Verkürzung materieller Gleichheit oder – nach der amerikanischen Terminologie – ein Fall von »underinclusiveness« vor.[391]

### *20.12 Grundrechtliche Differenzierungsverbote*

a) Art. 19 Abs. 1 Satz 1 GG verdeutlicht die historisch erhärtete Forderung, dass den Grundrechten auch im Rahmen eines demokratischen offenen Gesetzesbegriffes ein starkes Interesse am allgemeinen Gesetz immanent ist und Beschränkungen grundsätzlich nicht für den Einzelfall erlassen werden dürfen. Das Verbot der Bills of Attainder in der amerikanischen Verfassung belegt darüber hinaus mit Deutlichkeit, dass dieser Grundsatz in gewissen Bereichen mit Absolutheit und ausnahmslos zu gelten hat: Es gibt Grundrechtszonen, in denen die Frage nach der richtigen und angemessenen Normstruktur nicht allein nach Massgabe relativer Gleichheit anhand tatsächlich vorhandener, durch den Gesetzeszweck selbst sachlich begründbarer Unterscheidungen entschieden werden kann. Innerhalb des von der Attainder-Klausel erfassten Schutzbereiches sind die Individualerlasse strafenden, disziplinierenden Charakters ausgeschlossen. Das muss auch

389 Kap. 18.2
390 Ibid.
391 Dazu Tribe (1978) 977, Weber-Dürler (1973) 64, 70 f., 185 mit Hinweisen auf die Praxis, Hausheer (1966) 98 ff.

da gelten, wo ein Individualgesetz nicht rückwirkend, sondern auf zukünftige Ereignisse angelegt ist und daher der auf Vorhersehbarkeit zielende Grundsatz nulla poena sine lege und der Normenbegriff der EMRK nicht mehr hinreichend Schutz zu bieten vermögen.[392]

Diese grundrechtlichen Interessen und Sicherungen vor selektiver Gesetzgebung lassen sich als ein grundsätzliches verfassungsrechtliches Differenzierungsverbot erfassen. Es kann mit *Kloepfer* – im juristisch-dogmatischen Sinne – die Vorstellung einer Schranke der Rechtsgleichheit herangezogen werden.[393]

b) In der Bundesverfassung kommt dieser Gedanke vielleicht am deutlichsten beim Anspruch auf den verfassungsmässigen Richter und dem entsprechenden Verbot der Ausnahmegerichte zum Vorschein (Art. 58 BV). Manipulationen eines noch so gesondert gelagerten Einzelfalles, der an sich mit den Kriterien materieller Rechtsgleichheit möglicherweise und ohne Willkür einer Sonderbehandlung offen stünde, lassen sich nur durch das besondere und absolute Differenzierungsverbot und der damit verbundenen Verpflichtung zu vorgängiger, vom Einzelfall losgelöster, generell-abstrakter Determinierung von gerichtlichem Verfahren und Zuständigkeit erzielen.[394]

Der Gedanke grundrechtlicher Differenzierungsverbote vermag wohl auch zu klären, weshalb zahlreiche der bisher

392 Vgl. Kap. 20.15.

393 Kloepfer hat, soweit ersichtlich, als erster den Vorschlag gemacht, derartige Relativierungen der allgemeinen Rechtsgleichheit als eigentliche Schranken des Gleichheitssatzes zu verstehen und Art. 3 Abs. 1 GG trotz seiner absoluten Formulierung vorbehaltlos den andern Grundrechten und ihrer Schrankendogmatik gleichzustellen. Anstelle der heute herrschenden Vorstellung umfassender und unbeschränkter Geltung des Gleichheitsgesetzes, die aber praktisch durch die Einräumung weiter Handlungsspielräume mittels unbestimmter Rechtsbegriffe und Ermessen zugunsten der Verwirklichung anderer Verfassungsaufträge zurückgebunden wird, postuliert er die Zulässigkeit eigentlicher, auf gesetzlicher Grundlage beruhender Schranken der Rechtsgleichheit. Diese einschränkende gesetzliche Normierung muss ihrerseits einem »verfassungslegitimen Differenzierungsziel« verpflichtet sein, das die Abweichung vom Grundsatz der Gleichbehandlung von wesentlich Gleichem bzw. der Ungleichbehandlung von Ungleichem rechtfertigt. Die Grenzen derartiger Beschränkung (Schranken-Schranke) erblickt Kloepfer in der Wesensgehaltsgarantie des Art. 19 Abs. 2 GG. Darunter fällt nach ihm in genereller Weise neben dem Willkürverbot allerdings auch das Einzelfallgesetz; Kloepfer (1980) 54 ff.

394 Wegleitend zum Erfordernis der generell-abstrakten Rechtsgrundlage bei Art. 58 BV, Müller, J.P., Die Garantie des verfassungsmässigen Richters in der Bundesverfassung (BV Art. 58 Abs. 1), ZbJV 1970, 249 ff., 254.

genannten Beispiele von Individualgesetzen problemlos erscheinen, während der genannte Entscheid zum Parteienverbot[395] aus heutiger Sicht auf Bedenken stossen muss. Das gilt vor allem für die damals im Lichte der Rechtsgleichheit gebilligten Bestimmungen des Gesetzes über die sofortige Suspendierung von Parteimitgliedern in öffentlichen Ämtern. Unabhängig ihrer generell-abstrakten Formulierung wirkten diese Normen gegen *hic et nunc* bestimmte Personen. Sie weisen diskriminierenden und pönalen Charakter auf und vermögen m.E. im Lichte des Verbotes der Bills of Attainder als einem grundrechtlichen Differenzierungsverbot nicht zu bestehen.

## *20.13 Verfassungsrechtliche Differenzierungsgebote*

Weisen die Grundrechte grundsätzlich und in gewissen Zonen in absoluter Weise auf den Ausschluss von individuell-konkreten Normen hin, so können umgekehrt andere Verfassungsbestimmungen zu ihrer Verwirklichung mitunter Ungleichbehandlungen fordern, die an sich in isolierter Betrachtung vor der Rechtsgleichheit nach Art. 4 BV nicht standhalten. Solch verfassungsrechtliche Differenzierungsgebote kommen vor allem in den Schutzbereichen der Eigentumsgarantie und der Wirtschaftsfreiheit vor. Wenn z.B. Art. 22quater Abs. 1 BV Bund und Kantone zu einer »der zweckmässigen Nutzung des Bodens und der geordneten Besiedelung des Landes« dienenden Raumplanung verhält, so lässt sich dieser Verfassungsauftrag nur durch die Ungleichbehandlung von durchaus wesentlich Gleichem verwirklichen: Tatsächlich bebaubares und gleichwertiges, geldwertmässig aktualisierbares Terrain muss mitunter nach Massgabe planerischer Gesichtspunkte in unterschiedliche Zonen, von maximaler Ausnützung bis hin zum Bauverbot, eingeplant werden. Die mit der Raumplanung notwendigerweise verbundene Beschränkung des Rechtsgleichheitsgedankens kommt in der bundesgerichtlichen Rechtsprechung so zum Ausdruck, dass sich hier der Anspruch auf rechtsgleiche Behandlung auf das Willkürverbot zurückzieht.[396] Die Rechtsgleichheit allein

[395] BGE 63 I 281 ff., Kap. 19.1 Lit. d; vgl. auch die Beispiele in Kap. 18.2 Lit. b.
[396] Z.B. BGE 103 Ia 257 f. mit Hinweisen, vgl. auch 106 Ia 71.

gibt hier kaum mehr justiziable Kriterien ab, mit denen die Verfassungsmässigkeit einer konkreten (und daher durchaus individualgesetzlich denkbaren) Raumgestaltung beurteilt werden kann. Ähnliche Zurückbindungen ihrer Normativität finden sich z.B. auch im Rahmen der Verwirklichung wirtschaftspolitischer, lenkungsstaatlicher Ziele. Die Ausschüttung von Subventionen z.B. dient in erster Linie der Erfüllung bestimmter ordnungspolitischer Zwecke, so etwa im Rahmen der Strukturpolitik nach Art. 31bis lit. a BV. Sie orientiert sich bloss sekundär an der Verwirklichung des Gleichheitssatzes.[397] Solche Differenzierungsangebote *können* in Einzelfall- und Individualerlassen resultieren. Zahlreiche der bereits angetroffenen, im Rahmen des demokratischen Gesetzesbegriffes individuell-konkreten Erlasse, insbesondere des Wirtschaftsrechts,[398] finden ihre Rechtfertigung an solchen Differenzierungszielen der Bundesverfassung.

## *20.14 Verfassungsrechtliche Güterabwägung*

a) Grundrechtliche Differenzierungsverbote wie verfassungsrechtliche Differenzierungsgebote bestätigen die alte Einsicht, dass der allgemeine Gleichheitssatz nur beschränkt aus sich selbst heraus konkretisiert werden kann. Die Vorstellung der verfassungsrechtlichen Differenzierungsziele verdeutlicht, dass der Gleichheitssatz, wie *Starck* dies jüngstens treffend ausdrückt, »im Gefüge der Gesamtverfassung« steht, dass die Verfassung im Grundrechtsteil und im Organisationsrecht zahlreiche Bestimmungen enthalte, »die im Wege der Interpretation miteinander und mit dem Gleichheitssatz in Beziehung gesetzt werden müssen. Die verfassungsgerichtliche Normenkontrolle am Massstab des Art. 3 Abs. 1

397 Zu Beschränkungen der Rechtsgleichheit im Wirtschaftsverwaltungsrecht, insbesondere im Interventionsrecht s. Schürmann (1978) 41 Anm. 28 mit Hinweisen auf die Rechtsprechung, sowie 106 f., wonach die Rechtsgleichheit durch die vielfache, wenn nicht überwiegende Ausgestaltung der Interventionserlasse mit unbestimmten Rechtsbegriffen und ihrer Ausrichtung auf das öffentliche oder Gesamtinteresse relativiert wird; vgl. auch Gygi (1978) 176 f., (1958) 88; zur Ungleichbehandlung durch Subventionen s. Schmal, Die Ungleichbehandlung von Unternehmen durch Subventionen als wettbewerbspolitisches Problem, Frankfurt a.M. 1980.

398 Für Beispiele solcher Erlasse Kap. 6.21, 18.2 lit. b.

(Grundgesetz, Anmerkung des Verfassers) ist deshalb bei Lichte besehen nicht auf die Gerechtigkeit oder auf blosse Gerechtigkeitsvorstellungen (auf wessen käme es an?) angewiesen, sondern kann sich im Rahmen der Verfassung bewegen«.[399] Bedeutsam erscheint dabei der Zusatz, dass die Konkretisierungen des Gleichheitssatzes nicht strikte auf die (geschriebene) Verfassung beschränkt bleiben, sondern philosophisch antropologische Grundauffassungen beiziehen, ohne dabei von einer festen Wertordnung auszugehen.[400] Die Erweiterung des Bezugsrahmens über die geschriebene Verfassung hinaus ist angesichts notwendiger Lückenhaftigkeit und geforderter Offenheit und Anpassungsfähigkeit des Verfassungsrechts unumgänglich. Sie zeigt uns, dass die Konkretisierungen des Gleichheitssatzes und damit auch die Frage des adäquaten Adressatenkreises einer Norm (inclusiveness) und damit schliesslich auch die Frage der Verfassungsmässigkeit eines Einzelfall- und Individualgesetzes im Rahmen einer Güterabwägung mitunter konfligierender Verfassungsziele unter den konkreten Umständen des einzelnen Regelungsgegenstandes ermittelt werden muss. In diesem Sinne der Güterabwägung lassen sich auch die aufgeführten frühen Urteile des Bundesgerichtes verstehen: Ohne Rücksicht auf die Frage der generell-abstrakten Normstruktur hing die Verfassungsmässigkeit des Einzelfall- und Individualgesetzes davon ab, ob es einem als überwiegend befundenen öffentlichen Interesse dient und die Regelung selbst verhältnismässig und nicht willkürlich ist.[401] In diesem Sinne lässt sich auch die Praxis des Supreme Court zum Verbot der Bills of Attainder erklären, wenn er jeweils nach Massgabe eines »functional test« abklärt, ob eine individualgesetzliche Norm pönalen Charakter hat oder durch ein überwiegendes öffentliches Interesse gerechtfertigt werden kann.[402]

399 Starck (1982) 64.
400 Ibid. Anm. 62.
401 Kap. 19.1.
402 *Nixon v. Administrator of the General Services,* 433 U.S. 425, 475 (1977): »Our treatment of the scope of the Clause has never precluded the possibility that new burdens and deprivations might be legislatively fashioned that are inconsistent with the bill of attainder guarantee. The Court, therefore, often has looked beyond mere historical experience and has applied a functional test of the existence of punishment, analyzing whether the law under challenge, viewed in terms of the type and severity of burdens imposed, reasonably can be said to further nonpunitive, legislative purposes.«
Das Gericht bejaht in der Folge die Verfassungsmässigkeit des Gesetzes u.a.

b) Die genannten Beispiele verdeutlichen, dass es in dieser Abwägung konfligierender Verfassungsziele letztlich um die Beurteilung der Verfassungsmässigkeit des Gesetzeszweckes geht. Dieser Beurteilungsvorgang entspricht genau der zweiten der beiden Prüfungsebenen der Rechtsgleichheit, wie sie *Beatrice Weber-Dürler* darstellt und aufgrund deren Lehre und Rechtsprechung, in freilich vielfältiger Weise, das Problem der Gleichbehandlung in der Rechtsetzung angehen.

(i) Auf einer *ersten Prüfungsebene* wird untersucht, ob eine gesetzgeberische Differenzierung (z.B. ein Individualgesetz) nach Massgabe des vorgegebenen *Gesetzeszweckes* sachlich gerechtfertigt ist.[403] Im wesentlichen geht es um die Frage, ob der gewählte Adressatenkreis sachgerecht und damit rechtsgleich getroffen, also weder »over-« noch »underinclusive« ist.[404]

(ii) Auf der *zweiten Prüfungsebene* wird der Gesetzeszweck selbst überprüft. Die Rechtsgleichheit droht leer zu laufen, wenn diese Frage nach dem eine gesetzgeberische Differenzierung auslösenden Zweck nicht gestellt würde.[405] Andererseits bringt diese Frage gerade den Richter in Verlegenheit und verweist nach *Weber-Dürler* in metajuristischen Raum«[406], wenn er die Frage nach »Gerechtigkeit«[407] oder nach »objektivem Geist«[408] beantworten soll. Das Bundesgericht vermeidet dann auch i.d.R. solche Rekurse auf »Gerechtigkeit« und hält sich, wo die Prüfung der zweiten Ebene überhaupt erforderlich ist, an die »herrschende Rechtsanschauung«, die auch durch ungeschriebene Verfassungsnormen zum Ausdruck gebracht wird.[409]

Die letztlich gestellte Frage nach der »Gerechtigkeit«, die Beurteilung einer Norm nach Massgabe »herrschender Rechtsanschauung« deckt sich im Rahmen der Rechtsgleichheit meines Erachtens mit der primär – aber nicht ausschliesslich – an den verfassungsrechtlichen Differenzierungszielen ausgerichteten Ermittlung des überwiegenden öffentlichen Interesses. An diesem hat sich der Zweck einer

damit, dass die Sicherung der Dokumente zur strafrechtlichen Klärung der Affäre erforderlich ist und zweitens »of great value to the political health and vitality of the United States...« sei, ibid. 476. Vgl. auch den Entscheid *Board of Governors v. Agnew,* 329 U.S. 441 (1947), wo das Gericht eine gesetzliche Regelung funktional als gerechtfertigt beurteilt, die zur Vermeidung von Interessenkollisionen im Bankgeschäft eine individualisierte Personengruppe von bestimmten Funktionen in Staatsbanken ausnahm. Der Zweck des Gesetzes bewirkte auch hier, dass die Norm nicht als diskriminierende, deprivative Bestimmung beurteilt wurde.

403 Weber-Dürler (1973) 66 ff.

404 Ibid. 64 ff., unter Hinweis auf Hausheer (1966) 99 ff.

405 Ibid. 100 ff.

406 Ibid. 111 ff.

407 Ibid. 103 ff.

408 Ibid. 106 ff.

409 Ibid. 115 ff., 117 ff., BGE 96 I 567.

Norm zu bewähren, der nun seinerseits wiederum die Grundlage für die Bemessung des adäquaten Adressatenkreises bildet. Dieser Vorrang bildet auch das Prüfungsmuster für die Beurteilung von Einzelfall- und Individualgesetzen. Sie können dort standhalten, wo der ihnen zugrunde gelegte Gesetzeszweck im Spannungsfeld mit andern Verfassungszielen, insbesondere den Differenzierungsverboten der Grundrechte, als überwiegend beurteilt wird.[410]

## *20.15 Rückwirkungsverbot (Hinweis)*

Schliesslich ist als ein weiteres materielles Beurteilungskriterium das Rückwirkungsverbot in Erinnerung zu rufen. Gerade bei Einzelfall- und Individualgesetzen dürfte es hilfreich sein, da diese Erlasse stärker als generelle Normen gefährdet sind, Rückwirkungen zu entfalten. Wo der Gesetzgeber einen konkreten Sachverhalt an die Hand nimmt, hat er nicht selten bereits bestehende Tatbestände im Auge. Wo diese Tatbestände bereits erfüllt und abgeschlossen sind, scheitert ein solcher Erlass am Verbot der (echten) Rückwirkung.[411] In diesem Sinne wirken auch der Grundsatz von nulla poena sine lege wie auch der Normbegriff der EMRK[412] in seiner Betonung der Vorhersehbarkeit und Berechenbarkeit staatlichen

410 Für die praktische Prüfung eines grundrechtlich relevanten Individualgesetzes liesse sich etwa folgendes Vorgehen anregen:

1. Liegt ein Einzelfallgesetz vor, d.h. lassen sich der Adressatenkreis oder Anwendungsfälle praktisch hic et nunc individualisieren?
2. Wenn ja, ist der (individualisierte) Adressatenkreis nach Massgabe des angestrebten Gesetzeszweckes sachgerecht gewählt?
3. Wenn ja, welches sind die betroffenen Verfassungsinteressen?
   3.1 Welcher Art ist der individualisierte Eingriff, handelt es sich um eine Beeinträchtigung grundrechtlicher Differenzierungsverbote?
   3.2 Lässt sich der Gesetzeszweck durch ein dahinter stehendes verfassungsrechtliches Differenzierungsinteresse rechtfertigen? Wenn ja, welches Gewicht geniesst dieses Interesse?
4. Grundrechtsinteressen und entgegenstehende, das Individualgesetz begründende Verfassungsinteressen (öffentliche Interessen) sind miteinander abzuwägen. Das Individualgesetz ist grundsätzlich verfassungsrechtlich haltbar, wenn die öffentlichen Interessen als überwiegend beurteilt werden.
5. Wo das Individualgesetz an sich zulässig ist, ist weiter zu prüfen, ob die Regelung inhaltlich verhältnismässig ist und den Kerngehalt des Grundrechts nicht verletzt.

411 Zur Rückwirkung BGE 106 Ia 258, 259, 104 Ia 219 mit Hinweisen, Zimmerli (1967) 46 f.; eingehend nun Kölz, A., Intertemporales Verwaltungsrecht, ZSR 1983 II S. 101 ff., 161 ff.

412 Kap. 4.37, 5.2.

Handelns bei Grundrechtseingriffen. Das Rückwirkungsverbot schliesst aber andererseits Einzelfall- und Individualgesetz (sowie selbstverständlich auch generell-abstrakte Erlasse) nicht aus, wenn die Regelung an Sachverhalten anknüpft, die zwar in der Vergangenheit begründet, aber in Gegenwart und Zukunft weiterhin fortdauern (unechte Rückwirkung).

## 20.2 Verfahrensrechtliche Aspekte der Eignung: das Erfordernis material-allgemeiner Gesetzesinhalte

Die Problematik des Einzelfall- und Individualgesetzes lässt sich allein mit materiellen Kriterien im vorgenannten Sinne nur annähernd erfassen. Dem Prozess der Güterabwägung, der Bestimmung dessen, was nun »sachliche« Unterscheidung im Rahmen der materiellen Rechtsgleichheit ist, wohnt eine kaum zu überwindende Ungewissheit inne. Um so wichtiger – und vielleicht auch weiterführend – sind zusätzliche, verfahrensrechtliche Aspekte zur Beurteilung von Individualgesetzen. Ob ein solches vor der Verfassung standhält, bemisst sich auf dieser Ebene an der Frage, ob das Verfahren der Gesetzgebung (analog auch der Verordnungsgebung) für den Erlass *geeigneter* Entscheidungsrahmen ist.[413] Wir können hier zwischen Einzelfall- und Individualgesetzen unterscheiden, die einerseits isoliert betroffene Menschen belasten (a) und solchen, die trotz individuell-konkreter Struktur Erlasse von allgemeiner Tragweite bleiben (b), wobei freilich Abgrenzungsprobleme – wie überall – nicht ausgeschlossen sind.

a) Das Verfahren demokratischer Gesetzgebung ist unbestritten auf die Schaffung wichtiger, genereller Normen ausgerichtet. Der politische Prozess der Gesetzgebung ist in seiner Struktur auf Entscheidungen angelegt, die im Idealfall Urteil aller über alle ist *(Rousseau)*. Je stärker sich Gesetzgebung gerade nach Massgabe relativer Gleichheit spezialisiert und differenziert, je stärker sie zum Entscheid einer Mehrheit über nicht oder nur ungenügend repräsentierte Minderheiten oder gar einzelner wird, um so stärker sind Eignung und Legi-

[413] Zum grundlegenden Strukturprinzip der Eignung Kap. 15.4.

timität dieses Verfahrens in Frage gestellt.[414] Die heute bestehende weite Auslegung des Verbotes der Bills of Attainder legt nahe, dass dieses – wie auch beim Grundsatz nulla poena sine lege – nicht nur materiell-rechtlicher Sicherheit, sondern mit *Tribe* ebenso und vor allem der Gewährleistung verfahrensrechtlicher Garantien dient, die dem unmittelbar und isoliert Betroffenen zustehen müssen.

»By preventing the legislature from inflicting injury upon specific persons, The bill of attainder clauses sought to guarantee that the procedural safeguards of a judicial trial, or at least an adversary hearing before an impartial tribunal, will be available to offset the clamor of public opinion.«[415]

Das Verbot der Bills of Attainder wie auch der Grundsatz nulla poena sine lege bringen die alte und erhärtete Tatsache zum Ausdruck, dass das Verfahren der Gesetzgebung in seiner am Mehrheitsprinzip orientierten Entscheidungsmethode jene essentiellen Grundvoraussetzungen für eine faire Auseinandersetzung des einzelnen mit dem Gesetzgeber entbehrt, wie sie im Sinne der Waffengleichheit oder der »idealen Sprechsituation« *(Habermas)* das verwaltungsrechtliche und vor allem das gerichtliche Verfahren anstreben.[416] Es dürfte unbestritten sein, dass der Gesetzgeber – in Übereinstimmung mit dem materiellen, grundrechtlichen Differenzierungsverbot[417] zum Erlass von Individualgesetzen nicht geeignet ist, wo unmittelbar einzelne Menschen angesprochen und *belastet* werden; eine Eignung, die nicht nur für die Rechtsetzung, sondern meines Erachtens mitunter auch

[414] In diesem Sinne v.a. Huber, H., Das Gemeinwohl als Voraussetzung der Enteignung, in: ders. (1971) 492 ff., 514: »... das Gesetz auf dem Buckel derer, die nicht hinreichend repräsentiert waren.«
In der jüngeren amerikanischen Verfassungslehre wird dieser Mangel zur Begründung einer verstärkten verfassungsrichterlichen Aktivität zum Schutze von nicht oder nur ungenügend repräsentierten Interessen, einer »representation-reinforcing minority protecting exercise of judicial review« herangezogen. So unterscheidet Ely sogenannte »We-we«-Entscheidungen im Sinne der ideal klassischen Gesetzgebung von »We-they«-Entscheidungen der repräsentierten Mehrheit über Minderheiten, vgl. Ely, J.H., The Wages of a Crying Wolf: A Comment on *Roe v. Wade*, 82 Yale Law Journal 920 (1973) sowie ders., Democracy and Distrust, A Theory of Judical Review, Cambridge Mass./London 1980, vgl. auch Gunther (1980) 690, 863.

[415] Tribe (1978) 492.

[416] Vgl. J.P. Müller (1981a) 82 unter Hinweis auf Habermas, J., Vorbereitende Bemerkungen zu einer Theorie der kommunikativen Kompetenz, in: Habermas/Luhmann, Theorie der Gesellschaft oder Sozialtechnologie – Was leistet die Systemforschung, Frankfurt a.M. 1971, 101 ff.

[417] Kap. 20.12.

für Anwendungsakte (Verwaltungsfunktionen) durch Parlament und Volk in sensiblen, grundrechtlich relevanten Zonen kaum gegeben ist.[418] Es besteht hier keine hinreichende strukturelle Gewähr, dass der politische Prozess stets eine willkürfreie, rechtlich gebundene und begründete Entscheidung über isolierte menschliche Einzelschicksale hervorzubringen vermag.[419]

b) Die Situation ist anders, wo ein Erlass zwar seiner formalen Struktur nach individuell-konkret ist, in seiner inhaltlichen Tragweite jedoch über das Einzelschicksal hinausreicht und *mittelbar* – wie ein generell-abstrakter Erlass – eine grosse Zahl Betroffener einschliesst. Wo die Betroffenheit rein quantitativ jenes Ausmass annimmt, wie es generell-abstrakten Erlassen in der Regel eigen ist, sind auch die Grundvoraussetzungen der Eignung des demokratischen Prozesses in Parlament und Volksabstimmung erfüllt: Durch die mittelbare Betroffenheit vieler vermögen Individual- und Einzelfallgesetz hier jenen politischen Stellenwert zu erreichen, wie er für Debatte und Auseinandersetzung erforderlich ist. Dieser Stellenwert bewirkt, dass die Auseinandersetzung hier gleich wie bei generell-abstrakten Erlassen verlaufen kann; das allgemeine Interesse an der Sache birgt die Chance echter demokratischer Konfliktregelung. Gemessen an der dazu notwendigen Tragweite muss es sich bei Individual- und Einzelfallgesetzen daher aus verfahrensrechtlichen Gründen um Erlasse von *material-allgemeiner Tragweite* handeln, soll der politische Prozess zu ihrem Erlass geeignet sein. In diesem Sinne lassen sich etwa Erlasse über konkrete Projekte der Grosstechnologie (Strassen, Kraftwerke), Erlasse zur Raumordnung eines bestimmten Gebietes oder auch Förderungs- und Lenkungsmassnahmen gegenüber einzelnen Grossunternehmungen als Gesetze von materialer Allgemeinheit rechtfertigen.[420] Der strukturell offene, an materialer Allgemeinheit orientierte demokratische Gesetzesbegriff[421] erfährt in diesem Sinne eine Bestätigung aus verfahrensrechtlicher Optik.

418 Vgl. die persönlich motivierte Kürzung des Budgets des Schweizerischen Nationalfonds zur Förderung der wissenschaftlichen Forschung durch den Nationalrat (Fall Prof. Ziegler), Amtl. Bull. NR. 1982, 1567 – 1570.

419 Vgl. auch das Problem der freien oder aber an Rechtsgleichheit und Willkürverbot gebundenen Ausübung des Begnadigungsrechts, BGE 107 Ia 103 ff., mit Hinweisen.

420 Nachweise Kap. 18.2 lit. b.

421 Kap. 8 und 9.

## 21. Schluss: Folgerungen für die verfassungsgerichtliche Prüfung der gesetzlichen Grundlage (Kognition)

Die im dritten Teil dieser Untersuchung angestellten Überlegungen und die Entwicklung von Kriterien zur sachgerechten Ausgestaltung der gesetzlichen Grundlage richten sich in erster Linie an die mit der Rechtsetzung und damit der Zuweisung von Regelungslasten betrauten Behörden in Bund, Kantonen und Gemeinden. Nicht weniger richten sie sich auch an den Verfassungsrichter. Angesichts der Einsicht, dass sich generelle Anforderungen an die gesetzliche Grundlage über den Minimalstandard der Kompetenznorm (Legalitätsprinzip)[422] hinaus kaum formulieren lassen, kommt seinem Fallrecht hervorragende und wegleitende Bedeutung zu. Das Bundesgericht schöpft bis heute die Vielfalt möglicher Kriterien und Anforderungen an die gesetzliche Grundlage indessen noch kaum im gewünschten Masse aus. Nicht zuletzt liegt dies an der herrschenden Prüfungsmethode zur gesetzlichen Grundlage von Grundrechtsbeschränkungen mit ihrer Unterscheidung von freier und auf Willkür beschränkten Kognition nach Massgabe der Intensität eines Grundrechtseingriffes.[423]

### 21.1 Beschränkte und freie Prüfung

Das Bundesgericht unterzieht die Anwendung und Auslegung des (kantonalen) einfachen Rechts im Rahmen der staatsrechtlichen Beschwerde grundsätzlich nur der Willkürprüfung. Diese Beschränkung ist, wie bereits ausgeführt[424], verfassungsrechtlich geboten. Eine Ausnahme von diesem Grundsatz macht das Gericht bei »besonders schweren Grundrechtseingriffen«. Hier untersucht es die gesetzliche

422 Kap. 10.

423 Zur Kognition wegleitend Gygi (1981) 191 ff., ders. Mittelbare Verfassungsverletzung als Beschwerdegrund im staatsrechtlichen Beschwerdeverfahren, in: Der Staat als Aufgabe, Gedenkschrift für M. Imboden, Basel/Stuttgart 1972, 159 ff., Rohner (1982), Kaufmann, O.K., Die beiden Brillen des Bundesgerichts, in: Beiträge zur Methode des Rechts, St. Galler Festgabe zum Schweizerischen Juristentag 1981, Bern/Stuttgart 1981, 165 ff., 176 ff., Kölz, A., Zur Auslegung des einfachen Rechts durch den schweizerischen Verfassungsrichter, ZSR 1976 I 29 ff., Bonnard, C., Problèmes relatifs au recours de droit public, ZSR 1962 II 381 ff., 483 ff.

424 Kap. 10.3.

Grundlage mit sog. freier Kognition.[425] Das Bundesgericht hat diese Ausnahme, soweit ersichtlich, nie ausdrücklich begründet. Rechtfertigung erfährt sie wohl letztlich in einem ganz praktischen Sinn am erhöhten Rechtsschutzinteresse des Bürgers, wie es bei schweren Eingriffen besonders besteht. Die Praxis trägt vielleicht auch dem Umstand Rechnung, dass der kantonale Instanzenzug vorgängig nicht immer über ein unabhängiges Gericht führt und die Frage richtiger Auslegung nicht selten erst im Rahmen der staatsrechtlichen Beschwerde ihren ersten Richter findet. Die Hauptschwierigkeit dieses dualistischen Ansatzes liegt im Zwang, zwischen den beiden Möglichkeiten des *leichten* und *schweren Eingriffs* zu wählen; eine Wahl, für die letztlich keine gesicherten verfassungsrechtlichen Anhaltspunkte bestehen. Ein weites Zwischenfeld muss so dem einen oder andern Kognitionsmuster zugeordnet werden, ohne dass – zumindest theoretisch – die Möglichkeit einer *gleitenden Skala der Prüfungsdichte* bei der Beurteilung der gesetzlichen Grundlage besteht.

## 21.2 Freie Prüfung als Anwendung materieller Kriterien und Standards des Verfassungsrechts

a) *Gygi* hat klärend ausgeführt, dass sich die sog. Willkürprüfung auf die Auslegung des kantonalen Rechts beziehe[426], währenddem die sog. freie Prüfung das Problem betreffe, ob einer (nicht willkürlich ausgelegten) kantonalen Bestimmung eine verfassungswidrige Bedeutung zugemessen wird.[427] Bei der Prüfung der gesetzlichen Grundlage geht er indessen im Sinne einer Ausnahme[428] nach wie vor davon aus, dass freie Kognition die freie Auslegung des kantonalen Rechts bedeute. Die Praxis der freien Prüfung der gesetzlichen Grundlage bei schweren Eingriffen erkläre sich aus dem Konflikt und Dilemma, dass eine fehlende gesetzliche Grundlage einerseits Verfassungsverletzung ist, diese aber andererseits nur und ausschliesslich auf dem Wege der *Auslegung des einfachen*

[425] Z.B. BGE 108 Ia 35, 104 Ia 199, 331, 102 Ia 115, 79 I 795, dazu u.a. J.P. Müller (1982) 106 ff.
[426] Gygi (1981) 198, 200.
[427] Ibid. 199.
[428] Ibid. 199 Anm. 32, 207/208.

*Rechts* ermittelt werden könne.[429] Entgegen dieser These ist hier zu fragen, ob nicht auch bei der freien Prüfung der gesetzlichen Grundlage schwerer Grundrechtseingriffe stets die *Anwendung materieller, verfassungsrechtlicher Kriterien und Anforderungen an die gesetzliche Grundlage* im Vordergrund steht und es weniger – wenn überhaupt – um die freie Auslegung des kantonalen Rechts *telquel* geht. Dazu folgendes Beispiel:

In *Zahnd c. Conseil d'Etat du Canton de Genève*[430] prüfte das Bundesgericht die gesetzliche Grundlage einer kantonalen Vorschrift, wonach (vereinfacht) die Betriebsbewilligung eines Coiffeurgewerbes vom Besitz des eidgenössischen – oder eines vergleichbaren – Fähigkeitsausweises abhängig gemacht wird. Das Gericht beurteilte diese Voraussetzung als schwere Beeinträchtigung der Wirtschaftsfreiheit und prüfte die Frage der gesetzlichen Grundlage daher frei. Er kommt in seiner Auslegung zum Ergebnis, dass die angerufene Bestimmung des Grundlagengesetzes die Vorschrift nicht zu decken vermag. Ein solches Erfordernis, das die HGF in schwerer Weise beeinträchtige und die bestehende Rechtslage grundlegend verändere, könne nicht einfach als Vollziehung (»mesure d'application«) des mitunter zur Kontrolle und Überwachung des Coiffeurgewerbes erlassenen Gesetzes beurteilt werden. Wenn der Gesetzgeber eine derartige (neue) Massnahme einführen wolle, müsse er dies, zumindest dem Grundsatze nach, im formellen Gesetz vorsehen.[431]

Das Gesetz enthielt eine relativ offene gesundheitspolizeiliche Kompetenznorm. Es wäre, allein nach dem Wortlaut, vielleicht auch dem Gesetzeszwecke und den Materialien (die das Gericht in seiner Begründung, soweit publiziert, nicht heranzieht) denkbar, die offene Kompetenznorm, in Anschluss an die Auffassung des Regierungsrates, für sich besehen als abdeckende Grundlage zu erachten. Das Gericht hat die Delegationsnorm demgegenüber eng ausgelegt. Es schien sich dabei weniger auf das Gesetz *telquel,* als auf die bundesgerichtlichen Delegationsgrundsätze zu stützen, die es vorgängig im Urteil auch eingehend darlegte.[432]

Der Fall zeigt m.E. auf anschauliche Weise, dass das Bundesgericht nicht eigentlich die kantonale Bestimmung auslegt, sondern vielmehr seine Delegationsgrundsätze zur Anwendung bringt, ohne dass der Beschwerdeführer eine Verletzung dieser Grundsätze oder besser der Gewaltenteilung, mitunter auch des Stimmrechts, hätte rügen müssen. Daraus erhellt, das mit der sog. freien Prüfung des kantonalen Rechts nicht dessen verfassungsunabhängige freie *Auslegung* gemeint ist, sondern es vielmehr um die Frage geht, ob die Grundlage, so wie sie der kantonale Gesetzgeber ausgestaltet und erlassen hat, den *Standards* und *Kriterien des Verfassungs-*

429 Ibid. 208.
430 BGE 104 Ia 196.
431 Ibid. 199 f.
432 Ibid. 198 f.

*rechts* von Bund und Kanton materiell zu genügen vermag. Die in der jüngsten Praxis wieder aufgenommene Verbindung von freier Verfügung und dem Erfordernis der klaren, unzweideutigen gesetzlichen Grundlage bei schweren Eingriffen in die Eigentumsgarantie[433] bestätigt, dass beim Problem der Gesetzmässigkeit mit der freien Prüfung lediglich auf *prozessualer* Ebene ausgedrückt wird, was *materiell* von der Verfassung her geboten ist. Dasselbe zeigt die Praxis, wonach die Delegationsnorm nach Inhalt, Zweck und Ausmass bestimmt sein muss, wo die Rechtsstellung des Bürgers schwerwiegend betroffen wird.[434] Schliesslich geht es um die gleiche Problemstellung, wenn das Bundesgericht verlangt, dass der »Gesetzesvorbehalt« keine Abschwächung seiner Bedeutung in bezug auf die verfassungsmässig gewährleisteten Rechte sowie auf zugesicherte Leistungen erfahren dürfe, die in engem Zusammenhang mir auferlegten Pflichten stehen.[435]

In all diesen Traditionslinien[436] geht es der Praxis somit um das Anliegen und die Verwirklichung des verfassungsrechtlichen Gebotes, dass schwere Eingriffe klarerweise dem Willen des demokratischen Gesetzgebers entspringen und entsprechen müssen. Mit der sog. freien Prüfung ist *heute* das Erfordernis einer qualifizierten gesetzlichen Grundlage angesprochen.[437]

b) Nach *Gygi* sind derartige »materiell verfassungsrechtliche Bedingungen an das Gesetzmässigkeitserfordernis« fruchtbare Ansätze zur Lösung des vorgenannten Dilemmas, wonach die Auslegung unterverfassungsrechtlicher, einfacher Normen zugleich die Verfassungsfrage der gesetzlichen Grundlage entscheide. Derartige Anforderungen wie z.B. das Erfordernis der formell-gesetzlichen Grundlage im Abgabebereich, die Möglichkeit strengerer Anforderungen im kantonalen Verfassungsrecht sowie die »verfassungsrangigen Beschränkungen der Delegation von Rechtsetzungsbefugnissen« lägen »mitunter lediglich hinter dem Schleier der be-

433 Kap. 4.35, BGE 108 Ia 35, 106 Ia 366.

434 BGE 104 Ia 311, 102 Ia 64, 98 Ia 109, Kap. 4.311.

435 BGE 103 Ia 369, 382, 383.

436 Vgl. Kap. 4.3.

437 So auch J.P. Müller (1982) 106/107, aber auch Gygi (1981) 195, 208.

438 Gygi (1981) 206 f. Als weiteren Grundsatz mit Verfassungsrang nennt er das Erfordernis des formellen Gesetzes für die Übertragung hoheitlicher Aufgaben an selbständige Rechtsträger (BGE 104 Ia 446).

schränkten und freien Prüfung« verborgen.[438] Sie bestehen indessen nach Auffassung von *Gygi* nur *punktuell:* es stehe dem Bundesgericht frei, diese von ihm selbst entwickelten Grundsätze mit Verfassungsrang auf eine Auslese wichtiger Sachverhalte zu beschränken. Für den weiten übrigen Bereich entscheide aber ausschliesslich das einfache Recht und seine Auslegung über die Verfassungsmässigkeit der gesetzlichen Grundlage. Das führe bei schweren Eingriffen ausnahmsweise zur freien Prüfung, im übrigen aber zur Beschränkung auf die Willkürprüfung.[439]

Mit den Ergebnissen dieser Arbeit drängt sich auf, an diesem Punkte einen Schritt weiterzugehen: Die Abklärung der veschiedenen Traditionslinien[440] des Bundesgerichtes zum Erfordernis der gesetzlichen Grundlage haben hervorgebracht, dass verfassungsrechtliche Anforderungen nicht nur punktuell, in einzelnen vom Bundesgericht ausgewählten Einzelbereichen, sondern im gesamten Geltungsbereich des Legalitätsprinzips vorhanden sind. Die Untersuchung der Rechtsprechung, aber vor allem auch die Entwicklung der Standards und Kriterien in Teil III dieser Arbeit zeigen, dass die Verfassung immer, aber eben in *höchst unterschiedlichen Ausprägungen* Forderungen an die Gestaltung der Norm hinsichtlich ihrer Stufe, ihrer Dichte und ihrer Struktur stellt. Diese Ausgestaltung ist so *stets* Verfassungsfrage, ja mit der EMRK überdies ein Problem des Staatsvertragsrechts. Ob eine angefochtene gesetzliche Grundlage in concreto diesen verfassungsrechtlichen Anforderungen zu genügen vermag, ist daher – nicht anders als die heutigen Delegationsgrundsätze von »Verfassungsrang«[441] – im Prinzip frei zu prüfen; in gleichem Masse wie dies auch bei allen Grundrechtseingriffen unabhängig der Schwere für die inhaltlichen Kriterien der

[439] Ibid. 207. Mit der Auffassung, dass materiell-verfassungsrechtliche Anforderungen an die gesetzliche Grundlage nur punktuell bestehen, vermeidet Gygi einen Widerspruch zur vorgenannten These, dass die freie Prüfung bei der gesetzlichen Grundlage sich einerseits auf die Auslegung des einfachen Rechts beziehe (ibid. 199 Anm. 32, 207/208) andererseits die freie Prüfung lediglich eine andere Umschreibung für das Erfordernis der klaren, unzweideutigen gesetzlichen Grundlage sei (ibid. 195, 208). Freie Prüfung als Auslegung des einfachen Gesetzes bezieht sich bei ihm auf alle jene Restbereiche, wo keine materiell-verfassungsrechtlichen Anforderungen an die Stufe und Dichte der Norm bestehen (ibid. 207 f.)

[440] Kap. 4.3.

[441] BGE 103 Ia 375; Kap. 4.313.

Verfassungsmässigkeit (überwiegendes öffentliches Interesse, Verhältnismässigkeit und Wahrung des Kerngehaltes) praktiziert wird.[442]

c) Die in dieser Arbeit aufgezeigte, noch nicht ausgeschöpfte Vielfalt möglicher Anforderungen des Verfassungsrechts an die Ausgestaltung gesetzlicher Grundlage hinsichtlich ihrer Stufe, Dichte und Struktur weist darauf hin, dass sich die sog. freie Prüfung nicht in den Delegationsregeln und im Erfordernis der *klaren* gesetzlichen Grundlage, gewissermassen als prozessuale Seite ein und derselben Medaille, aufgeht. Vielmehr kommt ihr selbständige Bedeutung zu. Je nach den Umständen eines Regelungsgegenstandes kann sie zum Ergebnis führen, dass die gesetzliche Grundlage etwa im Interesse der Einzelfallgerechtigkeit,[443] der Komplexität oder aus Interessen der Innovation[444] relativ offen normiert sein muss, damit die Aufgabe dem *hic et nunc* bestgeeigneten Staatsorgan zur Konkretisierung zugewiesen werden kann.

d) Mit dem Erfordernis einer grundsätzlich freien Prüfung der Verfassungsmässigkeit von Normstufe, Normdichte und Normstruktur im Lichte von Stimmrecht, Gewaltenteilung und Grundrechten ist freilich das Kognitionsproblem des Verfassungsrichters zur gesetzlichen Grundlage staatlichen Handelns nicht erschöpft. Dieses lässt sich – ebenso wie bei den materiellen Voraussetzungen von Grundrechtsbeschränkungen (öffentliches Interesse, Verhältnismässigkeit, Kerngehalt) – kaum abschliessend in Formeln zwingen, die dem notwendig komplexen und differenzierten Verhältnis des Verfassungsrichters zu den andern Staatsfunktionen gerecht werden könnten. Selbst bei freier Kognition kann so die *Prüfungsdichte* des Verfassungsgerichts nicht überall die gleiche

[442] Für die verfassungsrichterliche Prüfung der gesetzlichen Grundlage ergibt sich aus dem Gesagten der folgende Vorschlag zur Prüfungsmethode, grundsätzlich unabhängig von der Intensität der Betroffenheit:

(i) Prüfung im Rahmen von Art. 4 BV, ob das zur Begründung der Massnahme herangezogene kantonale oder kommunale Recht willkürlich ausgelegt worden ist. Wenn nein:

(ii) Prüfung der Frage, ob der betreffende Erlass hinsichtlich seiner Normstufe, seiner Dichte und seiner Struktur den verfassungsrechtlichen Anforderungen genügt. Wenn ja:

(iii) Prüfung der inhaltlichen Verfassungsmässigkeit (bei Grundrechtseingriffen: öffentliches Interesse, Verhältnismässigkeit und Kerngehalt).

(Zur Prüfungsdichte siehe nachstehend lit. d.)

[443] Kap. 16.3.

[444] Kap. 15.5 ff.

sein. Wo es »aktiver« sein muss, wo es namentlich zugunsten des demokratischen Gesetzgebers Zurückhaltung üben soll, ist letztlich die Frage nach seinen spezifischen Funktionen in der Demokratie. Diese Funktionen variieren von Bereich zu Bereich, selbst von Grundrecht zu Grundrecht; mit ihnen variiert auch die Prüfungsdichte nach Massgabe dessen, was zur Erhaltung und Entfaltung der *Essentialien von Bundesstaat, Demokratie und Rechtsstaat (Jörg Paul Müller)* zu gegebener Zeit geboten ist.[445]

[445] Wegleitend J.P. Müller (1981a) 70 ff., (1982) 21, ders., Grundrechte in der Demokratie, EuGRZ 1983, 337 ff. Anregend vermag hier die amerikanische Verfassungspraxis mit ihren differenzierten Kognitionsregeln, z.B. zu den sog. »suspect classifications« im Rahmen der Rechtsgleichheit sowie in der unterschiedlichen Prüfungsdichte bei ideellen und wirtschaftlichen Grundrechten zu wirken, vgl. die interessanten Ansätze zum Verhältnis von Verfassungsrichter und politischem Prozess, Choper, J.H., Judicial Review and the National Political Process, Chicago/London 1980 und Ely, J.H., Democracy and Distrust, A Theory of Judicial Review, Cambridge, Mass./London 1980.

# ANHANG

## I. Zur Entwicklung des dualistischen Gesetzesbegriffs[1]

### A. Die deutsche Verfassungslage des 19. Jahrhunderts

a) Verschiedene Verfassungstexte im Deutschland des 19. Jahrhunderts weisen die gesamte Gesetzgebung schlechthin parlamentarischer Mitbestimmung zu,[2] ohne jene auf den Individualbereich zu beschränken, wie das andere Verfassungen jener Zeit durch Rekurs auf die Freiheits- und Eigentumsformel zum Ausdruck bringen.[3] Die umfassenden Formulierungen laufen ihrem Wortlaut nach konsequenterweise auf eine Verwirklichung der Volkssouveränität hinaus. Sie setzen sich in Widerspruch zum monarchischen Prinzip des deutschen Konstitutionalismus, der sich durch die vorgegebene Fürstensouveränität auszeichnet[4]: die Verfassung begründet nicht, sondern beschränkt die Souveränität des Monarchen zugunsten des aufstrebenden Bürgertums, welchem das Verfassungsrecht in Anlehnung an alte vorkonstitutionelle Steuerbewilligungsrechte, vor allem aber unter dem Einfluss naturrechtlicher Lehre, insbesondere dem Erfordernis des »consent« *Locke's* im Bereich von liberty und property[5] Mitbestimmungsrechte bei der rechtlichen Ausgestaltung

[1] Die nachfolgende Darstellung vereinfacht und lässt v.a. die innerhalb des herrschenden dualistischen Gesetzesbegriffs stark abweichenden Lehrmeinungen ausser acht. Grundlegend nach wie vor (und mit zunehmender, erneuter Aktualität) Haenel (1888) 99 ff., Heller (1928) 98 ff. Neuere Darstellungen bei Auer (1981) 2 ff., Scheuner (1981) 127 ff., Krebs (1975) 16 ff., Starck (1970) 21 ff., 77 ff., Roellecke (1969) 158 ff., Hennis, Verfassung und Verfassungwirklichkeit, Tübingen 1968, Jesch (1961) 102 ff., Böckenförde (1958), (1976) 112 ff., Kopp (1958) 32 ff., 374 ff.

[2] So z.B. die Verfassung Preussens vom 31.5.1850, Art. 62: »Die gesetzgebende Gewalt wird gemeinschaftlich durch den König und durch zwei Kammern ausgeübt. Die Übereinstimmung des Königs und beider Kammern ist zu jedem Gesetz erforderlich. . .« zit. nach Jesch (1961) 111 Anm. 40.

[3] So z.B. die Verfassung Bayerns von 1818, Titel VII § 2: »Ohne den Beyrath und die Zustimmung der Stände des Königsreich kann kein allgemeines neues Gesetz, welches die Freiheit der Personen oder das Eigentum der Staatsangehörigen betrifft, erlassen, noch ein schon bestehendes abgeändert, authentisch erläutert oder aufgehoben werden.« zit. nach Jesch (1961) 111.

[4] Art. 57 der Wiener Schlussakte lautete: »Da der deutsche Bund, mit Ausnahme der freien Städte, aus souveränen Fürsten besteht, so muss dem hierdurch gegebenen Grundbegriffe zufolge die gesamte Staats-Gewalt in dem Oberhaupte des Staates vereinigt bleiben, und der Souverän kann durch die landständische Verfassung nur in der Ausübung bestimmter Rechte an die Mitwirkung der Stände gebunden werden.« Zit. nach Jesch (1961) 110 Anm. 34.

[5] Statt vieler hierzu Krebs (1975) 24 ff. mit Hinweisen.

der dem Bürger wichtigen, sensiblen Bereich der Individualsphäre zusichert. Im übrigen herrscht der Monarch bzw. seine Verwaltung nach wie vor frei und ohne Rechtsbindung.[6] Mittel dazu sind v.a. das »freie Ermessen« sowie die sog. Verwaltungsordnungen, die im Unterschied zur (delegierten) Rechtsverordnung keiner parlamentarisch legitimierten Rechtsgrundlage bedürfen. Organisatorische Anordnungen, Anstaltsordnungen sowie Dienstanweisungen, etc. werden auf diese Weise erlassen. Dazu gesellt sich die sog. selbständige Rechtsverordnung für Anordnungen, die zwar den Individualbereich betreffen, aber keine Eingriffe enthalten. Schliesslich steht dem Fürsten bei Beschränkungen von Freiheit und Eigentum das Notverordnungsrecht zu und er hat freie Hand im ausserhalb des Rechtsbereiches gedachten besonderen Gewaltverhältnis.[7]

b) Aufgrund dieser Verfassungslage ist es folgerichtig, wenn insbesondere die spätkonstitutionelle Lehre umfassend formulierte Gesetzgebungsbefugnisse des Paralaments durch die *Verengung des verfassungsrechtlichen Gesetzesbegriffs auf den Individual- und Privatbereich* korrigiert und auf diese Weise die hergebrachten, ausserhalb der Rechtssphäre stehenden Prärogativen der Krone zu sichern sucht. Im Kompetenzkonflikt zwischen Souverän und Parlament belebt sie dazu den *Begriff des materiellen Gesetzes* und ordnet diesem jene Gegenstände zu, durch die nach *Laband* »in irgendeiner Beziehung die Rechtssphäre des Einzelnen oder der staatlichen Gemeinschaft betroffen wird.«[8] *Anschütz* definiert die Zuordnung von Recht und materiellem Gesetz später deutlich mit dem Individualbereich: »Denn es ist die Eigenschaft jeden Gesetzes im materiellen Sinn, dass es der persönlichen Freiheit im allgemeinen, dem Eigentum im besonderen Schran-

6 Eindrücklich Laband, P., Staatsrecht des Deutschen Reichs, 1. Aufl., 200 ff.: »Das ursprüngliche und begriffliche Verhältnis der Verwaltung und Gesetzgebung besteht demnach nicht darin, dass die Verwaltung positiv durch die Gesetzgebung bestimmt und geleitet wird, sondern *dass sie negativ durch die Gesetzgebung bschränkt wird.* Das Wesen der Verwaltung besteht nicht in der Ausführung der Gesetze, sondern in der Durchführung der dem Staate obliegenden Aufgaben unter Beobachtung, d.h. ohne Verletzung der Gesetze.« (Hervorhebung durch den Verf.) Aufschlussreich auch Hänel (1888) 214 zur damals herrschenden »Zufälligkeit des Rechts im Verhältnis zum Staate«, mit Hinweisen.

7 Eingehend hierzu statt vieler Jesch (1961) 141 ff., 148 ff., 152.

8 Laband, P., Das Budgetrecht nach den Bestimmungen der Preussischen Verfassungsurkunde, unter Berücksichtigung der Verfassung des Norddeutschen Bundes, Berlin 1871, 12, vgl. auch 186.

ken zieht. ... Die Grenzlinie, welche jene Formel zieht, trennt Rechtsnormen von den Nichtrechtsnormen.«[9]

c) Die deutschen Verfassungen des 19. Jahrhunderts positivieren nun aber in punktueller Weise und je nach Massgabe erkämpfter Partizipation des Bürgertums an der Staatsleitung die Teilhabe des Parlaments auch ausserhalb des damaligen Rechtsbereiches. Solche Spezialvorbehalte umfassen neben dem alten Budgetrecht z.B. die Aufnahme von Anleihen, oder die Veräusserung von Domänen u.a.m.[10] Diese Geschäftstätigkeit wird in der Regel wie die Rechtsetzung auf dem Wege der Gesetzgebung wahrgenommen. Die dogmatische Erfassung solch staatsleitender Verwaltungsakte des Parlaments führt zum *Begriff des formellen Gesetzes,* das sich durch die Art und Weise seines Zustandekommens, also durch Form und Verfahren und zugleich durch seine Aufnahmefähigkeit für nicht-rechtliche Inhalte auszeichnet. Deutlich kommt diese Abgrenzung zum eigentlichen, materiellen Gesetz bei *Jellinek* zum Ausdruck: »Hat ein Gesetz den nächsten Zweck, die Sphäre der freien Tätigkeit von Persönlichkeiten gegeneinander abzugrenzen, ist es der sozialen Schrankenziehung wegen erlassen worden, so enthält es die Anordnung eines Rechtssatzes..., hat es jedoch irgend einen andern Zweck, so ist es kein materielles, sondern ein formelles Gesetz...«[11] Das formelle Gesetz dient der Bezeichnung des sog. Gesetzesbefehls.[12]

d) Gleichzeitig erfährt das formelle Gesetz – nun mit Blick auf seine Legitimität durch das demokratische Verfahren – mit zunehmenden Delegationen Bedeutung in der zentralen Forderung der spätkonstitutionellen Lehre, dass das materielle Gesetz zugleich auch immer formelles Gesetz sein müsse, vorbehältlich einer Ermächtigungsnorm im formellen Gesetz selbst.[13] Eine ausdehnende Interpretation der

9 Wörterbuch des Deutschen Staats- und Verwaltungsrechts, 2. Aufl., hrsg. von Fleischmann, Tübingen 1911–14, S. 214, zit. nach Jesch (1961) 12.

10 Nachweise bei Jesch (1961) 128.

11 G. Jellinek, Gesetz und Verordnung, Freiburg 1887, 240.

12 Starck (1970) 89, Hänel (1888) 104 ff.

13 Nachweise statt vieler bei Krebs (1975) 27, Jezler (1967) 53, Kopp (1958) 62. Die Forderung nach dem materiellen Gesetz als zugleich formellem Gesetz erscheint mit dem ursprünglichen Gehalt des materiellen Gesetzes als einem ebenso parlamentarisch verabschiedeten Erlass wenig verständlich. Sie muss in Zusammenhang mit der zunehmenden Bedeutung der Rechtsverordnung und der Anwendung des materiellen Gesetzesbegriffes auch auf diese Erlassform betrachtet werden.

Freiheits- und Eigentumsformel, insbesondere der Persönlichen Freiheit, dient dazu, diese Forderung weitmöglichst zu verwirklichen, den Vorbehaltsbereich weit zu fassen und so auch durch Verfassungsauslegung die vom Parlament mitbestimmte Sphäre der Rechtsetzung schrittweise zu erweitern.[14]

## B. Theoretische Verselbständigung

Im Verlaufe seiner Entfaltung und Vertiefung durch die spätkonstitutionelle Lehre löst sich das Begriffspaar des formellen und materiellen Gesetzes allmählich aus dem Kontext der ihm zu Grunde liegenden konkreten Verfassungslage und erfährt eine weitgehende theoretische Verselbständigung. Diese zeigt sich v.a. in der Entwicklung hin zur abstrakt erscheinenden Gleichung von materiellem Gesetz und Rechtssatz, ja dem Recht schlechthin: bei *Laband* ist das materielle Gesetz noch vorwiegend Beschreibung für Erlasse, die irgendwie die als vorgegeben verstandene Rechtssphäre betreffen. Eine eigentliche Rechtssatzdefinition bleibt noch aus.[15] Demgegenüber weisen etwa die späteren, vorstehend zitierten Umschreibungen des materiellen Gesetzes bei *Jellinek* und *Anschütz* als Abgrenzung von Willenssphären sowie als Schranke von Freiheit und Eigentum[16] abstrakten Gehalt auf. Dieser Abstraktionsgrad mag erklären, weshalb sich der Dualismus trotz grundlegend geänderten Souveränitätsverhältnissen auch in der herrschenden Lehre der Weimarer Zeit[17] sowie auch unter dem Bonner Grundgesetz fortsetzen kann.[18] Die dem modernen Verfassungsstaat zu Grunde liegende

14 Vgl. Jesch (1961) 131 ff., Kopp (1958) 61. Es fragt sich, inwieweit die in der Bundesrepublik herrschende weite Auslegung des Art. 2 Abs. 1 GG (Handlungsfreiheit) im Sinne eines Auffanggrundrechts nicht auch auf diese historische Auseinandersetzung um die Rechtsetzungsbefugnisse des Parlaments zurückgeführt werden kann.

15 Oben Lit. A., eingehend Kopp (1958) 34 ff.

16 Oben Lit. A.

17 Kritisch Heller (1928) 98 ff., repräsentativ für den Dualismus der Weimarer Zeit Thoma, R., Grundbegriffe und Grundsätze, Handbuch des Deutschen Staatsrechts (Hrsg.: Thoma und Anschütz) Bd. II, Tübingen 1932, 108 ff., dazu u.a. Starck (1970) 95 f.

18 Kritisch Hesse (1980) 204. Geläufig ist das Bild von formellem und materiellem Gesetz als zwei sich schneidenden, konzentrischen Kreisen. Akte innerhalb der Schnittfläche sind die rechtsetzenden Erlasse des Parlaments; ent-

zentrale Forderung, wonach das materielle Gesetz zugleich auch Gesetz im formellen Sinn sein soll, hat zwar a fortiori Gültigkeit auch im demokratischen Staatswesen. Sie bildet heute nach wie vor die verfassungsrechtliche Grundlage der Lehre vom Gesetzesvorbehalt. Der ursprünglichen, konstitutioneller Monarchie entsprechenden Verkürzung des materiellen Gesetzesbegriffes als Schranke von Freiheit und Eigentum aber ist es andererseits zumindest teilweise zuzuschreiben, dass der Gesetzesvorbehalt noch sehr lange auf Gegenstände der Eingriffsverwaltung beschränkt bleibt. Ebenso dürfte mitunter die theoretische Verselbständigung dieses materiellen, auf das Private bezogenen Gesetzesbegriffs erklären, weshalb sich verwaltungsrechtliche Institute wie u.a. das »freie« (im rechtsfreien Staatsbereich enstandene) Ermessen, die Lehre vom subjektiv-veröffentlichten Recht, die rechtsunabhängige Verwaltungsverordnung oder die Lehre vom besonderen Gewaltverhältnis auch unter demokratischen Verfassungen halten konnten und teilweise noch heute nicht überwunden sind.[19] »Verfassungsrecht vergeht, Verwaltungsrecht besteht«, schrieb bekanntlich *Otto Mayer* im Jahre 1924 im Vorwort zur dritten Auflage seines Verwaltungsrechts und hielt am »Vorbehalt des Gesetzes« als einer Schranke für die »an sich freie«, aus eigener Kraft wirkenden Verwaltung fest.[20]

## C. Modifizierte Rezeption in der Schweiz

Mit seiner Entfaltung in der konstitutionellen Monarchie findet die Terminologie des dualistischen Gesetzesbegriffs un-

sprechend finden sich rein-formelle Akte, denen nach verbreiteter Auffassung Rechtsqualität abgesprochen wird (z.B. Haushaltplan (so auch das Schweizerische Bundesgericht, BGE 94 I 431), Zustimmung zu bestimmten völkerrechtlichen Verträgen, Entscheidung über Friedensschluss) und auf der andern Seite rein-materielle Erlasse, zu denen in Deutschland autonome Satzungen und Rechtsverordnungen gerechnet werden, vgl. Starck (1970) 22, Kopp (1958) 43, 62, neuerdings Tomuschat, Die parlamentarische Haushalts- und Finanzkontrolle, in: Der Staat, 1980, 1 ff., unter Ablehnung des bloss formellen Charakters des Haushaltgesetzes. S. auch BVerfG 20, 56, 91, Kap. 3.325 lit. d.

19 Vgl. Kap. 3.322 (Verwaltungsverordnung), Anhang Kap. II Lit. C a.E. (subjektiv-öffentliche Rechte), 3.31 (besonderes Gewaltverhältnis).

20 Mayer, O., Deutsches Verwaltungsrecht, 3. Aufl. Bd. I, München 1924, Vorwort 69 f.

ter dem lebhaften Einfluss der deutschen Doktrin[21] auch Eingang in die schweizerische Lehre und Rechtsprechung.[22] Eine andere Frage ist freilich, ob und inwieweit damit angesichts der fundamental unterschiedlichen Souveränitätsverhältnisse – hier Volkssouveränität, dort beschränkte Fürstensouveränität – auch eine eigentliche Rezeption begrifflicher Inhalte einhergeht. Wohl am stärksten wirkt sich der Dualismus und sein Rechtssatzdenken mittelbar auf die Ausgestaltung des allgemeinen schweizerischen Verwaltungsrechts aus, das seine eigene demokratische Verfassungsgrundlage lange nicht hinreichend reflektierte.[23] Auf der andern Seite zeigen die heutigen Begriffsbestimmungen des dualistischen Begriffs im schweizerischen Recht[24] aber auch, dass dieses teilweise eigenständige Entwicklungen genommen hat. Das gilt vor allem für den Begriff des formellen Gesetzes in seiner Ausrichtung auf die spezifischen Bedürfnisse der direkten Demokratie.[25] Es gilt aber durch den starken Einfluss der rationalistischen, französischen Gesetzestradition auch für den Begriff des materiellen Gesetzes. Die Verbindung von deutsch-konstitutionellen Elementen insbesondere mit dem Gedankengut *Rousseaus* widerspiegelt das kulturelle Spannungsfeld, dem die Schweiz seit jeher auch in der Rechtstheorie ausgesetzt ist.

## II. Zur Entwicklung des generell-abstrakten Rechtssatzbegriffs (materielles Gesetz)

### A. Die rationalistische Herkunft

a) Entwicklung und Entfaltung des Gesetzes als eine generell-abstrakte Norm verlaufen ideengeschichtlich vielfältig und komplex. Die Ratio leuchtet als gemeinsamer Bezugs-

21 Zum Einfluss deutscher Lehre des Spätkonstitutionalismus auf die Schweiz, vgl. D. Schindler, Die Staatslehre in der Schweiz, Jahrbuch des öffentlichen Rechts, NF 25, Tübingen 1976, 255 ff. Aufschlussreich die Anmerkung, wonach bis zum 1. Weltkrieg schätzungsweise neun Zehntel aller Schweizer Juristen ein oder zwei Semester in Deutschland studierten, a.a.O., 262 Anm. 10.

22 Wegweisend wohl Fleiner (1923) 400 ff., (1928) 67; vgl. auch die Darstellung von Kopp (1958) 140 ff.

23 Dazu wegleitend Imboden (1954) 40.

24 Kap. 2.2, 2.3.

25 Kap. 2.32.

punkt für die *Allgemeinheit des Gesetzes* in ihren vielschichtigen und verwobenen Bedeutungen.[26] Als Sicherung von Vernunft und Gemeinwohl erscheint sie u.a. in der christlich-mittelalterlichen Naturrechtslehre *Aquins,* in der Neuzeit als Garantin bürgerlicher Freiheit namentlich bei *Locke* und *Kant.*[27] Ihren Durchbruch dürfte die Allgemeinheit im nachrevolutionären Frankreich wesentlich den Lehren *Rousseaus* verdanken.[28] Sein radikal-demokratischer Ansatz übt in seiner Ausrichtung auf das Kleinräumige einen starken Einfluss gerade auch auf das schweizerische Staatsdenken nach der Restaurationszeit aus.[29]

Bei *Rousseau* steht die Allgemeinheit des Gesetzes (universel, général) in unmittelbarem Zusammenhang mit der Volkssouveränität.[30] Diese wird durch das zur Selbstbestim-

26 Die Diskussion bewegt sich auf verschiedenen Ebenen, so der personellen, örtlichen, zeitlichen und sachlichen Allgemeinheit. Zu unterscheiden sodann ist das eher formale Verständnis im Sinne generell-abstrakter Struktur von einer materialen Allgemeinheit des Erlasses, dazu Kap. 2.25. Vgl. zur Vielfalt der Allgemeinheit Kopp (1958) 384 ff. und zur ungefestigten Terminologie Rhinow (1979) 202 ff. mit weiteren Hinweisen.

27 Von Aquin, Summa Theologiae, I–II/90, Locke, Two Treatises of Government, Second Treatise, §§ 136 ff. et passim, zit. nach Starck (1970) 109 ff., der auch darauf aufmerksam macht, dass demgegenüber bei Hobbes der Herrscher auch frei ist, den Einzelfall voluntaristisch zu entscheiden, a.a.O., 120. Bei Kant ergibt sich die generell-abstrakte Struktur des Gesetzes aus einer streng funktional verstandenen Gewaltenteilung »gleich den drei Sätzen in einem praktischen Vernunftsschluss: dem Obersatz, der das Gesetz jenes Willens, dem Untersatz, der das Gebot des Verfahrens nach dem Gesetz, d.i. das Prinzip der Subsumption unter denselben, und dem Schlussatz, der den Rechtsspruch (die Sentenz) enthält, was im vorkommenden Fall Rechtens ist.« Metaphysik der Sitten, Rechtslehre § 45, Ed. Weischedel, 1. Aufl., Frankfurt a.M. 1979, 431/432.
Fraglich ist m.E. aber, inwieweit das Gesetz bei Montesquieu notwendig generell-abstrakt sein muss, da er – entgegen häufiger Auffassung – keine strikt funktionale Trennung der Gewalten im Sinne Kants, sondern vielmehr »une certaine distribution des trois pouvoirs« fordert, de l'Esprit des Lois XII/1, was Imboden zutreffend »Gewalten-Differenzierung« umschrieben hat, Montesquieu und die Lehre der Gewaltenteilung, in: ders. (1971) 55, 61 f.

28 Zur Entwicklung des Gesetzesbegriffs in Frankreich, Burdeau, G., Essai sur l'évolution de la notion de loi en droit français, in: Archives de Philosophie du Droit et de Sociologie Juridique 9 (1939) 7 ff.; dazu Kopp (1958) 193 ff. Zur beschränkten aber wieder entdeckten Bedeutung Rousseaus für die Revolution selbst s. Fetscher, I., Rousseaus politische Philosophie, 3. überarbeitete Aufl., Frankfurt a.M. 1980, 11, 258 ff.

29 Vgl. Fleiner, F., Entstehung und Wandlung moderner Staatstheorien in der Schweiz, in: Ausgewählte Schriften und Reden, Zürich 1941, 170 (vgl. auch seine Begründung des generell-abstrakten Rechtssatzes mit dem Gebot der Rechtsgleichheit, Fleiner (1928) 132, 134 ff.

30 Zum folgenden v.a. Contract Social II 4 und II 6 et passim. Eingehend Fetscher, a.a.O., 134 ff., vgl. auch Neumann (1980) 149 ff., Starck (1970) 128 ff., Roellecke (1969) 54 ff., Kopp (1958) 182 ff.

mung aufgerufene Volk direkt und ohne Repräsentation wahrgenommen (freilich nach Entwürfen des aufgeklärten, weisen législateur). Der Volkswille manifestiert sich in der normativ zu verstehenden volonté générale und wird im Gesetz zum Ausdruck gebracht. Dieser allgemeine Wille, dem normativ Gerechtigkeit und Wahrnehmung des Gemeinwohls innewohnen, kann nur über Gegenstände beschliessen, die alle oder zumindest Gruppen der Bürgerschaft (sujets en corps) betreffen. Nur der Beschluss aller über alle entspricht dem zu Grunde gelegten Gesellschaftsvertrag. Die gesetzliche Regelung von Einzelfällen wird namentlich ausgeschlossen, da diese nach Rousseau zur Herrschaft der einen über andere führen muss. Sodann ist das Gesetz generell-abstrakt, weil Rechtsetzung und Vollzug streng getrennt sind. Regierung und Verwaltung handeln nur im Auftrag des souveränen Gesetzgebers, freilich oft aufgrund offener Erlasse mit weitem Gestaltungsspielraum.[31] Rechtsfreie Prärogativen der Regierung, etwa im Sinne des deutschen Konstitutionalismus, bestehen dabei nicht. Wesentlich ist, dass die allgemeine Struktur des Gesetzes als die bedeutsamste Sicherung der Freiheit, der Gerechtigkeit und der Gleichheit erscheint. *Sie ist gerade deshalb von so zentraler Bedeutung, weil bei Rousseau über das Gesetz hinaus noch keine Kriterien zur Beurteilung von Vernunft und Richtigkeit des Gesetzes insbesondere durch das Verfassungsrecht bestehen.*[32]

b) Im Rahmen des deutschen Konstitutionalismus[33] findet die Forderung der Allgemeinheit des Gesetzes als Schutz bürgerlicher Freiheit ihren Niederschlag ihrerseits vorwiegend in der liberal-defensiven Rechtsstaatstheorie.[34] In der herrschenden Lehre des Spätkonstitutionalismus *(Laband / Jellinek / Anschütz)* verliert das materielle Gesetz indessen die generell-abstrakte Struktur als essentielles Begriffsmerkmal. Gesetz und Rechtssatz werden, wie erörtert, von ihrem Gegenstand her als Schranke von Freiheit und Eigentum bzw.

31 Diesen wichtigen Aspekt hat neulich Bäumlin, R., hervorgehoben, Jean-Jacques Rousseau und die Theorie des demokratischen Rechtsstaates, in: Berner Festgabe zum Schweiz. Juristentag 1979, Bern, 13, 41, vgl. auch Kap. 18.4–8.

32 Das ist ein wesentlicher Unterschied gegenüber der heutigen Ausgangslage, s. Kap. 8.2.

33 Vgl. Anhang Kap. I Lit. A.

34 Statt vieler vgl. Maus, I., Entwicklung und Funktionswandel der Theorie des bürgerlichen Rechtsstaates, in: Tohidipur, M. (Hrsg.), Der bürgerliche Rechtsstaat, Bd. I, Frankfurt a.M. 1978, 13 ff.

(zivilistisch) als Abgrenzung von Willenssphären begriffen.[35] Allgemeinheit des Gesetzes ist dabei zwar häufig, aber nicht mehr notwendig.[36] Die damals unterliegenden Vertreter notwendiger Allgemeinheit und Abstraktheit *(Meyer/Seligmann)*[37] erfahren ihren Aufschwung erneut in der Weimarer Zeit, namentlich durch die Skepsis liberaler Lehre gegenüber demokratischer Herrschaft.[38] Nach den Erfahrungen der Diktatur des Dritten Reiches setzt sich die notwendig generell-abstrakte Struktur des Gesetzes unter dem Bonner Grundgesetz durch.[39] Im Zuge der Entfaltung des Lenkungsstaates (mixed-economy) ist heute, wie ausgeführt, eine zunehmende Tendenz hin zu einem strukturell offenen Gesetzesbegriff des GG im Sinne englischer und anglo-amerikanischer Tradition festzustellen.[40]

## B. Zur schweizerischen Entwicklung

Im schweizerischen Gesetzesdenken der Neuzeit kommt der Allgemeinheit der Norm im Sinne der französischen Gesetzestradition überwiegend essentielle Bedeutung zu.[41] Die genannte spätkonstitutionelle Überwindung der Allgemeinheit als wesentliches Begriffsmerkmal des materiellen Gesetzes wird bei der Übernahme des Gesetzesdualismus in der schweizerischen Rechtsprechung (möglicherweise durch die übliche Verzögerung politisch-sozialer Entwicklungen) nicht nachvollzogen. Dennoch ist die massgebende Lehre in den ersten Jahrzehnten dieses Jahrhunderts ebenso sehr vom gegenständlichen Gesetzesbegriff des Spätkonstitutionalismus geprägt. Sie verbindet den rationalistischen, generell-abstrakten Rechtssatz mit dem Begriff der Norm als Schranke von Freiheit und Eigentum bzw. als Abgrenzung von Willenssphären.

35 Vgl. Anhang I Lit. A, B.
36 Dazu Kopp (1958) 56 ff.
37 Ibid. 68 ff.
38 Namentlich Schmitt (1928) 151 ff., ders., Die geistesgeschichtliche Lage des heutigen Parlamentarismus, München / Berlin, 2. Aufl., 1926, 31 ff. Kritisch dazu Heller (1928) 107 mit weiteren Hinweisen.
39 Dazu Starck (1970) 195 ff., Jesch (1961) 13.
40 Kap. 8.3.
41 Nachweise bei Kopp (1958) 140 ff., anders aber – grundsätzlich unter dem Einfluss von Hänel (1888) – die Zürcher Dissertation von Hiestand (1891) 29.

a) So bezieht sich *bei F. Fleiner*[42] der begrifflich generell-abstrakte – wegleitend durch die Rechtsgleichheit begründete – Rechtssatz noch ganz auf das traditionelle, von der Straf- und Privatrechtswissenschaft im 19. Jahrhundert an ein noch wenig entwickeltes Staatsrecht herangetragenes Verständnis des Rechts als Abgrenzung und Koordination privater Autonomie. Das zeigt sich etwa darin, dass *Fleiner* die Rechtsetzung (unter Hinweis auf *Laband)* der Gesetzgebung zuweist, andere Gegenstände, wie Organisation der Behörden, ja z.B. selbst die Bestimmungen der Kranken- und Unfallversicherung (Art. 34bis BV) nur durch »Gesetz« oder »auf dem Wege der Gesetzgebung« geregelt werden müssen, weil dies die Bundesverfassung so positiviert.[43] Auf spätkonstitutioneller Grundlage lässt sich ebenso die Unterscheidung *Giacomettis* zwischen generell-abstrakten Rechtssätzen im engeren und weiteren Sinn verstehen. Das Recht umfasst hier auch Organisations- und Verfahrensnormen; Rechtssätze im engeren Sinn sind aber weiterhin nur generell-abstrakte Normen im Sinne von Verhaltensrecht für Private (im Gegensatz zu Verhaltensrecht für Beamte, d.h. zu Verwaltungsvorschriften).[44] Wie bei *Fleiner* führt die Unterscheidung im Ergebnis dazu, das demokratisch legitimierte Gesetz für Organisations- und Verwaltungsvorschriften nur bei ausdrücklicher Anordnung der Verfassung zu verlangen oder wo sie »naturgemäss« mit dem Verhaltensrecht untrennbar verwoben sind.[45] Auch bei *Burckhardt* wirkt der historisch verkürzte Rechtssatzbegriff zumindest nach. Vor dem Hintergrund der konstitutionellen Tradition mit ihren rechtsfrei verstandenen Staatssphären[46] ragt seine Forderung nach *umfassender Rechtsbezogenheit* des Staates hervor.[47] In seinem ahistorisch und logisch entfalteten und verstandenen System unterscheidet er materielles Recht als Verhaltensrecht und formelles

[42] Fleiner (1928) 132, 134 ff.
[43] Fleiner (1923) 400 f.
[44] Fleiner / Giacometti (1949) 739, ebenso 461 Anm. 22. Der Rechtssatz im engeren Sinn als Schranke von Freiheit und Eigentum, als soziale Schrankenziehung zwischen Privaten und Bürger und Staat erscheint ausdrücklich und unter Hinweis u.a. auf Jellinek und Anschütz; sowie Giacometti, Über das Rechtsverordnungsrecht im schweizerischen Bundesstaat, in: Festgabe F. Fleiner, Zürich 1927, 360; vgl. auch Kopp (1958) 156 ff.
[45] Fleiner / Giacometti (1949) 741.
[46] Dazu oben Kap. 2.11.
[47] Insbesondere Burckhardt (1931a); vgl. Kap. 3.2.

Recht als Organisations- und Verfahrensrecht.[48] Beide Bereiche gehören zum umfassend verstandenen Recht. Aber der »Rechtssatz im eigentlichen Sinn« bleibt im Sinne konstitutioneller Tradition auf das Verhaltensrecht Privater beschränkt.[49]

b) Der verengte Rechts- und Rechtssatzbegriff, wie er früher auch von *Kägi* vertreten wurde[50], ist heute grundsätzlich überwunden. Die Verkürzung des Rechts auf die Abgrenzung von Willenssphären genügt zur Erfassung moderner Staatstätigkeit – wenn überhaupt je – nicht mehr. Wegleitend hat *H. Huber* im Jahre 1953 die Notwendigkeit der Abkehr von dieser Vorstellung betont und im Lichte der gewandelten Verhältnisse einen den Bedürfnissen des Menschen angemessenen Rechtsbegriff verlangt:

> »Insbesondere die Auffassung, dass der Rechtssatz nichts weiter sei als Schranke oder Grenzziehung, ist nicht mehr haltbar; der Rechtssatzbegriff muss auf das Wesen des Rechts abgestimmt sein und dieses muss dem Wesen des Menschen entsprechen. Allein die Erkenntnis, dass die Allgemeinheit der Rechtsregel als solche Gleichheit garantiert, bleibt von der Fragwürdigkeit des traditionellen Rechtssatzbegriffs unberührt.«[51]

Die generell-abstrakte Struktur, die Allgemeinheit erscheinen so in ihrer Ausrichtung auf die Rechtsgleichheit in der herrschenden Lehre[52] und heutigen Praxis des öffentlichen Rechts[53] als die wesentlichen Essentialien des Rechtssatzes, unabhängig davon, ob er sich auf das Verhaltensrecht als dem klassischen Gegenstand des Rechts, oder auf das Verfahrens- oder Organisationsrecht bezieht. Dennoch wirkt der auf das Private verkürzte Rechtsbegriff noch teilweise nach. So ist zu fragen, inwieweit die historische Unterscheidung

48 Burckhardt (1936).

49 Ibid. 161.

50 Kägi, W., Zur Entstehung, Wandlung und Problematik des Gewaltenteilungsprinzips, Zürich 1937, 206, wo das Gesetz im materiellen Sinn definiert wird als die generell-abstrakten, auf Dauer berechneten Normen, »wodurch 'der Persönlichen Freiheit im allgemeinen, dem Eigentum im besonderen' (Anschütz) Schranken gezogen werden sollen«.

51 Huber (1953) 44; gerade im Lichte früheren Begriffs- und Systemdenkens tritt die (uns heute fast selbstverständlich erscheinende) Ausrichtung des Rechts auf menschliche Bedürfnisse als ein bedeutender Beitrag Hubers hervor, vgl. Müller, J.P.: Hans Huber, Der Mensch im Recht, in: Recht und Prozess als Gefüge, Festschrift H. Huber, Bern 1981, 1 ff.

52 Zur jüngsten Lehre Kap. 7.

53 Zur Bedeutung des Willens für den Normbegriff des Privatrechts vgl. Bucher (1965) 44 f. »Norminhalt ist Willensinhalt«.

von Rechtssätzen im »engeren«, »eigentlichen« Sinn nicht unter der Oberfläche namentlich in Fragen der Legitimation zur staatsrechtlichen Beschwerde weiterhin wirksam ist und insbesondere die Entfaltung eines umfassenden richterlichen Schutzes des Willkürverbotes nach wie vor hemmt.

## C. Prozessuale Nachwirkungen des konstitutionellen Rechtsverständnisses in Art. 88 OG

Im staatsrechtlichen Beschwerdeverfahren (Verfassungsbeschwerde) kann der Bürger (Private) nur die Verletzung *rechtlich* geschützter Interessen geltend machen. Seine Legitimation beschränkt sich auf die Anfechtung von Hoheitsakten, die ihn irgendwie in seiner *Rechtsstellung* berühren.[54] Die These sei zur Diskussion gestellt, dass die restriktive Legitimationspraxis des Bundesgerichts zu Art. 88 OG nach wie vor einem im konstitutionellen Sinn auf Beschränkung von Freiheit und Eigentum und Abgrenzung von Willenssphären verkürzten Rechtsbegriff sowie letztlich der konstitutionell-monarchischen Unterscheidung von rechtlich gebundener und rechtsfreier Verwaltungstätigkeit verhaftet ist. Die zutreffende Kritik der Lehre an der einschränkenden Legitimationspraxis des Bundesgerichts[55] erklärt sich m.E. nicht zuletzt aus dem Spannungsfeld zwischen dem engen, früheren Rechtsbegriff und dem heute umfassenden Rechtsverständnis in seinem gleichwertigen Einbezug von Verfahrens- und Organisationsnormen.

So zeigt sich m.E. der konstitutionell-verkürzte Rechtssatzbegriff erstens in der nur beschränkten Anfechtbarkeit von (noch bis vor kurzem rechtsfrei verstandenen) Verwaltungsverordnungen.[56] Sie ist heute nur soweit gegeben, als der Erlass (durch schlichtes Verwaltungshandeln) Aussenwirkungen auf die private Rechtssphäre des Bürgers, verstanden als dessen Individualsphäre, ausübt.[57] Zweitens manife-

54 Art. 88 OG, SR 173.110, BGE 107 Ia 183, 105 Ia 272/273 mit Hinweisen. Demgegenüber stellt die Verwaltungsgerichtsbarkeit heute überwiegend auf die faktische Interessenlage ab, so auch Art. 103 OG.

55 Nachweise Kap. 3.3. Anm. 107.

56 Zur Rechtsnatur der Verwaltungsverordnung Kap. 3.322.

57 Grundlegend BGE 98 Ia 508 ff.; BGE 107 Ia 77 ff., 105 Ia 355.

stiert er sich in der Verneinung der Beschwerdebefugnis des Menschen in einer amtlichen Funktion, »soweit nicht die private Rechtssphäre eines Beamten oder Behördemitgliedes betroffen ist.«[58] Drittens äussert sich das alte Rechtsverständnis in der weitgehenden Verneinung der Legitimation zur Anfechtung begünstigender Verfügungen und Leistungen gegenüber Dritten.[59] Viertens verneint das Bundesgericht – trotz Grundrechtsqualität von Art. 4 BV – einen verfassungsunmittelbaren Anspruch des Bürgers auf willkürfreie Verwaltungstätigkeit im Ermessensbereich.[60] Hinter dieser Praxis steht die Lehre von den subjektiv-öffentlichen Rechten, die m.E. nur auf der Grundlage des konstitutionellen Rechts-und Staatsverständnisses erklärt werden kann: Der Rechtsanspruch als »Reflex« des objektiven Rechts ergibt sich danach (in Anlehnung an das Privatrecht) per se im »Rechtsbereich«, d.h. eben wo die vorbestehende Privatsphäre berührt ist. Darüber hinausgehende Ansprüche an den Staat bedürfen eigens der Positivierung, da sie einen *ursprünglich* rechtsfrei verstandenen, dem »freien Ermessen« zustehenden Staatsbereich zurückdrängen. Die Beschränkung gerichtlicher Rechtskontrolle, kann – wie der Begriff des subjektiv-öffentlichen Rechts überhaupt – unter dem heute umfassend verstandenen, Verfahren und Organisation einbeziehenden Rechtsbegriff nicht mehr sinnvoll bestehen.[61] Die Spannung kommt eindrücklich in einem jüngsten Entscheid zum Ausdruck. Das Bundesgericht anerkennt explizit, dass das Willkürverbot »für die gesamte staatliche Verwaltungstätigkeit gilt.«[62] Im gleichen Atemzug verweigert es Schutz und Durchset-

58 BGE 107 Ia 266, 268 mit Hinweisen.

59 Nachweise Kap. 3.3. Anm. 107.

60 107 Ia 184 (Nichtwiederwahl eines Lehrers), 105 Ia 272 ff. mit Hinweisen; 106 Ib 133 (Verweigerung der Aufenthaltsbewilligung an Ausländer). Eingehend zur Tragweite von Art. 4 BV bei Besetzung öffentlicher Stellen, S. Müller, (1981).

61 Zur Kritik an der Lehre der subjektiv-öffentlichen Rechte und der bundesgerichtlichen Praxis treffend G. Müller (1981a) 123, Knapp (1980) 414 f.; sowie schon Burckhardt (1944) 79 ff., Huber (1936) 53 ff., ders. (1971) 315 ff., zum Stand der deutschen Diskussion v.a. Bachof, O., Reflexwirkungen und subjektive Rechte im öffentlichen Recht, in: Wege zum Rechtsstaat, Ausgewählte Studien zum öffentlichen Recht, Königstein 1979, 127 ff., Henke, W., Das subjektive Recht im System des öffentlichen Rechts, Ergänzungen und Korrekturen, DöV 33 (1980) 621 ff., S. Müller (1981) 167 f.

62 BGE 107 Ia 184, vgl. auch 103 Ia 399: »Aus Art. 4 BV ergibt sich der Anspruch auf rechtsgleiche und willkürfreie Behandlung beim Zugang zu den staatlichen Leistungseinrichtungen.«

zung dieses fundamentalen Grundsatzes[63] und zugleich auch des rechtlichen Gehörs in einer für den betroffenen Menschen existentiellen Frage (Wiederwahl eines Lehrers).[64] Im verkürzten Verständnis des »rechtlich geschützten Interesses« auf die Privatsphäre hat die Verfassungspraxis ihre Ausrichtung auf die heutigen Schutzbedürfnisse des Menschen noch nicht gefunden. Diese verlangen, gerade zur Verwirklichung und Kontrolle des Legalitätsprinzips, einen selbständigen, grundrechtlichen Anspruch auf willkürfreies Handeln in allen Bereichen des heutigen Rechtssatzbegriffs.

63 Ibid. 185 f.

64 So kann im vorgenannten Fall der notwendig grosse Ermessensspielraum der Wahlbehörde prozessual nicht vom Anspruch auf willkürfreie Behandlung entbinden, sondern muss vielmehr materiell mit einer diesen Spielraum berücksichtigenden Prüfungsdichte des Richters angegangen werden, wie dies heute zutreffend bei der Überprüfung von Examensbewertungen gehandhabt wird, BGE 105 Ia 190; wegleitend dazu St. Müller (1981) 145 et passim.

# LITERATURVERZEICHNIS


Abravanel (1980): Abravanel, Ph., La protection de l'ordre public dans l'Etat régi par le droit, ZSR 1980 II 1 ff.

Achterberg (1970): Achterberg, N., Probleme der Funktionslehre, München 1970.

Achterberg (1973): ders., Kriterien des Gesetzesbegriffs unter dem Grundgesetz, DöV 1973, 289 ff.

Antoniolli (1973): Antoniolli, W., Probleme um das Legalitätsprinzip, Niederösterreichische Juristische Gesellschaft, Schriftenreihe, Heft 1, St. Pölten / Wien 1973.

Arioli (1968): Arioli, S., Das Verbot der willkürlichen und rechtsungleichen Rechtsanwendung im Sinne von Art. 4 der Bundesverfassung, Basel 1968.

Aubert (1967), (1982): Aubert, J.F., Traité de droit constitutionnelle suisse, 2 Bd., Neuchâtel 1967, Supplément 1967–1982, Neuchâtel 1982.

Aubert (1974): des., Le référendum populaire dans la révision totale de 1872 / 1974, ZSR 1974 I 409 ff.

Aubert (1974a): ders., La hiérarchie des règles, ZSR 1974 II 193 ff.

Aubert (1978): ders., Exposé des institutions politiques de la Suisse à partir de quelques affaires controversées, Lausanne 1978.

Aubert (1979): ders., Les droits fondamentaux dans la jurisprudence récente du tribunal fédéral suisse, in: Menschenrechte, Föderalismus, Demokratie, Festschrift W. Kägi, Zürich 1979, 1 ff.

Auer (1978): Auer, A., Les droits politiques dans les cantons suisses, Genève 1978.

Auer (1978a): ders., l'égalité dans l'illegalité, Zbl 1978, 2. ff.

Auer (1981): ders., La notion de loi dans la constitution genevoise, in: Semaine judiciaire 1981, 257 ff., Genève 1981.

Badura (1981): Badura, P., Planung durch Gesetz, in: Recht als Prozess und Gefüge, Festschrift H. Huber, Bern 1981, 15 ff.

Bäumlin (1954): Bäumlin, R., Die rechtsstaatliche Demokratie, Zürich 1954.

Bäumlin (1961): ders., Verfassung und Verwaltung in der Schweiz, in: Verfassungsrecht und Verfassungswirklichkeit, Festschrift H. Huber, Bern 1961, 69 ff.

Bäumlin (1965): ders., Der schweizerische Rechtsstaatsgedanke, ZbJV 1965, 81 ff.

Bäumlin (1978): ders., Lebendige oder gebändigte Demokratie?, Basel 1978.

Balscheit (1969): Balscheit, P., Die Rechtsnatur des Planes, Basel 1969.

Bericht (1973): Arbeitsgruppe für die Vorbereitung einer Totalrevision der Bundesverfassung, Schlussbericht, Bd. VI, Bern 1973.

Bericht (1977): Expertenkommission für die Vorbereitung einer Totalrevision der Bundesverfassung, Bericht, Bern 1977.

Blumenstein (1948): Der Grundsatz der gesetzmässigen Verwaltung, MbVR 1948, 321 ff.

Böckenförde (1958): Böckenförde, E.W., Gesetz und gesetzgebende Gewalt, Berlin 1981.

Böckenförde (1976): ders., Staat, Gesellschaft, Freiheit, Frankfurt a.M. 1976.

Breiter (1980): Breiter, U., Staatszielbestimmungen als Problem des schweizerischen Bundesverfassungsrechts, Zürich 1980.

Bridel (1948): Bridel, M., Sur les limites des libertés individuelles, in: Die Freiheit des Bürgers im schweizerischen Recht, Zürich 1948, 99 ff.

Bucher (1965): Bucher, E., Das subjektive Recht als Normsetzungsbefugnis, Tübingen 1965.

Burckhardt (1931): Burckhardt W., Kommentar der schweizerischen Bundesverfassung vom 29. Mai 1874, 3. Aufl., Bern 1931.

Burckhardt (1931a): ders., L'Etat et le Droit, ZSR 1931, 137a ff.

Burckhardt (1936): ders. Methode und System des Rechts, Zürich 1936, Neudruck 1971.

Burckhardt (1944): ders., Die Organisation der Rechtsgemeinschaft, 2. ergänzte Aufl. Zürich 1944, Neudruck 1971.

Buser (1981): Buser, W., Der Bundesrat als Organ der Rechtsetzung, ZbJV 1981, 493 ff.

Cox (1968): Cox, A., The Warren Court, Cambridge Mass. 1968.

Dubs (1974): Dubs, H., Die Forderung der optimalen Bestimmtheit belastender Rechtsnormen, ZSR 1974 II 223 ff.

Eggimann (1978): Eggimann, B., Die Erlassformen der Bundesversammlung gemäss den Formvorschriften des Geschäftsverkehrsgesetzes vom 23. März 1962, Zürich 1978.

Ehmke (1961): Ehmke, H., Wirtschaft und Verfassung, Karlsruhe 1961.

Ehmke (1963): ders., Prinzipien der Verfassungsinterpretation. VVDStRL 20, (1961), Berlin 1963.

Eichenberger (1954): Eichenberger, K., Rechtsetzungsverfahren und Rechtsetzungsformen in der Schweiz, ZSR 1954, 1 ff.

Eichenberger (1969): ders., Leistungsstaat und Demokratie, Basel 1969, jetzt in: ders. (1980) 56 ff.

Eichenberger (1974): ders., Von der Rechtsetzungsfunktion im heutigen Staat, ZSR 1974 II 7 ff.

Eichenberger (1974a): ders., Methoden der Rechtsetzung, in: Staats- und verwaltungsrechtliches Kolloquium, Eidg. Personalamt, Bern 1974, 31 ff.

Eichenberger (1977): ders., Zusammen- und Gegenspiel repräsentativer und plebiszitärer Komponenten im schweizerischen Regierungssystem, jetzt in: ders. (1980) 95 ff.

Eichenberger (1978): ders. et al., Grundfragen der Rechtsetzung, Basel 1978.

Eichenberger (1979): ders., Entwicklungstendenzen in der schweizerischen Demokratie, in: Menschenrechte, Föderalismus, Demokratie, Festschrit W. Kägi, Zürich 1979, 79 ff.

Eichenberger (1979a): ders., Ohnmacht des Parlaments gegenüber der politischen Planung, in: Lendi/Linder (Hrsg.) Politische Planung in Theorie und Praxis, Bern 1979, 61 ff.

Eichenberger (1980): ders., Der Staat der Gegenwart, Basel/Frankfurt a.M. 1980.

Eichenberger (1981): ders., Vom staatsrechtlichen Permanenzproblem der Regierungsverordnung in der Schweiz, in: Festschrift Hans Nef, Zürich 1981, 27 ff.

Eichenberger (1982): Gesetzgebung im Rechtsstaat, VVDStRL 40 (1981), Berlin/New York 1982, 7 ff.

Erichson (1976): Erichson, H.U., Geltung und Reichweite von Gesetzes- und Parlamentsvorbehalt, Verwaltungsarchiv 1976, 93 ff.

Esser (1972): Esser, J., Vorverständnis und Methodenwahl in der Rechtsfindung, 2. ergänzte Aufl., Frankfurt a.M. 1972.

Favre (1970): Favre, A., Droit constitutionelle suisse, 2. ergänzte Aufl., Fribourg 1970.

Fleiner (1923): Fleiner, F., Schweizerisches Bundesstaatsrecht, Tübingen 1923.

Fleiner (1928): ders., Institutionen des deutschen Verwaltungsrechts, 8. Aufl., Tübingen 1928.

Fleiner/Giacometti (1949): ders., Giacometti, Z., Schweizerisches Bundesstaatsrecht, Zürich 1949, Neudruck 1976.

T. Fleiner (1972): Fleiner T., Die Delegation als Problem des Verfassungs- und Verwaltungsrechts, Fribourg 1972.

T. Fleiner (1976): ders., Gesetz und Verordnung, in: Staats- und Verwaltungsrechtliches Kolloquium, Eidg. Personalamt Bern 1976, 39 ff.

T. Fleiner (1977): ders., Die verfassungsrechtliche Bedeutung von Art. 1 Abs 2 ZGB, in: Gedächtnisschrift P. Jäggi, Fribourg 1977, 315 ff.

T. Fleiner (1980): ders., Grundzüge des allgemeinen und schweizerischen Verwaltungsrecht, 2. überarb. Aufl., Zürich 1980.

T. Fleiner (1981): ders., Gesetz und Gesetzgebung in der direkten Demokratie, in: Recht als Prozess und Gefüge, Festschrift H. Huber, Bern 1981, 61 ff.

Frowein (1980): Frowein, J.A., Die europäische Menschenrechtskonvention in der neueren Praxis der Europäischen Kommission und des europäischen Gerichtshofes für Menschenrechte, EuGRZ 1980, 231 ff.

Geitmann (1971): Geitmann, R., Bundesverfassungsgericht und »offene« Normen, Berlin 1971.

Germann (1948): Germann, O.K., Schutz der Persönlichen Freiheit im Strafrecht, in: Die Freiheit des Bürgers im schweizerischen Recht, Zürich 1948, 257 ff.

Giacometti (1941): Giacometti, Z., Das Staatsrecht der schweizerischen Kantone, Zürich 1941.

Giacometti (1960): ders., Allgemeine Lehren des rechtsstaatlichen Verwaltungsrechts, Bd. I, Zürich 1960.

Goerlich (1978): Goerlich, H., Zur »strukturellen Gerechtigkeit« der amerikanischen Verfassung, AöR 1978, 425 ff.

Grimmer (1980): Grimmer, K., Demokratie und Grundrechte, Berlin 1980.

Grisel (1964): Grisel, A., L'administration et la loi, in: Das schweizerische Recht, Besinnung und Ausblick, Basel 1964, 31 ff.

Grisel (1970): ders., Droit administrative suisse, Neuchâtel 1970.

Grisel (1971): ders., Juridiction constitutionelle de demain, Zbl 1971, 209 ff.

Grisel (1972): ders., L'administration et la loi, in: Verwaltungsrechtliches Kolloquium, Eidg. Personalamt, Bern 1972, 28 ff.

Grisel (1972a): ders., Droit public non écrit, in: Der Staat als Aufgabe, Gedenkschrift M. Imboden, Basel/Stuttgart 1972, 139 ff.

Grisel (1975): ders., La liberté personelle et les limites du pouvoir judiciaire, Revue Internationale de droit comparé, Paris 1975, 549 ff.

E. Grisel (1978): Grisel E., L'initiative et le référendum, ZSR 1978 II 435 ff.

Gunther (1980): Gunther, G., Cases and Materials on Constitutional Law, 10. Aufl., Mineola N.Y. 1980.

Guradze (1968): Guradze, H., Die Europäische Menschenrechtskonvention, Kommentar, Berlin/Frankfurt a.M. 1968.

Gygi (1958): Gygi, F., Interventionsrecht und Interventionsverwaltung, Bern 1958.

Gygi (1966): ders., Neue höchstrichterliche Rechtsprechung zu verwaltungsrechtlichen Grundfragen, ZbJV 1966, 121 ff.

Gygi (1978): ders., Die schweizerische Wirtschaftsverfassung, 2. erweiterte Aufl., Bern 1978.

Gygi (1979): ders., Über die anfechtbare Verfügung, in: Berner Festgabe zum schweiz. Juristentag 1979, Bern/Stuttgart 1979, 517 ff.

Gygi (1979a): ders., Die verwaltungsrechtliche Rechtsprechung des Bundesgerichts im Jahre 1977, ZbJV 1979, 185 ff.

Gygi (1981): ders., Freie und beschränkte Prüfung im staatsrechtlichen Beschwerdeverfahren, in: Recht als Prozess und Gefüge, Festschrift H. Huber, Bern 1981, 191 ff.

Gygi (1981a): ders. Wirtschaftsverfassungsrecht, Bern 1981.

Häberle (1971): Häberle, P., Grundrechte im Leistungsstaat, VVDStRL 30, (1971), 1971, Berlin/New York 1972.

Häberle (1972): ders., Die Wesensgehaltsgarantie des Art. 19 Abs. 2 Grundgesetz, 2. Aufl. Karlsruhe 1972.

Häfelin (1974): Häfelin, U., Verfassungsgebung, ZSR 1974 II 75 ff.

Häfliger (1943): Häfliger, A., Die staatsrechtliche Bedeutung des Bundesbeschlusses, Bern 1943.

Häfliger (1979): ders., Rechtsgleichheit und Gesetzgeber, in: Berner Festgabe zum Schweizerischen Juristentag 1979, Bern//Stuttgart 1979, 379 ff.

Haenel (1888): Haenel, A., Das Gesetz im formellen und materiellen Sinn (1. Aufl.), Leibzig 1888.

Hangartner (1980): Hangartner, Y., Grundzüge des schweiz. Staatsrechts, Bd. I: Organisation, Zürich 1980.

Hangartner (1982): ders., Grundzüge des schweiz. Sta Grundrechte, Zürich 1982.

Hausheer (1966): Hausheer, H., Rechtsgleichheit, Due Protection, Bern 1966.

Heller (1928): Heller, H., Der Begriff des Gesetzes in der Rech- sung, VVDStRL 4 (1927), Berlin/Leipzig 1928, 98 ff.

Henke (1976): Henke, N., Gedanken zum Vorbehalt des Gesetzes, AöR 1976, 576 ff.

Herold (1981): Herold, P., Zur Geschichte des Finanzreferendums im Bunde, Zbl. 1981, 64 ff.

Herzog (1961): Herzog, R., Das Grundrecht auf Freiheit in der Europäischen Menschenrechtskonvention, AöR 1961, 194 ff.

Hesse (1980): Hesse, K., Grundzüge des Verfassungsrechts der Bundesrepublik Deutschland, 12. neu bearb. Aufl., Heidelberg/Karlsruhe 1980.

Hiestand (1891): Hiestand, P., Zur Lehre von den Rechtsquellen im schweizerischen Staatsrecht, Diss. Zürich 1891.

Hinderling (1971): Hinderling, G., Rechtsnorm und Verstehen, Bern 1971.

Höhn (1960): Höhn, E., Gewohnheitsrecht im Verwaltungsrecht, Bern 1960.

Höhn (1972): ders., Gesetz und Verordnung als Rechtsquellen des Abgaberechts, in: Der Staat als Aufgabe, Gedenkschrift M. Imboden, Basel/Stuttgart 1972, 173 ff.

Hoffmann-Remy (1976): Hoffmann-Remy, U., Die Möglichkeiten der Grundrechtseinschränkung nach den Art. 8–11 Abs. 2 der Europäischen Menschenrechtskonvention, Berlin 1976.

Huber (1936): Huber, H., Die Garantie der individuellen Verfassungsrechte, ZSR 1936 Ia ff.

Huber (1953): ders., Niedergang des Rechts und Krise des Rechtsstaates, in: ders. (1971) 27 ff.

Huber (1955): ders., Probleme des ungeschriebenen Verfassungsrechts, in: ders. (1971) 329 ff.

Huber (1971): ders., Rechtstheorie Verfassungsrecht Völkerrecht, ausgewählte Schriften, hrsg. von Eichenberger/Bäumlin/Müller, Bern 1971.

Huber (1971a): ders., Der Formenreichtum der Verfassung und seine Bedeutung für die Auslegung, ZbJV 1971, 172 ff.

Huber (1972): ders., Über die Konkretisierung der Grundrechte, in: Der Staat als Aufgabe, Gedenkschrift M. Imboden, Basel 1972, 191 ff.

K. Huber (1963): Huber, K., Massnahmegesetz und Rechtsgesetz, Berlin 1963.

Imboden (1952): Imboden, M., Der Schutz der Eigentumsgarantie, in: ders. (1971) 337 ff.

Imboden (1954): ders., Das Gesetz als Garantie rechtsstaatlicher Verwaltung, in: ders. (1971) 3 ff.

Imboden (1958): ders., Der verwaltungsrechtliche Vertrag, ZSR 1958 1a ff.

Imboden (1960): ders., Der Plan als verwaltungsrechtliches Institut, in: ders. (1971) 387 ff.

Imboden (1971): ders., Staat und Recht, ausgewählte Schriften und Vorträge, Basel/Stuttgart 1971.

Imboden/Rhinow (1976): ders., Rhinow R.A., Schweizerische Verwaltungsrechtsprechung, 2 Bd., Basel/Stuttgart 1976.

Jacobs (1975): Jacobs, F.G., The European Convention on Human Rights, Oxford 1975.

Jagmetti (1956): Jagmetti, R., Vollziehungsverordnungen und gesetzesvertretende Verordnungen, Diss. Zürich 1956.

Jesch (1961): Jesch, W., Gesetz und Verwaltung, Tübingen 1961.

Jezler (1967): Jezler, Ch., Der Grundsatz der Gesetzmässigkeit der Verwaltung, insbesondere im Bund, Diss. Zürich 1967.

Jost (1975): Jost, A., Die neueste Entwicklung des Polizeibegriffs im schweizerischen Recht, Bern 1975.

Kägi (1945): Kägi, W., Die Verfassung als rechtliche Grundordnung des Staates, Zürich 1945.

Kägi (1952): des., Die Entwicklung des schweizerischen Rechtsstaates seit 1848, ZSR 1952 I 174 ff.

Kägi (1961): ders., Von der klassischen Dreiteilung zur umfassenden Gewaltenteilung, in: Verfassungsrecht und Verfassungswirklichkeit, Festschrift H. Huber, Bern 1961, 151 ff.

Kaufmann (1978): Kaufmann, O.K., Die Sozialordnung, Eigentumsordnung und Wirtschaftsordnung des Verfassungsentwurfs, ZSR 1978 II 285 ff.

Kaufmann (1978a): ders., Bestand und Bedeutung der Grundrechte in der Schweiz, EuGRZ 1978, 475 ff.

Kiepe (1979): Kiepe, F., Entwicklungen beim besonderen Gewaltverhältnis und beim Vorbehalt des Gesetzes, DöV 1979, 399 ff.

Klecatsky (1970): Klecatsky, H.R., Die Funktion des Gesetzes im modernen demokratischen Rechtsstaat, ZbJV 1970, 169 ff.

Klein (1972): Klein, H., Die Grundrechte im demokratischen Staat, Stuttgart 1972.

Kloepfer (1976): Kloepfer, M., Grundrechtstatbestand und Grundrechtsschranken in der Rechtsprechung des Bundesverfassungsgerichts, in: Bundesverfassungsgericht und Grundgesetz, Bd. 2, Tübingen 1976, 405 ff.

Kloepfer (1980): ders., Gleichheit als Verfassungsfrage, Berlin 1980.

Knapp (1975): Knapp, B., Intérêt, utilité et ordre public, in: Erhaltung und Entfaltung des Rechts in der Rechtsprechung des Bundesgerichts, Basel 1975, 137 ff.

Knapp (1980): ders., Précis de droit administratif, Bâle 1980.

Knöpfel (1977): Knöpfel, P., Demokratisierung der Raumplanung, Berlin 1977.

Knöpfel (1979): ders., Öffentliches Recht und Vollzugsforschung, Bern 1979.

Kölz (1981): Kölz, A., Ausbau des Verwaltungsreferendums? SJZ 1981, 53 ff.

Kopp (1958): Kopp, H.W., Inhalt und Form der Gesetze, 2 Bde., Zürich 1958.

Korinek (1970): Korinek, K., Gedanken zur Lehre vom Gesetzesvorbehalt bei Grundrechten, in: Festschrift A. Merkl, München 1970, 176 ff.

Kriele (1979): Kriele, M., Recht und praktische Vernunft, Göttingen 1979.

Krebs (1975): Krebs, W., Vorbehalt des Gesetzes und die Grundrechte, Berlin 1975.

Lanz (1977): Lanz, Ch., Politische Planung und Parlament, Bern 1977.

Larenz (1975): Larenz, K., Methodenlehre der Rechtswissenschaft, 3. neu bearb. Aufl., Berlin/Heidelberg/New York 1975.

Leisner (1964): Leisner, W., Von der Verfassungsmässigkeit der Gesetze zur Gesetzmässigkeit der Verfassung, Recht und Staat 286/287, Tübingen 1964.

Lendi (1958): Legalität und Ermessen, Diss. ZH 1958.

Lendi (1976): ders., Planungsrecht und Eigentum, ZSR 1976 II, 1 ff.

Linder (1977): Linder, W., Planung und Verfassung, ZSR 1977 I 369 ff.

Linder (1979): ders., Planung in der direkten Demokratie, eine Aufgabe institutioneller Reform, in: Lendi/Linder (Hrsg.) Politische Planung in Theorie und Praxis, Bern 1979, 41 ff.

Mallmann (1961): Mallmann, W., Schranken nichthoheitlicher Verwaltung, VVDStRL 19, (1960), 1960, Berlin 1961, 165 ff.

Marti (1976): Marti, H., Die Wirtschaftsfreiheit der schweizerischen Bundesverfassung, Basel/Stuttgart 1976.

Marti (1979): ders., Die staatsrechtliche Beschwerde, 4. überarb. Aufl., Basel/Stuttgart 1979.

Mastronardi (1978): Mastronardi, Ph., Der Verfassungsgrundsatz der Menschenwürde in der Schweiz, Berlin 1978.

Maunz/Dürig/Herzog (1974): Maunz, Th., Dürig, G., Herzog R., Grundgesetz Kommentar, 4. Aufl. München 1974, (zit. nach den einzelnen Bestimmungen des Grundgesetzes).

Menger (1957): Menger, Chr. F., Das Gesetz als Norm und Massnahme VVDStRL 15 (1956), Berlin 1957, 3 ff.

Morand (1976): Morand, Ch. A., Les droits fondamentaux suisses, Recueil des travaux suisses au IXe Congrès international de droit comparé, Basel 1976, 198 ff.

F. Müller (1960): Müller, F., Der Vorbehalt des Gesetzes, in: Rechtsstaatliche Form, Demokratische Politik (Sammlung), Berlin 1977, 15 ff.

F. Müller (1966): ders., Normstruktur und Normativität, Berlin 1966.

F. Müller (1976): ders., Juristische Methodik, 2. neu bearb. Aufl., Berlin 1976.

G. Müller (1979): Müller, G., Inhalt und Formen der Rechtsetzung als Problem der demokratischen Kompetenzverteilung, Basel/Stuttgart 1979.

G. Müller (1981): ders., Privateigentum heute, ZSR 1981 II 1 ff.

G. Müller (1981a): ders., Reservate staatlicher Willkür – Grauzonen zwischen Rechtsfreiheit, Rechtsbindung und Rechtskontrolle, in: Recht als Prozess und Gefüge, Festschrift H. Huber, Bern 1981, 109 ff.

J.P. Müller (1964): Müller, J.P., Die Grundrechte der Verfassung und der Persönlichkeitsschutz des Privatrechts, Bern 1964.

J.P. Müller (1973): ders., Soziale Grundrechte in der Verfassung?, ZSR 1973 II 687 ff.

J.P. Müller (1975): ders., Die Anwendung der Europäischen Menschenrechtskonvention in der Schweiz, ZSR 1975 I 373 ff.

J.P. Müller (1975a): Völkerrecht und schweizerische Rechtsordnung, in Riklin/Haug/Binswanger (Hrsg.). Handbuch der schweiz. Aussenpolitik, Bern 1975, 223 ff.

J.P. Müller (1978): ders., Grundrechte und staatsleitende Grundsätze im Spannungsfeld heutiger Grundrechtstheorie, ZSR 1978 I 265 ff.

J.P. Müller (1978a): ders., Grundrechte in einer revidierten Bundesverfassung, in: Totalrevision der Bundesverfassung, Notwendigkeit oder Wunschtraum, Schriften des Schweiz. Aufklärungsdienstes, 15, Zürich 1978, 77 ff.

J.P. Müller (1979): ders., Die staatsrechtliche Rechtsprechung des Bundesgerichts im Jahre 1977, ZbJV 1979, 113 ff.

J.P. Müller (1980): ders., Die staatsrechtliche Rechtsprechung des Bundesgerichts im Jahre 1978, ZbJV 1980, 233 ff.

J.P. Müller (1981): ders., Die staatsrechtliche Rechtsprechung des Bundesgerichts im Jahre 1979, ZbJV 1981, 189 ff.

J.P. Müller (1981a): ders., Die Verfassungsgerichtsbarkeit im Gefüge der Staatsfunktionen, VVDStRL 39 (1980), Berlin/New York 1981, 53 ff.

J.P. Müller (1981b): ders., Soziale Grundrechte in der Verfassung? (Einführung zur zweiten Auflage), Basel/Frankfurt a.M. 1981.

J.P. Müller (1982): ders., Elemente einer schweizerischen Grundrechtstheorie, Bern 1982.

J.P. Müller (1982a): ders., Die staatsrichterliche Rechtsprechung des Bundesgerichts im Jahre 1980, ZbJV 1982, 209 ff.

J.P. Müller (1982b): ders., Grundrechtliche Anforderungen an Entscheidungsstrukturen, in: Staatsorganisation und Staatsfunktionen im Wandel, Festschrift K. Eichenberger, Basel/Frankfurt a.M. 1982, 169 ff.

Müller/Saladin (1979): ders., Saladin, P., Das Problem der Konsultativ-Abstimmung, in: Berner Festgabe zum schweizerischen Juristentag 1979, Bern 1979, 405 ff.

Müller/Wildhaber (1977): ders., Wildhaber L., Praxis des Völkerrechts, Bern 1977.

N. Müller (1980): Müller, N., Die Rechtsprechung des Bundesgerichts zum Grundsatz der verfassungskonformen Auslegung, Bern 1980.

St. Müller (1981): Müller, St., Die Bedeutung von Art. 4 BV bei der Besetzung öffentlicher Stellen, Diessenhofen 1981.

| | |
|---|---|
| Nef (1950): | Nef, H., Sinn und Schutz verfassungsmässiger Gesetzgebung und rechtmässiger Verwaltung im Bund, ZSR 1950 133a ff. |
| Neumann (190): | Neumann, F., Die Herrschaft des Gesetzes, Frankfurt a.M. 1980. |
| Noll (1973): | Noll, P., Gesetzgebungslehre, Hamburg 1973. |
| Noll (1976): | ders., Erfahrungen mit Gesetzen, in: Rödig (Hrsg.), Studien zu einer Theorie der Gesetzgebung, Berlin/Heidelberg/New York 1976, 553 ff. |
| Noll (1974): | ders., Zusammenhänge zwischen Rechtsetzung und Rechtsanwendung in allgemeiner Sicht, ZSR 1974 II 249 ff. |
| Nuspliger (1980): | Nuspliger, K., Pressefreiheit und Pressevielfalt, Diessenhofen 1980. |
| Ossenbühl (1980): | Ossenbühl, F., Aktuelle Probleme der Gewaltenteilung, DöV 1980, 545 ff. |
| Panchaud (1950): | Panchaud, A., Les garanties de la constitutionalité et de la légalité en droit fédérale, ZSR 1950, la ff. |
| Pellegrini (1979): | Pellegrini, F.M., Die Verordnung im besonderen Gewaltverhältnis, Basel 1979. |
| Protokoll (1971): | Le principe de la legalité, Procès-verbal de la réunion des professeurs de droit constitutionnel et administratif des universités suisses du 30 octobre 1971 à Neuchâtel (Masch.schr.). |
| Protokoll (1979): | Das Legalitätsprinzip, Protokoll der Tagung der schweizerischen Staats- und Verwaltungsrechtslehrer vom 3. November 1979 in Bern (Masch.schr.). |
| Raymond (1979): | Raymond, J., La Suisse devant les organes de la Convention européenne des Droits de l'Homme, ZSR 1979 II 1 ff. |
| Reymond (1950): | Reymond, O., La délégation du pouvoir de légiferer, Diss. Bern 1950. |
| Rhinow (1971): | Rhinow, R.A., Wesen und Begriff der Subvention in der schweizerischen Rechtsordnung, Basel 1971. |
| Rhinow (1976): | ders., Parlamentsreform und Gesetzgebung, in: Rödig (Hrsg.), Studien zu einer Theorie der Gesetzgebung, Berlin/Heidelberg/New York 1976, 154 ff. |
| Rhinow (1978): | ders., Zum Verhältnis von Rechtsetzung und Rechtsanwendung, in: Eichenberger et al, Grundfragen der Rechtsetzung, Basel 1978, 91 ff. |
| Rhinow (1979): | ders., Rechtsetzung und Methodik, Basel/Stuttgart 1979. |
| Rhinow (1981): | ders., Grundrechtstheorie, Grundrechtspolitik und Freiheitspolitik, in: Recht als Prozess und Gefüge, Festschrift H. Huber, Bern 1981, 427 ff. |
| Rödig (1976): | Rödig, J., Zum Begriff des Gesetzes in der Rechtswissenschaft, in: ders. (Hrsg.) Studien zu einer Theorie der Gesetzgebung, Berlin/Heidelberg/New York 1976, 5 ff. |
| Rödig/Baden/ Kindermann (1975): | ders., Baden, E., Kindermann, H., Vorstudien zu einer Theorie der Gesetzgebung, St. Augustin 1975. |

Roellecke (1969): Roellecke, G., Der Begriff des positiven Gesetzes und das Grundgesetz, Mainz 1969.

Rohner (1982): Rohner, Ch., Die Kognition des Bundesgerichts bei der staatsrechtlichen Beschwerde wegen Verletzung verfassungsmässiger Rechte. Diss. Bern 1982.

Roos (1955): Roos, G., Der Grundsatz der gesetzmässigen Verwaltung und seine Bedeutung für die Anwendung des Verwaltungsrechts. ZbJV 1955 (91bis) 117 ff.

Ruck (1951): Ruck, E., Schweizerisches Verwaltungsrecht, Bd. I, 3. Aufl., Zürich 1951.

Ruck (1964): ders., Die Rechtmässigkeit der öffentlichen Verwaltung, in: Das schweizerische Recht, Besinnung und Ausblick, Basel 1964, 51 ff.

Rupp (1976): Rupp, H.H., Art. 3 GG als Massstab verfassungsgerichtlicher Gesetzeskontrolle, in: Bundesverfassungsgericht und Grundgesetz, Bd. II, Tübingen 1976, 364 ff.

Saladin (1960): Saladin, P., Der Widerruf von Verwaltungsakten, Basel 1960.

Saladin (1975): ders., Grundrechte im Wandel, 2. Aufl., Bern 1975.

Saladin (1975a): ders., Das Verfassungsprinzip der Fairness, in: Erhaltung und Entfaltung des Rechts in der Rechtsprechung des schweiz. Bundesgerichts, Basel 1975, 41 ff.

Saladin (1975b): ders., Verwaltungsprozessrecht und materielles Verwaltunsrecht, ZSR 1975 II 307 ff.

Saladin (1979): ders., Verfassungsreform und Verfassungsverständnis, AöR 1979, 345 ff.

Saladin (1980): ders., Grundrechtsreform in rechtsvergleichender Sicht, in: Auf dem Weg zur Menschenwürde und Gerechtigkeit, FS Klecatsky, Wien 1980, 841 ff.

Saladin (1981): ders., Kernenergie und schweizerische Staatsordnung, in: Recht als Prozess und Gefüge, Festschrift H. Huber, Bern 1981, 297 ff.

Saladin (1982): ders., Grundrechte im Wandel (Vorwort zur 3. Auflage, IX–LXIX), Bern 1982.

Scharpf (1970): Scharpf, F., Die politischen Kosten des Rechtsstaates, Tübingen 1970.

Scharpf (1979): ders., Politische Planung zwichen Anspruch und Realität, in: Lendi/Linder (Hrsg.) Politische Planung in Theorie und Praxis, Bern 1979, 21 ff.

Schaumann (1966): Schaumann, W., Gleichheit und Gesetzmässigkeitsprinzip, (deutsche) Juristenzeitung, 1966, 721 ff.

Schaumann (1968): ders., Freiheitsrechte und Vorbehalt des Gesetzes im Bonner Grundgesetz, in: Mélanges Marcel Bridel, Lausanne 1968, 491 ff.

Schaumann (1970): ders., Der Auftrag des Gesetzgebers zur Verwirklichung der Freiheitsrechte, in (deutsche) Juristenzeitung, 1970, 48 ff.

Schaumann (1972): ders., Staatsführung und Gesetzgebung in der Demokratie, in: Der Staat als Aufgabe, Gedenkschrift M. Imboden, Basel 1972, 313 ff.

Scheuner (1981): Scheuner, U., Die Funktion des Gesetzes im Sozialstaat, in: Recht als Prozess und Gefüge, Festschrift H. Huber, Bern, 1981, 127 ff.

Schlink (1976): Schlink, B., Abwägung im Verfassungsrecht, Berlin 1976.

Schluep (1978): Schluep, W.R., Wirtschafts- und Sozialverfassung, in: Totalrevision der Bundesverfassung – zur Diskussion gestellt, ZSR 1978 I 235 ff.

Schlumpf (1979): Schlumpf, L., Preisüberwachung 1973 – 1978, Schlussbericht des Beauftragten für die Preisüberwachung, Bern 1979.

Schmid (1978): Schmid, G., Offenheit und Dichte in der Verfassungsgebung, in: Eichenberger et al, Grundfragen der Rechtsetzung, Basel 1978, 315 ff.

Schmitt (1928): Schmitt, C., Verfassungslehre, Berlin 1928.

Schmitt-Gläser (1980): Schmitt-Gläser, W., Planung und Grundrechte, DöV 1980 1 ff.

Schneider (1963): Schneider, P., Prinzipien der Verfassungsinterpretation, VVDStRL 20 (1961), Berlin 1963, 1 ff.

Schweizer (1974): Schweizer, R.J., Über die Rechtssicherheit und ihre Bedeutung für die Gesetzgebung. Diss. Basel 1974.

Schweizer (1976): ders., Allgemeine Gesetzgebungsprobleme aus der Sicht der schweizerischen Bundesverwaltung, Rödig, (Hrsg.), Studien zu einer Theorie der Gesetzgebung, Berlin/Heidelberg/New York 1976, 146 ff.

Seeger (1926): Seeger, H., Die Lehre vom formellen und materiellen Gesetz im schweizerischen Bundesstaatsrecht, ZSR 1926, 353 ff.

Selmer (1968): Selmer, P., Der Vorbehalt des Gesetzes, Juristische Schulung, 1968, 489 ff.

Starck (1970): Starck, Ch., Der Gesetzesbegriff des Grundgesetzes, Baden-Baden 1970.

Starck (1976): ders., Die Bindung des Richters an Gesetz und Verfassung, VVDStRL 34 (1975), Berlin / New York 1976, 43 ff.

Starck (1979): ders., Übermass an Rechtsstaat?, in: Zeitschrift für Rechtspolitik, 1979, 209 ff.

Starck (1982): ders., Die Anwendung des Gleichheitssatzes, in: Der Gleichheitssatz im modernen Verfassungsstaat, Baden-Baden 1982, 51 ff.

Steinmann (1981): Steinmann, G., Unbestimmte verwaltungsrechtliche Normen aus der Sicht von Vollzug und Rechtsetzung, Bern 1981.

Thieme (1967): Thieme, Ch., Der Vorbehalt des Gesetzes und die vollziehende Gewalt in der schweizerischen Eidgenossenschaft, Diss. Freiburg im Br. 1967.

Trachsel (1980): Trachsel, D., Über die Möglichkeiten justiziabler Leistungsforderung aus verfassungsmässigen Rechten der Bundesverfassung, Zürich 1980.

Trechsel (1974): Trechsel, St., Die europäische Menschenrechtskonvention, ihr Schutz der persönlichen Freiheit und die schweizerischen Strafprozessrechte, Bern 1974.

Trechsel (1980): ders., Die Garantie der persönlichen Freiheit (Art. 5 EMRK) in der Strassburger Rechtsprechung, EuGRZ 1980, 514 ff.

Tribe (1975): Tribe, L.H., Structural Due Process, 10 Harvard Civil Rights-Civil Liberties Law Review 269 ff. (1975).

Tribe (1978): ders., American Constitutional Law, Mineola/New York 1978 (mit Supplement, 1979).

Tribe (1979): ders., Perspectives on Bakke: Equal Protection, Procedural Fairness or Structural Justice, 92 Harvard Law Review 873 (1979).

Vitzthum (1978): Vitzthum, W., Parlament und Planung, Baden-Baden 1978.

Voigt (1979): Voigt, R., Die Rechtsform staatlicher Pläne, Hamburg 1979.

Wackernagel (1948): Wackernagel, J., Gesetzmässigkeit der Verwaltung und Persönliche Freiheit, in: Die Freiheit des Bürgers im schweiz. Recht, Zürich 1948, 243 ff.

Wade / Phillips / Bradley (1977): Wade, E.C.S., Phillips, G.G., Bradley, A.W., Constitutional and Administrative Law, 9. ed, London 1977.

Weber-Dürler (1973): Weber-Dürler, B., Die Rechtsgleichheit in ihrer Bedeutung für die Rechtsetzung, Bern 1973.

Wege (1977): Wege, J., Positives Recht und sozialer Wandel im demokratischen Rechtsstaat, Berlin 1977.

Wertenschlag (1980): Wertenschlag, R., Grundrechte der Ausländer in der Schweiz, Basel 1980.

Wildhaber (1975): Wildhaber, L., Vertrag und Gesetz – Konsensual- und Mehrheitsentscheid im schweizerischen Staatsrecht, ZSR 1975 I 113 ff.

Wildhaber (1979): ders., Erfahrungen mit der europäischen Menschenrechtskonvention, ZSR 1979 II 229 ff.

Willke (1975): Willke, H., Stand und Kritik der neueren Grundrechtstheorie, Berlin 1975.

Würtenberger (1979): Würtenberger, T., Staatsrechtliche Probleme politischer Planung, Berlin 1979.

Verfassungsentwurf (1977): Expertenkommission für die Vorbereitung einer Totalrevision der Bundesverfassung, Verfassungsentwurf, Bern 1977.

Vernehmlassung (1980): Bundesamt für Justiz, Totalrevision der Bundesverfassung, Vernehmlassung zum Verfassungsentwurf von 1977, systematische Vernehmlassungsergebnisse, Bern 1980.

Venehmlassung (1980a): Bundesamt für Justiz, Totalrevision der Bundesverfassung, Vernehmlassung zum Verfassungsentwurf, Zusammenfassung sämtlicher Vernehmlassungen, 4. Bd., Bern 1980.

Zäch (1981): Zäch, R., Bestimmtere und unbestimmtere Formulierungen von Tatbestand und Rechtsfolge: Konsequenzen für die Rechtsanwendung, in: Beiträge zur Methode des Rechts, St. Galler Festgabe zum schweiz. Juristentag 1981, Bern 1981, 271 ff.

Zimmerli (1967): Zimmerli, Ch., Das Verbot rückwirkender Gesetze, Basel 1967.

Zippelius (1981): Zippelius, R., Rechtsgewinnung durch experimentierendes Denken, in: Recht als Prozess und Gefüge, Festschrift Hans Huber, Bern 1981, 143 ff.

Weitere Hinweise im Text.